21世纪高等院校电子商务教育系列教材

U0648861

Online
Business

网上
创业实务

（第五版）

史达 主编

东北财经大学出版社
Dongbei University of Finance & Economics Press
大连

图书在版编目（CIP）数据

网上创业实务 / 史达主编 . —5版 . —大连：东北财经大学出版社，2024.3
（21世纪高等院校电子商务教育系列教材）
ISBN 978-7-5654-5122-5

Ⅰ.网…　Ⅱ.史…　Ⅲ.电子商务-高等学校-教材　Ⅳ.F713.36

中国国家版本馆CIP数据核字（2024）第015354号

东北财经大学出版社出版
（大连市黑石礁尖山街217号　邮政编码　116025）
网　　址：http://www.dufep.cn
读者信箱：dufep@dufe.edu.cn

大连雪莲彩印有限公司印刷　　　　东北财经大学出版社发行
幅面尺寸：186mm×230mm　字数：425千字　印张：19.75　插页：1
2024年3月第5版　　　　　　　　2024年3月第1次印刷
责任编辑：李　彬　王　斌　　　　责任校对：刘贤恩
封面设计：张智波　　　　　　　　版式设计：原　皓

定价：52.00元

教学支持　售后服务　联系电话：（0411）84710309
版权所有　侵权必究　举报电话：（0411）84710523
如有印装质量问题，请联系营销部：（0411）84710711

总序

互联网的出现为全社会提供了一种全新的商务活动方式，从而引发了对电子商务学习、实践和培训的热潮。为满足目前高等教育对电子商务教材的需求，东北财经大学出版社在2008年伊始开发了一套全新的"21世纪高等院校电子商务教育系列教材"。整套教材围绕电子商务的应用性知识分为3大模块13种教材：第一个模块是"原理模块"，着力覆盖电子商务的基本原理，包括《电子商务基础教程》《电子商务与网络经济》《电子商务系统建设与管理》《电子商务管理》；第二个模块是"电子商务支持模块"，为学习者讲解对电子商务行为进行支持的主要体系，包括《电子商务案例分析》《电子商务法》；第三个模块是"电子商务中的行为模块"，细致刻画了电子商务环境下的个体和企业的行为，包括《电子商务物流管理》《电子商务支付与结算》《电子商务安全》《电子商务网站建设与管理》《客户关系管理》《网络营销》《电子政务》。

这套"21世纪高等院校电子商务教育系列教材"本着科学、先进、合理、可行的原则，在编写过程中努力达到如下要求：

第一，博采众长。从总体上看，由于发达国家发展市场经济的历史较长，市场经济体制也比较成熟，因而其电子商务理论及相应的学科建设确实比我国领先一步，所以学习和借鉴发达国家的电子商务理论成果十分必要。同时，我国在经历了30多年的改革开放后，企业的体制、机制改革和技术进步已取得了巨大的成绩，在电子商务实践方面也积累了不少很有特色的成功经验，值得总结提炼。在教材的编写过程中，编者们广泛参考和吸取国内外相关教材的优点，尽量做到既符合国际发展潮流，又切实反映中国电子商务实际情况。

第二，努力创新。虽然我国部分高校开办电子商务专业的时间不长，但电子商务专业的建设已经从"摸着石头过河"转变为"如何适应市场经济中电子商务发展的需要"。为此，电子商务专业及其教材建设在我国面临重大变革。本套教材力求在内容和形式上都有所创新：在内容方面，更新了不适应市场经济环境下电子商务实践及未来发展的理论和观念；在形式方面，每种教材在结构、栏目、体例及写作风格上均有所创新，且各种教材均由"主教材"和"电子课件"两者组成，大大方便了教与学。

第三，讲求实用。这主要表现在：一方面，内容上突出特色，兼顾理论系统性与实践可操作性。出于篇幅和知识点交叉的考虑，这套教材力求围绕各自中心内容阐述，并根据实际课时量的要求在内容上取舍得当。例如，在《电子商务基础教程》中已经详细介绍过的内容，在其他教材中就尽量避免或者简略介绍。另一方面，成熟性与创新性相结合。本次编写的教材，坚持了教材内容的成熟性与创新性的统一。在阐述成熟而稳定的教材内容的同时，适当介绍新知识、新技能、新发展趋势，使教材具有适度的超前性和前瞻性。另外，本套教材的体例要求也符合教学的规律和方法。教材各章附有"学习目标""本章小结""复习思考题""技能实训题"等栏目，并且注重时效性，教材中的例题、案例等均取材于最新的实践成果。

第四，注重质量。本套教材由众多国内电子商务领域的专家、学者领衔编撰。他们多年从事该领域的教学与研究，具有丰富的教学及教材编写经验。他们中的大多数曾在欧美高校进修学习、合作研究或访问交流，因而对各学科的最新进展比较熟悉。他们长期关注中外企业电子商务实践，善于总结提炼。此外，各门课程教材的基本体系、结构和内容都经过各教材领衔作者的集体讨论，互提意见和建议，集思广益，严把质量关。

尽管编者们已经付出了最大努力，使现在所奉献给读者的这套教材体现了上述特点，但作为创新的初步尝试，难免会存在不足乃至缺陷。因此，这套教材的推出应该是任重而道远。我们希望能够尽快得到来自各方面尤其是读者方面的反馈意见，以为我们在不久的将来再版修订提供有益的参考。我们也希望并有信心通过不断修订，使教材紧随时代步伐，及时反映学科的最新进展，为培养未来的电子商务专业人才作出持续的贡献。

李琪 于西安交通大学

第五版前言

互联网创业早已经不是新鲜概念。基于网络平台的独角兽已经从传统的餐饮、旅游行业，逐渐向制造业、能源等行业渗入。一方面，越来越多的产业和企业向数字化发展，特别是2020年年初的新冠疫情发生之后，产业的数字化进程进一步加速；另一方面，数字和数据在催生新的企业和产业。基于大数据和商业智能分析的数字化业务，更能深度挖掘顾客需求，创造新的商机。

从人口结构的变化看，20世纪80年代出生的群体已经开始进入中年，即便是90年代出生的群体也开始进入而立之年。这就意味着"网生代"正在成为电子商务的主力军。20年前开始的对互联网用户网上商务行为的培育工作已经完成。

在此背景下，网上创业实际上已经成为创业活动的必选项。无论是纯网上创业还是创业+互联网，网上经营已经成为绕不过去的企业活动。除了经济和社会因素之外，2021年开始实施《中华人民共和国民法典》，针对网上业务的法律规范也发生了变化。因此，正值本书第五版修订的机会，编者对上一版中的不适用内容进行了全面梳理和更新。但作为一本较为成熟的教材，本书的第五版仍保留了此前的章节结构。

在本书第五版的写作中，胡杨在第1、第4、第10章，张淑涵在第2、第3、第5、第8章，胡雨涵在第6、第7、第9、第11章的数据收集和信息更新中给予了很大的帮助，在此向他们致以诚挚的谢意。同时，因为互联网的迭代速度较快，本版的不足之处请读者批评指正。

编　者
2023年11月

第三版前言

本书作为《网上创业实务》的第三版，同第二版相比，章节结构没有过多变化，保持了"网上创业实务"这门课程的基本课程逻辑和章节布局。本版主要是对所有的数据和网站信息进行了更新。互联网的发展速度之快、变化之大，使得再及时的更新也会有滞后。本书尽可能地把最新的信息纳入进来，以便读者能够更好地判断网上创业的环境与发展势态。

此外，本版还对部分内容进行了增删。比如，新闻组这种营销形式目前已经完全退出互联网，甚至知道的人都不多了，所以本版对此类内容进行了删除。但微信作为一种重要的营销形式，已经取代了几年前还火热的微博，因此本版相应地增加了微信营销等最新的内容。本版在修订过程中，特别注重尽可能地减少理论性，增强实用性。比如，本版删除了第二版中的"供应链与物流管理"部分。因为对于大多数网上创业者来说，供应链与其业务关系不大，所以本版将重点放在货源组织和物流配送方面。

在新版的写作中，王亚平在第 1~4 章、高子贻在第 5~10 章的数据收集和信息更新中起到了很大的帮助作用。本版一定还有许多可改进之处，希望读者多提批评意见，以便在后续的版本中不断更新。

编　者

2017年3月

目　录

第 1 章

网上创业概述

随着信息技术的不断发展和进步，互联网日益成为人们生活中不可或缺的重要组成部分，越来越多的人加入网民的队伍中，越来越多的网民开始参与网络购物活动。

在中国，网络购物已成为人们日常生活的一部分。随着互联网技术的发展和普及，网络购物市场的交易规模也在不断扩大。数据显示，2023年中国的网络购物规模已超过10万亿元人民币，并保持高速增长的趋势。

此外，网络购物已经成为推动中国经济发展的新引擎之一。近年来，越来越多的企业开始通过网络渠道销售商品和服务，吸引了大量的消费者在线购物。同时，随着移动支付和物流配送服务的快速发展，网络购物的便利性和安全性得到了显著提高，进一步推动了网络购物市场的增长。

据"电数宝"电商大数据库显示，2023上半年我国网络购物用户规模达8.84亿人，较2022年12月增加3 880万人，占网民整体的82%，预计全年达9.04亿人。全国网上零售额71 621亿元，同比增长13.1%，预计全年交易规模达144 100亿元，同比增长4.53%，[①]增速预计与上年持平，这意味着网络零售市场从高速增长进入稳步增长时期。中国网络购物市场交易规模如图1-1所示。

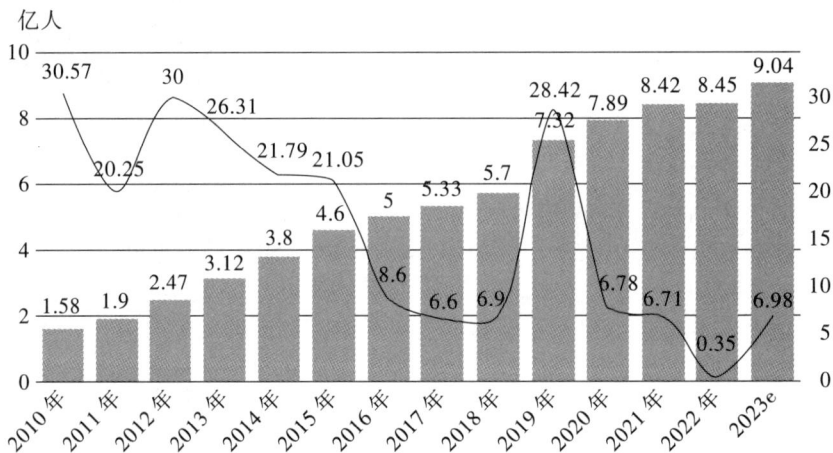

图1-1　2010—2023年上半年（2023H1）中国网络购物市场交易规模

另外，由于高校毕业生数量的不断增加，就业压力日益加大，越来越多的大学生放弃了传统的就业思路，作出大胆的创新和尝试，选择在网络世界另辟蹊径。这样，既可以避免与诸多竞争者在人才市场上的激烈竞争，又可以不必忍受朝九晚五、规章制度、复杂人际关系的刻板限制和困扰。于是，越来越多的人选择自己当老板，开始网络创业。

然而，面对日益繁荣的网络市场，放眼琳琅满目的网络店铺，作为一个新手该如何掀开自己网络创业的序幕呢？一个网店经营者该如何处理自己经营中遇到的困惑呢？本书将逐步给出答案。

---

① 电数宝大数据库. 2023 年（上）中国网络零售市场数据报告［EB/OL］.［2023-10-12］. http://www.163.com/dy/article/IGS72BVE0514BOS2.html.

1.1 网络创业的基本概念

网络创业是指个人或群体发现某种信息、资源、机会或掌握某种技术，利用或借用网络这一载体，将其发现的信息、资源、机会或掌握的技术，以一定的方式加以转化，创造出更多的财富、价值，并实现某种追求或目标的过程。网络创业是在网站运营和网店经营的基础上，将两者结合产生的一种新型创业形式。

按照应用服务领域范围的不同，电子商务可分为企业与消费者之间的电子商务（B2C）、企业与企业之间的电子商务（B2B）、企业与政府之间的电子商务（B2G）、公民与政府机构之间的电子商务（C2G），以及近年来越来越火爆的个人与个人之间的电子商务（C2C）。个人进行的网络创业活动就是电子商务中C2C模式与B2C模式的融合。

网络创业是一个复杂的过程，与现实中的创业相似，但涉及更多方面的内容。比如，要实现一个完整的网上购物交易流程，就需要有多方参与主体共同完成，包括网店经营者本人、消费者、生产商或上游供货商、第三方物流、第三方支付平台、银行等。而在开网店的初期，还要有市场监督管理部门、税务部门等政府部门、地区电信管理机构、消费者协会等诸多主体的参与。在这个各个主体看似分散但又彼此紧密相连的复杂网络中，信息、资金、商品由此及彼地传递，通过各节点的协作，保证了购物活动的顺利开展。

1.1.1 网络创业中的信息流

网络创业中的信息流主要指卖家信息、买家信息以及商品信息。

从最简单的理解出发，买家信息包括姓名、联系方式、送货地址、诚信度等；相对应地，卖家信息包括卖家名称、经营内容、经营实力、信用等级等；商品的信息包括生产厂家、型号、样式、价格、功能等。在商品的各种信息中，最受关注的应当是商品的质量、价格和售后服务信息。

网店经营者将信息放在自己的网店上，展现给数以亿计的买家，其目的是在诸多竞争者中脱颖而出，实现交易并获得收益。因此，以何种方式来传递这种信息是商家最应该关注的问题。

首先，网店对商品信息的传递。通过观察近年来淘宝、当当等知名网店平台的改进状况，人们发现这些平台模板在整体格局上越来越简化，越来越方便购买者的检索和操作。同时，笔者通过对网店经营者的调查发现，网店经营者通常认为，网页的内容、产品信息的呈现方式对网店的成功经营具有重要的意义。当然，内容重要并不是说就可以完全忽略网店的美化与装饰，不能一味地铺陈描述性文字。这里所强调的是以最合理的表现形式为顾客提供最全面、最有效的商品信息，最终达到完成交易的目的。

其次，网店对卖方信息的传递。卖方信息有一些是可视的，如经营商品种类、卖家地址、信用等级、好评率，都是可以直观地在网店中看到的。但是，还有一些隐性因素对网店能否成功经营起着举足轻重的作用。以客户服务为例，如果商家在每次交易时都能提供耐心周到的服务，就会逐渐建立起良好的口碑，不仅可以培养出越来越多的回头客（忠诚顾客），而且可以由这些忠诚顾客带来更多的客户资源。这样，网店得到的就不仅仅是一两个好评那么简单了。再比如售后服务，如果对客户的抱怨能够给予妥善的处理，那么这位客户尚有再来光顾的可能，如若处理不当，得到一个差评，恐怕就会得不偿失了。

1.1.2 网络创业中的资金流

资金流就是指在营销渠道成员间随着商品实物及其所有权的转移而发生的资金往来流程。资金流作为电子商务的三个构成要素之一，是实现电子商务交易活动不可或缺的手段，也是作为网络创业者最为关注的环节之一。

电子支付是目前网上购物采取的主要支付手段。根据中国人民银行发布的《电子支付指引（第一号）》公告，"电子支付是指单位、个人（简称客户）直接或授权他人通过电子终端发出支付指令，实现货币支付与资金转移的行为"。[①]广义的电子支付包括三层含义：一是电子支付工具；二是电子支付基础设施或渠道；三是电子支付业务处理系统。三者有机结合，构成了整个电子支付交易形态，改变了支付信息和支付业务的处理方式。狭义的电子支付，一般指电子支付工具及相应的电子支付渠道。常用的电子支付工具有银行卡、电子钱包、电子现金、电子支票等。

对于网店经营者来说，采取多种多样的支付方式以满足顾客的多种需求是非常重要的营销手段。目前比较常用的支付手段包括利用第三方支付平台付款、网上银行付款、消费卡付款等。

第三方支付方式在上述支付方式中占有重要的地位。第三方支付是独立于电子商务商户和银行，为商户和消费者（在交易过程中，消费者可能是其他商户）提供支付服务的机构。

1.1.3 网络创业中的物流

物流是指利用现代信息技术和设备，将物品从供应地准确地、及时地、安全地、保质保量地、门到门地运送到接受地的合理化服务模式和先进的服务流程。

电子商务物流又称网上物流，是基于互联网技术，旨在创造性地推动物流行业发展的新商业模式。通过互联网，物流公司能够被更大范围内的客户主动找到，能够在全国乃至世界范围内拓展业务；商家能够更加快捷地找到性价比更高的物流公司。网上物流的目的在于把世界范围内有物流需求的货主企业和提供物流服务的物流公司都吸引到一起，提供

---

① 中国电子商务协会《第三方电子支付探索与实践》编委会. 第三方电子支付探索与实践 [M]. 北京：中国标准出版社，2008.

中立、诚信、自由的网上物流交易市场，帮助物流供需双方高效达成交易。

在网络创业中，创业者需要考虑到的物流，主要是指进货时的物流成本及客户购买商品后的物流配送两个主要部分。在进货时，店主可选的货源渠道很多，但是降低进货成本，购进优质货物，应当是商家的首要考虑因素。在为购买者进行物流配送时，选择合适的第三方物流供应商作为合作伙伴更是至关重要。一方面，合理的配送价格和经常开展的优惠让利促销活动往往能够吸引购买者的眼球；另一方面，第三方物流供应商的优质服务，包括服务态度、服务效率等，往往间接地影响着顾客对商家的评价。好的物流商可能会带来更多的交易，而低质的物流商则可能会给商家带来负面的影响。

总之，任何一笔网络交易都离不开信息流、资金流、物流三者的有机结合。信息技术的不断进步和整个系统运行效率的不断提高，为三者融合提供了基本条件。在实现电子交易的过程里，资金流是条件，信息流是手段，物流是过程，而这一切都是为了商家最终满足客户的需要而形成的。

1.2 网络创业的形式

1.2.1 网上开店与网店加盟

网上开店和网店加盟都是最常见的网上创业形式。

网上开店是指店主（卖家）自己建立网站或通过第三方平台，把商品（形象、性能、质量、价值、功能等）展示给顾客，然后在网络上留下联系和支付方式，买卖双方相互联系，最后买家通过汇款或网上银行的方式进行购买，从而达成交易的整个流程。网店加盟①是具有相对固定的货源的一种网店经营模式，网店加盟店都有上一级的分销商，加盟店代理经营某些特定的商品或服务。这里只讨论加盟并在网上开店的情况，从网上搜索加盟信息并开展实体加盟的，不在本书探讨范围之内。

本书之所以将网上开店与网店加盟加以区分，是因为普通的网上开店和网店加盟在具体运营操作中存在一些不同之处，这些不同主要体现在进货方面。

普通的网上开店，经营者要承受更为烦琐的货源管理过程，但是在经营内容和商品类别方面可以有更多的选择和更大的灵活度。如果合理经营，拥有鲜明的特色，就会获得更大的利润空间。网店加盟则不具备这些优势。网店加盟通常是为某个品牌或者某类特定的商品做代理，有固定的经营模式和经营品类，在商品选择上会受到非常大的限制，影响到网店的经营范畴；并且在整个市场当中，加盟的品牌店会有众多竞争对手，因为加盟商通

---

① 此处所指的网店加盟是一种商业模式，即个体或者小公司与大型网上商城合作，通过在该商城开设自己的店铺进行销售活动。

常会有很多下一级分销商，这就造成低级分销商产品相似度很高，同质品牌店之间竞争激烈。但是，网店加盟方式有助于节约货源管理成本，而且通常由总部负责品牌的宣传和推广。总之，只要选择的上级分销商诚信度高，那么加盟网店的风险则会大大降低。

1.2.2 基于移动端的创业形式

电数宝大数据库显示，移动互联网经过高速发展，截至 2023 年，中国实物商品网络销售额达 11.96 万亿元，同比增长 6.2%，占社会消费品零售总额的比重为 27.2%，较上年提升 2.7 个百分点，拉动消费作用进一步显现，呈现出逐步上升的趋势（如图 1-2 所示）。

单位：亿元

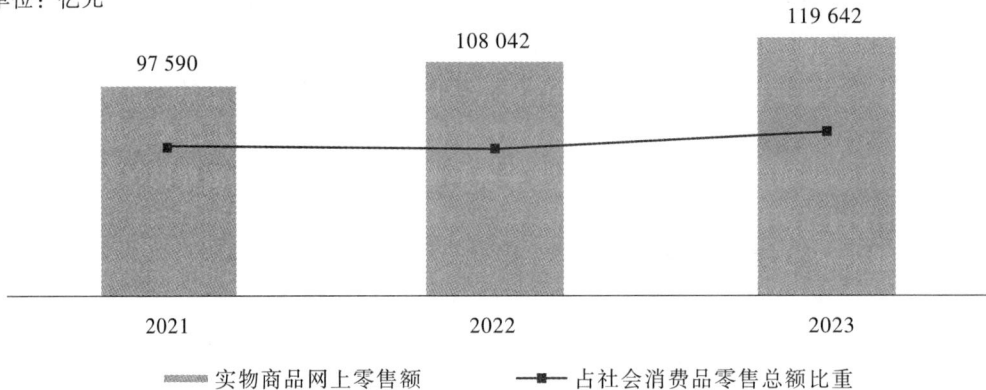

图1-2　实物商品网上零售额占比

随着移动互联网市场的发展壮大，各方网络创业者的焦点也都从电脑的大屏幕转移到了移动终端的小屏幕，基于手机、平板电脑等移动设备的移动网络市场这块大蛋糕已引来各大电商巨头的争抢，很多电子商务网站都已推出自己的移动应用客户端，如淘宝网、唯品会、京东商城等。这些网站利用移动应用软件成功地将自己的营销范围从传统网络扩展到了移动网络。除了这些原本已有网页版的电子商务网站外，还有一些直接加入移动网络市场的企业，如以手机实用软件、手机游戏软件开发为主的企业。一部分软件可以免费使用，一部分软件可以先免费试用初级版再诵过付费的方式进行升级，还有一部分软件需要直接付费购买，这样，企业就可以通过软件下载量、内置增值服务、软件销售量等方式获取收入。

从近年来的发展趋势可以看出，"鼠标+水泥"作为一种新的创业形式越来越具有发展潜力。首先，提到"鼠标+水泥"，不得不提到 OTO（online to offline）商业模式，其主要的理念就是将线上的消费者带到线下的商店中去，即在线上进行支付，然后去线下商店享受服务。这种方式主要以提供本地服务的团购网站为代表，如美团网、大众点评网等。另外，"鼠标+水泥"还有一种形式，是以 ITM（interactive trading mode）商业模式存在的。这种以互动为基础的商业模式主要强调的是在线下体验店进行体验，然后去网站上进行支付，或者在线上进行个性化定制，然后去线下实体店进行检验，满意后进行支付。这类以钻石小鸟等网站为代表的经营模式给消费者提供了一个体验或检验商品实物的机会，但是同样也会有成本等问题存在。

1.3　网络创业的实现手段

前面已经提到过，网上开店可以通过自己建立网站和通过第三方平台两种方式实现。在本节中，将对这两种方式进行简要介绍和对比。[①]

1.3.1　利用第三方电子商务平台

利用第三方电子商务平台开店是最被广泛接受的一种开网店的方式，它具有很多得天独厚的优势。这些优势对于个人，特别是初次接触网络创业的人，有着巨大的吸引力。它可以让网络创业者尽快熟悉网络创业的方式和方法，尽快了解网店经营的流程，尽快掌握网上开店的技巧。

目前，国内提供 C2C 服务的网站有很多，如淘宝网、易趣网、唯品会、我买网，都是比较知名的网上开店平台。除了 C2C 网站外，如果企业未达到一定的注册资金标准，还可以选择一些提供平台式 B2C 服务的第三方电子商务网站，如京东商城、天猫商城等。这些网站发展成熟、知名度高、人气旺，为创业者提供了非常便利的开店入门条件。利用第三方电子商务平台开网店主要有以下几方面的特点：

（1）简单易学的开店步骤。第三方电子商务网站上通常都有相关教程来详细介绍和说明网上开店流程。通常创业者只需注册一个网站账号，就可以找到这些教程，并按照指导，一步步开设自己的特色网店，而且网站为了最大限度地方便用户操作，一般在开店流程设置上都非常人性化，可操作性强。由于有强大而成熟的服务器后台做后盾，创业者只需用鼠标进行几个简单的操作，就可以在网上开一家属于自己的店铺，比较容易上手。

（2）较低的初始投资。利用成熟的网络平台开店，最大的优势就是节约初始投资。这对第一次创业的人来说，无疑具有巨大的吸引力。成熟的网络平台具有很高的人气，在这里开店首先省去的是大笔的网站推广费用，而且目前很多网络平台都提供免费开店服务。也就是说，创业者可以不费毫厘就拥有一家自己的网店。

（3）全面整合的辅助工具。网络平台为开店者提供了一整套模板式的服务。只要创业者申请开店，便可以依据模板中的提示，依次将网店经营中需要用到的工具准备就绪。比如，在何处上传图片、在何处添加描述、在何处添加店主详情、支付工具如何开通和使用、如何查看订单信息和物流配送信息等，都一目了然。

---

① 本书所介绍的网络创业的实现手段主要是网上开店。

（4）价格合理的增值业务。上文已经介绍，在网络平台上可以免费开网店，这种服务提供了最基本的开店必备条件，但是如果想让自己的网店更有特色且功能更齐全，就要通过付费的方式获得平台提供的增值服务了。一般这种增值服务的价格并不高昂，但是提供的服务非常周到，能对店主推广网店大有帮助。

（5）数目可观的潜在客户资源。客户数量是网络销售的重要保障。知名的网络平台具有强大的品牌优势，这是普通的小经营者短期内难以建立起来的。所以，知名的网络平台事实上形成了一种聚集效应，使得参与者都有可能从中获得一定的收益。

以下就以国内 B2C 市场的领军网站淘宝网为例，来说明利用成熟电子商务平台的好处。

淘宝网由阿里巴巴集团于 2003 年 5 月 10 日投资创办，旨在创造全球首选网络零售商圈，并结合"社区""江湖""帮派"等特色来提高其在网购人群中的知名度。淘宝网的使命是"没有淘不到的宝贝，没有卖不出的宝贝"。而事实上，淘宝网在国内网购市场中的占有率也的确不可小觑。易观分析网发布的 2023 年上半年中国网络购物交易规模市场份额（如图 1-3 所示）显示[1]，淘宝网仍然占比较大，以 37.1% 的份额占据了中国 1/3 以上的 B2C 市场。

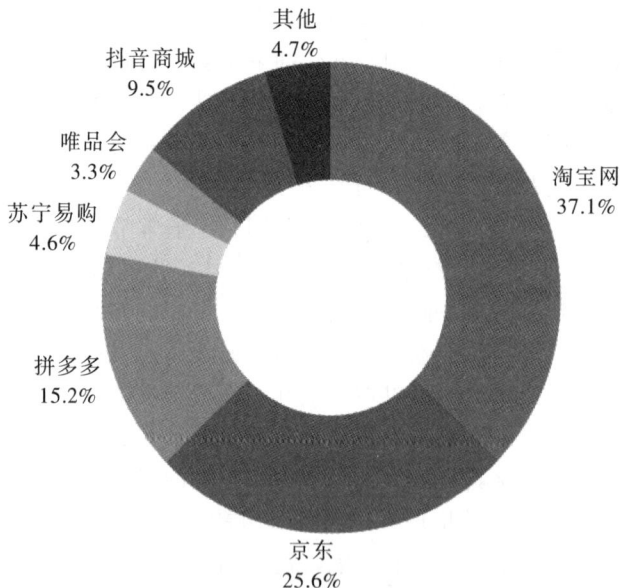

图1-3   2023年上半年中国网络购物网站交易规模市场份额

很多在淘宝上有过购物体验的人都有这样一种感觉，很多淘宝网店在整体风格上几乎是相同的，这是因为在淘宝上申请开店的店家都使用一个基本的模板，也因此很多店铺在格局上是趋同的。

---

[1]   易观分析. 2023 年上半年中国网络购物交易规模市场份额［EB/OL］.［2023-04-14］. https://www.analysys.cn/article/detail/20019654.

但与此同时，人们可能还会发现，不同的店铺里面的装潢和商品的照片陈列方式可能会有所差异，比如有些店铺会在自己的网店里显示店名，而有些店则没有（店名位置显示的是"淘宝网店铺"）；有些商品的陈列方式就是简单的静态照片，而有些是有商品的视频，或陈列的图片是具有动画效果的。这与是否购买增值服务有关。在淘宝网上，付费网店被称为"旺铺"，具有很多增值服务，而且模板的数量要比不付费店铺多得多，收费标准为：未加入消保用户50元/月，加入消保用户30元/月，价格并不高。淘宝中的"消保用户"是指已经参加淘宝消费者保障计划的卖家。卖家需要先提交一定的押金作为保证金，并承诺遵守淘宝的相关规则和政策，从而获得消费者的信任和支持。消保用户的标志通常会出现在卖家的店铺中，消费者可以通过查看卖家是否为消保用户来决定是否选择在该店铺购物。对于消费者来说，消保用户的标识意味着卖家更加可靠和可信，因为卖家的行为受到淘宝的约束，如果出现违规情况，消费者的权益将得到更好的保护。

此外，淘宝网有一套完整的关于网店推广的讲授系统，除了基本的流程之外，淘宝网店推广与经营的方法也都属于增值服务的范畴。

1.3.2　独立网店

目前，市场上与淘宝网这类第三方电子商务平台并行的是独立网店。如果说在成熟的网络平台上开网店像是在传统的大商店中租赁一个柜台经营商品的话，那么独立的网店就如同自己开了一家专卖店。独立网店拥有自己独立的域名和品牌，不必受"大商场"条条框框的限制，有更大的经营空间和灵活性，可以拥有更多自己的特色。最吸引人的是，这种独立网店的经营模式使经营者可以拥有自己独立的店标，树立自己特有的品牌形象，甚至可能逐渐发展形成规模，建立起自己的实体企业。

独立网店拥有一些独特的优势：

①独立的域名。这是独立网店的最根本优势所在。自己申请的独立的域名就相当于独有的标志，与自己的店名或推广理念对应性较高，便于人们记忆。而基于第三方电子商务平台的网店，其域名都是依附于平台的二级域名，不易于记忆；另外，由于域名与自己的店名或推广理念没有清晰可见的对应关系，也不利于培养店铺客户的忠实度。

②可控的顾客资源。独立网店，无论是基于独立网店系统还是自己建设的网站，都可以拥有自己独有的客户资源数据库。店主可以自主地收集客户的信息资源，包括客户访问来源、页面停留时间、产品偏好等关系到自身网店经营的敏感信息，店主可以对这些信息进行独立的管理和分析。这些都是店主的独享资源，可以大大降低他人恶意抢走客户资源的概率。这与第三方电子商务平台只能拥有公共的客户资源平台数据相比，确实具有更大的可控性和经营自主权。

③个性化的网店风格。进行独立网店的建设，可以自己设计喜欢的网店logo，也可以根据自身销售的商品或店铺文化选择喜欢的网店装修风格。另外，如支付方式、客户入口、网站增值服务、网站的宣传推广活动等都可以自主地进行选择。相比于第三方电子商

务平台的网店，独立网店受到的约束要少很多，个性化定制功能要多很多。

④独立的品牌形象。这是独立网店最吸引人的优势之一。由于独立网店在各方面都有更多的自主选择权，因此更易于树立自己独特的品牌形象。像是经营专卖店一样，可以通过自己有特色的营销活动、服务方式和店铺文化吸引到独特的客户群，并逐渐积累起自己的忠诚客户群体，这样就有助于店铺更快、更好地发展，使网店进入一个更高的发展阶段。

⑤自主选择的推广促销活动。独立网店的店主可以根据自身的产品特点、销售业绩或库存情况进行不同的、个性化的网站产品推广促销活动。而第三方电子商务平台的网店，经常要参加平台统一发起的活动，如淘宝网的"双11""双12"等活动。因此，相比于第三方电子商务平台的网店，独立网店能够自主地选择更适合自身网店情况的推广促销活动。

独立网店可通过独立网店系统和自建网站两种方式进行开发建设。

1）独立网店系统

（1）独立网店系统的概念

独立网店系统也称网上商店平台系统、网店管理系统、网上购物系统、在线购物系统。如今在市场上有很多流行的独立网店系统，比较知名的有"SHOPEX"（www.shopex.cn）、"ECSHOP"（www.ecshop.com）、"XPSHOP"（www.xpshop.cn）、"V5SHOP"（www.v5shop.com.cn）、"EC-Spyder"网上商店系统（www.bohinet.com）、"Shopify"商城网店系统（www.shopify.com）、"Big Cartel"（www.bigcartel.com.）等。本节将对其中比较常用的系统做简单的介绍。

① SHOPEX。该软件是国内持续研发时间最久的网店软件，可以免费下载，免费使用，免费升级。在SHOPEX的PC端官方网站上，可以建立B2B、B2C、B2B2C等形式的网店。SHOPEX提供下载多种官方内置或网友提供的网站模板，并支持自行设计模板。软件的促销功能可以让使用者自定义优惠券，自定义商品批发方案，并可将商品进行捆绑销售。该软件还支持多种货币和语言，并提供订单管理、会员分级、支付与配送、统计分析、搜索引擎优化、广告发布、即时通信、在线服务等网店经营所需要的全部功能，方便初学者快速掌握。斯利安官方网站就是利用SHOPEX软件建立的网站。

② ECSHOP。该软件适合企业及个人快速构建个性化网上商店。它是基于PHP语言及MYSQL数据库构架开发的跨平台开源程序。ECSHOP网店系统可以免费下载，免费使用，免费升级。这款软件开发了独有的高效模板引擎，并结合Dreamweaver的模板与库功能，使得编辑制作模板变得更简单，与此同时也有多种现成的模板可供选择。支付、配送、会员整合都是以插件的形式实现的，商家可以随时增加或变更支付方式和配送体系。ECSHOP支持大部分PHP开发的论坛系统，只需在后台做简单的参数配置就可以完成会员整合。它还支持多种类型商品销售，具有强大的站内商品搜索引擎，并且集成了当今市面几乎所有主流的第三方支付网关，是国内很受欢迎的网上购物开发软件。

③ HISHOP。该软件是国内最大的ASP.NET独立网店服务提供商，旗下产品有零售商城系统、平台商城系统、微店系统、社区零售系统等，可以为个人网商开发独立购物网站，提供一站式套餐服务，以及网店推广、货源提供、个性定制等相关增值服务。它同样可以免费下载、免费使用、免费升级。HISHOP具有简单、灵活的设计，使用者可以在最短的时间内完成网店名称、网店公告、模板设置、客户服务等网店运营基本信息的设置。HISHOP网店系统力求展现一种完美的购货体验，因此提供了支持商品图片局部放大功能的技术，同时允许店主为商品添加多张图片，全方位服务顾客，有助于提高客户购买率。

有关其他的独立网站软件，读者可根据自己的兴趣查阅相关资料进行了解。

（2）独立网店系统的优势

借助于成熟的第三方电子商务平台开网店，对于网店经营者来说，具有很大的便利性和数量众多的潜在客户。但是，不同的网商有着不同的销售方式和促销体系，经营着不同特性和不同类别的商品，而第三方电子商务平台很难满足个性化的经营差异，这也正是独立网店系统逐渐兴起的原因。

具体而言，独立网店系统除具有上述独立网店的优势外，还有以下两个方面的优势：

① 相对固定的成本投入。购买独立网店系统软件、空间域名，以及相应的技术维护费用等投入是相对固定的，而且在网店的经营过程中支出成本是可控的。

② 相对较少的精力投入。由于独立网店系统提供商提供的系统模板等服务都比较成熟，因此网店的搭建过程相对简便，店主不需要对设计、排版、布局等方面做太多的工作，只需要根据自己的需要进行部分功能的个性化定制。如果网店的系统出现一些问题，店主不需要自行解决，可以向独立网店系统提供商进行咨询或请其对自己的网店系统进行维护。

2）自建网站

（1）自建网站的优势

尽管以上列举出了利用第三方电子商务平台和独立网站系统开网店的众多优势，但是还有一种观点认为，这两种开网店的手段还是不能满足人们追求个性化的需求。有人认为，独立网店实质上和淘宝等网站上的店铺是一样的，都基于一个平台，可能独立网店的内容与淘宝等店铺有所区别，但独立网店毕竟是一个已经成熟的系统，其模板数量有限，这就不可避免地造成店铺在整体效果上的趋同。比如，食品店和电器店经营两种截然不同的商品，但其店铺从外形上看可能不会有太多区别。换句话说，独立网店系统也无法在真正意义上满足经营者个性化的需求。①

自建网站可以很好地解决这个问题。其除了具有独立网店的优势外，也有自身独特的优势：

① 毫不受限的网站开发工具的选择。独立建设网站，经营者可以自主决定各种开发中的问题，如选择什么工具进行网站的开发，选择何种语言用于网站程序的编写，哪种设

---

① 林峰. 独立网站是电子商务的下一个热点？[J]. 信息系统工程，2008（6）.

计使得网站的兼容性更强，怎样设计和维护网站可以使网站的运行更加稳定。这些开发设计方案可以将经营者的经营理念充分体现出来。

②完全自主的网络服务商选择。要保持网站平稳运行，就需要租用虚拟主机。虚拟主机是在网络服务器上划分出一定的磁盘空间供用户放置站点、应用组件等，并提供必要的站点功能、数据存放和传输功能。所谓虚拟主机，也叫网站空间，就是通过运用特殊的软硬件技术，把一台运行在互联网上的服务器划分成多个"虚拟"的服务器，每一个虚拟主机都具有独立的域名和完整的 Internet 服务器。互联网上提供虚拟主机出租的网络服务商有很多，这些服务商会提供满足不同客户需求的多种产品组合和服务项目。因此，经营者可以根据实际情况选择具体的提供商和相应的增值服务。

（2）自建网站的风险

众所周知，高收益往往伴随着高风险。与另外两种网店实现手段相比，自建网站确实有着更大的发展空间和潜力，但是，自建网站也存在着很大的风险。

①复杂的注册程序。与利用现成的网络平台和网店系统开店不同，自建网站是建立一个拥有独立运营权的网上营利机构，因此要经历一系列复杂的注册过程。在第三方电子商务平台上开店，平台本身可以作为其旗下网店信用和合法运营的担保主体，因此一般只要求创业者进行实名注册就可以了。而自建网站则不同，经营性网站首先要进行 ICP 证[①]的注册，才能取得合法的网站运营权。另外，创业者最好进行工商注册，以获得开具税务发票的权利，这样会使网站更正规、可信，事实上是一种提高网站竞争力的行为。此外，还有消费者协会、网络警察等多部门的注册，虽然这些注册并不是强制性的，但是有了这些注册，网店才更正规，也有利于网站今后向更高的层次发展。

②较大的初始投资。与前两种开网店的手段相比，自建网站的初始投资成本要大很多。因为，一方面单独注册域名和租用虚拟主机是一笔较大的投入；另一方面，网站的建设和维护工作都要由专业的团队来负责，这将是一笔长期的、金额较大的投资，要耗费大量的时间和人力。

③缺少坚实的客户基础。自建网站面临着一个巨大的现实问题。一般而言，人们进行网上购物，通常会很自然地选择淘宝、京东商城等熟悉的、成熟的第三方网上商城。因为，一方面那里产品齐全、卖家多，很容易找到称心如意的商品；另一方面，那里人气高、品牌优势强，可以降低顾客的搜寻成本。与之相比，自建网站的网上商城缺乏这样巨大的客户资源，客流量较少，而且在最初的阶段，很难成功地推广自己的商城，使自己的商城被更多的人知晓。因此，选择这种创业方式时一定要慎重，在整个创业阶段，特别是在创业初期，可能会面临很多意想不到的挫折。

④较大的推广成本。网站建立起来后，首先要面对的就是网站的推广。事实上，任何一家网店要想生存，都要采取一系列的推广和营销手段。所不同的是，第三方电子商务

---

① ICP 证是指各地通信管理部门核发的"中华人民共和国电信与信息服务业务经营许可证"。

平台的网店可以利用它所依附的平台进行网店的推广（如发布广告、购买增值服务等），而且这也是这些网店进行推广的最主要、最有效的手段。自建网站经营网店者则不具备这样的便利条件，其需要完全由自己开展网店的一切推广活动，包括广告推广和技术推广等。但是，无论哪种推广，都需要店主进行整体的规划和评估。要想在诸多推广方式中选择出最适合的，并且能够取得预期的效果，是件相当不容易的事。这一系列复杂的活动，需要创业者投入很多的资金、人力以及时间成本。

⑤ 较难建立起客户的信任。事实上，即使有顾客光临这类网店，真正能够最后购买的，往往也是其中较少的一部分顾客，因为顾客通常缺少对这类网店的信任。面对这种情况，自建网店的商家最需要注意的一点，就是要在自己网店的货源选择和经营项目上多花些心思。因为只有具有比较大的价格优势，或是经营那些在其他地方很难找得到的新、奇、特商品，提供特色化的、本土化的服务，才能使顾客更容易产生初次购买的欲望。另外，需要注意的是，自建网站的网店店主必须提高客户服务的质量。由于顾客本身对店铺缺乏信任，因此只有具备超越其他网商的优质服务，才能逐渐积累起越来越多的客户，引发重复购买行为，建立起客户的忠诚度，建立更为长远、更为牢靠的买卖关系。

综上所述，自建网站开店是件难度很大的事情，它虽然具有更大的灵活性、更大的自主选择权，一旦成功也会具有更大的盈利空间，但是它同样具有更大的风险。因此，创业者在选择这种网上开店方式前一定要谨慎决策，在进行全局的规划和衡量之后，再作决定。

1.3.3　几种网络创业实现手段的比较

前文已经对利用第三方电子商务平台开网店、利用独立网店系统开网店以及自建网站开网店三种网络创业的实现手段分别进行了较为全面的介绍，本节将对这三种手段进行系统的比较。

1）投资成本

从初始投资成本来看，通常第三方电子商务平台的投资成本最小。因为，目前绝大多数平台提供的都是免费开网店服务，即使需要购买增值服务，增值服务的价格也比较低。相对成本略高的是独立网店系统，其初始投资主要用于购买软件系统和空间。但利用这个系统，创业者可以很方便地搭建起创业平台，实现网店经营所需要的各个功能，无须雇用额外的人员专门从事这些活动。自建网站的成本最为高昂。事实上，通过自建网站的方式开网店的多数是中小企业，它们的目的是弥补实体店铺的经营缺口，寻找新的客户资源。

从经营投资成本来看，三种开网店的手段也各有差异。在第三方电子商务平台开网店的创业者，可以很好地借助这个平台，充分利用它所提供的各种增值服务，以扩大自己的网店在站内的影响力并且提高其知名度。当然也可以通过其他的付费广告形式，在站外进行推广。但是不可否认的是，为了应对平台同质网店之间的恶性竞争，在第三方平台上开网店同样需要支付一些额外的开销。利用独立网店系统开店的创业者，需要支付网站的技术维护费用，并且同样需要支付一定的营销费用，主要是推广网店时发生的广告费用以及技术推广费用。自建网站涉及的经营成本有很多，除前文已经提到的基本费用外，网站的运行维护费、专门人员的薪酬等也都需要考虑在内。

2）网店装饰的自由程度

显然，在第三方电子商务平台上开网店限制是最多的，不仅可供选择的模板数量有限，上传商品的图片数量、规格也要受到严格的限制，网店的格局也同样会受到限制，甚至网店的支付方式也受到或多或少的限制。因此，整体看来，依附于第三方电子商务平台建立的网店给人的直观感觉都是一样的，缺少个性化和特色。利用独立网店系统建设的网站则不同，在这类网站中可以看到更多个性化的元素。虽然独立网店系统同样提供了网店模板，但是这些模板中并没有非常严格的限制，比如对照片的数量就没有要求，这就在很大程度上给了店主自我发挥的空间。选择什么样的图片组合，怎样安排自己的版面以呈现给顾客最直观、最舒适的"购物环境"，都可以由经营者自己决定。并且，如果模板不能满足创业者的需要，创业者还可以申请个性化定制服务。但是，这样的网店经营模式仍然存在着模板的限制，不同网店之间的整体布局还是比较接近。与前两者相比，自建网站的网店完全不存在这个问题，网站页面的设计和安排完全由自己决定，添加什么样的图片、利用什么样的动画效果、添加怎样的超级链接，都可以由店主自己规划设计，只需要考虑是否能让网站达到最佳的表现效果就可以了。

3）创业者的精力投入

第三方电子商务平台可以让人们实现足不出户就在家中开店创业的梦想。很多第三方电子商务平台的商户是没有库存的，一旦接到订单，立即通知与其合作的实体店或者供应商直接发货，这样就节省了大批库存管理的成本和精力。另外，由于网站维护、与支付系统的链接、订单管理、物流管理等工作都是依附于第三方平台进行的，因此创业者不必关心后台的运行状况，只需用鼠标进行简单的操作就可以了。与另两种方式相比，此类创业者额外需要关注之处在于如何应对来自竞争者的威胁，而且需要不断地更新商品信息，以确保自己的商品在顾客进行商品关键字搜索时，有一个靠前的位置。利用独立网店系统开店的创业者需要在网店初期的平台搭建上投入比前者更大的精力，因为选择的自主性更大，因此需要作出的决策也就更多。而且这类网店通常需要比利用第三方电子商务平台开设网店提供更多的支付方式，以满足不同顾客的需求。自建网站需要投入的精力无疑是最大的，而且由于这种网店的规模通常比较大，创业者需要考虑方方面面的需求，因此是一项极富挑战性的工作。

4）网店的品牌影响力

自建网站的网店最可能创造出自己的品牌影响力，这也是很多人在付出更多的辛苦却不能很快取得显著收益，甚至赔本的情况下，仍然选择自建网站的方式，而不是利用第三方电子商务平台的方式开网店的原因。依附于第三方电子商务平台开网店的创业者在这一问题上其实是很难实现突破的，因为人们往往因为网店平台的口碑而到网站上搜索商品，顾客并不太关注自己选择的商品是从哪家店铺中买的，只是在货比三家之后选择一个自己认为性价比最高的商品进行购买。这样一来，发生重复购买的可能性要比独立网店中发生的概率低得多，而且很难让顾客记住网店的店名，也就很难培养起网店的忠实顾客。利用独立网店系统开网店与自建网站开网店的情形比较接近，因为直观上看，这类网店拥有独立的域名以及独有的店名，即使同一模板下店面在整体效果上比较接近，但是并不影响顾客形成对这类网店的独立品牌印象。表1-1对三种网络创业的实现手段进行了比较，以便创业者作出选择。

表1-1　　　　　　　三种网络创业实现手段的比较

项目	第三方电子商务平台	独立网店系统	自建网站
投资成本	成本较小：购买平台增值服务，发布各类广告，平台竞价排名	成本居中：购买独立网店系统费用，空间域名、技术维护费，网店推广费	成本较高：网站建设费，空间域名、技术维护费，网店推广费，专人薪酬等
网店装饰自由度	自由度低，受到依附平台的极大限制，要严格遵守平台规则	自由度较高，自主决定店标、支付方式接口等多方面设计，受限于模板	自由度很高，自主决定网店的任何设计，以满足顾客的购物需求
精力投入	投入较少，借助于模板，省去很多推广、支付、客服管理的精力投入	投入居中，网店搭建轻而易举，需要关注网店内容更新、客户管理等	投入最多，从创建起，对网站设计、管理和运营的方方面面要全程关注
品牌影响力	难以树立品牌形象，不易建立起客户忠诚度，不易发生重复购买和推荐购买	容易树立品牌形象，若服务到位，易建立起客户忠诚度，甚至推荐购买	容易树立品牌形象，若服务到位，易建立起客户忠诚度，甚至推荐购买

其实，以上三种网络创业手段都有很多的实践者，它们本身并不存在谁优谁劣。创业者需要根据自己的意愿、实际情况以及未来的发展目标，结合以上给出的各种创业手段的特点分析，慎重思考、整体规划，作出最适合自己的创业手段选择。

1.4　网络创业的优势

随着就业市场的竞争越来越激烈，人们的工作压力越来越大，日常生活的成本越来越高，如今有越来越多的人放弃给别人打工，转而选择自己创业，以实现自我突破或更高的人生理想。在这部分人当中，相当一部分人将目光锁定在网络创业上。究其原因，在于网络创业拥有很多优势，是实体店铺所无法媲美的。

1.4.1　投资较小

开网店对很多人而言，最有吸引力的地方莫过于投入微乎其微的成本，就可以拥有自己的店铺。虽然前面已经提到，开网店会有一部分隐性投资，这些投资甚至是无法预测、不可控制的，但是与开实体店相比，还是可以节约大笔的开销。

第一，可以节约租赁房屋、柜台的开销以及库存成本，这是一笔相当可观的金额。实体店铺要支付水、电等杂费，这些琐碎的支出积少成多，也是一笔不容小觑的费用。

第二，实体店经营的商品通常会有淡季和旺季的区别。实体店很大程度上靠季节来转换商品类型、带动消费。网店则不同，网店不存在明显的季节差异，因为网店面对的是全国甚至全球的客户，这也是很多实体店同时也在网上开店来弥补其淡季销量缺口的原因所在。

第三，实体店的店主如果不雇用员工，自己就要将更多精力投入实体店中。网店则不同，即使店主将网店作为自己的副业，也是可行的。因为经营网店可以随时响应客户的在线提问，即使外出，也不耽误经营网店。从另一个角度讲，经营网店拥有更大的自由，开店时间有更大的弹性，而实体店则不同。

1.4.2 库存管理成本低

很多人对网店的第一印象就是零库存。的确，经营网店，库存管理成本与实体店相比要低廉很多，甚至可以达到零库存。

在实体店购物的顾客，一般都是通过与商家面对面的方式进行购买，对照实物进行选择。当挑到心仪的产品时，顾客就会购买，而且有时会一次性购买多件同样的商品。如果实体店不具备一定数量的库存，这时候就不能满足顾客的需求，客户就很有可能会流失，从而造成商家的损失。网店经营则不同，绝大部分的网上购物，购买者与网店经营者并不在一个地区，其实即使在同一地区，也是允许延迟发货的。这种延迟就为店主争取了更多的时间，他们可以从自己的供货商那里临时提货。如果供货商在外地，甚至可以直接通过供货商发货给顾客，网店经营者本人甚至不用接触商品。因此，即使店主自己没有库存，也可以顺利地实现交易，并且可以提前发布商品信息进行提前预售。归根结底，这其实是将库存管理的成本转嫁给了他人。

这里说的库存成本低，主要是指资金成本投入比实体店少，但这并不意味着创业者可以不重视库存管理。其实，网店之所以能在收取运费的情况下仍然比实体店更具有价格优势，很大程度上在于网店的低库存成本。这样一来，如何成功地"转嫁"库存管理成本，就成为网店成功的关键。这需要店主与其合作伙伴，即网店的供货商之间，建立一种长期而稳定的合作共赢关系。因为只有这样，供货商才会随时满足网店经营者的需求，为其随时提货提供最大的便利，甚至允许对订单进行更改和无条件退换货。

当然，对于规模较大的、自建网站的网店来说，适当数量的库存也是其经营必不可少的条件，因为有些网店的供应商可能比较多，因此完全依靠供应商直接发货就会增加网店供应商管理的成本，使得通过减少库存取得的利润荡然无存。

1.4.3　客户资源广阔

网店依附互联网而存在，而互联网连接着全世界，因此对于一个网店的店主来说，其客户群体至少可以定位于全国。这一点与实体店不同，实体店只能将自己的客户锁定在本地区，客户资源较少，而在互联网上开店，市场空间是巨大的，因此网店可以拥有更为广阔的顾客资源和供货商资源。

在互联网上，创业者可以通过互联网获得更多的供货商资源，可选择的空间很大，而且产品种类很多，远多于某一特定区域的商品供应种类。这样一来，店主可以从互联网上采购本地缺少的"新、奇、特"商品，专门面向本地客户销售，或将客户群体定位于全国，以获得丰厚的利润。

由于商家拥有广阔的供货商资源，并且减少了中间的销售环节，同样的商品，网店商家仅需付出低廉的成本，因此商家可以提供更让客户心动的购买价格，同时商家也可以通过适当的促销方式，比如包邮、降低运费、与物流公司洽谈开展优惠活动等，实现自己的总价格优势，以获取更多的客户资源。

1.4.4　内外部环境相对简单

很多人选择开设网店自主创业，是为了避免传统工作中纷繁复杂的人际交往关系所带来的困扰。

在传统工作环境中，人们总要面对各种各样的人际交往。在公司外部，要面对与不同性格、不同背景、不同身份客户之间的谈判和应酬；在公司内部，要应对与领导、同事、下级之间的相处和交际。现代社会竞争激烈、生活节奏快，人们本来就已经背负着沉重的压力，再加上复杂的人情世故，很多人宁愿放弃"稳定的"工作，转而开展网络创业。

相对而言，网络创业面对的内外部环境要简单许多。首先，顾客在进行网购时，与店主并非面对面直接接触，这其实可以很好地缓解买卖双方的紧张情绪，能够形成比较融洽的购物氛围，与在实体店中购物相比，比较不容易发生买卖双方的冲突。其次，网店的经营规模通常比较小，而且很多人都是在家办公，这样一来，就可以有效地避免与"同事"这一群体发生利益冲突。但是，不是说开网店就可以完全不涉及与他人之间的人际交往，与供应商之间的合作和沟通，与物流公司之间的交流和博弈，以及应对不同客户时真诚、细心地解答，仍然需要创业者用心去处理，因为任何一个环节出现问题，都可能会影响到网店的盈利能力。

1.5 网络创业面临的挑战

网络创业者要面临的挑战很多，如能否把握最新的市场动态，以超越竞争者的速度占领市场先机；能否以巨大的耐心，定期为自己的顾客做新产品和服务的宣传；能否合理地运用资金，最大限度地压缩经常性开支；能否不断地学习，了解自己经营商品的最新情况，以及不断地丰富自己的营销手段，更好地推广自己的网店等。能够长期坚持做好这些工作是非常不容易的，这对于网络创业者来说，无疑是巨大的挑战。归纳而言，网络创业者主要面临的挑战有以下五个方面。

1.5.1 能否保持成本优势

与实体店相比，成本优势是网店的一个根本优势。然而，在商品越来越同质化的今天，如何能在同类网店中保持住自己的成本优势是极其重要的。在网店之间的成本竞争中，谁能花费最少的钱获得最大的收益，谁就能在竞争中取得优势。现在消费者的购物观念是，选择性价比最高的商品，因此通过牺牲质量来取得价格优势，显然不是明智的选择。这就要求创业者必须正确选择货源，并通过与商家、物流公司合作等一系列的营销手段，在细节上注重成本的节约，才能取得成本优势。

1.5.2 能否保证商品有竞争力

卖什么始终是网络创业者最先要考虑的问题之一。根据商品种类不同，其可以分为服装、书籍、食品、化妆品、音像制品等；根据商品特性不同，其可分为常规商品和新奇特商品。然而，无论选择哪种商品，创业者都要选择那些有竞争力的商品，即能卖出好价钱、获得好的销量、为自己带来可观收益的商品。商品能否有竞争力，虽然不是完全由店主自己决定的，但是可以通过一些策略来提高商品的优质化程度。比如，创业者可以选择自己感兴趣的一类商品，因为兴趣往往使人对商品更为熟悉，能够更了解市场行情，更清楚商品的市场价格和发展潮流，甚至有助于商家寻找好的货源并获得更低的价格。

1.5.3 能否吸引到消费者

在中国，随着电子商务市场的蓬勃发展，在商品的同质化问题变得越来越严重的当下，如何能使自己的商品在众多相同或相似的商品中脱颖而出，是各网店店主应该关心的首要问题。网店店主可以通过更低的价格、更优的质量、更多名人的推荐等各种推广促销活动来为自己的商品增加无形的价值，使消费者能够关注到自己的商品，进而购买商品。

1.5.4　能否规避上下游的欺诈

网络是虚拟的世界，在网络上开网店就要承担这个虚拟世界中可能存在的风险。在网店经营的每个环节，都可能有欺诈行为发生。比如，在进货过程中，可能遭遇货品与描述不符等质量问题；在销售环节中，可能遭到购买者的欺骗（如恶意投诉、恶意退货等）；在物流方面，可能遭遇物流商服务质量差，配送过程中造成商品损伤、毁坏等问题，严重者甚至会影响网店的信用；还有可能发生第三方对网站进行恶意攻击，窜改网页信息，冒充消费者进行交易进而盗取商家账户信息等危险；或者以假网站冒充，窃取消费者机密信息，以侵入客户账户，进行非法转账等。这些都是在网店经营过程中可能遭遇的挑战和风险。

1.5.5　能否获得消费者信任

如同前文所提到的，网络世界是虚拟的，消费者并不能亲眼见到商品或亲身试验商品，因此网络上消费者的信任是很脆弱的，如何让消费者对店家产生信任是店主应该关注的重要问题。店主应该如实地提供商品信息，不得出现不实的、夸大的言论。此外，店主在与客户进行沟通的过程中，应当对消费者提出的疑问进行耐心、细致的解答，减少消费者的不信任。而且，店铺的服务人员应该不断提高自己的专业性，对店铺的产品一定要有全面的、专业的认识和了解，这样也会削减消费者的不信任感。

因此，网络创业者一定要做好应对风险与挑战的心理准备，并且要通过努力，将这些风险降到最低。

1.6　网络创业的主要人群

1）大学毕业生

大学生的就业形势近些年来受到越来越多的关注。随着高等教育的普及程度越来越高，大学毕业生人数越来越多，大学生的就业问题就成了国家亟待解决的重要问题之一。事实上，大学生是较多进行网络创业的人群之一，因为网络创业具有投资小、风险低、灵活性强等特点，适合年纪较轻、有活力、有斗志而又缺少初始创业资金的大学生。而且大学生通常对互联网比较熟悉，有网上购物的经历，对电子商务有一定的了解，因此在接触这一创业模式时比较容易上手。

2）创业偏好者

很多人有非常强烈的创业欲望，如一些在校大学生利用课余时间进行网络创业，还有一些想创业却资金较少的人员，也是先利用网络创业来试水或筹资。

拥有创业欲望的人，通常具有很强的企业家精神。这些人不愿意其工作模式和生活模式固定化，他们更愿意按照自己的意愿，将更多的精力投入到网店经营中。在网店经营过程中，他们可以建立自己的团队，通过努力去实现自己的创业理想。

3）实体店经营者

由于开设网店所需投入的成本、时间和精力都相对较少，因此实体店经营者可以选择"双管齐下"的方式，在开设实体店的同时，在网上建立自己的网店。首先，实体店经营者拥有丰富的货源，即实体店里销售的产品都可以拿到网上销售。其次，实体店经营者可以利用空闲的时间来经营网店生意。最后，实体店经营者拥有丰富的经验，可以选择适合自己的宣传推广方式及服务方式。

4）有特殊货源者

一些有特殊货源的人，能买到其他人需要却买不到的东西，或以更优惠的价格买到其他人需要的东西，如代购店家。代购一般有海外代购和国内代购两种。海外代购大部分是由在国外工作、学习的人员，或者经常到国外出差的人员，替国内的消费者在国外购买一些国内买不到或者国内价格很高的商品；而另一种代购形式——国内代购则常常是由一些商场的内部员工或者VIP会员，帮助其他消费者以更优惠的价格购买商品。

总之，与其他创业形式相比，网络创业具有投资小、难度低、操作性强等特点，即使仅仅作一次创业的尝试，也是一个不错的选择。同时，既然选择了以开网店的形式创业，就要为自己的网店确定好市场定位，做好做足每个环节的工作，拥有合理的规划和足够的耐心，网络创业才有可能取得成功。

■本章案例

拼多多的崛起

2007年，黄峥离开了谷歌总部，但他并没有立即开始创业。相反，他选择去3C小商品市场站柜台，通过与顾客面对面交流，深入感知消费市场和客户需求。在半年的时间里，他亲身经历了消费市场的变化和客户的真实需求，这为日后创立电商公司提供了宝贵的经验。

基于对市场的深入了解，黄峥后来创立了3C电商欧酷，以对标京东为目标。尽管欧酷的营收达到数亿元，但由于手机市场价格透明、利润微薄，因此与京东的差距逐渐拉大。在面对竞争和压力时，黄峥并没有选择与京东直接对抗，而是寻找新的竞争维度，寻找新的商业机会。

为避免欧酷陷入与京东的无意义消耗战中，黄峥在2011年选择将欧酷卖给了兰亭集势，仅保留了技术团队。此后，他相继创办了电商代运营公司"乐其"和游戏公司"寻梦"。尽管如此，进入电商市场的想法始终没有打消。黄峥一直在寻找新的机会和突破口，希望在竞争激烈的中国电商市场中占据一席之地。

2011年，京东、阿里实际上已经占据了电商的大半壁江山。到了2016年，两大巨头的市场份额进一步扩大。当时，不少电商业内人士都倾向于认为，电商赛道的竞争已经被这两大巨头统治，尘埃落定。2011年不能做的事情，2016年还能做吗？谁也没想到是，黄峥带着拼多多的原型"拼好货"横空出世。

梁宁将互联网用户画像分为三类：大明、笨笨和小闲。大明是目标明确的购物者；笨笨则是在淘宝等平台上花费大量时间浏览，但最后购买的却并非最初想买的商品；小闲没有明确的购物需求，只是偶尔发现不错的商品才下单。相对于在淘宝和京东上搜索物品的购物场景来说，拼好货瞄准了后两类用户的消费场景。拼好货的用户中，有近一半的人认为在拼好货上购物可以和熟人拼团、砍价，更便宜，还可以互相推荐，就像逛街一样看到合适的就买。

而拼好货的成功得益于其充分利用了微信的巨大流量，通过拼团社交模式，丰富了购物场景，并大大降低了获客成本。这种现象级规模增长的背后，最根本的原因在于社交电商在营销中达到了帕累托最优。传统电商通常需要花费大量广告费用来获取流量，而拼好货通过朋友推荐和信用背书的方式促成下单，从而节省了大量广告费用。平台将节省下来的这部分广告费用返还给平台商家和用户，形成多方受益的局面。

自2015年4月拼好货正式上线后，短短8个月内其累计用户数量便突破千万大关。在不到一年的时间里，众多效仿拼好货模式的公司如雨后春笋般涌现。面对拼好货的迅猛发展，许多创业者或许会感到懊恼，为何当初自己未能洞察此机会，错失了商机呢？

借用一位网友改编鲁迅先生的一句话——普通人翻开商业这本书，每一页上都写着"市场饱和"几个字。而真正的创新者横竖睡不着，仔细看了半夜，从字缝里看出来，满本都写着"新市场"和"新机会"。

这里的"字缝"，就是新的观察视角。当我们放眼望去，整个市场都是红海的时候，可能就说明，改变游戏规则的时候到了，与其在原来的层面里去苦苦寻找机会，不如寻找改变市场结构的可能。

案例问题：

1. 结合本章内容，依照案例中拼多多商城的崛起，谈谈你对网络创业的看法。

2. 作为卖家，你是否愿意选择拼多多商城？为什么？

3. 结合案例，谈谈我国现阶段第三方网络创业平台的发展现状，以及你对网络平台改进的建议。

本章小结

　　本章首先介绍了网络创业中涉及的基本概念，在此基础上对网络创业的形式及手段进行了分类和比较，总结了网络创业相对于其他创业形式所具有的优势和网络创业本身带来的挑战，并在最后提出几类适合进行网络创业的人群。本章重点对网络创业的几种实现手段进行了详细的介绍，并列举目前几种主流创业工具，以供读者参考。

复习思考题

　　1. 简述网络创业中物流、资金流的概念，并概括网络创业中信息流涉及的内容。
　　2. 试列举其他网络创业方法，并对其可行性做简要分析。
　　3. 试分别论述利用第三方电子商务平台开店和开设独立网店各自所具有的优势。
　　4. 试对本章提出的几种创业手段进行比较。
　　5. 谈谈你对网络创业的优、劣势的看法。
　　6. 试讨论，除本章提到的几类人群外，还有哪些人群适合从事网络创业。

本章网站资源

　　[1] 招商加盟网.https：//www.59858.com.cn/.
　　[2] 淘宝网服务中心.https：//consumerservice.taobao.com/.
　　[3] 阿里学院.https：//promotion.1688.com/html/200728/index.html.
　　[4] 阿里巴巴网.https：//www.1688.com/.
　　[5] 58好项目网.https：//www.58hxm.com/.
　　[6] 创业商机网.http：//www.78.cn.

第 2 章

利用第三方平台网上开店

第 1 章已经对网络创业中的基本知识进行了系统的介绍，本章将对利用第三方平台网上开店进行全面、细致的讲解。

▌2.1 网上开店的前期准备

与传统的创业模式相比，网络创业门槛可谓降低了许多。同时，互联网上一个又一个的网络创业传奇，不断地激励着那些有创业意愿却还没有付诸实践的人们。但值得注意的是，尽管互联网商机无限，网上创业的门槛很低，但这并不意味着没有门槛。因此，一定要在网络创业前做好充分的前期准备。

2.1.1 网络创业的整体规划

根据网络创业者的经验，想在网上开店，第一步要做的就是设计。所谓设计，简单地说就是要对网店有一个整体的规划。有时候，有些网店的初始投资较大，创业者可能出现资金不足的情况，这时就需要创业者利用宝贵的无形资产——创业的构思、计划去吸引他人为自己的创业投资，甚至需要将创业的整体规划书面化，向投资者提供商业企划书。

在整体规划中，创业者要首先对网上购物的客户群体有一定的认识，并根据客户群体的特点，开展自己的网络创业，这样有利于创业者制定合适的经营策略，有的放矢。

网上购物的主要群体是经常上网的人群。中国互联网络信息中心（CNNIC）的调查数据显示，截至 2023 年 11 月，我国网民以 10～49 岁年龄段为主要群体，比例合计达 82.6%。因此，卖家可以大致将自己的目标客户群锁定为这一群体。将目标群体继续细分，可以总结出以下规律，比如从职业上讲，以白领或从事计算机相关职业的脑力劳动者为主；从知识结构上讲，以受过教育的青年人居多，而且以在校大学生或城市中学生为主。具体来说，可以将客户分为不同的群类，如学生群体、妈妈群体、上班族群体等。不同的群体有不同的特点和购物倾向。比如，学生（特别是在校大学生）追求时尚，关注时装、饰品、化妆品以及休闲食品的消费；对于妈妈们，特别是刚刚生完小孩的妈妈来说，她们将会是母婴用品和家居用品的主要消费者，经营母婴用品和家居用品的商家可以着重研究这类群体的特点，以便更好地为她们服务。

之后，创业者要基于自己的实际情况，确定自己选择何种创业形式、使用何种创业手段、经营何种创业项目，然后通过书籍、网络等各种途径，全面了解网上开店的详细步骤，学习网店的经营策略。本书接下来的章节将对这些内容依次进行详细介绍。

2.1.2 网络创业前的选择

创业者在进行网络创业以前需要面临的选择是多方面的。正如第 1 章所介绍的那样，在网络创业中，从创业形式到创业手段，从选择创业平台到选择软件系统，从销售哪种商品到选择哪家物流公司，都要经过创业者认真的考量。事实上，每一个环节都可能会影响到创业者未来的经营状况和盈利能力。因此，必须在创业初期就做好一系列的规划和选择。

1）选择创业形式

这是其他所有决策的基础。面对网络创业多种不同的形式，创业者首先要决定，是自己寻找货源，经营实体商品，还是寻求加盟，做品牌商品的下级分销商。因为前面已经介绍过，这两种创业形式在成本投入和经营方式上有很大差异，需要创业者在创业前期就作出选择，以便做好网店的总体筹划和预算。除此之外，创业者可能还会进行其他的创业尝试，比如代理网上充值业务，或者开一家专门服务于网络创业者的网络咨询机构，为其他店主提供诸如专业的商品拍照、照片处理等服务。

以上所列举的这些创业形式，在货源管理、面向的客户群体，以及网店的经营策略方面各不相同。因此，只有做好这一阶段的选择，才能为今后工作的开展奠定基础。

2）确定运用哪种创业手段

这同样是一个需要创业者慎重考虑才能作出的重要选择。从某种角度来说，选择不同的创业手段决定着网店日后的规模和发展前景。而且，不同的网络创业手段的操作难易程度相差很大，成功的概率也不同，因此需要创业者在全面衡量几种手段的各种风险、做好充分的心理和物质上的准备的基础上，选择适合自己的创业手段。本书在第1章中已经对利用第三方电子商务平台开店和独立网店（利用独立网店系统和自建网站）两种开店手段进行了较为全面的分析和比较，创业者可以参考第1章的介绍，结合自己的实际情况进行选择。

对创业手段的选择，其实很像是在做一种投资，不同的选择代表着不同的风险，同样也代表着不同的"收益"——高风险往往伴随着高收益。笔者通过对自建网站的网店经营者进行访谈了解到，自建网站的经营难度较大，需要经营者投入非常多的心血和资金，面临巨大的心理压力和较难打开的客户市场，很多选择这种创业手段的店主最终都以失败告终。因此，对于创业者，特别是第一次进行网络创业的人来说，利用第三方电子商务平台开网店是一种更合适的手段，因为这不仅可以使人尽快熟悉完整的网店交易流程，还可以使新手尽快掌握网店经营的要领和技巧。而且，一些成功的平台网店的盈利能力很强。据受访者介绍，对比同期开店的平台网店与独立网店，也许独立网店在生死线上苦苦挣扎时，平台网店已经可以获得非常可观的收益了。但是，平台网店很难在树立独立的品牌形象方面取得突破，往往安于相对轻松的经营方式和较大的利润，很难迈出独创品牌这一步。因此，运用哪种手段进行自己的网络创业，要根据创业者的实际情况和自身的职业理想进行选择。

3）确定开展何种经营项目

开展何种经营项目，就是指创业者选择哪种商品在网店中销售。适合在网上销售的产品种类很多,一些虚拟商品,比如共享软件、代理充值、为其他商家提供服务等都是比较热门的网上经营项目;实体商品的可选择余地更是大得多,在这里列举几种行业产品,以供创业者参考。

(1)书籍。书籍是电子商务发展初期就在网上进行销售的商品。如今,天猫、京东、当当网等是很多人购书的首选,这说明在网络上卖书还是很有市场的。人们之所以在网上买书,最主要的原因是网上购书能够享受很大的折扣。人们在网上买书的另一个重要原因是网上的书籍资源比较丰富,很多在实体店找不到的书籍在网上都能够找到。在网上卖书比较容易,只需要把书的封面、作者、出版社、内容摘要以及价格等基本信息发布在网上就可以了。目前在网上销售二手书也是一种时兴的经营项目,很多在校学生在网上无成本地开店,卖自己手中闲置的书,也是一种不错的创业实践。

(2)电子产品及配件。在网上销售电子产品及配件,是店主扩大销售市场的一种很好的选择,网络是个开放的市场,面向的客户群体要大得多,电子产品及配件在网上销售具有较大的价格优势。然而,电子产品及配件的专业性比较强,这就需要创业者具备专业的知识来应对不同消费者的各种问题。另外,网络上销售的电子产品的质量是目前顾客最关心的问题。作为商家,一定要保证产品的质量,不要因为在网上销售,电子产品的质量问题暴露出来会需要相对较长的时间,就将商品以次充好地卖给消费者。这种做法虽然能在短期之内降低成本、获得利润,但不是长久之计,何况这种做法容易遭到顾客的投诉,严重的还会被勒令停业。

(3)特色礼品。特色礼品在网上同样有市场。逢年过节,探亲访友,从网上选择一些本地没有的,有地方特色的,精美、别致的小礼品送给亲友,能更好地表达自己的关怀和情意。特色礼品包括的种类有很多,比如工艺品、土特产等,这些商品的地方特色很强,在网上经营,可以充分利用网上客户资源不受地域限制这一特点,把这些产品卖给不同城市、不同地区的买家,而这对于实体经营者来说是不太可能实现的。销售特色礼品,一定要注意商品描述和包装。为商品添加生动、有趣的描述和清晰、多角度的图片,往往会吸引购买者的注意力,而且购买特色礼品往往是用来作为礼物的,因此在商品包装上多下功夫,通过与买家交谈了解礼品接受者的特点,会给顾客留下周到、热心服务的印象,也会增加顾客再次光临和推荐其他人购买的可能性。

(4)家用电器。家用电器同样是一种很有市场的适合在网上销售的商品。对于经营这类商品的创业者来说,寻找到好的货源、降低成本,是获得市场的关键。另外,消费者对家用电器的价格一般都比较敏感,如果在实体店中购买,即使是小件的电器,可能也要货比三家,跑遍半个城市去选购。但是如果在网上购买,就能避免这种麻烦,大大方便了消费者。因此,只要商家能够保证商品的质量,让消费者在购买中尝到甜头(如低廉的价格、优良的品质、周到的服务等),就很容易留住消费者,进而形成第二次或经常性的购买。

(5)食品。很多消费者并不放心在网上购买食品,一来担心食品的质量问题,二来担心食品在运送过程中发生包装破损，从而影响食品的品质。但是，随着消费习惯的逐渐改变，很多人也开始在网上购买食品。网上销售食品同样容易建立品牌忠诚，但是要求商家做好以下几点：首先，要保证商品的分量足、品质优。在网上购买食品，特别是称重的食品，一定要给足分量，并且做到实际商品与商品描述相符，这会增加顾客的好印象。其次，要注意食品的包装，食品包装一定要用干净的包装物，而且要密封性良好，确保在货运过程中，包装不会破损。最后，要注重价格，食品的销售商很多，而且同质性极高，消费者在购买商品时，往往会比较很多家的商品后才进行购买。对于第一次购买的顾客来说，价格无疑是其选择商家的关键。如果商家的定价合理，又能配合适当的促销手段，如达到一定金额满减等，就可以形成薄利多销的良性循环。并且，由于顾客购买食品时往往会花费很多的时间进行比较，因此一旦商家提供的商品和服务能够令顾客满意，就能很容易地取得顾客的信任而使其再次购买。由于食品消费量较大，如果成功打开市场，那么利润是非常可观的。

（6）服装。在网上销售服装同样很有市场。创业者可以选择为大品牌做销售代理，这样可以省去一些品牌推广的费用，并且大品牌服装的品质消费者信得过，也增加了购买的可能。但是，品牌代理商数量很多，并且还要与实体店竞争，因此也在无形中增加了网上销售服装的难度。当然，创业者也可以选择那些性价比比较高的非品牌服装在网上销售，但一定要保证货源可靠，服装的质量有保证。还有一类网络创业者在网上销售自己设计甚至自己剪裁加工的服装，这类服装以美观、有特色及做工精细等特点吸引买家。但是，并非所有创业者都可以经营这样的服装店，要有一定的服装设计功底，并且设计的服装要在市场上独一无二才能有好生意。可以说，这类网店是靠店主的手艺盈利的。

（7）化妆品。对于大多数女性消费者而言，化妆品绝对是其关注的焦点，因此在网上销售化妆品是很有市场的。经营化妆品在网络竞争环境下的立足根本依然是价格优势，消费者可以花更少的钱获得跟专柜一样的商品甚至比专柜还能多获得一些小样或小礼品。然而，要想在同质化非常严重的化妆品市场中脱颖而出，只有价格优势是远远不够的。店家还必须保证化妆品的品质以获得消费者的信任，绝对不能出售假冒伪劣商品欺骗消费者。经营化妆品的店家可以选择品牌代理，也可以选择国外代购等方式。

能够在网上出售的商品还有很多，除以上商品外，还有首饰、母婴用品、皮具等。但是，无论选择哪种商品进行网上销售，创业者首先要做的就是了解自己经营的项目，找到自己的优势和劣势，知道自己擅长什么，这对网店的成功会很有帮助。开店成功的技巧其实很简单，概括一下就是两个字：专业。对自己销售的商品有专业的知识和充分的了解，能够为顾客提供专业的服务，才能让顾客在购买商品时获得一种满足感，认为得到了最好、最高品质的商品或服务。特别是对于那些销售专业性很强的商品的店主来说，专业知识就显得尤为重要，对待顾客的任何问题都应该对答如流，否则就会显得不专业，让顾客对店里的商品也不放心。在为顾客提供服务时一定要注意，要以顾客的需求为导向，以尽可能满足客人的需要为目标，不断学习，增长见识，补充自己的专业知识，这样才能在需要时信手拈来，使交易得以顺利进行。

2.1.3　必备的网络创业工具

1）电子邮箱

注册电子邮箱是开网店的必要步骤，它不仅可以用来接收和发送电子邮件，而且是注册网络账号的必要工具。比如，注册支付宝账户，就需要用电子邮箱地址作为支付宝账户的用户名。因此，创业者首先必须有一个网上开店的专用电子邮箱，这样可以有效地保护自己网络信息的安全。

在互联网上，有很多网络服务商提供免费的电子邮箱服务，如网易邮箱、新浪邮箱等，创业者可以选择以上邮箱进行免费注册。在开网店的过程中，它可以帮助创业者接收各种激活注册信息、交易信息，也可以用来与顾客和平台或软件的提供商进行沟通和交流。

如今电子邮箱的使用早已为人所熟知，因此电子邮箱的申请方法在本书中不再赘述，仅对使用电子邮箱进行商务活动时的一些细节问题做简单讲解。

邮件主题往往被很多人忽视，大家在发电子邮件时，经常随便填写一个主题，甚至干脆省去，而事实上对于收件人来说，第一眼看到的就是邮件的主题，他们希望能从主题中了解到邮件的大体内容。因此，在商务沟通中，必须要把邮件主题写清楚，而且要能够精练地概括邮件内容。

邮件签名是很多商家推广自己网店的常用手段，在邮件末尾加上自己的个性签名，的确可以为网店起到很好的宣传作用。个性签名一般经过精心设计，要融入网店的特色和店主的风格，也要容易记忆，但是签名不要太长，否则会给人本末倒置的感觉。

此外，很多店主喜欢通过给顾客发电子邮件的方式进行营销推广，但是这种方式要慎重使用，搞不好会事与愿违，因为很多人并不喜欢每天处理陌生人的广告邮件。

2）即时通信工具

目前国内的即时通信工具主要有腾讯QQ、微信等。本书介绍三种较为主流的、适合网店经营者使用的即时通信工具——腾讯QQ、微信和阿里旺旺。

腾讯QQ是深圳腾讯计算机系统有限公司开发的一款即时通信软件，支持在线聊天、视频通话、点对点断点续传文件、共享文件、网络硬盘、自定义版面、QQ邮箱等多种功能，并与移动通信终端等多种通信方式相连。QQ在线用户由1999年成立时的2人发展到了如今的上亿人，腾讯QQ已然成为目前使用最广泛的聊天软件之一。广大的用户群体意味着其存在巨大的价值——腾讯QQ可以成为商家经营网店时很好的助手。商家可以把腾讯QQ作为自己的即时服务工具。由于QQ问世时间较长，用户数量巨大，使用方便，操作简单，具有语音、视频等多种功能，因此能够满足创业者在线客户服务的多样化需求。并且，创业者可以利用腾讯QQ实现好友分组管理，并进行QQ群营销，只需要将同样拥有QQ账号的潜在客户加为QQ好友或加到某一特定的群组中，就可以在不投入任何资金成本的情况下，开展网店的推广与营销活动。

微信（wechat）是腾讯公司于 2011 年 1 月 21 日推出的一款为智能终端提供即时通信服务的免费应用程序。微信支持跨通信运营商、跨操作系统平台，通过网络发送语音、视频、图片和文字，同时也可以使用通过共享流媒体内容的资料和基于位置的社交插件“小程序”“朋友圈”“视频号”“公众平台”等服务插件。微信提供公众平台、朋友圈、消息推送等功能，用户可以通过“搜索相关内容”“搜索视频”“附近的人”、扫二维码方式添加好友和关注公众号，同时用户可以将内容分享给好友以及将其看到的精彩内容分享到微信朋友圈。微信作为时下最热门的社交信息平台之一，也是移动端的一大入口，正在演变成一大商业交易平台，其给营销行业带来的颠覆性变化开始显现。微信商城是基于微信开发的一款社会化电子商务系统，消费者只要通过微信平台，就可以实现商品查询、选购、体验、互动、订购与支付的线上线下一体化服务模式。

阿里旺旺是淘宝网和阿里巴巴为商家量身定做的一款免费网上商务沟通软件，它能帮助商家轻松地找到客户，发布、管理商业信息，并且支持手机版本，可以帮助商家随时把握商机，洽谈生意。阿里旺旺于 2007 年 1 月推出，与腾讯 QQ 相比，阿里旺旺出现的时间比较晚，用户人数也相对少得多。然而，阿里旺旺是一款专注于网络销售的客户服务软件，因此在功能上比腾讯 QQ 更为专业。阿里旺旺提供专门供卖家使用的版本，可以实现多种功能：卖家可以自行设置聊天窗口数量上限，达到上限后自动将买家信息缓存起来，并可以设置向没有被及时接待的买家发送问候语；在好友名片中，阿里旺旺提供增加直接备注的功能，方便卖家使用，可以有效进行销售管理；阿里旺旺还可以在聊天窗口显示商品预览，使卖家可以更好地为顾客提供有针对性的服务；此外，阿里旺旺同样提供群功能，创业者可以建立自己的店铺群，通过群公告及时推广最新的商品信息，并且普通群成员也有权限邀请好友加入群中，这在无形之中大大扩展了商家的客户范围，发展了大批潜在客户。阿里旺旺是淘宝网的官方即时客户服务工具。

当然，除了以上三种即时通信工具之外，独立网店还可以在网页上提供网页版的在线服务，方便消费者使用，即使没有任何客户端软件，顾客还是能够得到商家即时的服务。

3）银行账户

网络创业者还要有自己专用的银行账户，并开通网上银行，以方便在经营过程中账务的结转。无论是独立网店还是利用第三方电子商务平台开店，店主都应该最大限度地方便消费者，提供尽可能多的支付方式。目前，通过第三方支付实现的交易额在全部交易额中占很大的比重，而比较流行的第三方支付网关都要求实名认证，要以银行账户作为依托，所以开通自己的银行账户也是网络创业的必要工具。

2.1.4　网店的工商注册

我国《网络商品交易及有关服务行为管理暂行办法》规定，从 2010 年 7 月 1 日起，“通过网络从事商品交易及有关服务行为的自然人，应当向提供网络交易平台服务的经营者提出申请，提交其姓名和地址等真实身份信息。具备登记注册条件的，依法办理工商登记注册"。但是，目前市场监督管理部门并没有开通专门受理个人网店工商注册的服务，也不强制要求网络营利性组织进行工商注册，可见我国这方面的制度和法规还有待完善。不过，笔者在调查中了解到，一些创业者认为进行工商注册可以使自己的网店更加正规，也有利于自己的事业向更高的层次发展。

2.2 选择网络创业平台

本节中，将对国内曾经比较流行和现在主流的一些第三方电子商务平台做简单介绍，目的是使创业者更好地了解电子商务平台的发展轨迹，利用这些平台提供的条件，通过比较，选择适合自己的创业平台。

2.2.1 以C2C形式提供服务的第三方电子商务平台

以C2C形式提供服务的第三方电子商务平台对于商家入驻标准的要求相对较低，不论是不是企业，不论注册资金为多少，都可以以卖家的形式入驻平台。在本书第1章的案例中，已经整体上对淘宝网进行了较全面的介绍。这里，对国内其他曾经较为流行的C2C平台进行介绍。

1）易趣网

易趣网于1999年8月成立，曾被誉为"中国电子商务的旗舰网站"。2002年3月，全球最大的电子商务网站——美国eBay公司（以下简称"eBay"）注资3 000万美元，与易趣结成战略合作伙伴，2003年eBay又追加了1.5亿美元的投资，并于2004年7月推出新品牌"eBay易趣"。2006年12月，eBay与TOM在线合作，两家公司于2007年推出为中国市场定制的在线交易平台。2012年4月，易趣网脱离了eBay公司，成为TOM集团的全资子公司，开始独立运营。

易趣网是国内首家收费的C2C网站，不过经过数年的探索，后期已变成了全平台免费使用的模式，为网上卖家开辟了一条"零成本销售渠道"。

易趣网通过安付通进行交易，安付通作为第三方支付平台，监控网上交易的整个过程，并最大限度地、公平地保障买卖双方的利益。易趣网的店铺分为三种类型：普通店铺、高级店铺和超级店铺。在这三种店铺中，普通店铺提供最简单、最基本的服务功能；高级店铺在前者基础上拥有更多个性化的设置功能；超级店铺则便于卖家在易趣网浏览量集中的地方进行网店的推广，适合有志做大做强自己店铺的专业卖家。

易趣网除了进行普通的C2C交易外，还开通了海外代购业务，易趣网会员可以通过易趣网，选择并拍下eBay网站（如eBay美国、eBay德国、eBay英国）或其他海外电子商务网站上销售的商品，而易趣网会根据会员的委托，代会员购买其指定的海外商品，并向用户收取一定的服务费用。

2022年7月12日，易趣网发布公告称停止运营，关闭网站所有商品的交易功能。这标志着曾经的"国内第一大电商网站"落下帷幕。

2）拍拍网

拍拍网原是腾讯旗下的电子商务交易平台，于2005年9月12日上线发布，2006年3月13日正式运营。

腾讯QQ和微信是拍拍网最强大的支持力量，它拥有庞大的用户群及优势资源，以最快的速度跻身"全球网站流量排名"前500强。

腾讯即时通信工具——腾讯QQ和微信在拍拍网上作为交易工具。QQ使用者可以结成QQ群，通过QQ空间进行自我表达，QQ、QQ群、QQ空间都可以作为开展营销的工具；微信使用者可以通过微店进行自我表达，微信、朋友圈、微店都可以作为开展营销的工具。2015年1月10日，拍拍微店App上线，用户可登录应用市场下载。拍拍微店App是面向卖家的一款开店工具，开店方便、快捷，具有强大的分销系统，卖家用手机登录拍拍微店App后，可以在分销系统里挑选来自拍拍的优质商品，选择后，可以将这些商品一键选择放在自己的店铺里代销，销售完成后直接获取佣金返利，发货和售后都由上游供应商解决，整个过程完全用手机完成。

拍拍网利用"财付通"作为第三方支付平台，提供了在线充值、提现、支付等多种功能。"拍拍助理"可以协助卖家更方便地上传和下载商品信息，更好地经营自己的店铺。

2014年3月10日拍拍网被京东并购，一年之后的"双11"大战前夕，京东宣布因"C2C模式无法杜绝假货"，决定于2015年12月31日停止拍拍网服务，2016年4月1日彻底关闭拍拍网。

3）闲鱼

闲鱼是阿里巴巴集团旗下闲置交易平台客户端。会员只要使用淘宝或支付宝账户登录，无须经过复杂的开店流程，即可达成包括一键转卖个人淘宝账号中"已买到宝贝"、自助手机拍照上传二手闲置物品，以及在线交易等诸多功能。下载并使用全新概念的"闲鱼"App，个人卖家能获得更大程度的曝光量、更高效的流通路径和更具优势的物流价格等三大优势，让闲置的物品以最快的速度奔赴天南海北的新主人手中物尽其用。此外，闲鱼平台后端已无缝接入淘宝信用支付体系，从而最大程度保障交易安全。

在闲鱼上，你可以作为买家和卖家进行交易。作为买家，你可以浏览和搜索商品，与卖家进行沟通，下单购买并完成支付。作为卖家，你可以发布自己的闲置物品，等待买家联系并完成交易。在闲鱼上交易的商品种类非常丰富，包括但不限于二手书籍、服装、电子产品、家居用品等。除了个人卖家，还有一些专业卖家在闲鱼上开设店铺，提供专业服务或者销售品牌产品。

闲鱼平台提供了许多便捷的服务和工具，比如在线聊天功能可以让买家和卖家方便地进行沟通，买家可以查看卖家的信誉评价，避免遇到不良商家。同时，闲鱼平台也积极打击假冒伪劣商品和欺诈行为，保障用户的合法权益。

淘宝二手平台发布的一份用户调研报告显示，几乎人人都有闲置物品，而超过一半的用户倾向于让闲置物品放在一边不作处理。出现这种现象的原因，是大部分用户没有闲余时间及精力去售卖闲置物品，而小部分用户则是不知道售卖二手商品的渠道。闲鱼平台的推出，迎合了很多买家变"闲"为"现"的想法，也响应了社会低碳生活的号召。

2.2.2　以 B2C 形式提供服务的第三方电子商务平台

除了上面介绍的以 C2C 形式提供服务的第三方电子商务平台外，这里还将介绍一些目前比较流行的、以 B2C 的形式提供服务的第三方电子商务平台（以下简称"B2C 平台"）。这种 B2C 平台对商家入驻的要求相对较高，一般都会要求有企业资质且注册资金达到一定的标准，还要求提供营业执照、税务登记证等相关证件或复印件。

1）京东商城

京东成立于 1998 年，刚开始的几年做光磁产品的代理商，并在行业内小有名气。2004 年，京东开始涉足电子商务领域，先是经营 3C 产品，后来又不断扩大经营范围，包括图书音像制品、家居家具、百货服装、个护化妆、汽车用品等。目前，京东商城已经成为国内领先的综合型网上购物商城，截至 2023 年 12 月注册用户已突破 4 亿人。京东商城拥有自己的物流系统，有多种支付方式可以选择。

想入驻京东商城的商家需要具有企业资质，并且需要提交营业执照复印件、税务登记证复印件、开户银行许可复印件等证件。同时，还要缴纳一定的平台使用费和保证金。京东商城上的商家销售商品一般是自己发货并提供售后服务，在物流的选择上比较灵活，既可以选择京东提供的自营物流，也可以自己选择物流公司进行合作。

2）亚马逊

2004 年，卓越网以 7 500 万美元的价格被美国亚马逊公司收购，将其收归为亚马逊中国全资子公司，并于 2007 年正式改名为"卓越亚马逊"，2011 年又更名为"亚马逊中国"，现名为"亚马逊"。亚马逊一开始只经营书籍的销售业务，后来不断向综合型网络商城转型。现在，亚马逊的经营项目已经覆盖了图书、音像、数码、家电、食品、美妆等方面。

在亚马逊网站上开店，要求商家具有企业资质，能够开具发票。亚马逊为商家提供的是"0 押金，0 年费，0 平台费"的服务，但商家要根据销售额向亚马逊缴纳佣金。在亚马逊开店的商家同样有两种模式可以选择：一种是自主配送，只需向网站缴纳佣金即可。这种模式适合商品季节性较强且生命周期短、具备优质的仓储配送能力及电商经验相对丰富的卖家。另一种是使用亚马逊物流，需要向网站缴纳佣金、物流费和仓储费，这种模式则适合商品周转率高，缺乏仓储配送运营管理经验以及希望节省人力、物力成本的卖家。

3）天猫商城

天猫商城原名淘宝商城，是由淘宝网于 2008 年建立的 B2C 购物平台，并于 2012 年年初正式更名为天猫商城。天猫商城经营的商品种类主要包括服装、鞋包、珠宝饰品、个护化妆、运动户外等。天猫商城的店铺类型有旗舰店、专卖店以及专营店三大类。其中，旗舰店是商家以自有品牌入驻天猫开设的店铺；专卖店是商家持品牌授权文件在天猫商城开设的店铺；专营店是经营天猫商城统一招商大类下两个以上品牌商品的店铺。根据店铺类型的不同，天猫商城要求的入驻资质有所不同，资费也因此有所不同。天猫商城要求的资费包括保证金（根据店铺类型、商标类型、经营类目不同而有所区别）、技术服务年费（店家需要缴纳的年费，根据经营类目的不同而有所区别）、实时划扣技术服务费（按照销售额的一定百分比缴纳的费用）。

2.3　网上开店的流程

做好开店前期的一切准备工作，选择好最适合自己的第三方电子商务平台，创业者就可以正式进入开网店的阶段了。由于淘宝网是目前国内C2C市场上规模最大的交易平台之一，也是很多初次在网络上尝试创业的人的首选网络平台，因此本书将以淘宝网为例，对网店开设的具体操作过程进行详细说明。在开设网店的过程中，除了在诸如平台规则（比如上传商品数量、网店评价规则）、平台使用费用、平台辅助工具、增值服务等方面，不同的平台有着具体且不同的规定以外，在任何一个平台上开网店的整体经营思路和关注要点都是相同的，因此无论创业者选择哪种创业平台，都可以比照以下的操作流程进行具体操作。

2.3.1　网店注册

1）注册淘宝会员

在淘宝网上开店，首先要进行淘宝会员的注册，在淘宝网首页的左上角点击"免费注册"选项，就可以进入注册页面。淘宝网提供利用"手机号码注册"和"邮箱注册"两种方式。如果选择手机号码注册，可以支持会员用手机号码登录，而且号码保证不会被公开。此外，该号码还可以绑定支付宝账户，并且一旦密码丢失，用手机找回密码更加方便。不过，使用手机号码注册也存在一些麻烦，一旦手机号码更换，就需要重新进行注册了。如果选择邮箱注册，创业者可以方便地通过邮箱登录淘宝网。这两种注册方式各有优点，创业者可根据实际需求进行选择，但根据淘宝网的推荐，卖家账户最好选择手机号码注册。注册的最后一步是激活淘宝系统自动发送到会员注册邮箱的激活邮件，激活后就正式成为淘宝网的注册会员。

注册成为淘宝网会员之后就可以买东西了，但还不可以开店卖商品。如果想开网店，创业者还要进行一系列的实名认证，这也是淘宝网为了保证交易可靠的主要措施之一。

2）实名认证

想要进行实名认证，就要开通支付宝账户。支付宝是淘宝网推出的网上安全支付工具，它作为买卖双方交易过程中可信的第三方，是联系买家和卖家的纽带，其基本职责是保障交易过程中双方资金的安全。通过支付宝进行的交易，买方不必担心已经付款却收不到卖家的货物，或是产品质量存在问题而无处投诉；卖方也不必担心货物已经发送却收不到买方的付款，因为如果买家没有在规定的时间内进行申请退款等操作，交易会自动完成，支付宝将会把货款自动支付给卖家。

实际上，在注册淘宝会员的时候，淘宝网已经为会员自动创建了支付宝账号，这时会员只需安装必要的安全控件，并填写部分个人注册信息，就可以启用支付宝账号了。在上述准备工作完成之后，会员可以进行支付宝的首次登录，账户名为注册的电子邮箱（或手机号码），初始密码是注册淘宝会员时设置的密码。在登录成功以后，会弹出一个新页面，提示用户已经免费获得一个支付宝账户，但是要完成一系列支付宝设置信息的填写。这时，可以自行进行系统设置，包括修改登录密码等操作，随后账户注册就完成了。需要注意的是，在整个注册过程中，填写的个人信息一定要真实，否则会影响之后的实名认证和付款情况。

之后要进行的是支付宝实名认证。在支付宝的实名认证中，既要核实用户的身份信息，也要核实其银行账户信息。淘宝网通过会员提交的身份证或者营业执照等证件核实会员身份的真实性，并且与公安部门、银行系统接轨，防止欺诈行为的发生。

认证时，首先要选择认证方式，支付宝提供的认证方式包括个人认证和商家认证两种，不过，在注册支付宝账户时，一般选择的支付宝账户类型为"个人账户"，因此这时系统会只提供"支付宝个人实名认证"选项。淘宝网提供了两种个人实名认证的方式：一种是快捷认证；另一种是通过确认银行汇款金额来进行认证。只有从支付宝网站（www.alipay.com）登录，才会出现快捷认证的入口，如果是通过登录淘宝网账户再申请认证，则没有快捷认证的入口，只能申请银行汇款认证。这里的个人认证主要介绍第二种通过确认银行汇款金额的方式，即普通认证方式。

个人普通认证需要提供个人的身份证明，可用的证件包括身份证、护照、驾照、军官证、户籍证明。个人认证时需要填写个人信息，提供身份证号和银行账号。如果是持有非中华人民共和国证件的会员，必须有国内担保人同时上传身份证明。信息（个人信息、身份信息、银行账户信息）全部填写完成以后，系统将进入等待审核阶段，直到支付宝向提交的银行卡账户上打入一定的金额（一般是一元以下），用户须确认打款的具体金额，然后重新登录支付宝，才能完成认证。商家认证需要提供营业执照、申请人（法定代表人）的身份证明，如果申请人不是法定代表人，还必须提供企业委托书。与实体经营模式相同，创业者务必保持出售的商品和经营范围一致，否则淘宝网有权追究责任。在淘宝网上，不能同时提交两种方式的认证，而且一旦认证成功就不可以再更改用户名等资料。因此，创业者在进行实名认证之前务必做好充分的准备，要结合自己的实际情况，选择合适的支付宝账户类型和认证方式。

在注册淘宝及支付宝账户时，一定要注意密码设置是否安全。密码设置有很多讲究，为了提高密码的安全性，应注意以下几个原则：

密码设置要尽量复杂，不要有规律，最好使用数字、英文字母、特殊符号组合的密码，而且密码长度不宜过短。

不要用易被他人获得的身份证号、电话号码、生日，甚至注册会员名作为密码。并且，不同的在线服务应设置不同的密码，特别是支付宝的登录密码和支付密码，一般建议设为不相同的密码，以增强支付账号的安全性。

此外，密码设置得比较复杂，要做好记录，以免忘记密码带来不必要的麻烦。但是，一定要保证记录的安全，不要丢失或破损。

3）淘宝助理

淘宝助理是淘宝网专门为店主量身定做的一款客户端软件，使用它可以进行编辑宝贝信息、快捷批量上传宝贝、批量编辑交易管理信息等操作，是淘宝网专门用来管理网店商品图片及进行商品信息处理的管理软件。

运用淘宝助理可以实现离线管理，并能轻松编辑商品信息，还可通过模板快速创建新的商品。淘宝助理的下载功能，可以对已经发布的商品进行修改，并且可以批量打印快递单、发货单，减少了大量的人工成本。

批量好评功能方便了商家通过好评进行营销，减少了大量的工作量。图片搬家功能方便了店主将商品描述中的图片自动迁移到淘宝专门的图片空间中。

淘宝助理还支持视频、Flash 等功能，这为更生动地展现商品提供了条件。它的数据库修复功能可以最大化地修复受损数据库。

除了淘宝助理以外，在淘宝网上开店还有一个必不可少的辅助工具，那就是阿里旺旺，前面已经对阿里旺旺进行了介绍，此处不再赘述。

2.3.2　店名与店头

为网店起个好名字，是网店获得成功的重要环节。在第 1 章中笔者已经介绍过，由于是在电子商务平台上开店，网店并没有独立的域名，其域名都要依附于第三方电子商务平台，这本身就是平台网店的一个弱势，因为顾客很难记住某个特定的网店。面对这种情形，创业者更应该在网店名字上下功夫。店名是一个网店在网络世界里的一个符号，店名要响亮特别，也要便于记忆，还要易于检索。起店名时要注意名字尽量简洁，还要朗朗上口，可以与自己经营的商品相关，这样当顾客在搜索某一产品关键字的时候，就很容易检索到商家的网店。另外，店名切忌太过通俗常见。在网上购物的消费者通过检索的方式进行商品搜索，目的是缩小特定商品的搜索范围，如果创业者的店名过于通俗和常见，没有一点特色，就会造成自己的网店被淹没于消费者的众多搜索结果之中，不能脱颖而出以及吸引买家的眼球。

　　店名起好以后，要对店名进行包装处理，简单地说就是对店名和店标进行修饰。目前有很多软件可以处理图片和加工文字，店主可以将店名做成漂亮的艺术字，或者与背景图片、店标相结合，做成有鲜明特色的店头，让人印象深刻，容易产生购买的欲望。但是在进行店名的装饰处理时，一定要注意与网店经营的商品和面向的顾客群体相匹配，比如专门销售儿童商品的网店，就可以把店头设计得活泼且充满童趣；专门面向少女销售饰品的网店则可以把店头的主色调设计为适合这一客户群体的粉色，文字也可以选择可爱、跳跃的字体；面向商务人士销售男士服装的网店则要把店头设计得庄重且正式，这种风格适合稳重成熟的中青年男性，更容易引起他们的共鸣，也就更能吸引他们进行购买。

　　比如，某网店为淘宝网普通店铺，专卖与音乐有关的物品，如铅笔、杯子、抱枕、音乐盒等。其在店头设计中融入了店名及店铺的特色元素，当消费者点开店铺时，会看到一个个小音符似的物品，同时店铺还配有优美的音乐，这会让消费者很容易陶醉在这音乐的世界里。店内经营的商品多少都与音乐有关系，这对其目标客户群——喜欢音乐的人很有吸引力。

　　再比如，某网店为淘宝网普通店铺，主要经营咖啡壶、咖啡机、咖啡杯等与咖啡有关的商品。其在店头中放置了咖啡的图片，店名中也加入了咖啡的字样，让人们很容易联想到店铺所经营的主要项目。店头设计简单大方，颜色主要以与咖啡相近的棕色系为主，让人们好像置身于咖啡的香气中，进而对店内商品产生兴趣。

　　又比如，某店铺为淘宝普通店铺，主营十字绣相关产品。其古色古香的店头配上复古优雅的店名，充满了古风的韵味，再配上做工精致的十字绣挂画，让人很容易融入其中。

　　以上列举了三个淘宝网店的店头，目的是提醒创业者在进行网店取名和店头设计时应该注意的基本原则，切忌忽略细节。另外还要提醒创业者，淘宝的注册账户名同样很重要，它与店名一样，是店主和网店在网络上的标志，因此建议店主无论是在论坛中发帖还是进行电子邮件个性签名，都应该尽量使用自己网店的店名或淘宝账户名，这样既有利于被搜索引擎检索到，又对自己的网店进行了很好的宣传。不过，淘宝网账户一旦注册不得修改，因此创业者要在注册时仔细斟酌，取好淘宝账户名。

2.3.3　进货

　　开网店卖货，货源至关重要。在网上购物的消费者除了要承担商品本身的价格外，还要额外承担货品的物流费用，并且由于不是面对面发生的买卖活动，消费者无法现场检查产品的质量和规格是否能够满足自己的要求，因此还可能产生退货费用。但由于网上销售的商品价格比实体店销售的同种商品的价格低，消费者还是愿意去承担上述的费用和风险。

　　这里所说的进货，其实是指如何才能找到好的货源。前面已经介绍过，网上开店的一个很大的优势就是商品库存成本低，甚至是零库存。概括地说，就是实现了货物的库存管理和商品销售分离，即网络创业者采用与供应商合作的方式而不必承担库存管理的成本，只负责进行网上的销售。

1）不同地区的货源选择

创业者所处的地理位置不同，在货源选择方面必然会有所区别。概括而言，大城市的卖家比较有优势，各大城市都有自己的批发市场，找到了批发市场，就找到了货源。中小城市不具备大城市的方便条件，就可以在货源的特色上另辟蹊径，选择经营一些有地方特色的商品在网上出售，同样会很有市场。如一位创业者经营的网店主要出售云南丽江地区的东巴木刻，这是纳西族的民族特色艺术品，全手工雕刻，手艺是当地人世世代代传承下来的，并且用于雕刻的木质材料数丽江地区最优，是非常具有地方特色和艺术价值的工艺品。店主采取一种与当地工匠合作的方式经营网店，本人并不直接与实体货物接触，只负责销售和客户服务，收到订单后与实体店联系，由实体店按照要求定做商品，并由实体店主直接发货。在整个交易过程中，这位创业者与商品没有任何接触，这就在最大限度上节约了库存管理的成本。而且由于网店与实体店之间是一种长期的合作关系，相当于从实体店购入大量的货物，因此价格很低，又由于其库存管理成本为零，所以从网店购买商品的价格甚至比在云南当地实体店的商品价格还要低。这样一种薄利多销的经营手段，使店主对自己近几年网店的获利能力也颇为满意。

上述例子说明在没有特别明显的价格优势时，创业者可以选择某种有鲜明的地方特色的商品在网上销售，以避开网店之间激烈的竞争。然而这种有特色的商品，以及例子中创业者与实体店的合作模式，似乎都是可遇而不可求的，对于大多数创业者来说，还是会选择比较常规的商品在网上出售。

2）货源途径举例

前面已经说明了货源的重要性，对于大多数在网上销售常规商品的创业者而言，能否找到好的货源直接决定着创业的成败，因此这里将对寻找货源的途径做简单的总结。

（1）大型批发市场

这是网络卖家最常见的进货方式。目前很多城市都有规模较大的批发市场，对于本地创业者来说，这是最值得利用的货源，因为具有地理位置的优势，可以大大降低进货时的货运成本，而且进货取货方便，不会影响卖家在网店上的正常销售。但是卖家需要注意的是，虽然拥有本城市的批发市场资源，但是在商品和供货商选择方面仍然不能掉以轻心，卖家一定要经常去批发市场调研，了解市场行情。这样做一来可以了解时下的潮流，二来可以知晓市场中某商品的大致价位。

批发市场的商品数量巨大、种类齐全、挑选余地大，方便创业者在"货比三家"之后再选定自己的合作商。创业者一定要善于沟通，懂得双赢互惠的道理，与批发市场上的供应商建立起一种良好的合作关系，只有这样，卖家才可以方便地拿到第一手行业流行商品，才能够保证自己的进货成本低廉。而且与供应商的良好关系是网店经营者实现低库存甚至是零库存的基础。因为只有在一种彼此信任的合作关系中，供货商才可能允许创业者卖出产品以后再进货，使得创业者能够节省资金并减少库存积压，当商品出现质量问题或者不能满足消费者要求时，也方便创业者进行更换。

当然，从大型批发市场进货也有一定的缺点。大型批发市场往往价格低、客流量大，尤其是那些经营时间较长的商家，他们有固定的老顾客，不怕没有生意做，因此刚刚起步的创业者往往很难在他们那里得到特别优厚的条件。而且由于供应商的订单较多，直接从供应商处发货的速度可能比较慢，这在某种程度上可能会影响网店的信誉。

（2）厂家直销

一件商品从生产厂家到消费者手中，往往要经过如下多个环节：原材料供应商→生产厂家→各级批发商→零售商→消费者。在如此结构复杂的分销过程中，每层分销商都会将商品加价后卖给下级分销商，而且多次物流运输也会提高商品的价格。所以，商品到达消费者手中时，价格已经远远高于其出厂价格。因此，网络创业者直接从厂家进货，是一种不错的渠道选择。

在考虑合作的厂家时，一定要选择正规生产厂家，因为正规厂家商品质量好、信誉高，并且能够保证商品的正常供应和货源的充足。如果能与厂商建立长期的合作关系，那么创业者一般可以获得低廉的价格以及良好的售后服务，因为厂家通常允许长期合作者进行商品的调换甚至退货退款。

但是与厂家合作存在一个问题，因为多数厂商往往不愿意与小规模进货的卖家合作，他们一般要求批发量非常大，因此只有当创业者有足够的资金储备，并且有足够的分销商品的能力时，才可以感受到这种进货方式带来的好处。当然，对于一些线下销量不好的商品，厂商也会允许少量批发，不过这样的商品毕竟是少数，所以还是建议创业者在自己网店发展到一定阶段，具备了一定量的客户积累，甚至具备开连锁店的能力以后，再采用这种方式进货。

（3）品牌积压商品和清仓商品

①品牌积压商品

可能很多创业者作为买家都有过这样的体验：在实体店中发现一件心仪的商品，却对商品高昂的标价望而却步，于是悄悄记下商品的品牌和生产批号，转而上网寻找相同的商品。创业者不要忘记，在网上购物的主要群体是年轻人或在校学生，这个群体有一个显著特点，他们可能还不具备消费高昂价格商品的能力，但同时又对优质的品牌商品有一种追逐的愿望，因此在网上销售比实体店价格低很多的品牌商品，正好迎合了客户们的这一心理。品牌商品的最大优点就是质量和售后服务可靠，而且目前一些商家会专门把积压的品牌商品卖给网商进行出售，原因就在于地域性的差别使同样的商品在某地滞销，却可能在另一地区畅销。

品牌积压商品之所以可以成为网络创业者不错的选择，是因为这类商品具有价格低的特点。由于库存积压，供应商往往急于清仓回笼资金，以投入下一轮生产，因此价格相对容易洽谈。但是在购进这类商品时，创业者也要有所选择，要关注网上的潮流动向，关注同类网店的畅销商品有哪些，要尽量准确地把握市场需求量，不能盲目购进，结果将库存压力转移到自己身上。

②清仓商品

清仓商品是我们通常所说的"货底"，这类商品或者号码不齐全，或者品种不齐全，也有可能是款式过时，或是反季商品。但是无论怎样，这些商品都是商家急于处理的，价格通常会很低，拿到网上出售，可以利用地理位置或是季节的差别，获得丰厚的利润。

换季清仓处理是网络创业者可以抓住的一次进货机会，但是购进这类商品也要注意一些问题，比如要关注商品的保质期；要关注商品是否为残次品；当然也要关注商品的性价比，看看是否值得购买。拿到网上销售要保证价格优势，这是创业者时刻都要关心的。

商家做"清仓抛售"的原因很多，大致包括拆迁清仓、转让清仓、节后清仓等。如果能够利用这样的机会获得一批价优物美的货源固然是好事，但是购买清仓产品要特别留心供应商的陷阱，如果商家不是要拆迁或转让店面，而只是拿此作为一种营销的噱头，在价格上也采用"先涨价后打折"的障眼法，那么购进这样的货物的创业者恐怕就要吃大亏了。

（4）网店加盟

本书在第1章中已经介绍过网店加盟的相关内容，事实上，网店加盟主要是针对网店的货源提出的概念。

创业者可以作为一些大规模网店，比如某一品牌商品旗舰店的下级分销商，简单地说就是加盟网店。加盟商与自己的上级供销商达成协议，由供货商为其提供商品图片和信息（不是实物），并以加盟价格提供给网店加盟商进行销售。一般来讲，在这样的合作过程中，发货、货物管理、售后服务都由上级供应商负责，加盟者只负责卖货，并不接触商品实物。

网店加盟可能会有陷阱，比如有些供应商自己并不是最终的供货商却自称是多种产品的代销商；有些供应商提供的产品与向加盟商所描述的存在很大差别，或者存在严重的质量问题；有的供应商不提供完善的售后服务等。这些都会影响创业者的服务质量和网店的信誉，需要创业者在寻找供应商时谨慎选择。下面为创业者提供几点建议，使创业者能够尽量避免在网络加盟中上当受骗：

① 尽量不要与不支持线上交易、不按照正规途径办事的供货商合作。

② 尽量不要做贵重商品、不易托运的商品的分销商。

③ 保存好与供货商的交易凭证、相关的聊天记录等证据，事先商量好若干问题的解决办法，以避免出现纠纷时责任不明。

④ 尽量选择支付宝等第三方支付工具进行支付。

网上的货源数量大、品种齐全、选择余地大，一些大的网上进货平台专门为卖家在网上寻找货源。阿里巴巴网上贸易市场就是个不错的选择，良好的定位、稳固的结构、优秀的服务使阿里巴巴成为全球商人销售产品、拓展市场及网络推销的首选网站之一。创业者只要注册成为会员，就可以在阿里巴巴这个网上批发市场上进货了。

（5）其他

①外贸商品

外商在国内工厂下订单后，一般工厂会按照5%～10%的比例多生产一些，这就是通常所说的外贸尾单商品。

这部分商品的性价比较高，但商品尺寸或规格可能不齐全。虽然价格比较低，但是供货商往往要求进货者将商品全部购进，因此适合经济实力较强、有一定货物分销能力的创业者。

②二手闲置商品

在网上出售这类商品适合于将网络创业作为兼职的人群，比如在校的学生，他们并不以经营网店作为自己的事业，但是可以通过网店出售自己一些闲置无用的商品，如衣服、书本等，这样既可以腾出自己的空间，又能"变废为宝"，挣一些零花钱，是一种不错的选择。

③特别的进货渠道

即使是世界一流的产品，也同样存在前面提到的款式过时需要清仓处理的现象。如果创业者有海外代购渠道，同样有利可图。

以上列举的这些进货途径旨在为创业者拓展思路，当然，创业者也可以有其他的货源渠道。但是无论选择哪种进货方式，创业者一定要注意，即使不能实现零库存，也务必保证进货数量不要过大；商品的数量可以少一些，但是品种要尽量齐全，以便顾客有更大的选择余地。此外，如果存在不能及时供应给消费者的商品，店主一定要在第一时间调整网店上的商品目录，或者作出必要的缺货说明，避免消费者要货时不能及时供货，对自己网店的信誉造成不良的影响。

2.3.4　申请店铺和发布商品

商品选择好后，就要进行商品的发布了。值得注意的是，即使创业者打算零库存经营，也要事先选定自己要销售的商品，然后精心地处理商品的图片，并为图片添加详细的文字描述。

申请淘宝网免费店铺需要进行开店条件检测，满足开店条件后就要继续进行申请开店认证——支付宝实名验证和淘宝开店验证。两项认证同时通过审核后即可创建店铺并发布商品。

1）申请店铺

首先需要注册一个自己的淘宝账号。注册成功之后需要认证个人信息。登录账号后就可进入淘宝界面。进入界面之后我们点击界面上方的"免费开店"。点击进入之后申请者需要进行淘宝开店认证、填写个人支付宝账户信息并进行支付宝实名认证，如图2-1所示。

图2-1　开店认证

认证成功之后需要提交审核。审核成功之后，申请者需要填写自己的提现银行卡卡号及个人店铺信息。各种信息填写成功之后，一个崭新的店铺就呈现在面前了，接下来就是选择如何进行推广。

2）发布商品

（1）进入"我是卖家"界面，在左侧"宝贝管理"中选择"发布宝贝"，进入"发布一个商品"界面，如图 2-2 所示。

图2-2　发布商品

（2）选择产品的分类，填写产品基础属性。注意，标注星号（*）项目为必填项目，如图 2-3 所示。

在随后的页面中，创业者需要填写商品的相关信息，主要分为三类："宝贝基本信息"、"宝贝物流信息"和"其他信息"。在"宝贝基本信息"中需要填写商品类型、属性、标题等，并且需要上传商品图片；在"宝贝物流信息"中需要填写商品所在地和运费，这需要创业者与物流公司进行沟通，在了解市场行情的基础上，根据实际情况填写；

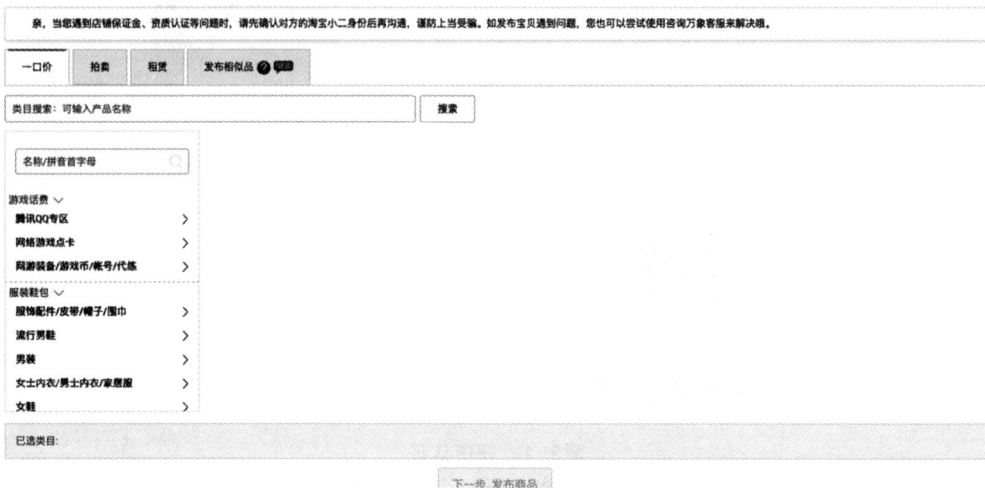

图2-3　选择产品分类

在"其他信息"中需要填写某件商品上传的"有效期""开始时间",以及选择是否"秒杀商品"、是否"橱窗推荐"等。填写完毕后,可单击页面底部的"预览"按钮,预览添加的宝贝详情。如果觉得信息填写完整,单击"填写宝贝基本信息"页面中的"发布"按钮,就完成了一件商品信息的上传工作。如果在经营过程中要对已添加的商品信息进行修改,可以在"我的淘宝"页面中"我是卖家"下的"出售中的宝贝"链接里进行修改,单击"编辑宝贝",就能实现这一操作。

当然,卖家也可以使用淘宝助理软件批量上传并编辑商品信息。有关软件的使用方法,读者可以根据自己的兴趣课下学习。

前面提到,在上传商品时创业者要填写商品的相关信息。在网店上销售商品,商品的图片和文字描述都非常重要,因为这是顾客了解网店商品的全部方式。因此,创业者一定要关注图片的质量,除了要满足淘宝网对图片规格的要求外,还要关注图片的视觉效果是否优质,比如色彩是否柔和、与背景的搭配是否和谐、与周围颜色的对比是否美观、图片中商品的状态是否能够引起顾客购买的兴趣等。此外,一定要注明商品的图片与实物是否存在比较严重的色差。

商品的文字描述同样很重要,而且商品描述应该尽量做到细致,最好可以面面俱到,因为越是这样,越可以减少买家的疑虑,同时增大了顾客购买的可能性。在为自己的商品添加文字描述之前,建议创业者多浏览同行业其他店铺的文字描述,借鉴热销商品的详情描述技巧。

2.3.5　交易的达成

网店正式开张以后，就可以进行商品的买卖了。当然，在一笔交易真正实现之前，需要创业者付出很多的努力，特别是对于新开张的网店来说，宣传和推广工作更是至关重要的。本章对各种网店宣传推广环节暂且不提，在此首先介绍交易实现的过程。

顾客登录淘宝网站，搜索自己想要的商品，经过一系列的比较、选择，与卖家沟通之后，买家决定购买某家淘宝店铺的商品并采用支付宝方式付款，图 2-4 显示的就是支付宝安全交易流程。

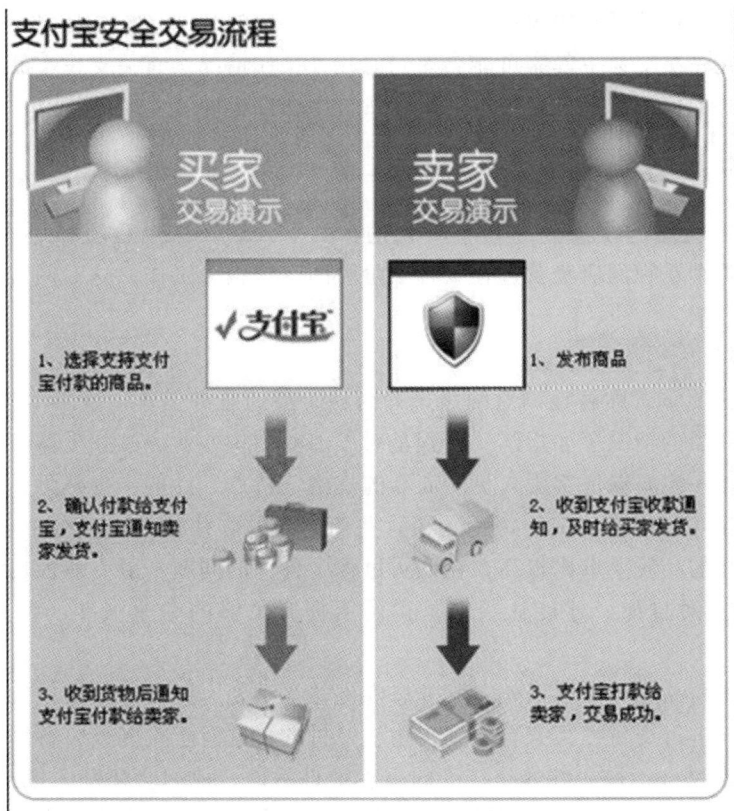

图2-4　支付宝安全交易流程[①]

卖家发货后，耐心等待客户收到商品以后确认收货就可以了，此时支付宝将货款转账到店主的账户，这次交易才算真正完成。如果买卖双方在交易过程中协商一致更改价格，这时应由卖家在订单中修改交易价格。具体的操作方法是，卖家点击"我是卖家"列表中的"已卖出的宝贝"选项，在打开的页面中选择需要修改价格的项目，单击"修改价格"按钮，然后在"邮费"或"涨价或折扣"栏目中输入相应的价格，再单击"确定"按钮，

---

① 佚名.支付宝安全交易流程［EB/OL］.［2023-11-23］. https://www.alipay.com.

就可以看到修改后的价格信息了。

交易完成以后，支付宝会将货款转到卖家的支付宝账户中，卖家可以将支付宝中的钱转到自己绑定的银行卡中，当然也可以留在支付宝中，留待以后交易使用。

还有一种情况就是交易未能顺利完成，此时买家有权申请退款。退款分为部分退款和全额退款，退款必须经过买卖双方达成协议才能顺利进行。合理处理退款，既可以留住客户，也能降低损失。当买家申请退款后，卖家登录到支付宝的"交易提醒"中会有"买家向您申请退款，需要您确认"的提示，单击后会进入"退货管理"页面，卖家按操作步骤点击同意退款即可。需要提醒创业者的是，自退款单修改之日起15日后，卖家若不响应退款，支付宝自动按照退款协议退款给买家。

以上就是在一次交易中卖家可能会遇到的几种操作情况，有关支付宝的具体操作方法和其他支付方式的使用情形，将在本书后续章节中详细说明。

2.3.6 客户服务

开店做生意就要把顾客奉为上帝，无论在哪里开店，这个道理都是适用的。因此，网络创业者要特别重视网店经营过程中各个阶段的客户服务工作，这对网店能否长期经营下去具有重要影响。

1）售前服务

售前服务主要负责顾客在浏览网店选购商品阶段的服务工作。这一阶段的客服人员，应尽量做到对商品的情况了如指掌，特别是对于那些销售专业商品如乐器、高端数码产品等的网店来说，一定要保证客服人员对商品的规格、特点、性能十分熟悉，无论面对顾客的何种疑问，都可以对答如流。因为购买这些商品的顾客往往自己具有一定的专业知识，他们通常对商品的品质要求比较高，在购买过程中咨询的问题一般专业性也较强，客服人员只有表现得应对自如，才能让买家觉得网店拥有足够的专业水准，购买商品时才能放心。

除了对所卖商品充分了解以外，服务态度也非常重要。网店销售的最大特点就是买卖双方并非面对面进行交易，买家看不到实物就要付款，这对于很多人，特别是初次尝试网上购物的顾客来说，不是一件容易接受的事。很自然地，他们会怀疑虚拟网络的真实性，担心自己被骗。抱着这样一种心理进行网上购物，顾客可能会在向卖家咨询的过程中不时地流露出对网上购物的不信任，甚至使用一些不恰当的言语。这时，卖家切不可冷言冷语或是与买家针锋相对。相反，卖家要尽量体谅顾客的处境和心态，以一种友好的态度面对他们的各种有关商品和网购的质疑，尽量做到态度诚恳热情，让顾客感觉就像是在实体店中购物一样，尽量消除他们对网络世界的虚无感。因为对于那些初次进行网上购物的消费者来说，如果他们可以在某家网店上得到质量好的商品以及耐心周到的服务，他们很容易会成为这家网店的忠实客户。

另外，面对买家提出的一些商家实在无法满足的要求，客服人员也应该尽量用委婉或者幽默的方式回绝。另外，要及时回复买家的咨询，因为与实体店购物不同，在网上购物的买家如果不能及时得到卖家的回应，就可能会去浏览其他网店的商品。如果这时他们找到了一件替代品，并且及时获得了卖家的在线服务，那么前面的卖家就会流失一位顾客。为了避免这一问题，卖家可以将一些常见问题的答案添加到网店中，以供买家自己查看。当然，如果卖家实在忙得不可开交，还可以通过阿里旺旺定时向顾客发送信息，从而不会让顾客觉得自己被冷落了。要知道，网店之间的竞争非常激烈，顾客坐在电脑前就可以光顾上百家销售同样商品的网店，如果卖家的服务态度不好、服务不及时，顾客可以不付出任何成本就更换一家网店，但这对于商家来说是个损失。

创业者开网店做生意，面对的是全国甚至全球的顾客，在这些顾客中可能还包括很多网购的新手，如果善于积累客户资源，友好地对待每一位顾客，相信随着时间的推移，网店一定能够获得好的口碑，取得好的收益。

2）售后服务与响应投诉

买家确认收货后，一次完整的网购交易就结束了，但是还有一个环节就是买卖双方进行互评。评价分为三种：好评、中评和差评。这里建议卖家尽量给买家好评，顾客就是上帝，如果顾客对卖家留有好印象，那么他们可以通过自己的购买记录再次光临卖家的店铺进行购买。

卖家也应该关注买家对自己的评价，如果遇到交易不顺利的情况，尽量与买家多沟通，了解情况，妥善处理问题。卖家尽量做到服务到位，不要让买家留下差评，毕竟很多顾客在选购商品时会比较介意这类评价。当然，当卖家真的得到差评时，也不必太过悲观，毕竟淘宝网为每个店铺提供了一个更为客观的评价标准——好评率，这才是顾客更为关心的。

在网店经营过程中，也会遇到买家对商品不满意、申请退款的情况。这时，店主要尽量与买家进行沟通，用平和的心态倾听买家的意见和抱怨，甚至可以通过电话和买家直接进行语言上的沟通，及时消除交易中的误会，最大限度地维持与买家的关系，并尽量使自己的损失降到最低。如果沟通不畅，买家可能会申请淘宝仲裁。一般情况下，只要买家能够提供充分的证据，淘宝网会站在买家这边，直接将货款退给买家，这时卖家损失的不仅是一笔生意，更损失了客户资源和网店的信誉。目前，淘宝网根据违规的严重程度将其分为严重违规行为及一般违规行为，两者分别扣分、分别累计、分别执行处罚，扣分累计达到一定标准的店铺将受到屏蔽、下架商品、限制发布商品、关闭店铺等不同程度的处罚。因此，为了尽量避免这种情况的出现，建议卖家在自己的网店中明文说明"退换货制度"，将相关的"店规"事先向买家声明，这也可以使卖家在纠纷真的发生时有章可循、有据可依。图2-5和图2-6显示了一些淘宝网卖家的"退换货制度"。此外，商家还可以通过"7天无理由"等手段来尽可能地降低客户的不满意程度，而各电商平台"退货运费险"等消费保险的出现也在一定程度上分担了商家的风险，商家可以根据所出售商品的价格、类型等向客户赠送"退货运费险"。

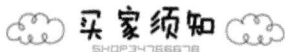

买家须知
SHOP34766678
MORE ▶

【快递单签收说明】

⊙为保障买家和爱购网的共同权益！烦请各位买家在快递公司将宝贝送至时，仔细检查纸箱外观是否完整无破损，检查宝贝品种和数量，且确认宝贝完好无损后，再在快递单上签字，谢谢！

⊙如买家验收当场发现宝贝品种/数量与购买不符，请拒绝签收快递单，并马上和我们联系。谢谢！切记！切记！！！

⊙买家在快递单签收后，即表示宝贝品种、数量正确无误且完好，悠悠就失去了要求快递公司进行索赔的权利！特此说明~~（如买家不在，请买家告知同事或门卫，请他们仔细检查确认无误后再在快递单上签字，谢谢！）

【物品发货说明】

⊙买家在购买款式、花纹、颜色随机的物品时，如果没有特别提醒需要指定款式，我们会随机发货，如果买家有特别要求，必须先行提出，否则我们将视同接受本说明。

⊙买家购买货物7天内，发现任何质量问题，我们会负责退换货物的全部费用。如果非质量问题，买家要求退换货的，所产生的运费必须买家自理，在此说明！

图2-5 买家须知

买家必看

【关于客服回复】由于流量巨大，客服的接待工作非常繁忙，请亲们务必详读宝贝描述提供的产品信息。期间回复繁忙，请亲们耐心等待，我们将会逐一回答亲们的所有问题。

【关于产品】所有商品均为专柜正品，请亲放心购买！

1.关于尺码：本店销售的所有款式均属国内码，亲们按照平时穿着习惯选定尺码即可（特殊尺码我们将会在宝贝描述中提供详细的参照，请亲们务必认真阅读）。

2.关于产品其他数据：我们在宝贝描述中有详细的材质说明、搭配简介、靴筒高度、筒围、跟高、内里材料等各项数据，亲们一定认真阅读，如有任何疑问可以直接联系我们的客服MM。

3.关于气味问题：为了让广大买家尽快收到爱鞋，我们将在工厂出货后的第一时间发货。刚出货的靴子会有一股味道，属于正常现象，亲们只要将鞋子在通风处放一晚上，第二天就不会有难闻的气味了，请亲们放心。

【关于发货】

现货款式拍下付款后3~5天内安排发货，部分预售款式在宝贝描述中均有发货日期。请不要多次催促，催促反而会降低我们审单的速度，因为我们仓库的同事比任何人都想要把这些货发出去，所以请耐心等待，不便之处，敬请谅解！谢谢！

【关于退换货】

如需退换货，请务必先咨询售后中心客服旺旺，我们将耐心地为您提供优质的服务！因咨询量大，您可以先把您的疑问罗列出来，我们看到信息后会有针对性地为您解答，感谢您的耐心等待！

图2-6 买家必看

至此，在淘宝网上从开店到卖出一件商品的完整流程就介绍完了。一次交易的过程看似简单，但是对商家来说，交易的背后还蕴含着很多深层次的问题值得慢慢钻研。成功经营一家网店并非一件容易的事情，这需要创业者付出很多心血、学习很多技巧，同时要关注每个细节，善于思考和总结，在既往的成功或失败的经历中汲取经验、吸取教训。只有把每一个环节都做到尽善尽美，把更好地满足客户的需求作为自己服务的宗旨，才可能实现网络创业的成功。

本章对在淘宝网上开店的整个流程进行了详细的介绍，参照讲解，希望卖家可以开一家属于自己的网上商店，并且能够顺利地完成一笔交易。但是，会开店并不代表着会经营，创业者只有认真学习网店经营的技巧，善于在实践中总结与思考，关注经营过程中的每个细节，才能深悟网店经营的真谛，实现网络创业的成功。

本章案例

抖音商城"兴趣购"引发电商新变革

在过去的一年里，抖音电商无疑成为抖音商业化的重要一环，每一次新的动态都牵动着无数人的神经，成为大众热议的焦点。

自抖音电商业务开展以来，其惊人的发展速度让无数人惊叹。在抖音电商第二届生态大会上发布的一组数据显示，从 2021 年 5 月至 2022 年 4 月，抖音电商的商品交易总额（GMV）达到了上年同期的 3.2 倍。这个惊人的增长量吸引了 180 万户新商家入驻，386 万电商达人在抖音电商平台拥有了自己的事业，超过 2 万家服务商和 MCN 机构共同发展。

到了 2022 年，抖音电商的活动更加频繁。在概念上，抖音电商将"兴趣电商"进一步升级为"全域兴趣电商"。在产品上，抖音商城被推到台前，并上线了如"9 块 9 特价"等频道。此外，字节跳动旗下的今日头条 App 也上线了购物频道，为抖音电商引流。

在这些新动作中，抖音电商将"兴趣电商"升级为"全域兴趣电商"，这也预示着抖音电商未来的发展方向。在"6·18"抖音好物节中，货架场景和内容场景的变化显而易见。

过去，我们称抖音电商为"兴趣电商"，通过优质的内容激发客户的兴趣，并促使其产生购买行为。然而，到了 2023 年，内容场景下的兴趣电商比例在稳步增长，新上线的抖音商城所代表的货架场景也迎来了大爆发。这表明内容场景与货架场景的结合将是抖音电商的未来发展趋势。

抖音电商在 2020 年以前主要呈现出"货找人"的消费模式，即通过优质的内容激发客户的兴趣，引导他们进行消费。然而，这种模式主要依赖被动消费，未能完全覆盖客户的主动消费场景。此外，链接的店铺大多是第三方店铺，未能形成流量闭环。

为了解决这些问题，抖音商城应运而生，标志着抖音电商从"货找人"向"人找货+货找人"相结合的转变。这种结合的模式通过双场景驱动，包括内容场景和货架场景，形成了完整的抖音电商形态。内容场景激发用户的兴趣消费，货架场景则满足用户的主动消费需求。企业/商家若想实现持续、高速的增长，必须同时布局内容场景和货架场景，利用短视频内容吸引用户并强化企业品牌形象，同时布局货架场景，优化关键词搜索和用户体验，以触达更多用户并产生更多转化。

另外，全域商品货架内容的互通性也是抖音电商的一个重要特点。过去，许多企业通过免费和付费推广触达主动搜索的用户，然后引导他们通过电商平台购买或通过咨询产生后续订单。这种成交闭环是一种互联互通的生态。在抖音电商中，也形成了内容场景和货架场景互联互通的生态。内容围绕商品进行创作和分发，使商品得到更好的转化。如果货架场景表现优秀，客户评价高，平台也会给短视频/直播更多免费的流量。这样，内容场景与货架场景就能实现流量的互联互通。

2022年，抖音电商升级为"全域兴趣电商"，标志着其进入了一个新的阶段，并引起了其他传统货架电商平台的重视。然而，在消费者认知层面，这一概念并未在消费者心中形成明显的差异点。相比之下，拼多多的"低价"、淘宝的"货全""美妆服饰"，以及京东的"3C数码""高效物流"等标签在消费者心中更为鲜明。

2023年，抖音电商在"人、货、场"等方面取得了巨大的进步。一批又一批的带货主播在抖音平台上崭露头角，为抖音电商带来了更大的声量和吸引力。这些主播的出色表现吸引了大量用户，成为抖音电商在市场上立足的关键流量基础，也是提升市场占有率的重要因素。抖音电商不断丰富商品品类，对外界产生了更大的吸引力。商城等货架场景的出现为抖音电商提供了更大的想象空间。抖音商城CEO康泽宇指出：抖音有良好的内容生态、众多优质的创作者、多元化用户和较为成熟的兴趣推荐技术，目标是做好兴趣电商。

他同时强调，尽管抖音商城发展快速，但GMV不是现阶段抖音电商的第一指标，完善平台对商家的基础服务能力，为用户提供优质的购买保障、客服体验才是重中之重，这句话表明了电商创业的根本——兴趣购或将引领移动电商的新一轮大变革。

资料来源　佚名.2022抖音电商之变：人、货、场的矛对准了"货架"[EB/OL].[2023-01-17].https://new.qq.com/rain/a/20230117A0236J00.

案例问题：

1. 谈谈抖音商城新场景下的类似电商企业有哪些特点。
2. 试讨论这些开放平台的电商企业寻求发展的新途径。

▌本章小结

本章首先介绍了进行网上创业活动所需要的前期准备，包括对网店进行整体规划、开店手段选择、开店工具准备等内容。随后介绍了目前国内流行的几种主流第三方网上创业平台。最后以支付宝为例，对利用网上平台开店的流程，即从申请淘宝账户到卖出商品后的售后服务这一完整的过程进行了详尽的介绍。本章的重点在于掌握网上开店的流程，学会网上开店的基本方法，以及知晓在网上开店需要关注的问题。

▌复习思考题

1. 简述网上开店需要进行的前期准备工作有哪些。
2. 试描述淘宝网阿里旺旺的功能。
3. 简述售前服务中应注意的问题。
4. 试论述客户服务的重要意义。
5. 学习"淘宝助理"的使用方法，并以其中一种功能为例，介绍"淘宝助理"软件。

▌本章网站资源

[1] 蚂蚁互刷网 .https：//www.bixuge6.cn/seo/bnkq/26541.html.
[2] 站长快车 .http：//www.adminkc.cn.
[3] 麦淘网 .https：//www.maitaowang.com/.
[4] 微店 .https：//www.weidian.com/.
[5] 超越网 .http：//www.cymdg.cn.
[6] 支付宝服务大厅 .https：//cshall.alipay.com.

第 3 章

自建网店开店

在网店经营中，自建网店是一种常用的方式，它存在着许多与利用第三方平台开店不同的特点和内容。

3.1　网站注册

3.1.1　域名的注册

1）域名概述

（1）IP（internet protocol）地址

在互联网上有千百万台主机，为了区分这些主机，人们给每台主机都分配了一个专门的地址，称为IP地址。通过IP地址就可以访问到每一台主机。

IP地址由4部分数字组成，各部分之间用小数点分开。在计算机的浏览器上输入一个IP地址，就可以访问到一部主机。

（2）域名（domain name）

域名用于映射国际互联网上服务器的IP地址、互联网上的某个服务器或某个网络系统的名字，从而使人们能够与这些服务器联结。世界上没有重复的域名，域名是由若干个英文字母和数字组成的，由"."分隔成几部分，如"ibm.com"就是一个国际域名，"shantou.com.cn"是一个国内域名。无论是国际还是国内域名，全世界接入互联网的人都能够准确无误地访问到。

根据IP地址的编码规则，最多可以注册42亿个域名。从表面上看，域名的注册空间是很大的，但是供用户选择的有价值的域名要少得多。

一般而言，域名以3～5个字符为好，超过这个长度的域名不便于记忆。目前，差不多有意义的域名已经被注册完了。

（3）可供注册的域名种类

域名是由两段或三段字符串构成的。例如，在"cxinfo.com"中，"cxinfo"这一段字符串可由申请域名的人自己定义，而"com"这一段则是域名体系早已规定好的。域名主要有以下几种类型：

ac——适用于科研机构；

com——适用于工业、商业、金融业等领域的企业；

net——适用于互联网络、接入网络的信息中心（NIC）和运行中心（NOC）；

org——适用于各种非营利性组织。

随着互联网的不断发展，新的顶级域名根据实际需要不断被扩充到现有的域名体系中，例如".biz"代表商业，".coop"代表合作公司等。

（4）注册国内域名与注册国际域名的区别

国际域名是指在美国的域名注册机构"InterNic"注册的域名；国内域名是指在中国国际互联网信息中心注册的域名。二者的区别在于，国际域名没有国别标识，而国内域名最后加了"cn"这个中国的国别标识。从运作机制上看，二者的作用是一样的，但从标识意义上讲，二者在国别标识方面显示出较大的区别。

国内域名和国际域名在互联网的使用上没有本质区别，但在结构上有一定的区别。国内域名是以".com.cn"或".net.cn"或".org.cn"结尾的，而国际域名是以".com"或".net"或".org"结尾的。

（5）域名查询机构

国内域名查询：中国互联网络信息中心（CNNIC）（http：//www.cnnic.net.cn）是国内域名注册的权威机构。

国际域名查询：国际互联网络信息中心（http：//www.internic.net/），又名"InterNic"，是国际域名注册的权威机构。

（6）域名和网址的关系

域名不是网址。一般来说，企业在通过注册获得了一个域名之后，需要根据网址所载信息内容的性质，在域名的前面加上一个具有一定标识意义的字符串，才构成一个网址。例如，在"www.cxinfo.com"中，"www"表示服务器是Web服务器，而"cxinfo.com"则是域名。网址代表着企业拥有一个Web服务器，不管它是一台整机还是虚拟主机。当访问者要访问这台主机时，浏览器会以指定的http（hypertext transfer protocol）协议向主机发出数据请求。为此，在我们描述一个完整的网址时都会加上前缀"http：//"。而域名主要是用来映射服务器的IP地址，从而起到便于人们记忆的作用。所以只注册了域名，显然还不能说就有了网址。

（7）可以用作域名的字母和数字

英文26个字母和10个阿拉伯数字及符号"–"可以用作域名。字母的大小写没有区别。每个层次最长不能超过26个字母。

2）域名注册流程

网店经营者在对网店的内容、形式有一个初步的规划后，应根据网店的品牌、销售商品的特点进行域名注册。通常情况下，网店经营者应注册".com"类别的英文域名，有条件的网店经营者也可以在此基础上注册".cn"英文域名[①]和中文域名，以方便消费者查找。目前我国互联网应用服务提供商在域名注册方面的服务十分便捷，网店经营者可以通过互联网应用服务提供商网站进行域名注册。

---

① 注册".cn"英文域名，要求用户必须提供企业营业执照，个人不允许注册。

网店经营者通过委托拥有经营许可的服务提供商向"ICANN"[①]下任意一个国际域名注册机构进行国际域名注册，流程如图3-1所示。

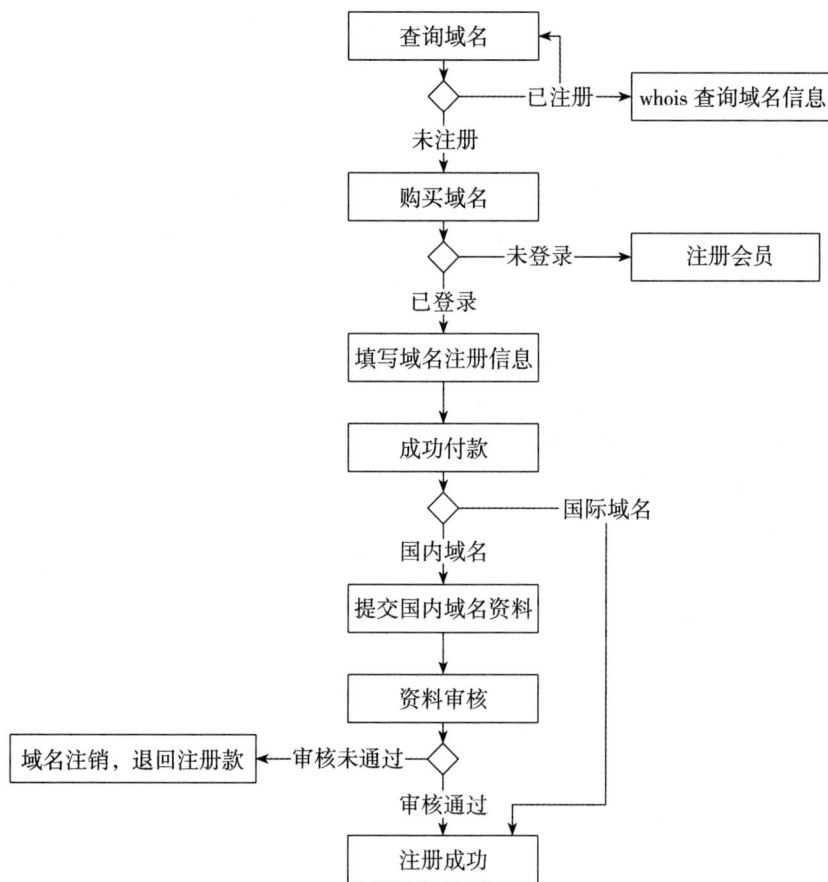

图3-1　注册域名流程图[②]

首先，网店经营者要查询域名是否可用。在可用的基础上，需要根据网店品牌特点申请一个适合的域名，此域名不得包含色情、不健康、违法、反动等不良信息。在域名的选择上，可以直接用网店品牌的"LOGO"缩写，或网店名称的首字母缩写等字串作为网店的域名，也可在此基础上加上行业相关的词组，以方便消费者查找和记忆。有企业营业执照的网店经营者可以同时申请以".cn"为后缀的域名，以防止商标侵权。此外，还可以申请网店名称的中文域名，以扩大搜索范围，方便消费者查找。

得悉域名可用后，网店经营者须填写注册信息。注册信息日后还要作为网店的基本信

---

① 互联网名称与数字地址分配机构——ICANN（The Internet Corporation for Assigned Names and Numbers），成立于1998年10月，是一个集合了全球网络界商业、技术及学术各领域专家的非营利性国际组织，负责互联网协议（IP）地址的空间分配、协议标识符的指派、通用顶级域名（gTLD）及国家和地区顶级域名（ccTLD）系统的管理，以及根服务器系统的管理（此定义引自百度百科）。
② 注册域名流程图摘自中国万网。

息提交给市场监督管理部门审核，作为申请网站备案、经营性工商注册的重要信息，所以必须保证所填写的注册信息真实、准确、完整，并且不含引人误解或者虚假的陈述。

提交注册信息后，网店经营者须向服务提供商交纳域名注册费，可根据自身需要选择付费年限，交费成功后将由服务提供商向国际域名注册机构提交域名注册申请，通过审核后方可为网店经营者所有。

3）购买网站空间

网站空间（webhost），又称虚拟主机空间，就是存放网站内容的空间，包括文字、文档、数据库、网站的页面、图片等文件。网站空间可以通过购买服务器和租用虚拟主机空间获得。由于购买服务器需要投入大量的人力资源和资金，而且目前网站空间租用技术已经较为完善，可以满足一般个人或企业开设网店的需要，因此网店经营者购买网站空间通常都是通过租用虚拟主机空间实现的。

网站空间是一种互联网服务器采用的节省服务器硬件成本的技术，主要应用于HTTP服务，将一台服务器的某项或全部服务内容逻辑划分为多个服务单位，对外表现为多个服务器，从而充分利用服务器硬件资源。目前互联网服务提供商在提供域名注册的同时，也提供网站空间购买服务。除此之外，拥有电信业务经营许可的虚拟主机服务商也能够提供网站空间服务。不同的服务器出售虚拟主机的价格不等，网店经营者在选择网站空间时，要结合所选的服务器是否有过不良记录、服务器的稳定性和运行速度等因素进行综合考虑。

（1）网站空间服务商的服务质量

网站空间服务商的服务器性能相当于现实生活中商业街的"地角"，专业的、稳定的网站空间服务商相当于商业街的"黄金地段"。如果服务器经常出现问题，则会导致网站无法正常访问。或者如果服务器负荷过重，则会导致网站的浏览速度很慢。上述问题都是网店经营中的大忌。如果消费者连网店的页面都打不开，那么购买就无法实现。所以，选择网站空间的首要因素是考虑所选服务器的性能参数和服务商的服务质量，并且应选择有"中华人民共和国增值电信业务经营许可证"的服务商。

（2）网站空间的价格

由于网站空间服务商很多，服务器容量也千差万别，因此所提供的服务价格存在很大差异。作为网店，在选择网站空间时，需要考虑到客流量和商务订单等因素，要购买价格高于静态虚拟主机的动态虚拟主机。虽然现在互联网上有一些免费的动态虚拟主机，但是由于是免费使用且不承担任何法律责任，其随时可能关闭。一般来说，成规模的大型网站空间服务商的价格比较贵，一些小型服务器提供商的价格比较便宜。但是购买网站空间的费用和整体网店建设与推广的费用相比并不是很高，因此网店经营者在此处切勿过度节约成本。

（3）网站空间的容量

网站空间服务商都是根据用户购买的网站空间容量进行定价的，在选择了合适的服务商后，网店经营者应根据自身需要选择网站空间容量。如果动态虚拟主机的容量无法满足网站的规模，网店经营者可以考虑与其他人合租一台服务器，或单独租用一台服务器。

4）域名解析

域名解析（domain name resolution，DNS），是指域名与 IP 地址间一一对应的转换工作，通过专门的域名解析服务器来完成。域名注册成功后，只表明网店经营者对此域名拥有使用权，而只有进行域名解析后，网站的域名才能正式投入使用。网络服务提供商会将域名解析服务和域名注册服务绑定起来提供给用户，通常 1 小时内即可完成。

下面通过万网域名解析的图示加以说明：

（1）进入域名解析设置页

① 登录会员中心，在左侧导航位置点击【我的域名】查看域名列表；选择需添加解析的域名，点击右侧操作的【解析】入口，即可进入域名解析设置页，如图 3-2 所示。

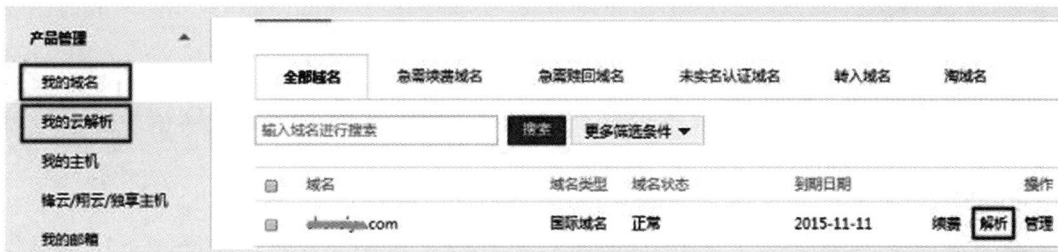

图3-2　我的域名选项

②非万网域名用户，点击左侧【我的云解析】后，点击【添加域名】，添加成功后点击域名右侧【解析】入口，即可进入域名解析设置页，如图 3-3 所示。

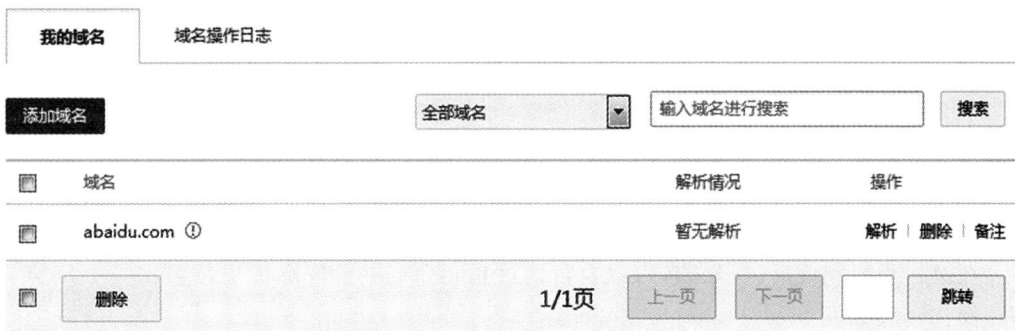

图3-3　添加域名设置

（2）新增解析

以将域名指向经营者的网站为例，对于新手用户，其支持一键解析，只需要填写网站的 IP 地址即可完成解析，如图 3-4 和图 3-5 所示。

客户可以进入【高级设置】，选择【记录类型】为"A 记录"；【主机记录】为"空"，或填写"www"；【记录值】填写要绑定的 IP；【解析线路】、【TTL】默认即可。点击【保存】，即完成了域名解析设置，如图 3-6 所示。

图3-4 新手设置引导

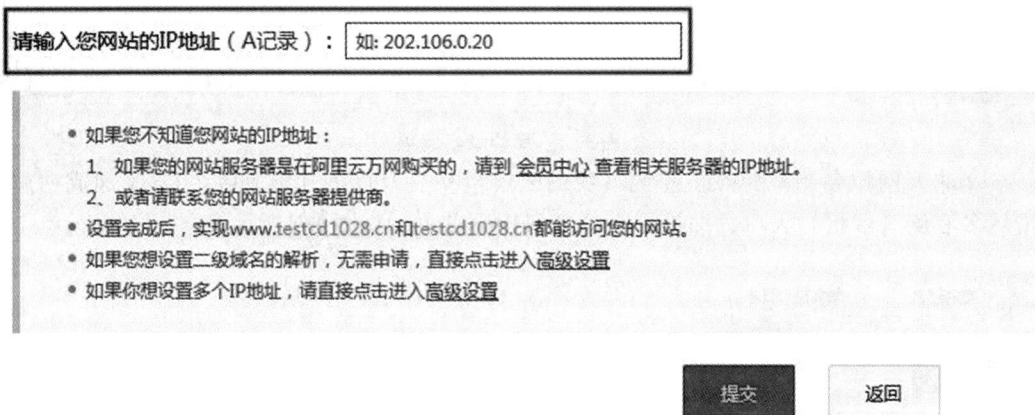

图3-5 添加IP地址

（3）测试域名解析是否生效

在解析设置完成后，经营者可以自行通过Ping命令来验证解析是否生效。

操作步骤如下：

① 打开DOS窗口。电脑桌面→开始→所有程序→附件→运行。

② 键入ping+空格+经营者的域名（如：www.net.cn）。

③ 回车后将显示结果。

④ 结果中显示出的绑定的对应IP如果与经营者解析设置的记录一致，则验证生效成功，如图3-7所示。

选择设置何种解析类型，这里"首次解析引导"只提供A记录、CNAME和MX记录。点击【新增解析】，设置【指向一个IP地址】，即可设置A记录。

解析设置

图3-6　设置页面

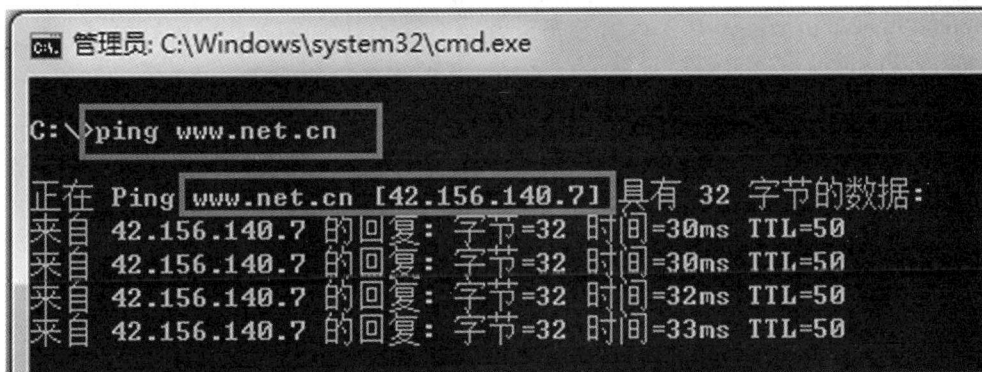

图3-7　测试域名解析是否生效

5）域名规划

（1）域名对企业的作用

域名对企业的作用在于通过便于记忆且具有一定标识意义的域名，来免除人们记忆数字化 IP 地址的不便。企业通过注册域名可以宣传企业形象，可以开展网上商务活动，同时域名也是企业重要的网上商标。

域名不同于名字和商标。不同的企业，可以因为行业不同而拥有相同的商标，而域名则不然，它具有专属性和唯一性。也就是说，很可能会出现几家同名或同商标的企业争用同一个域名的情况。

（2）进行域名规划

定义域名除了要根据企业性质或信息内容的性质来选择外，还要做到简洁、易记、有很强的视觉冲击力、标识性强或具有一定的内涵。一个好域名显然有助于企业的网址成为公众熟悉的站点。按照习惯，一般使用企业的名称或商标作为域名。域名的字母组成要便于记忆，能够给人留下较深的印象。如果企业有多个很有价值的商标，最好都进行注册保护。企业也可以选择其产品或行业类型作为域名，例如某企业是大连市的计算机公司，则

"dalian.com"将是一个很好的选择，只是这类域名很难注册到。

一般来说，在进行域名规划时需要注意以下几个问题：

① 容易记忆，可以但不一定是企业的中英文缩写，一般要根据企业的实际情况而定。比如 IBM 公司当然选择"ibm.com"作为域名，但是不能死板地套用这一原则。有些企业的中文名字很长，即使采用中文的拼音缩写也很长，而且不容易记忆。所以在这方面要灵活对待。

② 尽量与企业的商标等保持一致。尽管域名不是商标，但它相当于企业在互联网上的商标，同样代表着企业的形象、产品和服务。所以与商标保持一致，可以有力地保护企业在互联网上的利益。

③ 多种后缀。在企业资金许可的情况下，尽可能地把所有的后缀（".com"".net"等）都注册下来，"Sohu"（早期的"sohoo"）和"8848"在这一问题上就存在失误。

④ 把与企业相关的产品、服务等内容都进行域名注册。这种注册是保护性的。比如，联想集团把"幸福之家"等都进行了域名注册，其目的就在于对其产品和服务进行保护。

⑤ 把与企业相关的所有名称都进行注册。比如，联想集团需要把"联想集团""中国联想""北京联想"等都进行注册。这一点对于子公司、分公司众多的大企业来说至关重要，否则就会被某些别有用心的人钻空子。

当然，在进行域名注册的时候，需要注意的问题远不止上述这些。比如，著名企业在进行域名注册时，还需要把领导人物的姓名进行注册等。由于域名直接代表企业在网上的形象，而对域名的保护又不如商标和专利那样有力，所以企业需要对自己的域名进行认真规划。

3.1.2　申请 ICP 经营许可证

ICP 许可证，也称互联网信息服务业务经营许可证，也包括增值电信业务许可证中的互联网信息服务业务。根据中华人民共和国国务院令第 291 号《中华人民共和国电信条例》、第 292 号《互联网信息服务管理办法》，国家对提供互联网信息服务的 ICP 实行许可制度。[①]

ICP 许可证申请具有强制性，以营利为目的的网站必须获得 ICP 许可证，否则视为非法经营。《互联网信息服务管理办法》第四条规定，国家对经营性互联网信息服务实行许可制度，对非经营性互联网信息服务实行备案制度，未取得许可或者未履行备案手续的，不得从事互联网信息服务。其第二十二条规定，违反本办法的规定，未在其网站主页上标明其经营许可证编号或者备案编号的，由省、自治区、直辖市电信管理机构责令改正，并处 5 000 元以上 5 万元以下的罚款。

---

① 详见中华人民共和国工业和信息化部网站（http：//www.miit.gov.cn.），以及《中华人民共和国电信条例》和《互联网信息服务管理办法》。

1）申请 ICP 许可证所需的条件

（1）经营者为依法设立的公司，且为注册资金大于等于 100 万元的内资公司。

（2）有与开发经营活动相适应的资金和专业人员。

（3）有为用户提供长期服务的信誉或者能力。

（4）有业务发展计划及相关技术方案。

（5）有健全的网络与信息安全保障措施，包括网站安全保障措施、信息安全保密管理制度、用户信息安全管理制度。

（6）涉及 ICP 管理办法中规定必须前置审批的信息服务内容的，有已取得有关主管部门同意的文件。

（7）国家规定的其他条件。

2）申请 ICP 许可证所需的资料

（1）注册资金 100 万元以上，有独立的企业法人资格。

（2）公司法定代表人签署的经营增值电信业务的书面申请。

（3）ICP 备案登记表。

（4）公司的企业法人营业执照副本及复印件并加盖公司公章。

（5）公司概况，包括公司的基本情况，拟从事增值电信业务的人员、场地和设施等情况。

（6）公司近一年经会计师事务所审计的财务报告或验资报告（新公司仅提供验资报告）。

（7）公司章程、公司股权结构及股东的有关情况。

（8）从事新闻、出版、教育、医疗保健、药品和医疗器械等互联网信息服务的，要提交有关主管部门前置审批的审核同意文件。

（9）从事经营 ICP 业务的可行性报告（含经营服务项目、范围、业务市场预测、投资效益分析、发展规划、工程计划安排、预期服务质量、收费方式和标准）和技术方案（含网络概况及结构、组网方式、网络选用的技术及标准、设备配置等）。

（10）为用户提供长期服务和质量保障的措施，包括后续资金保障、技术力量保障、商业经营保障、内置管理模式。

（11）信息安全保障措施，包括网站安全保障措施、信息安全保密管理制度、用户信息安全管理制度。

（12）接入基础电信运营商的证明即服务器托管协议（预期服务保障）。

（13）公司法定代表人签署的公司依法经营电信业务的承诺书。

（14）证明公司信誉的有关材料（新申请公司无此项，由非经营性公司转为经营性公司时须提供）。

网店经营者准备好上述材料后，向公司所在省份的电信主管部门（一般为省通信管理局）提交并等待审批，电信主管部门应当自发出受理申请通知书之日起 60 日内完成审查工作，作出批准或者不予批准的决定，审批通过后即可领取证书。

　　3）网站备案

　　网站备案是指根据国家的法律法规，网站的所有者需要向国家有关部门申请备案，依据《中华人民共和国立法法》和《法规规章备案条例》予以执行。法律规定经营性网站必须备案，申请备案的经营性网站必须满足以下条件：

　　（1）网站的所有者拥有独立域名，或得到独立域名所有者授予的使用权。

　　（2）网站的所有者取得各地电信管理机关颁发的"电信与信息服务业务经营许可证"，即"ICP许可证"。

　　（3）网站所有者的"企业法人营业执照"或"个体工商户营业执照"中核定有关互联网信息服务或因特网信息服务经营范围。

　　在网店经营者满足上述条件的前提下，可向通信管理部门提出申请，或通过官方备案网站提出备案申请，填写"经营性网站备案申请书"，需要提交网站的名称、域名、IP地址、管理负责人、ISP提供商、服务器所在地地址、联系方式等相关内容，在线提交并打印。提交材料包括：

　　① 加盖网站所有者公章的"经营性网站备案申请书"。

　　② 加盖网站所有者公章的"企业法人营业执照"或"个体工商户营业执照"的复印件。如果网站有共同所有者，则应提交全部所有者"企业法人营业执照"或"个体工商户营业执照"的复印件。

　　③ 加盖域名所有者或域名管理机构、域名代理机构公章的"域名注册证"复印件，或其他对所提供域名享有权利的证明材料。

　　④ 加盖网站所有者公章的"ICP许可证"复印件及相关批准文件的复印件。

　　⑤ 对网站所有权有合同约定的，应当提交相应的证明材料。

　　⑥ 所提交的复印件或下载的材料均应加盖申请者的公章。

　　图3-8为网站备案流程图。

　　网站备案后，网店方可以正式运营。网站成功备案后，网站所有者须在15日内在网站首页的右下方显示电子表，并将其链接到市场监督管理部门"经营性网站备案信息数据库"，以供消费者查询。①

---

　　① 此章内容详见我国发布的《经营性网站备案管理办法》。

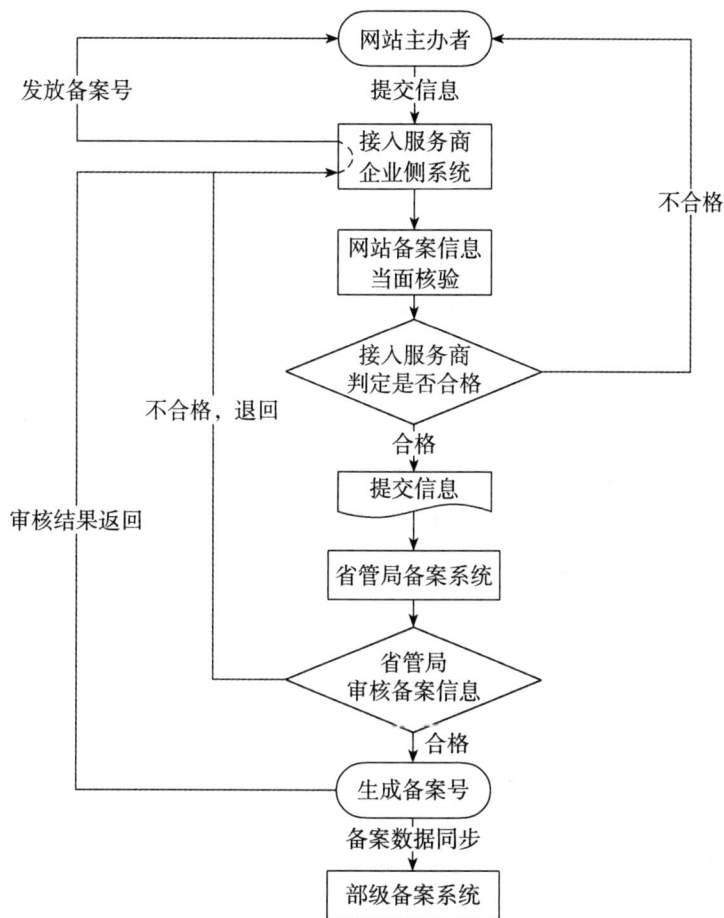

图3-8　网站备案流程图

3.2　网络服务提供商的选择

从广义上讲，网络服务提供商是指为互联网使用者提供信息传输、存储、处理等服务的经营机构，包括提供中介服务的服务商和提供内容服务的服务商。提供中介服务的服务商被称为网络服务提供商（ISP），提供内容服务的服务商被称为网络内容提供商（ICP）。

我国主要的ISP有中国电信、中国联通、中国移动等电信服务部门，其作为基础运营商提供网络服务。在选择虚拟主机或服务器时，网店经营者主要需要考虑选择哪种ISP，根据不同的地理位置，各公司提供的服务质量略有差异。在网店建站、经营的过程中，网店经营者接触更多的是ICP。目前，很多ICP包揽了域名注册、虚拟主机及服务器租用等建站业务，下面介绍两家规模大、信誉高的ICP供网店经营者参考。

3.2.1 中国万网

中国万网[①]是中国领先的互联网应用服务提供商、企业网络服务首选品牌。中国万网致力于为企业客户提供完整的互联网应用服务，服务包括域名服务、主机服务、企业邮箱、网站建设、网络营销，以及高端的企业电子商务解决方案、顾问咨询服务和云计算服务，以帮助企业客户应用互联网开展电子商务，提高企业竞争能力。

中国万网是中国域名注册服务的先行者、中国虚拟主机服务的开创者、中国企业邮箱服务的领先者和中国网站建设服务的创新者。中国万网一直秉承专业、诚信、服务、进取的价值观，坚持客户第一的服务理念，以"关注企业需求，实现企业价值"为导向，向企业提供全面优质的互联网应用服务。

中国万网是国内首家通过ISO 9001质量管理体系认证的互联网企业，并获得了AAA级（最高级别）信用等级评价，具有国家信息安全应急响应资质。中国万网是世界互联网名称与数字地址分配机构（ICANN）在中国的首批域名注册服务商，是其重要的合作伙伴。中国万网连续数年蝉联中国互联网络信息中心（CNNIC）五星级注册服务机构美誉。中国万网得到政府和社会的广泛认可，历年来获得表彰奖励达几百项。

阿里巴巴集团于2009年收购万网，2013年1月6日阿里巴巴集团宣布，旗下的阿里云与万网将合并为新的阿里云公司，合并后"万网"品牌将继续保留，成为阿里云旗下域名服务品牌。中国万网业务遍布全国各省、自治区、直辖市以及全球几十个城市，成为互联网应用服务行业名副其实的旗舰。众多世界500强企业、中国知名企业、中国各级政府、社会服务机构、中小企业和个人客户依托中国万网的服务开展互联网应用。

中国万网研发中心拥有一支由多名网络安全专家、软件工程专家和项目管理专家组成的专业队伍。50%以上的工程师拥有微软、Oracle、Cisco、HP的认证资质，申请了多项专利及近百项软件著作权。中国万网构建了365天不间断的稳定运行保障体系，其服务器群分布在国内外10个顶尖IDC机房，全部机房均部署独立IP、光纤接入及线路冗余、Intel多核服务器平台、DDT备份体系、电信级网络设备以及网络实时监控系统等，为客户提供高质量、高效率、高安全性的7×24小时专业运维保证。

中国万网拥有设施齐备、功能完善的专业级呼叫中心。下设的中国万网客户服务中心和技术支持中心，为中国万网用户提供7×24小时不间断的专业的电话服务和全方位的网络实时智能监控。

图3-9为万网域名注册服务页面。

---

① 中国万网：https://wanwang.aliyun.com/，本节内容参考万网网页。

图3-9　万网域名注册服务页面

3.2.2　美橙互联

美橙互联[①]的业务范围和万网类似，也是一家国内领先的互联网基础应用服务提供商，主要面向广大海内外客户提供域名注册、国内/海外虚拟主机、云主机、企业邮箱、智能建站、智能DNS、虚拟服务器（VPS）、服务器租用、服务器托管等丰富的网络产品服务。

美橙互联自2006年成立以来，一直作为行业中的佼佼者提供互联网服务。客户在购买虚拟主机产品时，可享受30天内无条件全额退款服务。此外，美橙互联还经常推出捆绑促销活动，十分适合中小型自建网店使用。

图3-10为美橙互联主页。

图3-10　美橙互联主页

---

① 美橙互联：http://www.cndns.com/，此节内容详见美橙互联网页。

3.3 搜索引擎优化技术

中国互联网络信息中心（CNNIC）于2023年8月28日发布的第52次《中国互联网络发展状况统计报告》显示，截至2023年6月，我国网民规模达10.79亿人，较2022年12月增长1 109万人，互联网普及率达76.4%，搜索引擎在网民中的普及使用率为89.3%，搜索引擎用户规模达6.68亿人，增长率为6.7%。

搜索引擎（search engine）泛指网络上以一定的策略收集信息，对信息进行组织和处理，并为用户提供信息检索服务的工具和系统，是网络资源检索工具的简称。消费者在寻找意向商品的时候几乎都是通过搜索引擎查找的方式实现的，所以说，利用搜索引擎将互联网上庞大的潜在客户群体引导到自己的网站是网站经营者推广网站的重要手段之一。

3.3.1 SEO概述

搜索引擎优化，术语为SEO（search engine optimization），是针对搜索引擎的排名法则，通过对网站结构、页面设计及链接设置等内容进行改进，使网站在搜索引擎中排名靠前的一种技术性网络营销手段。SEO通过利用搜索引擎，以最小的投入换取最大的访问量并衍生商业价值，是目前电子商务领域里较受推崇的营销手段。SEO是一个需要长期投入并且注重细节的工程。时刻关注搜索引擎的动态变化，继而对网站作出改进，才是有效的SEO。

鉴于SEO是针对搜索引擎进行的优化，所以了解搜索引擎的排名法则是有效实施SEO的第一步。搜索引擎通过搜寻已有的网页索引数据库，找到与被输入关键词有关的一切相关网页，再按照固有的算法进行排序后，生成搜索结果。不同的搜索引擎拥有不同的计算法则和排名偏好，但是参数大同小异。对于面向所有搜索引擎工作的SEO来说，主要有关键词优化、页面设计优化、链接优化和数据的检测与分析四种方式。

3.3.2 关键词优化

搜索引擎是按照程序运作的机械性寻找程序，只有按照一定的规律才能得到有效的信息。网站的关键词是网店经营者和客户联系的桥梁，也是搜索引擎准确定位网站的路标。如何让潜在客户群体通过搜索引擎找到自己的网店，关键词优化是最基本的SEO。

1）设置符合产品特征的关键词

网店的经营者必须根据自己的企业形象和产品特点，为网站设计一个或几个（不能过多）关键词，其中最重要的是网站的标题。在搜索引擎中，网站标题的优先级最高，通常会以下划线或加粗的方式作为搜索结果展示给潜在客户。除了同时展示给潜在客户和搜索引擎的可见关键词外，自建网站的网店经营者还可以利用 HTML 代码单独为搜索引擎的 "spider" 程序设置一套网页不可见标签——"meta" 标签，直接与搜索引擎对话。[①]将关键词嵌套在 "meta" 标签中，就确保了搜索引擎的 "spider" 程序能够抓取到网店经营者想表达的信息，继而反馈给潜在客户。一个准确定位的关键词是网店成功登录搜索引擎的首要因素，关键词必须简洁，并且能高度概括其产品的特征，在客户一目了然的同时，结合不可见标签，使搜索引擎的 "spider" 程序也能实现快速、准确地抓取。

2）适当安排关键词密度

对于同时面向客户和搜索引擎的可见标签来说，除考虑关键词之外还要注意语句的流畅性和易懂性，这一表达过程就需要用到其他的辅助词汇以使语句通顺。一些网店经营者在设计 "meta" 标签时不会考虑语句的流畅性，只是企图通过反复叠加关键词的方式提高搜索频率。从搜索引擎的机械性来考虑，这种想法是有一定根据的。但是，在 "meta" 标签中写入的关键词并不是越多越好，过高的关键词密度可能会导致被搜索引擎惩罚甚至屏蔽。前人对 SEO 的研究表明，虽然不同的搜索引擎对关键词密度的态度有细微的差别，但总体来说，关键词密度保持在 3%～8% 比较合适。在 "meta" 标签中，"title" 中一般包含 1～2 个关键词，"keywords" 中一般不超过 4 个，"description" 中通常用包含关键词的语句形成长尾关键词。[②]

3）动态追踪热门关键词

对于任何一类产品或服务来说，关键词都不是一成不变的。根据市场的变化来预测与产品相关的热门关键词是网店经营者必做的功课。搜索引擎根据被搜索的次数来统计一个词语的热门程度，从而在正常的搜索情况下自动将热门关键词排列出来。网店经营者可以根据一些统计数据来查看与自己产品相关的关键词，百度、谷歌等搜索引擎都提供关键词榜单，可以作为参考。

百度指数首页（https：//index.baidu.com/）如图 3-11 所示。

网店创业者可根据自身需求输入关键词进行查找，得出相关趋势图、相关检索词分布、人群属性等指数作为参考。百度指数关键词搜索如图 3-12 所示。

3.3.3　页面设计优化

1）简化代码

和网店的商品摆放多美观无关，搜索引擎访问的是网站的代码。相对于 HTML 中传统的表格嵌套，利用 DIV+CSS[③]设计网站可以通过丰富注释的方式丰富网站的内容，这样既

---

　　①　注："meta" 标签用来描述一个 HTML 网页文档的属性，"meta" 标签的设计对于 SEO 是至关重要的一部分。此外，此处提到的 HTML 语言是目前大部分网站常用的语言，具有普遍性。如果创业者有能力，可以利用 XHTML 语言进行网站设计，就可以获得更稳定的搜索排名。
　　②　长尾关键词是指网站上非目标的但也可以带来搜索流量的关键词。
　　③　DIV+CSS：标签+层叠样式表，是网站标准术语，区别于 HTML 表格定位的 XHTML 定位标准。符合 W3C 标准，有利于 SEO。

图3-11　百度指数首页

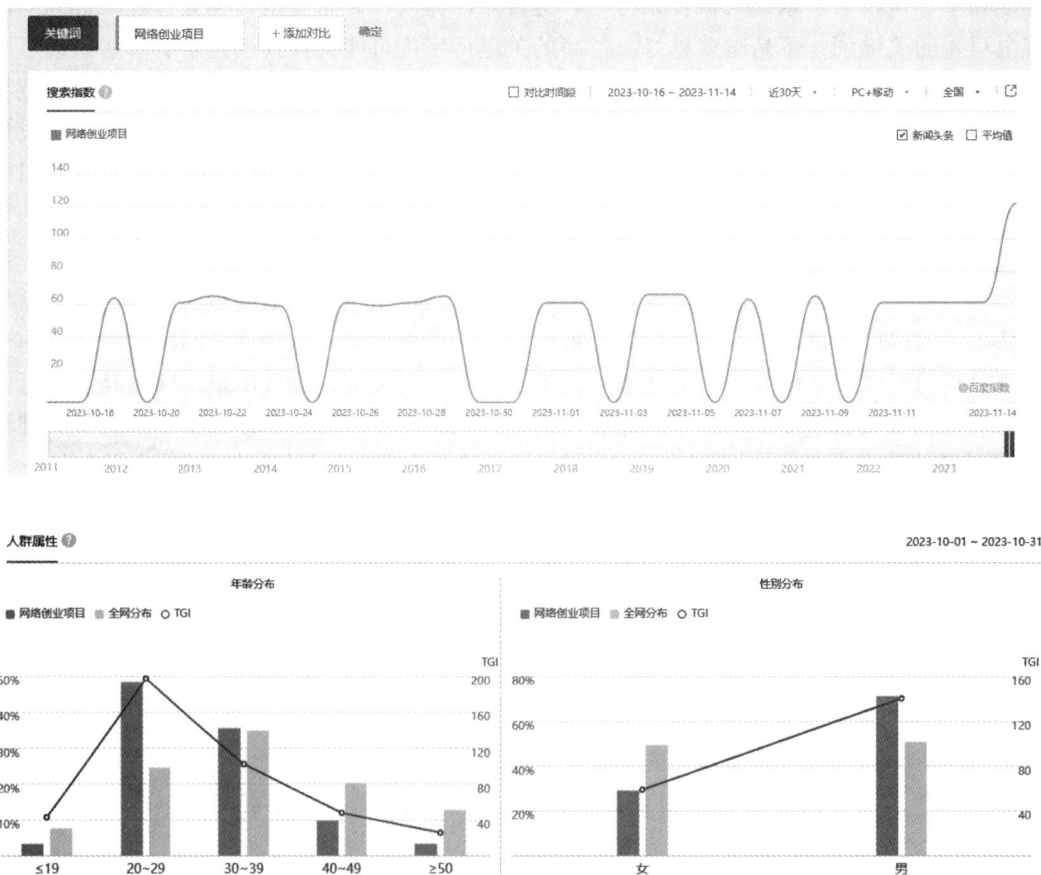

图3-12　百度指数关键词搜索

方便搜索引擎抓取信息，又可以及时根据 SEO 的进度进行关键内容调整。即使网站使用的依然是传统的表格定位技术，也要力求用最少层的表格完成设计，因为搜索引擎的"spider"程序爬行表格时，遇到多层表格嵌套时会直接放弃对这一网页的读取。

此外，网店在实际运营中很可能有很多商品都存在一定程度的重复。这种重复如果在网页标题中体现出来，可能就会造成搜索引擎在抓取这一部分信息的时候跳过，或者反复抓取导致对网页的不信任。利用 CSS 统一文件格式再做成外置文件可以避免这种状况，正如前文中提到的，使用 XHTML 架构的网站排名状况一般都会比普通表格嵌套的网站好一些。

2）文字链接作为目录导航

作为网店经营者，设计网页一定要通过设计便捷的菜单作为导航，原则是既要保证让来访客户一目了然，也要让搜索引擎能够准确无误地抓取信息。很多网店为了吸引消费者的眼光，将产品链接制作成动态的图片形式，而一个动态的链接十分不方便搜索引擎对网站信息的抓取。虽然目前主流的搜索引擎数据库都支持对动态网页的录入，但是搜索引擎更偏爱那些能够快速抓取的静态信息。一个有效的静态文字链接能够保证搜索引擎可以快速、准确地将信息传达出去。为确保搜索引擎能够快速地将网站要表达的内容传送给搜索者，在布置网店的时候必须保证导航有一个有效的静态文字链接，在此基础上再设计其他网页结构。

3.3.4　链接优化

在搜索引擎看来，一个拥有很多链接的网站就是一个好网站。网店经营者可以通过优化内部链接和建立外部友情链接来提升"page rank"值，从而提高网站在搜索引擎上的排名。

"page rank"值（简称 PR 值），是谷歌排名法则中的一部分，PR 值越高说明网站越受欢迎，并且一定程度上影响网站在搜索引擎上的排名。举例来说，网店就相当于一份学术文章，引用的人越多说明这篇文章越具有权威性，并且如果被较为权威的著作引用的话，会更加提升这篇文章的学术价值。PR 值也是如此，我们可以通过优化内部链接和外部链接两方面进行优化。

1）建立网站导航

网站的导航目录最好设置在页面的上面或者左面，针对搜索引擎的"spider"程序的爬行方式，方便其第一手抓取，同时也方便用户浏览。首先，在设计网店的时候，为了兼顾搜索引擎和消费者，可以同时设置图片链接和文字链接。不过，值得注意的是，图片链接文件不要太大，这样既不方便搜索引擎的"spider"程序抓取信息，也不方便电脑配置一般的消费者打开网页，两方面都损失了商机。其次，要对产品进行明确分类，尽量确保 3 次点击就能够找到所有产品，这样有利于搜索引擎对每一页信息的抓取，消费者也能够对商品一目了然。此外，制作一份包含网站所有链接的网络地图也是优化内部链接的好方法，鉴于谷歌、百度、雅虎等搜索引擎识别网络地图的方式不同[①]，网店经营者可以根据自身发展需要制定不同格式的地图。

2）平行页互联

一个网站的 PR 值传递是递减的，这使得对消费者最直接的链接——单独一个商品页面的 PR 值最低，可能不易被搜索引擎抓取。但是消费者在进行搜索的时候，目标往往也正是单独商品的网页。消费者的搜索意向是商品而不是网店名称，毕竟如果消费者知道你的网店地址，就不需要通过搜索引擎查找了。因为消费者输入了较为详细的搜索条件，搜索引擎回馈给消费者的可能是单一商品的页面，如果每个单独商品的页面仅是和上一级页面链接，则 PR 值是远远不足以获得排名的。因此，在保证网站的整体是一个树形结构的基础上，各种产品页面之间的互联有利于搜索排名。一种市场上热门商品的点击率，可能会带动其页面链接的其他商品，以及网店主页的点击率。

3）建立外部链接

在内部链接优化的基础上，稳定、优质的外部链接也能给网站带来可观的访问量。在外部链接的选择上，从技术上讲，最好选择在搜索引擎上排名不错、行业内比较有权威的网站进行外联；从内容上讲，应避免选择和自家网店处于竞争关系的网站做链接，也不能为了追求产品的配套或互补盲目地大量进行链接。链接并不是越多越好，PR 值低的链接反而会降低网站的排名。确保外部链接的有效性是最重要的。

3.3.5　数据的检测与分析

SEO 是一个长期的动态过程，对网店经营各个阶段的情况进行追踪和了解，才能够给予它适当的 SEO 使其成长。通过对网站流量数据进行分析，可以从更深层次来了解客户的偏好和需求。网店经营者可以通过免费的网站流量统计系统来查看 SEO 的进展情况，常用的有百度统计、谷歌统计、雅虎统计等。以百度统计为例，只要注册成为百度联盟会员，申请百度统计测试服务后，获得统计代码应用于网站就可以开始统计了。统计数据包括流量统计、关键词分析、来访者分析等，这些数据为网店经营者适时制定 SEO 策略提供了很大的帮助。

图 3-13 为百度统计页面。

---

① 主要是各搜索引擎识别地图格式的效果不同。百度：建议使用 HTML 格式的网站地图；谷歌：建议使用 XML 格式的网站地图；雅虎：建议使用 TXT 格式的网站地图。

图3-13　百度统计页面

3.4　网店的费用

　　自建网站开网店的建站费用较平台网店高，网店经营者可以根据资金和规模合理安排网店开销。建站初期的费用主要发生在域名注册、租用虚拟主机上。本书就此给出 ICP 报价以供参考。表 3-1 为万网 2020 年的域名资费报价。

表3-1　　　　　　　　　　　　　　万网2020年的域名资费报价

域名	新注价格	续费价格
.com 英文域名	78 元/年	85 元/年
.net 英文域名	85 元/年	89 元/年
.org 英文域名	78 元/年	88 元/年
.cn 英文域名	35 元/年	39 元/年
.gov.cn 政府域名	100 元/年	100 元/年
.英文 .cc 域名	29 元/年	75 元/年
.biz 商务域名	52 元/年	120 元/年
.info 信息域名	10 元/年	140 元/年
.name 名字域名	55 元/年	55 元/年
.cc 公司域名	39 元/年	99 元/年
.video 域名	41 元/年	68 元/年
.餐厅域名	3 650 元/年	3 650 元/年

表3-2为万网云虚拟主机2020年报价。

表3-2　　　　　　　　　　万网云虚拟主机2020年报价

产品名称	价格
独享基础版	499.8元/年
独享标准版	765元/年
独享高级版	1 173元/年
独享豪华版	2 346元/年

建站的注册费用和虚拟主机的购买费用弹性很小，网店经营者选择一家信誉高、规模大的ICP即可。网店投入运营后，在网页建设、网店推广上还需投入广告费用。进货销售还会产生物流运费，网店经营者可根据经营情况酌情选择投入比例，力求网店利益最大化。

3.5　网站建设框架

网站是企业在互联网上的形象，是企业开展营销活动的重要环节。一个建设良好的电子商务网站可以有力地帮助企业宣传产品、提供客户服务，增加企业的销售机会。

3.5.1　网站的基本框架

尽管每家企业所属的行业不同，经营的产品性质也不相同，但一般来说，成功的网站都有一些共同的内容。

1）网站介绍

网站介绍是指对企业的办公场所、产权归属、企业背景、经营项目等进行介绍，以便访问者对网站的基本情况有一个概括性的了解。

2）站点地图

有许多访问者对网站是很陌生的，因此提供站点地图能够帮助他们尽快地找到其所需要的各种信息。

3）相关内容及栏目

在公司的主页以及其他相关页面上，各个栏目应当布局合理。对于商业网站而言，不宜采用大量的动画、背景音乐等多媒体技术，比较好的方式是类似于报纸的分类目录，这样便于导航，页面简洁，重点突出。

4）联系信息

联系信息应当是多方面的。首先，要包括各个职能部门的联系方式，比如客户服务部、技术部、网络管理部等。其次，不仅要提供 E-mail 地址，还要提供邮政通信地址、联系人、传真、电话号码等。

5）讨论区

讨论区的方式可以是多种多样的，比如留言板、BBS 或者论坛等。其目的在于收集客户的反馈意见、联系方式等。

6）FAQs（常见问题）

企业的网站开通以后，就要面临客户所提出的各种各样的问题。当然，对于大的网站而言，可以通过建立客户呼叫中心来解决这一问题。但是，如果能够把专业术语、共性问题等内容经过整理放在网站上，则既能降低企业的成本，又能节省访问者的时间和精力。

7）搜索引擎

这里所说的搜索引擎不是指门户网站上的搜索引擎，而是指专业化的站内搜索引擎。通过该搜索引擎，用户可以对网站内的专业信息进行搜索。

8）新闻

通过新闻，企业可以提供最新的相关产业资讯，并同时让用户感觉到网站是经常进行更新的，用户每次访问网站都会有所收获。

9）相关链接

比如向用户提供行业协会、商会等网站的链接，以便用户更好地了解整个行业的情况。

3.5.2　框架范例

图 3-14 给出了一个典型的企业网站的功能模块。可以说，尽管每个企业的网站在网页设计、网站风格、技术处理等方面各有特色，但是下列基本功能模块应当都具备。

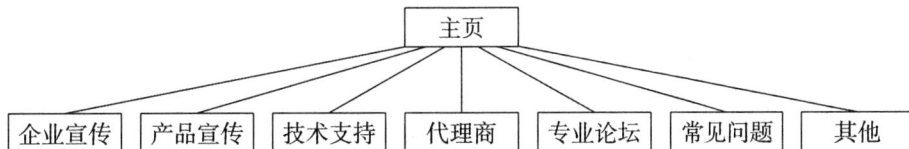

图 3-14　框架范例

3.6　网站规划设计

对于商业网站来说，要想吸引用户前来访问，留住并使其成为忠诚客户，网站规划设计至关重要。

3.6.1 网站的总体规划

网站的总体规划是任何网站建设中都必须遵循的第一步。企业的总体规划包括以下两个方面：

1）经营层面规划

经营层面规划是指根据企业的行业性质、产品属性、经营理念、经营风格等来确定网站的总体风格、布局和内容。

2）技术层面规划

技术层面规划主要包括对系统的内部结构、实现方法和维护方法等进行规划，比如网站的结构，新添文件与原有系统保持一致的措施，信息的组织与管理，存储信息的物理方法（采用数据库系统还是文件系统），文档版本控制（例如，如何确保多个用户同时编辑同一个文件），结构的完整性和一致性的维护方法等。

3.6.2 网站内容的规划

网站内容的好坏、对用户的有用程度等将直接影响网站营销目标的实现。

1）网页在不同平台及浏览器上的兼容性

一个优秀的电子商务网站必须注意网站在不同操作平台及浏览器上的兼容性。网页是由 HTML 标记语言写成的，而 HTML 最后达到的实际效果由其自身的质量和浏览器解释 HTML 的方法决定。不同浏览器的解释方法不尽相同。一个电子商务网站的建成，就意味着它可以在全球范围内被浏览，所以在网页设计时要充分考虑这一点，让所有的浏览器都能够正常浏览。

要达到上述要求，就需要进行网站测试。因此，当网站开发完成后，企业需要用专门的测试软件对网站的浏览性能进行测试。性能测试直接关系到产品的质量及推出后的受欢迎程度。

2）网站内容与技术整合

对于一个良好的电子商务网站而言，关键在于将技术与内容进行整合。技术人员在对网站进行建设的时候，企业会为技术人员提供大量的产品介绍、企业理念、营销活动等方面的原始资料，这些资料构成了网页设计的基础。但是，网页设计绝不是技术人员对原始资料的堆砌，而应当是在管理人员的参与下进行再加工。也就是说，要根据网站形象策划与宣传、文化理念传播与打造的需要，对相关信息（主要是文字与图片）进行加工。

（1）网站的内容应既能达到网站设计目标，又能满足用户的期望，并且应该及时更新。

注明更新日期及 URL 对于经常访问的用户来说非常有用。

（2）提供一些在线帮助功能。

为了及时了解用户对网站的看法，可以在网站上提供网站所有者的电子邮件地址、网上论坛、网络会议等功能，让用户能够发表观点和进行讨论。比如，用户输入查询关键字或者根据索引目录就可以获得企业提供的在线帮助。

（3）网页的文本内容应简洁。

所有内容都要围绕企业的目标进行，过长的页面需要更多的下载时间并容易使用户感到不耐烦。此外，文字要正确，不能有错别字和语法错误。

（4）避免过分使用新技术。

有些设计人员为了展示自己的技术水平，在网站建设时采用许多新技术，甚至包括一些不成熟的技术。新技术可能吸引一小部分的技术工作者，但大多数用户更加关心的是网站的内容是否具有价值，是否能够为他们提供有效的服务。过分使用新技术常常会造成系统的不稳定，使用户丧失对网站的信心。

（5）到达最终页面要经过数次点击。

好的设计应该遵循"三次点击原则"，即网站中由任一页面到达最终目的页面的点击次数不超过三次。

3）多媒体应用

图像、声音和视频信息能够提供比普通文本更丰富和更直接的信息，产生更大的吸引力，因此多媒体技术在网站建设中得以大量应用。但是，多媒体技术的应用也应当与网站经营目标相结合。

（1）防止滥用动态效果

一些动态技术，比如"Flash"的运用可以丰富网页，提高网站的访问量及受欢迎程度。麦当劳的网站就是一个很好的例子。但是大量使用动态元素会使浏览者的注意力难以集中到网站本身的内容上来，尤其是在网站上使用一些与主题不相干的动画，只会适得其反。

（2）浏览速度

有些网站会放置一些大图片，但是这些图片对内容没有任何辅助作用，反而造成网页下载速度缓慢。一般而言，如果网页的下载时间超过 15 秒，浏览者将会放弃浏览该网页。只有当图形或图像真正有助于用户对信息的理解时，管理者才应当予以使用。

（3）导航设计

导航设计的好坏对于浏览者，尤其是新的访问者来说是非常重要的。首先必须对网站的整体架构有一个良好的规划，比如在每个页面的顶部放上风格统一的导航条，底部放置公司信息及版权性文字。对于内容复杂的站点，可以提供一个站点地图，明确地告诉浏览者网站上信息的分类及用途，以帮助他们更快地找到所需的信息。此外，还需要在网站上提供站内搜索引擎，这可以使用户以最短的时间找到其所感兴趣的信息。提高网站可用性的根本途径应当是采用以用户为中心的设计方法。在实际的网站开发中，应将这些指南的运用与以用户为中心的设计方法相结合，才能真正达到好的效果。

3.6.3　网站布局规划

对于商业网站而言，尽管漂亮的网页画面必不可少，但更重要的是网站布局。网站布局通常采用的技术是 HTML 的表格（table）和框架（frame）元素功能。借助这些技术对网站进行布局，以符合用户的阅读习惯。

3.6.4　文档目录的规划

文档目录的规划，即规划网页的物理保存位置。有些网站将存放网页的文件夹只划分为两个物理目录，一个用来存放网页，另一个用来存放图片。甚至有的网站将所有文件都放在一个文档中。当然，对于一个小型网站而言，由于内容很少，上述做法不会造成什么麻烦。但是对于一个商业网站而言，由于内容很多，缺乏文档目录的规划会使管理变得非常混乱。

1）绝对路径

绝对路径是指文件在计算机硬盘上存放的物理地址。比如，d：/test/img/photo1.jpg。该路径表明在 D 盘的"test"目录下的"img"子目录中，存放了一个名为"photo1.jpg"的图片文件。上述描述文件位置的路径就是绝对路径。我们不需要知道其他任何信息就可以根据绝对路径判断出文件的位置。而在网站中类似以"http：//www.pckings.net/img/photo1.jpg"来确定文件位置的路径也是绝对路径。

2）相对路径

首先举一个例子。有一个页面"default.htm"，在这个页面中链接有一张图片"photo1.jpg"。它们的绝对路径如下：

d：/test/default.htm

d：/test/img/photo1.jpg

如果使用绝对路径"d：/test/img/photo1.jpg"，那么在自己的计算机上将不会产生任何错误，但是当设计人员将页面上传到网站的时候就会出错。因为该图片在服务器上的物理路径是不确定的，该文件可能被放置在服务器的 D 盘，也可能被放置在服务器的 E 盘，所以此时就需要采用相对路径。所谓相对路径，就是建立物理路径的相对位置，那么不论将这些文件放到哪里，只要它们的相对关系没有改变，就不会出错。

在实际编程时，一些网页制作工具提供了站点管理功能，以避免在制作网页时出现路径错误。只要使用菜单命令"新建站点"并定义站点目录之后，软件将自动把绝对路径转化为相对路径，并且当技术人员在站点中移动文件时，与这些文件关联的连接路径就会自动更改。

3.7　网站经营与组织管理

网站是企业向顾客提供信息、产品和服务的重要手段，是企业开展电子商务的基础和核心平台，企业的电子商务活动无法脱离企业的网站。所以，企业网站经营与组织显得极为重要，因为网站是企业在互联网上展示企业形象和文化、开展顾客服务的重要窗口。网站经营与组织管理的好坏将直接影响企业的经济效益。本节就将探讨企业网站建设中的经营与组织管理问题。

1）明确网站的目的、目标群体和用户需求

明确网站的目的、目标群体和用户需求是企业网站建设的首要原则。尽管企业网站具有展示企业形象、介绍产品和服务、体现企业发展战略等多方面的作用，但企业网站的核心目的是为顾客提供服务。因此，必须明确站点的目的和用户需求，始终以"顾客"为中心，而不是以"技术"为中心进行设计管理。

在明确上述目标时，企业需要注意的几个问题是：

（1）建设网站的目的是什么，是提供产品信息，还是销售产品？企业提出的目标应该是主体明确的，而不是笼统地说成建设电子商务，或者为顾客提供服务。

（2）网站面对的主要顾客是供应商、中间商还是终端消费者，或者是其中的几个？

（3）网站目标受众的特点是什么？企业产品和服务适合什么样的表现方式（风格）？

（4）在企业目前的资源（专业人员、技术、资金等）约束下，企业实现既定目标的可能性如何？如果目标比较宏大，应该考虑各阶段的轻重关系和实现的难易度，分清主次，循序渐进。

2）主题鲜明，彰显企业特色

网站是展示企业特色的良好途径。所谓主题鲜明，并不是要标新立异，而是需要使企业文化和竞争优势得以在网络空间延伸和发展。比如，IBM公司号称蓝色巨人，它的网站也是以蓝色基调为主。所以，需要在总体目标的基础上，对网站的整体风格和专业特色作出定位。不同类型的网站可以采取不同的网站组织结构和方式，但不论具体形式如何，网站提供的功能服务应该是符合浏览者实际需求以及企业自身特点的。

3）注重网站的系统性和层次性

动态网站的建设涉及众多环节，是一项系统工程，需要从系统的角度合理组织规划和建设。在建设过程中，要保证网站具有一个清晰的结构，网站的栏目划分合理，信息浏览和获取容易，结构和导航要模块清晰、条理明确，让用户知道自己在网站上所处的位置，并且跳转方便。

4）网页设计技术与内容保持统一

网页设计已经成了一种独立的艺术形式，具有自己的图形设计原则和排版原则。网站的版式设计通过文字图形的空间组合，可以表达出和谐与美。网站运用对比与调和、对称与平衡、节奏与韵律以及留白等手段，通过空间、文字、图形、色彩之间的相互关系来建立整体的均衡状态，构成具有美感的页面。点、线、面作为视觉语言中的基本元素并不是孤立的，很多时候都需要将它们结合起来，可以在网站设计中互相衬托、互相补充，以表达完美的设计意境。

但是，页面设计的艺术性再高，它也是为内容服务的，形式语言必须符合页面的内容。网站的页面编排设计需要把页面之间的有机联系反映出来，要处理好页面之间和页面内秩序与内容的关系，整体设计应该很好地体现企业的CI。整体风格同企业形象相符合，保持网站内容整体的合理性。

5）注重网站的功能性

网站不是一个摆设，而是需要发挥作用的。再好的网站，如果没有人访问和使用也就毫无价值，所以在网站建设中必须体现出其功能性。网站的功能性体现在以下几个方面：

（1）提供适当的访问速度。

企业需要根据用户人数、访问量的多少等因素，决定服务器接入方式、租用带宽等问题。需要注意的是，企业不能盲目追求速度，用户量较小的企业可能无法负担较贵的服务器和较高的带宽租赁费用。

（2）注意维护更新。

网站的不断更新是网站维持生命力的重要手段。企业对网站内容的不断更新，有利于让用户在第一时间了解企业的产品和服务信息，这对于企业建立良好的形象、增强用户对网站的信任十分重要。

（3）保持网站的互动性。

互动性是互联网的特性之一，企业网站建设必须很好地利用这一特性。网站需要能够吸引用户，鼓励用户参与，利用互动功能的优势来实现其他媒体所不具备的在线服务功能，如网络调查、网上直播、网上发布、网上评选、网上订货等，以吸引用户的兴趣，从而实现网络营销的目的。

■本章案例

朱振宇与花洛莉亚

近年来，国货彩妆市场竞争激烈，品牌更迭迅速。完美日记、橘朵、INTO YOU 等品牌崛起，吸引了消费者的目光。然而，许多彩妆品牌在竞争激烈的市场中遭遇了困境，薏珂思、浮气 Fomomy、卡乐说 COLORPEDIA 等品牌纷纷关闭门店。在这样的市场环境下，花洛莉亚（FLORTTE）作为一个国内彩妆品牌，自 2018 年成立以来，一直保持着快速增长。花洛莉亚的品牌理念是"遇见最美的自己"，致力于让每个女孩都能找到自己的美丽和自信。

花洛莉亚的产品特色鲜明，注重颜值和设计感，上新频率高，系列众多，性价比高，适合学生党使用。近年来，该品牌不断赢得市场份额，销量连续增长。花洛莉亚的创始人朱振宇表示，他们希望带给年轻女孩们"玩妆自由"的体验。

花洛莉亚总部位于上海，团队近 120 人，年销售额超过 6 亿元。虽然 2023 年增长速度稍有放缓，但仍然保持了一定的增长。在国货彩妆市场的大环境下，花洛莉亚的成功得益于其独特的产品特点、品牌理念和营销策略。未来，花洛莉亚将继续面临市场竞争的挑战，但只要保持创新和不断满足消费者的需求，就有可能继续保持领先地位。朱振宇和他的妻子猪猪都是 80 后，土生土长的上海人，是从淘宝起家的创业者。

2009 年，在同一所大学的他们成为情侣，共同开了一家淘宝店，专注于销售日系美妆产品。在他们的第一次创业中，他们选择了假睫毛作为主打产品，并成功地将它打造成了一个爆款。随着时间的推移，他们为了实现更大的增长，于 2018 年开始了第二次创业，目标瞄准了 18~24 岁的女孩，专攻彩妆市场。他们的品牌花洛莉亚逐渐崭露头角，从眼妆到唇妆等彩妆用品，都有所涉猎，并且在眼妆领域取得了尤为突出的成绩。欧特欧国际咨询公司的数据显示，2023 年化洛莉业成为眼妆类全网最畅销品牌，市场份额达到了 6.5%，而排在第二名的橘朵市场占有率仅为 3.6%。

朱振宇作为较早进入电商行业的玩家之一，深知电商市场的发展趋势和规律。他表示，创业初期需要充分了解电商市场知识，通过精细的成本控制和高效的电商玩法，积累创业基金和行业经验。他认为，做美妆品牌就像打篮球，需要掌握节奏和机会，频繁上新是吸引流量的关键。同时，他也强调了品牌的稳定性和长远的规划，只有克制和低调才能让品牌走得更远。

花洛莉亚的营销策略可以概括为以下几点：

（1）定位明确。花洛莉亚明确自己的目标用户群体，主要是年轻一代，注重时尚和个性。因此，品牌在定位时主要围绕这一群体的需求和喜好展开，通过市场调研和竞品分析等手段，掌握用户需求和市场趋势，从而制定出合适的市场策略。

（2）产品创新。花洛莉亚注重产品研发和创新，不断推出新品以满足消费者的需求。例如，其眼线液笔和极细眉笔等产品都深受消费者喜爱。为了让消费者对产品产生更好的印象，花洛莉亚在包装和设计方面也下足了功夫。

（3）品牌推广。花洛莉亚采用了多种方式进行品牌推广，包括线上社交媒体、电视广告、公益活动等。在社交媒体平台上，花洛莉亚积极与消费者进行互动，发布新品信息和教程，提高品牌知名度和美誉度。此外，花洛莉亚还与知名博主、明星合作打造代言人形象，提高品牌的美誉度。

（4）全球化战略。花洛莉亚积极拓展全球化业务，将市场拓展到日本和东南亚等地区，并很大程度上适应了当地消费者的需求和妆容习惯，因此在定价策略上不需要作过多的调整和妥协。同时，花洛莉亚计划在未来继续深耕东南亚市场，并入驻 TikTok 等平台进行布局，扩大品牌的影响力和销售规模。

（5）性价比优势。花洛莉亚的产品价格相对亲民，同时其品质和效果也得到消费者的认可，因此它能够在市场中保持竞争优势。花洛莉亚注重提高产品的性价比，让消费者能够以相对较低的价格购买到高品质的产品。

除了以上介绍的营销策略外，花洛莉亚的企业理念也不容忽视，可以概括为"科学技术为先导，现代管理为核心，企业品牌为标志，用心对待每一个客户"。

这一观念体现了花洛莉亚对科学技术和现代管理的重视，同时也强调了企业品牌的重要性和对客户的关注。花洛莉亚认为，只有不断引进先进的科学技术和管理经验，不断创新和改进，才能保持企业的竞争优势和可持续发展。同时，企业品牌也是花洛莉亚的重要标志，它代表着企业的形象、信誉和文化价值。另外，花洛莉亚强调对每一个客户的关注和服务，用心去了解客户的需求和反馈，提供优质的产品和服务，不断提升客户满意度。

花洛莉亚的成功也给了我们一些创业启示：关注消费者需求，注重品牌建设，创新营销策略，持续改进和优化，以及具备全球化视野。这些启示对于我们来说是非常重要的，可以帮助我们在市场竞争中获得更多的优势，最终创业成功。

资料来源　根据花洛莉亚官方网站资料整理。

案例问题：

1. 结合本章的内容和案例，谈谈你认为朱振宇能够成功的原因。

2. 列举一个在线化妆品品牌，并将其与花洛莉亚进行对比分析。

3. 谈谈你从朱振宇与花洛莉亚中提炼的创业成功要素。

▋本章小结

本章对自建网站开网店的建站方式和前期准备做了阐述。首先介绍了如何开设网站——根据建立经营性网站的流程介绍了域名注册、域名解析、购买空间和网站备案，以及经营性网站必须注册的 ICP 许可证的申请和报备流程。然后对目前网络服务提供商做了简述，列举了"中国万网""美橙互联"两家 ICP 提供商；之后详细介绍了搜索引擎优化的内容和技巧，并对自建网站开网店所产生的费用作了简要概述。本章还重点介绍了网站的基本框架和网站规划设计的基本方法和原则。在学习完本章内容之后，应当能够设计出一个电子商务网站的基本框架和内容。

复习思考题

1.经营性网站需要进行哪些注册才可以投入运营？请简述步骤。

2.什么是 ICP 许可证？获得 ICP 许可证的条件有哪些？

3.SEO 是一个长期的过程，应该如何进行网站数据管理分析？试结合百度指数予以说明。

4.近期很多网店注册中文域名，对此谈谈你的看法。

5.咖啡生产企业的竞争十分激烈。对于咖啡生产企业而言，关键是建立起与其客户的联系，这样当客户在超市里看到该咖啡时就会购买。你的工作是为一款新的咖啡产品设计一个电子商务网站，为建设该网站，你需要考虑下列问题：①目标市场的特征是什么？②在建立与客户的联系时，你希望其主要卖点是什么？③你认为目标市场会如何看待接收到的信息？（目标市场都熟悉网络吗？使用什么系统？）④在促销中你会采用哪些其他媒体来与网站结合？⑤如何设计网站？（必须画出一张有代表性的缩略图）

完成该设计后，将你的网站与其他相同类型的网站进行比较，看看其他公司是如何与其目标受众建立联系的。

6.根据本章所介绍的网站建设原则，选择某一网上零售店进行评价。

本章网站资源

[1] 中国互联网络信息中心 .http：//www.cnnic.cn.

[2] 浙江省网络经济服务监管网 .http：//zjnet.zjaic.gov.cn.

[3] 中国万网（阿里云企航）.https：//wanwang.aliyun.com/.

[4] 北京市市场监督管理局 .https：//scjgj.beijing.gov.cn/.

[5] 易网国际 Eznet.http：//www.eznet.hk/about/about.shtml.

[6] eNet 硅谷动力 .http：//www.enet.com.cn.

[7] 中华人民共和国工业和信息化部 .http：//www.miit.gov.cn.

第 4 章

其他网络创业项目

"互联网+"已成为网络创业者的一个共识。提及"互联网+",人们会想到互联网金融、在线教育、在线旅游、云计算、大数据、网络安全、物联网、车联网、移动医疗、云平台等。比如,在医疗领域,将有更多医院上线 App 全流程就诊,支持网络挂号,这样患者可以节省就医时间,也将提升就医效率。在教育领域,面向中小学、大学、职业教育、IT 培训等多层次人群开放课程,使学生可以足不出户在家上课。

简单而言,"互联网+"就是"互联网+各个传统行业",但这并不是两者的简单相加,而是利用信息通信技术以及互联网平台,让互联网与传统行业进行深度融合,促进以云计算、物联网、大数据为代表的新一代信息技术与现代制造业、生产性服务业等的融合创新,发展壮大新兴业态,打造新的产业增长点,为大众创业、万众创新提供良好的环境。

就网络创业而言,目前与"互联网+"结合的创业形式包括在线教育、广告投放、线上旅游、社群运作等。

4.1　网络旅游创业

近年来,随着大众消费观念的转变,旅游业已经逐渐成为国民经济增长的重要支柱。与此同时,旅游行业内部也在发生着巨大的变革。随着互联网技术的应用和推广,旅游行业开始由实体经营向"互联网+旅游"的模式转变,在线旅游应运而生。

在线旅游是指旅游企业依托互联网平台为用户提供搜索引擎,供用户查询旅游信息、酒店及票务预订、旅游经验分享、租车、OTA 等服务和信息。在线旅游网站可以分为官方旅游网站和私人旅游网站。从创业的角度来看,本节所介绍的内容均为私人旅游网站。

4.1.1　在线旅游业的发展进程

纵观我国在线旅游市场的发展进程,大致可以划分为四个阶段。

1）探索阶段

我国的在线旅游服务兴起于 20 世纪 90 年代。随着互联网和信息技术的发展,一些传统旅行社开始探索销售新路径,诸如携程旅行网、艺龙旅行网等在线旅游网站就在这一阶段相继成立,成为第一批真正意义上的在线旅游企业,标志着我国在线旅游业的开端。在这一阶段,在线旅游企业的产品体系主要以"互联网+呼叫中心"的预订模式为主。

2）市场启动阶段

2004 年,携程在美国上市,标志着我国在线旅游市场进一步发展。在领先者吸纳资本、扩展业务的同时,一批新兴的在线旅游网站开始崭露头角,如同程旅游网、去哪儿网、马蜂窝旅游网等网站相继创立。在线旅游产品体系也从销售向着代理转变,形成包含机票、酒店、门票等在线预订 OTA 业务和平台类业务共存的多元化业务结构。

3）高速发展阶段

2007年之后，我国在线旅游行业进入快速成长阶段。移动互联网的兴起为在线旅游业投资、收购、整合经营提供了新的机遇。移动支付、全球定位系统等技术的应用，也为在线旅游行业带来更多的盈利增长点，使在线旅游服务功能更加完善。这一阶段的在线旅游市场中，以在线旅游服务为主营业务的服务型电商开始崛起，如阿里旅行、途牛、驴妈妈等。

4）应用成熟阶段

2018年之后，在线旅游行业基本完成了移动端、PC端业务和线下资源的融合，大大提高了行业渗透率。接下来，在线旅游行业将继续实现业务模式的O2O转型，并通过大数据进一步进行市场细分，瞄准空缺市场，打造"小而专"的特色旅游业务，借此获得竞争优势。

4.1.2　在线旅游业的技术支持

随着旅游者从PC端向移动端的大量转移，移动互联技术为在线旅游市场改善旅游者的消费体验提供了极大的支持。

1）移动定位服务

基于位置服务的LBS（Location Based Service）能够将移动通信网络和卫星定位系统相结合，根据定位技术获得移动终端的位置信息，进而实现各种与位置相关的业务。在旅游行业中，基于位置的移动定位服务包括导航服务、位置跟踪服务、安全救援服务、移动广告服务、相关位置的查询服务等。比如根据当前定位的位置，通过在线旅游App查询附近酒店、旅游景点、娱乐设施等相关信息；还可以在浏览预订信息的同时导入地图应用，了解预订地点具体位置，并进行线路规划。

2）移动支付

移动支付的常见形式是通过手机对所消费的商品或服务进行账务支付。与传统的实物货币相比，移动支付有着先天的优势，例如不受时空限制、方便储存和携带、安全性高等，对于实物货币有着替代作用。尤其对于旅游行业而言，移动支付意味着整个旅游消费过程只需要一部手机就可以实现，有效降低了旅游者对个人财务安全的担忧。目前，移动支付已经超越实物货币，成为旅游者的主流付款方式。

3）移动信息服务

移动信息服务是指用户在移动过程中自动接收的来自广告商的信息。例如，旅游途中来到另一个城市，就会收到来自这个城市的欢迎信息。在旅游行业中，这些高度个性化、高度相关性的信息是由发送方定制的，往往是以营销和提醒为目的，吸引旅游者进行消费或是提醒旅游者预订出行产品。

4）移动信息互动服务

移动信息互动服务是基于移动互联网，为目标用户发布大容量及强交互性内容的信息发布服务。近年来，由于传统旅游业的市场受到自由行市场的挤压，线上旅游行业也与时俱进，通过信息互动服务满足自由行市场的需求。这些网站不仅为自由行游客提供信息支持，还实现了游客对于个性化的追求。例如，网站能够在旅游者出游前帮助其制订好出行计划，节省了旅游者自行设计出游计划的时间和精力。

4.1.3　在线旅游业的分类

随着我国在线旅游市场的不断壮大，参与其中的主体也越来越多，呈现出了多元化的商业模式。本节将介绍三类最常见的在线旅游网站的运营模式和盈利模式，供读者参考。

1）综合类旅游网站

综合类旅游网站，也称 OTA（Online Travel Agency）类旅游网站，是指在线旅游代理商通过网络平台向旅游者提供旅游产品及相关服务，旅游者则从移动端或 PC 端进入在线旅游网站查询旅游服务信息和预订旅游产品，并通过网上支付或线下付费进行交易。

由于综合类旅游网站能够为旅游消费者提供食、住、行、游、购、娱以及签证、保险等众多类型的旅游服务，几乎覆盖了旅游者的整个旅游过程，因此这一类旅游网站是在线旅游行业发展的主要方向。在这类网站中，旅游消费者既能找到比传统旅游业更丰富的旅游资讯和更灵活的预订服务，还能自己策划出游安排或者请专业人士帮忙制订出游计划。可以说，综合类的旅游网站为旅游者提供了全方位的旅游产品和服务，能够满足旅游者多元化的需求，是在线旅游市场中的支柱型网站。

综合类旅游网站的盈利渠道主要有两个，一个是对旅游供应商收取代理佣金，如果供应商想要在网站中植入自己的产品，就需要定期向网站支付一定的费用；另一个是对旅游者收取中间费用，这一部分的收入主要来源于网站定价与供应商定价之间的差额。

在目前的在线旅游市场中，综合类的旅游网站有途牛网、携程网、艺龙网等。

2）社区点评类旅游网站

社区点评类旅游网站，也称 UGC（User Generated Content）类旅游网站，是以旅游社交的形式搭建的、为旅游者提供交流和分享的平台。对于旅游者而言，在线旅游网站的优势之一就是能够方便快捷地搜索和发布信息，例如出游前查询旅游攻略、出游中查询交通和天气信息、出游后发布点评并分享旅游经历等。而社区点评类旅游网站正是通过 UGC 模式构建了一个以内容为导向、以用户共享为核心的网络社群。在这个社群里，旅游者可以通过文字或图片的形式分享旅游经验和体会，以供其他游客参考；同时，内容创作者也可以针对其他游客的评论进行回复，营造出良好的交流和互动氛围。

由于社区点评类旅游网站并不提供旅游产品和服务的销售，所以几乎无法从旅游者身上获得直接的收入。但是这类网站可以通过流量变现的手段，在旅游者上传的照片及评论等内容上接入流量广告，只要其他旅游者点击相关内容，网站就能获得广告费。这种盈利模式在降低销售成本的同时，提高了网站点击率，增加了交易次数。

在线旅游市场中，此类网站的代表有穷游网、马蜂窝等。

3）垂直搜索类旅游网站

垂直搜索类旅游网站是基于搜索引擎技术，在众多网站中搜寻机票、酒店、度假、签证等相关的旅行信息，为旅游者提供旅游产品对比的一项服务。这类网站能够将搜索到的来自不同网站的信息呈现在一个页面上，并且能根据旅游者的需求为其提供链接网址，只需要进行点击就可以跳转到相关网站完成交易，有效地降低了旅游者搜索信息所花费的时间成本。

垂直搜索类旅游网站在旅游者和供应商之间搭建了一座桥梁，既能够通过货比三家的方式吸引大量价格敏感型的旅游者，并依托这种销量优势吸引更多供应商，又能通过大数据对旅游者行为进行描绘，实现旅游产品与服务的精准投递，在增强旅游者使用体验感的同时提高供应商的品牌影响力。

垂直搜索类旅游网站主要依靠 CPC（Cost Per Click）和广告等收费进行盈利。旅游者每次使用网站的搜索引擎，并点击相关的产品或服务链接，就能够为网站带来收入。同时，由于网站的访客众多，网站还可以通过植入广告等模式收取费用。

在线旅游市场中，此类网站的代表有去哪儿网等。

4.1.4　在线旅游业的发展趋势

1）线上旅游社区模式有待完善

对于旅游业而言，互联网上的信息宣传是旅游者获取旅游信息的主要来源。由于旅游产品不能提前"试用"，所以人们更愿意事先获取大量的信息来降低这种未知感。因此，相比其他产品，旅游产品更适合网络营销。网络社区就是效果最好的营销渠道之一，因为来自旅游者之间的交流比起旅游企业宣传的信息有着更高的可信度。目前，我国在线旅游网站的功能划分比较明确，很少有网站将网络社区与代理销售这两种功能结合起来。例如OTA类网站，如果可以完善旅游社区的建设，就能够提升旅游者搜索信息和预订产品的效率。因此，对于在线旅游网站而言，推出网络社区模式将成为一个新的发展趋势。

2）线上旅游点评模式有待创新

线上旅游网站的评价功能是旅游者获取旅游信息的又一渠道，也是旅游产品进行口碑宣传的途径之一。目前，大多数线上旅游网站都开通了评价功能，旅游者可以对购买过的旅游产品进行点评。但是从点评的内容来看，却有很明显的人为操控痕迹。以携程网的景区产品为例，点开评论区，最先看到的是许多相似度极高的长篇优质评论。越过这些评论，才能看到几条旅游者的真实评论。这样的评论区不仅无法起到宣传效果，反而会降低旅游者的使用体验，使旅游者对旅游产品产生不信任感。因此，线上旅游网站有必要对点评模式进行规范，如果能将点评与网络社区相结合，必然能够提高旅游者的信任度。

3）"VR+旅游"势头正盛

VR（Virtual Reality）是一种虚拟现实技术，能够模拟虚拟环境并给人以环境沉浸感。随着社会生产力和科学技术的发展，旅游与VR技术的结合也势在必行。VR技术作为旅游业的一种新型的营销方式，通过模拟景区的全景，使旅游者在出游之前提前体验到景区的环境，如果旅游者的体验较好，就会选择进行实地游览。目前部分景区已经采用了"VR+旅游"的形式，但是线上旅游网站还停留在依靠图片和文字描述吸引旅游者的阶段。因此，线上旅游网站可以引入 VR 技术，在为旅游者提供便利的同时，也提高了自身的竞争力。

4）旅游直播成为线上旅游新热点

随着直播技术的发展以及短视频应用的普及，人们的生活已经离不开视频。事实上，对于旅游产品而言，视频远比文字和图片更具有可信度。来自抖音、快手等软件的旅游宣传视频和网络直播往往能够产生"网红经济"，为旅游目的地带来大量的客流。因此，线上旅游网站也可以通过短视频或者直播的方式，对旅游产品和服务进行宣传。

4.2　社交电商创业

随着互联网用户的不断增长和互联网应用的日益丰富，人们的生活越来越离不开网络。网络社交也开始渗透到各个行业，成为经济发展的新形态。在这种趋势下，传统创业形式逐渐减少，通过各种社交 App 创业是一种新型的创业方式，人们利用各种分享平台，如微博、小红书、抖音、快手等，进行内容创作和营销，在互联网世界开拓出一片天地。电数宝大数据库发布的报告显示，2023 年中国社交电商市场规模预计达 7.8 万亿元，同比增长 45%。这一市场规模巨大，且呈现快速增长的趋势。此外，根据一些研究报告，中国社交电商的用户规模也在不断增长，而且用户主要是年轻群体。这些数据表明，社交电商创业在中国具有巨大的商业潜力。

4.2.1　社交电商的概念

相对于其他电商形式，社交电商更加直接地推送给相应团体，具有投放精度高、互动性好、形式生动多样等特点，已成为目前年轻人接受度最高的商品推销形式。社交电商（social e-commerce）是指通过社交网络平台，或电商平台的社交功能，将关注、分享、讨论、沟通互动等社交化元素应用到电子商务的购买服务中，以更好地完成交易的过程。对于消费者来说，体现为购买前的店铺选择、商品比较，购买过程中与电商企业间的交流与互动，以及购买商品后的消费评价及购物分享等。

4.2.2　社交电商的发展和形式

社交电商的发展可以追溯到 2003 年，当时 eBay 收购了一家社交购物公司 Shopping.com。之后，社交电商开始逐渐兴起，出现了许多社交电商平台和工具，例如 Facebook 商店、Pinterest、Tumblr等。

近年来，随着社交网络的普及和用户数量的增加，社交电商的发展越来越迅速。社交电商利用社交网络的传播和分享特性，将商品推广和销售融入社交互动中，使得消费者可以更方便地进行购物并获得更多的优惠。同时，社交电商也为企业提供了更多的销售渠道和推广手段，帮助企业扩大品牌知名度，增加销售额。

社交电商的发展趋势是多元化和个性化的，随着电子商务技术的不断发展，社交电商的形式和玩法也在不断变化和创新。其形式可以分为以下四点：

1）社交媒体电商（Social Media E-commerce）

这种形式利用社交媒体平台进行商品销售和推广。商家可以通过社交媒体平台发布商品信息、提供购物功能和客户服务，同时利用社交网络的传播和分享特性进行商品推广和分享。例如，微信小程序和微信公众号就是典型的社交媒体电商平台。

2）社交内容电商（Social Content E-commerce）

这种形式通过在社交平台上发布高质量的内容，吸引用户关注和分享，进而引导用户进行购买。内容可以包括时尚搭配、美妆护肤、旅游体验等，通过这些内容吸引用户的兴趣，并引导他们购买相关的商品或服务。

3）社交直播电商（Social Live E-commerce）

这种形式通过直播的方式展示商品，消费者可以在直播中直接下单购买商品。其结合了社交媒体和电子商务的功能，利用直播的互动性和实时性，让消费者更直观地了解商品，同时也能享受更多的促销和优惠。

4）社交团购电商（Social Group-buying E-commerce）

这种形式通过团购的方式吸引消费者购买商品。商家通过社交平台发布团购信息，吸引足够多的消费者参与，以获得较低的折扣。其通常需要商家提供优质的商品和服务，以吸引消费者的关注和参与。

随着社交网络的不断发展和用户需求的变化，未来还可能出现新的社交电商形式。无论形式如何变化，关键是要提供优质的商品和服务，以及利用社交网络的特性吸引消费者的关注，提高他们的信任度。

4.2.3　社交电商创业模式的规划

社交电商创业模式的规划需要全面考虑市场调研和定位、社交平台选择、优质内容打造、个性化服务提供、品牌信任建立、创新和改进、供应链和物流体系建立、价格策略制定、客户关系管理以及合规性和安全性等方面。这些方面相互关联和支持，共同构成了社交电商创业的总体规划形态。通过深入了解和执行这些方面的工作，创业者可以更好地适应市场变化和满足用户需求，提高竞争力和可持续发展能力。以下是一些分点建议：

1）市场调研和定位

在开始社交电商创业之前，需要进行充分的市场调研和定位，了解目标用户的需求和行为特点，以及竞争对手的情况。通过深入了解市场和用户需求，可以制定更加精准的商业策略和营销方案。

2）选择合适的社交平台

社交平台是社交电商的基础，不同的社交平台具有不同的用户群体和特点。因此，选择合适的社交平台至关重要。创业者需要根据自己的商品类型和目标用户选择合适的社交平台进行创业，如微信、微博、抖音等。

3）打造优质的账号内容

在社交电商中，优质的内容是吸引用户关注和引导用户购买的关键。因此，创业者需要注重打造优质的内容，包括时尚搭配、美妆护肤、旅游体验等，以吸引用户的兴趣并引导他们进行购买。同时，还需要根据用户反馈和需求不断优化内容质量。

4）提供个性化的服务

社交电商注重提供个性化的服务，以满足用户的需求和提升购物体验。因此，创业者需要通过数据分析和人工智能等技术手段，提供定制化的商品推荐和服务方案，以吸引更多的用户并提高用户黏性。

5）建立品牌信任

在社交电商中，建立品牌信任至关重要。消费者通常更愿意购买来自可信赖的品牌或店铺的商品。因此，创业者需要注重建立品牌信任，通过提供优质的商品和服务以及建立良好的品牌形象来提高用户忠诚度和复购率。

6）账号内容创新和改进

社交电商的市场竞争激烈且变化快速，因此创业者需要不断创新和改进自己的业务模式和商业模式，以适应市场的变化和满足用户的需求。例如，可以引入新的商品类型、优化购物流程、推出优惠促销活动等。

7）建立完善的供应链和物流体系

社交电商的运营需要建立完善的供应链和物流体系，确保商品的质量和及时送达。创业者需要与供应商建立良好的合作关系，保证货源的稳定性和质量。同时，还需要建立完善的物流体系，确保商品能够及时送达消费者手中。

8）制定合理的商品价格策略

价格是消费者选择购买的重要因素之一。因此，创业者需要制定合理的价格策略，根据市场需求和竞争情况制定价格，同时考虑成本和利润空间。在制定价格策略时，还需要考虑消费者的心理预期和购买能力。

9）建立和维护良好的客户关系

客户关系管理是社交电商的重要组成部分之一。通过良好的客户关系管理，可以更好地了解客户的需求和反馈，提供更好的服务和解决方案。同时，还可以通过客户数据进行精准营销和个性化推荐，提高客户满意度和忠诚度。

10）注重平台合规性和安全性

目前，国家提倡互联网健康绿色发展，并建立了完善的监管体系。社交电商在发展过程中需要注重合规性和安全性问题。创业者需要遵守相关法律法规和规定，保护消费者的权益和隐私。同时，还需要加强数据安全和风险管理，以保障社交电商的可持续发展。例如，需要遵守广告法和电子商务法等法律法规，同时加强网络安全和数据保护措施。

社交电商创业只有全面考虑并落实这些方面的工作，才能在激烈的市场竞争中获得发展并取得成功。

4.2.4　社交电商创业的优势

1）启动及维护成本低

社交电商无须进行传统的线下开店，这大大降低了开店成本。同时，在社交媒体平台的宣传和推广也更加便捷、快速，降低了营销成本。

2）轻资产

社交电商不需要大量的固定资产，如店面、仓库等。只需要一台电脑和一部智能手机，就可以完成开店、运营、售卖等各个环节。

3）社交化

社交电商具有社交特性，卖家可以通过社交媒体平台与消费者互动、交流，建立更为紧密的联系。同时，社交电商结合了社交媒体和电子商务的特点，通过社交平台提供的商品展示、交流和购买的功能，用户能够在社交环境中进行购物和交易。

4）个性化

社交电商能够更好地满足消费者的个性化需求。卖家可以通过社交媒体平台了解消费者的需求和喜好，提供更为个性化的商品和服务。同时，社交电商通过引入社交元素，鼓励用户参与和互动。用户可以通过在社交平台上发布评论、晒单等，与其他用户进行交流和互动。这种参与度的提高可以增强用户黏性，促进用户的重复购买和口碑传播。

5）数据化

社交电商通过数据分析和挖掘，可以更好地了解消费者的需求和购买行为，从而优化商品和服务。同时，用户的推荐和评价对于品牌的形象和口碑具有重要影响，有效的社交电商策略可以增强品牌的曝光度，提高用户的认知度。数据可以帮助内容博主正确地评估商品内容效果，从而制定出个性化的投放策略。

这些优势有助于创业者更好地适应市场的变化和满足用户需求，提高竞争力和可持续发展能力。

4.2.5　社交电商创业的劣势

1）竞争激烈

由于进入门槛相对较低，大量卖家涌入社交电商平台，导致社交电商市场日益饱和，竞争加剧。

2）流量获取成本高

虽然社交电商具有天然的流量优势，但随着平台用户数量的增加，获取流量的成本也在逐渐提高。一些平台采取付费推广的策略，增加了卖家的运营成本。

3）供应链管理难度大

社交电商需要快速响应市场需求，对供应链管理的要求较高。如果供应链管理不当，可能会影响商品的供应和品质，降低客户满意度。

4）用户体验难以保证

社交电商的交易过程较为复杂，用户体验难以保证，买家通过相应内容无法作出正确的决策。如果用户体验不佳，可能受到投诉以及退款等，会影响客户的重复购买和口碑传播。

5）法律法规风险

社交电商的交易涉及多个环节和多方参与，存在一定的法律法规风险。如果违反相关法律法规，可能会面临处罚和法律诉讼等风险。

这些劣势需要创业者充分考虑并采取相应的措施来规避风险和提高竞争力。

4.2.6　社交电商创业的发展趋势

社交电商创业的发展趋势是多元化、个性化和社交化。创业者需要密切关注市场变化和用户需求，不断调整和优化自身的业务模式和商业模式，以适应市场的变化和满足用户的需求。发展趋势主要包括以下几个方面：

1）市场规模持续扩大

随着社交媒体的普及和用户使用习惯的改变，越来越多的消费者选择在社交平台上购物，社交电商市场将继续保持增长态势。同时，由于社交电商的便利性、互动性和个性化等特点，越来越多的商家将加入社交电商平台，这将进一步推动社交电商市场的扩大。

2）社交电商与内容电商融合

内容电商是一种通过优质内容来吸引和留住用户的电商形式。随着社交电商和内容电商的融合加深，社交电商平台将更加注重引入优质的内容创作者和 KOL，通过他们的影响力和创作能力来吸引和留住用户，增加用户的黏性，提高购买转化率。同时，通过引入更多的内容元素，社交电商平台可以提供更具吸引力的商品推荐和购物体验。

3）私域流量赋能，受到更多关注

私域流量指的是通过个人渠道获取的用户流量，具有较高的用户黏性和转化率。随着社交电商竞争的加剧，私域流量将受到更多关注。商家可以通过建立个人品牌、社群运营等方式来获取更多的私域流量，提高用户的忠诚度和购买转化率。同时，私域流量的获取也将更加注重用户体验和个性化服务，以满足用户的需求和提升用户满意度。

4）社交电商更加个性化

随着消费者需求的不断变化和升级，社交电商平台将更加注重提供个性化的商品和服务。通过引入人工智能、大数据等技术手段，社交电商平台可以更好地分析用户需求和行为，提供更加个性化的购物体验和商品推荐。同时，社交电商平台也将更加注重商品的品质和售后服务，以提高用户的满意度和忠诚度。

5）社交电商更加注重用户体验

用户体验是影响社交电商平台口碑和用户忠诚度的重要因素之一。未来，社交电商平台将更加注重提升用户体验，包括优化购物流程、提高售后服务质量等方面。同时，社交电商平台也将更加注重与用户的互动和交流，及时回应用户反馈和需求，提高用户满意度和忠诚度。

4.3 网络社群创业

随着互联网产业的发展，新媒体行业日益成熟，越来越多的信息出现在人们的眼前，传统的"广撒网"式的营销方式已经无法准确、高效地发挥作用。在这种大环境下，定位顾客需求、将目标市场聚集在同一个圈子里成为网络营销的新形式，"社群经济"应运而生。

4.3.1 网络社群的定义

网络社群是指在互联网应用的基础上，某些有着相似的兴趣爱好和共同目标的用户在以信任和认同为前提的基础上进行的交流与互动。这些用户往往会作出相似的购买行为，并且经常对某一观点或某件产品进行讨论和评价。

实际上，社群的本质就是在人与人、人与产品、人与企业之间建立起关联，也就是以较低的成本和较高的效率，将产品的供求双方连接起来，从而提升企业的营销效果。目前，网络社群已经成为互联网行业中最重要的一部分，有着广阔的发展前景。

4.3.2 网络社群的发展

20世纪末期，随着互联网的普及，人们的社交方式发生了很大的变化，BBS、贴吧、SNS等在线社交平台的出现标志着线上交流模式开始兴起，拥有共同爱好、相同价值观或共享利益的人们聚集在一起，网络社群由此创立。这时的网络社群主要供用户聊天、交友和讨论问题。

2013年8月18日，微信公众平台创立，个人和企业纷纷加入到运营公众号的浪潮中。随着竞争愈演愈烈，运营者为了提高公众号的曝光率和阅读量，开始建立自己的粉丝群，通过粉丝群中的互动，促使粉丝帮助宣传公众号，以此提升公众号的知名度。这一时期，网络社群开始进入商业领域。

2014年，微商社群和知识型社群的出现使运营者改变了策略，不再借助于"粉丝经济"，而是开始通过在社群中传播营销内容和构建用户关系，来实现自己的商业变现目的。

2018年，越来越多的行业开始涉足网络社群，通过建立社群来培养与维护忠诚客户。社群运营已经成为新媒体时代的营销利器。

2022年后，网络社群的发展进一步加速。随着5G、AI、物联网等新技术的不断涌现，社群的互动方式和用户体验得到了大幅提升。例如，虚拟现实（VR）、增强现实（AR）等新技术的应用使得社群成员能够更加沉浸式地参与互动。此外，区块链技术的兴起也为社群发展提供了新的可能性，一些社群开始探索利用区块链技术实现去中心化、数据自主可控等目标。同时，随着社交媒体的进一步普及，网络社群的规模和影响力也在不断扩大。企业和机构继续加强社群营销和用户运营，通过定制化内容、精准推送等方式与用户进行深度互动。

4.3.3　网络社群的平台

如今，社交媒体数量众多，它们都具备运营社群的功能。所以，创业者一定要结合自身的优势和劣势，综合分析不同平台的特性，选择最适合自己的平台来运营社群。本节将重点介绍三种最主流的社群平台。

1）微博群

微博是一种基于用户关系的社交媒体，用户可以通过PC、手机等多种终端接入，以文字、图片、视频等多媒体形式，实现信息的即时分享、传播与互动。

2010年11月5日，微博群组功能产品"新浪微群"开始内测，微群的出现标志着微博开始具备通信与媒体传播双重功能。

对于网络社群运营而言，微博具有以下优势：（1）微博发布信息便捷且传播速度快；（2）微博可以通过粉丝转发的形式进行病毒式传播，扩大影响面；（3）微博的互动性强，能够与粉丝进行即时沟通，更容易建立起超越买卖关系的情感；（4）微博的名人效应能够使事件信息的传播速度呈几何级增长；（5）微博用户众多，有着更强大的"吸粉"和"涨粉"能力。

微博群分为公开群和私密群两种。公开群对所有用户开放，用户可以直接查看群内文件和成员名单，如追星粉丝群、行业交流群、爱好兴趣群等。私密群只对群内成员开放，其他用户无法查看群内的各种信息，如公司内部交流群、隐私话题讨论群等。

微博群由群主、管理员、群员构成。群主需要满足一系列条件，如粉丝数量、微博等级等，才拥有建群的资格。管理员由群主任免，不同规模的微博群对管理员的人数有着不同的限制。群员是除了群主和管理员之外的其他成员。

微博群常用的群功能可以分为三种：（1）邀请好友。在微博群的页面内，有"邀请好友"的链接，群主可以通过直接发送邀请信息、复制链接发送给好友或者邮件发送邀请这三种方式来为社群增加新成员。一般来说，每个微博群上限为500人，粉丝群最多可容纳1 000人。（2）群标签。当建立微博群时，群主可以自由定义该群的标签，群标签一般与微博群的领域相关，通常用来明确微博群的属性和所涉内容，以便新成员有选择地加入。（3）群微博。群微博能够将群体成员封闭在自己的圈子里，成员在社群里的发言外部无法看到，保证了聊天内容的私密性。（4）群红包。微博群有发红包的功能，分为拼手气红包和普通红包两类。拼手气红包需要用户提前设置好红包总金额以及红包派发数量；普通红包可以一对一发送，也可以一对多发送，只需要设置好金额即可。群主可以通过发红包的方式调节群内的气氛。

2）微信群

微信是为智能终端提供即时通信服务的免费应用程序。微信群就是微信中的群聊功能，是微信推出的多人社交聊天平台，可以通过网络发送语音、文字、图片、视频等形式的内容。

微信群不同于微博群的大规模，最多只能容纳500人。当微信群少于40人时，新用户可以通过扫描群二维码的方式直接进群；当微信群超过40人时，新用户需要得到群成员的邀请才能进群；当微信群超过100人时，新用户必须要进行实名认证才能接受邀请。

微信群的成员由群主、管理员和群员构成。群主通常情况下是微信群的创建者，在群内有着最高的权限，可以发布公告、设置入群方式、移除群成员等。管理员是由群主任命的，拥有的权限仅次于群主。管理员的数量是有限的，只有40人以上的微信群才能添加管理员。群员是除了群主和管理员之外的普通成员。

微信群常用的群功能可以分为四种：（1）群公告。群公告是一项社群通知服务，只有群主或群管理员才能发布，发布后每一位群成员都能够收到通知。（2）群通话。群通话是一项群体语音服务，可以在微信群内实现多人在线音频或视频通话，方便群成员一起讨论问题。（3）群红包。微信群的发红包功能和微博群差不多，分为拼手气红包和普通红包两类。（4）群名片与群二维码。群名片以链接形式呈现，群二维码以图片形式呈现，二者都是推广社群、邀请新成员的方式。

3）QQ群

QQ是一种基于互联网的即时通信软件。在微信、微博创立之前，QQ群是最主流的社群平台。群主在创建QQ群后，可以邀请朋友或有共同兴趣爱好的人入群。在群内，用户不仅可以聊天，还可以通过群BBS、群相册、共享文件、群视频等方式进行交流。

QQ群的人数是按照建群者的等级来区分的，群规模从500～2 000人不等。如果群主的等级不足，也可以通过额外付费的方式为群"扩容"。

QQ群由群主、管理员和群员构成。群主的权限最大，可以添加/删除群成员、修改群资料、删除群文件/相册/照片、设置/删除群管理员、解散/转让QQ群等。管理员由群主任命，拥有添加/删除群成员、修改群资料、删除群文件/相册/照片等权限。群员是除了群主和管理员之外的普通成员，拥有发表信息和上传照片等权限。

QQ 群常用的群功能可以分为五种：（1）群公告。群公告用来发布群内的公共消息，由群主或管理员发布。（2）群相册。群相册是群内的图片合集，群成员可以自行上传或下载图片。（3）群文件。群文件是群内各类文件的合集，群成员可以将自己希望分享的文件上传到里面。同时，也可以找到他人发布的文件并下载。（4）群活动。群活动用于帮助群成员组织和参加各类活动。（5）群电话与群视频。这两项功能可以为群成员提供即时通话和视频聊天的机会。

三种社群平台的对比见表 4-1。

表4-1 平台对比分析表

项目	微博群	微信群	QQ群
社群规模	3 ~ 1 000人	3 ~ 500人	3 ~ 2 000人
人员构成	群主-管理员-群员	群主-管理员-群员	群主-管理员-群员
社群功能	群红包、位置共享等	群红包、群收款、位置共享等	群红包、群音乐、群收款、匿名聊天等
社群优势	微博内置社群	操作简单	有群介绍、标签，可升级为同城群
推广方式	群二维码、群名片、分享群、个人邀请	群二维码、个人邀请	群二维码、群链接、个人邀请、通过标签、名字等查找
适用场景	微博体系下的组织	轻松、对功能没有过多要求的组织	对功能需求多的大型组织
运营难度	中	低	高

4.3.4 网络社群的推广

当社群建立后，就需要提升曝光率和知名度，来吸引更多的新成员加入，以壮大社群的规模。本节将介绍四种常见的推广方式，供创业者参考。

1）免费流量渠道推广

免费流量渠道是指互联网上可以免费使用的拥有大量用户流量的网站、平台、机构等推广渠道。其中大多数渠道只需要开设账号即可进行推广，并且成本较低，因此适用性很强，尤其适合新手创业者使用。我们熟悉的大多数平台都有免费的推广渠道，如微信公众号、微博、抖音等。

2）KOL引流

KOL（Key Opinion Leader），也称关键意见领袖，通常指拥有更多、更准确的产品信息，被相关群体所接受或信任，并对该群体的购买行为有较大影响力的人。通过 KOL 引流到社群也是社群推广的重要手段。KOL往往有着很大的流量，并且这些流量对KOL的忠诚度非常高。通过KOL进行社群推广，能将这些私域流量中的用户引入社群中。KOL引流比免费流量渠道引流更为高效，但成本较高。

3）活动推广

活动推广就是以推广社群为目的，通过线上或线下的活动，使用户在参加活动的过程中对社群产生兴趣，进而加入社群的推广方式。线上活动主要通过网络渠道进行推广，如入群送礼、转发送礼、邀请奖励等，这种方式具有一定的时效性，不适合长期进行。线下活动可以采取不同的形式，如展会、沙龙、扫码送礼等。

4）付费广告推广

付费广告推广就是社群创业者通过广告商对社群信息进行宣传。社群创业者在进行付费广告推广时，需要选择合适的广告商，以及投放模式。

4.3.5　网络社群的发展趋势

1）完善社群的组织架构

网络社群作为一个社会化的组织，并不是随便找几个人就能管理好的，而是需要一个完整的组织结构。除了社群的建立者外，还要有意见领袖来引导话题、营销人员来活跃气氛，以及运营人员来处理矛盾。如果社群的组织架构不够完善，社群就很难长久地维持下去。所以，社群要建立完善的组织架构，明确管理人员的分工，以企业的规范对社群进行管理和维护。

2）目标受众精准化

在互联网信息技术不断发展的当下，社群应该精准定位，充分融合新技术来提高运营效率。社群创业者可以通过人工智能、物联网、大数据等技术，精准定位群成员的需求，并制定个性化的营销策略。社群还可以通过VR技术，使群成员在消费前获得真实的体验。此外，关键字搜索、直播工具和自动拉群等工具也可以帮助社群用较低的成本获取更多的用户。

3）打造品牌效应

对于群成员和潜在用户来说，群成员追求的价值，或者说产品的质量是至关重要的。只有提供高质量的产品，群成员才会进行正面口碑的宣传。因此，对于社群创业者来说，应当严格甄选供应方，加强对产品质量的把控。同时，要利用潜在用户注重品牌这一特点，通过群内分享、朋友圈、微信公众号等形式持续产出具有吸引力的内容，打造独特的品牌形象，以品牌优势培养一批忠实的用户。

4）社群活动常态发展成为必然趋势

随着网络社群数量的增长，如何维持社群内的成员忠诚度是社群创业者需要面对的难题。很多社群在建立初期有着很高的活跃度，但是随着时间的推移，社群创业者无法提供更多的活动来维持群关系，所以群成员流失率非常高。因此，社群要定期进行线上与线下的群体活动，采用高互动性、个性化及有信息价值的活动，提高社群成员对社群的认同感和忠诚度。

4.4　网络内容创业

近年来，内容付费已经成为互联网行业的趋势，免费在互联网上获取内容的时代已经过去了。自从 2016 年微博、喜马拉雅、知乎等平台开始推出付费栏目，内容付费产品就如同雨后春笋般出现，如在腾讯、爱奇艺等视频网站中，很多视频节目只有付费会员才能观看；在网易云、QQ 音乐等音乐网站中，部分音乐只有购买之后才能播放。这些内容产品销量持续走高，频频传出百万、千万级的销售数据。艾瑞咨询发布的《2020 年中国网络经济年度洞察报告》显示[①]，2019 年，在短视频、直播、电子竞技、在线音频等领域的快速增长带动下，内容板块开始蓬勃发展，在中国网络经济市场上所占份额达到 22.5%。

从本质上看，网络内容行业就是网络内容生产者和平台方通过劳动创造出内容产品，并给获取内容产品的用户提供付费购买服务的行业，如音频、视频、游戏、文学等都属于内容产品。本节主要介绍几种主流的网络内容创业供读者参考。

4.4.1　网络内容创业的主要领域

1）付费阅读

通过互联网进行内容创业已经成为新的创业趋势，而文字内容创作就是其中最方便快捷的一种。无论是文学作品还是专栏短文，都可以通过网络文章的形式进行传递，并且作为商品进行销售。

最先涉足付费阅读的是主打玄幻类文学作品的网站，起点中文网就是典型的案例。起点中文网是最先推出 VIP 会员制的网络小说平台，通过对文章按千字收费的方式获取收益。在平台中，VIP 用户每千字的收费是 3 分钱，作者可以分到 1 分钱。同时，起点中文网还会赠予下载移动客户端和参与网站活动的用户起点币（虚拟货币），来促使用户参与更多网络产品的推广活动。目前，越来越多的网络文学创作平台开始推广付费阅读，如潇湘书院、晋江文学城、奇书网等。通过付费阅读，这些平台不仅获得了大量的利润，还培养出了一批优秀的作者。

此外，以 Amazon Kindle 和掌阅为代表的电子书网络平台也是付费阅读的又一发展趋势。此类电子书网络平台上有大量的资源，用户可以从中找到已出版的和未出版的各种领域、各类学科的电子书资源。通常情况下，电子书在网络平台上的价格要低于实体书的价

---

① 艾瑞咨询. 2020 年中国网络经济年度洞察报告（简版）[EB/OL]. [2020-07-07]. http://report.iresearch.cn/report_pdf.aspx? id=3611.

格，而且电子阅读的方式显然更加便捷。因此，越来越多的网络用户开始在电子书方面进行更多的消费。

中国社会科学院文学所"网络中心发展研究课题组"发布的《2023中国网络文学发展研究报告》显示①，2018年前，依托于移动网络流量红利，可随时随地阅读的网文深受人们喜爱，跟随互联网一起成长的90后、00后，格外喜爱电子阅读，网文用户人数从2015年的2.6亿人快速增长至2018年的4.3亿人，年复合增长率达18.3%。2019年前后，多个免费阅读平台上线，吸引较多下沉市场用户，丰富用户阅读方式，进一步增加行业用户数量。2023年网文行业用户规模达4.9亿人，已进入稳定阶段。

由此可见，付费阅读是一种多赢模式，用户能够在付费阅读中用较低的价格获取到自己所需的文章，作者和平台则可以通过大量的用户订阅获取巨额收益。

2）付费视频

视频网站由于用户规模大、使用率高，是我国最早尝试内容付费的平台。早在2004年，乐视网成立之初，就一直采用"免费+付费"的运营模式，其付费项目主要是为用户提供高清晰度的视频点播与下载服务。随后，土豆网、56视频网、酷6视频网等相继成立，也都开通了年度会员、单片点播等付费项目。这时的视频网站主要以免费视频为主，付费项目仅为附加服务，用户可以免费观看网站中的大部分视频。付费视频真正变成视频网站的主流趋势是在2015年之后。随着自制网剧和引入国内外精品视频的数量越来越多，各大视频网站开始优化收入结构，将付费视频作为主要的营收渠道。

视频网站的付费模式主要有两种：一是单片单付，用户要想观看某一部影片只需要支付该影片的费用即可；二是会员充值，用户需要在该视频网站上注册成为会员，然后选择充值方法，一般有包月、季度、半年、一年等几种，充值之后就成为VIP会员，可以观看该视频网站上的任何影片，还可以享有去除映前广告、高清画质、超前点播等权限。

为了吸引用户购买会员，视频网站还会购买吸引用户付费的内容资源的独家版权，或者自己投资制作电影或电视剧，例如爱奇艺购买了《盗墓笔记》的系列版权；腾讯视频自制了《王牌对王牌》等大热综艺；优酷引进了《权力的游戏》等海外剧集；哔哩哔哩则发力于动漫内容。

目前，按照月活跃用户数量来看，排名前三的视频网站分别是爱奇艺、腾讯、优酷。三家视频网站的付费会员价格与特色见表4-2。

付费视频行业在近几年发展尤其迅猛，由易观智库发布的《2023年中国在线视频市场研究报告》显示②，2023年中国在线视频市场规模达到近千亿美元，用户规模也突破10亿人。随着视频网站的发展和用户对视频网站依赖度的提升，付费用户的数量在不断增长，网络视频行业有着广阔的发展前景。

---

　　① 中国社会科学院文学所"网络中心发展研究课题组". 2023中国网络文学发展研究报告［EB/OL］.［2023-04-12］. https：//mp.pdnews.cn/Pc/ArtInfoApi/article? id=35022532&eqid=b5849dba000dbd7a0000000664745283.
　　② 易观智库. 2023年中国在线市场规模研究报告［EB/OL］.［2023-06-06］. http：//www.analysys.cn/.

表4-2　　　　　　　　　　　视频平台付费对比分析表

会员类型	爱奇艺		优酷	腾讯视频	
	黄金 VIP 会员	白金 VIP 会员	VIP 会员	普通会员	超级影视 SVIP
增值服务	免广告、高清播放、部分 VIP 电影半价看	免广告、高清播放、VIP 电影免费看	免广告、高清播放、视频免费播放	免广告、高清播放、视频半价播放	免广告、高清播放、VIP 电影免费看

3）付费音乐

付费音乐是指在音乐平台上出现的音乐，用户必须支付一定的费用才能收听和下载。事实上，付费音乐是在版权保护的环境下出现的产物。随着国内版权保护意识的提升，以及对无版权音乐打击力度的增强，各大音乐平台开始购买音乐授权。为了填补高额的版权成本，音乐平台通过提供额外增值服务和高品质音乐来吸引用户收听、下载并付费。目前国内的付费音乐业务主要有单次付费、会员付费、打赏作者和流量包四种方式。

目前，按照用户数量来看，排名前三的音乐平台分别是酷狗音乐、QQ 音乐、网易云音乐。三家音乐平台的付费会员价格（各平台价格不定期调整，以平台实时公布为准）与会员权益见表4-3。

表4-3　　　　　　　　　　　音乐平台付费对比分析表

项目		酷狗音乐	QQ 音乐	网易云音乐
单次付费	数字专辑	3~30元	3~30元	3~30元
	单曲购买	3元/首	3元/首	3元/首
会员付费	VIP 会员	12元/月 138元/年	12元/月 168元/年	15元/月 158元/年
	音乐包	8元/月 88元/年	8元/月 88元/年	8元/月 88元/年
VIP 会员特权		高音质、VIP 曲库、VIP 音效、专属客服、商城福利	高音质、VIP 曲库、VIP 音效、免广告	专属推荐、无损音质、云盘空间
打赏作者		直播可打赏	直播可打赏	直播可打赏
流量包		10元/月	19元/月	10~20元/月

付费音乐的出现改变了数字音乐行业的盈利模式。在此之前，音乐平台的经营遵循着"基础服务免费+增值服务"模型，盈利模式比较单一，广告是主要的收入来源，所占比重达70%以上。2015年之后，付费音乐逐渐成为音乐平台的主要收入来源。艾瑞咨询

公布的《2023年中国数字音乐内容付费发展研究报告》显示①，2023年，我国数字音乐市场达到425.7亿元，付费音乐的市场规模为183.6亿元，在数字音乐市场收入中占比43.1%。在广告收入增长幅度放缓的情况下，内容付费和版权运营将成为未来中国数字音乐市场的驱动力量，用户的内容付费标准将在未来几年内出现大幅增长。

4）付费游戏

网络游戏是以互联网为传输媒介，旨在实现娱乐、休闲、交流和取得虚拟成就的具有可持续性的个体性多人在线游戏。中国音数协游戏工委（GPC）与中国游戏产业研究院发布的《2022年中国游戏产业报告》显示②，2022年，中国网络游戏市场再创新高，年收入达2 658.84亿元，其中客户端游戏市场实际销售收入为613.73亿元，同比增长4.38%。随着网络游戏的用户规模逐渐扩大，人们的生活越来越离不开网络游戏。从大场景的竞技类游戏，到小规模的益智类游戏，人们在闲暇之余经常会玩上两把消磨时间、放松心情。因此，当常玩的游戏开始收费时，玩家大多会出于习惯而选择付费。尤其如今的游戏制作越来越精良，能够并且具有游戏付费意愿的网络游戏玩家逐渐增多，中国网络游戏市场会有更大的发展前景。

网络游戏的类型不同，收费的模式也有所区别。目前的付费网络游戏大致可分为三种类型。

（1）买断付费模式

买断式付费是最原始的游戏付费模式，例如游戏卡、软盘、光盘等形式的网络游戏都是买断式付费游戏。这种付费方式能够使用户体验到游戏的全部内容，无须在游戏过程中进行二次消费。但是买断式付费模式的缺点在于，玩家需要先付费、后体验。这种体验的不确定性，使得许多用户望而却步，这一点在面对新推出的游戏时更为明显。因此，买断式付费游戏通常面临着初期推广难度较大的问题。

（2）计时付费模式

计时付费模式是指网络游戏玩家不必一次性对网络游戏进行付费，而是以自己在网络游戏中的在线时长为依据来进行付费，多玩多付，少玩少付。当前主流的计时付费模式包括点卡收费与月卡收费两种。计时付费模式比起买断付费模式而言，降低了网络游戏的参与门槛，如果游戏体验不佳，玩家可以随时退出。采用计时付费模式的典型游戏有《魔兽世界》《梦幻西游》等。

（3）道具付费模式

随着互联网"免费体验，付费购买"趋势的兴起，网络游戏也向着 "免费模式"转变。这种免费并非真正意义上的免费，而是指玩家可以无门槛进入游戏，免费体验游戏内容。但是游戏商城内售卖的游戏道具能够直接影响游戏进程，如果玩家想要使用道具，则

---

① 易观智库. 2023年中国数字音乐内容付费发展研究报告［EB/OL］.［2023-08-03］. https://www.analysys.cn/article/detail.
② 中国音数协游戏工委（GPC），中国游戏产业研究院. 2022年中国游戏产业报告［EB/OL］.［2022-12-16］. https://baijiahao.baidu.com/s? id=1757980073732695407&wfr=spider&for=pc.

需要充值购买。这种付费模式完全放弃了以游戏时间来进行收费的做法，而是通过免费的低门槛来吸引玩家先进入游戏，然后通过出售的各种物品道具获取收益，如《诛仙》《梦想世界》都属于道具付费类游戏。

（4）Battle Pass 付费模式

Battle Pass 模式最早是作为买断制游戏的付费增值手段而存在的，目的是在玩家买断游戏后，游戏厂商可以通过销售该游戏的后续内容来进行获利。这种模式在《DOTA2》中得到了完善和创新，并形成了我们现在所说的 Battle Pass 付费模式。这种模式给玩家提供了阶梯性的奖励解锁机制，玩家可以通过不断完成游戏任务或者直接花费金钱来解锁等级，随着游戏难度的升级，玩家会得到更多的奖励以及绝版道具。Battle Pass 模式提升了玩家活跃度和黏度，能够通过较低的成本获得较高的收益。

4.4.2　网络内容创业的发展趋势

1）内容创业要回归"内容"

内容创业的效果取决于内容本身的质量。如果付费内容不能给用户带来良好的体验或者所需的价值，那么这些内容创作毫无疑问是失败的。想要提高内容的质量，就必须进行垂直的挖掘，在内容中给予消费者在其他平台上得不到的价值，这对内容的独创性和原创性提出了较高的要求。内容创作者需要贴近用户的生活，了解用户的需求，向他们提供其想要的内容。同时还要在内容创作中赋予内涵，要输出观点或者引发用户思考，这样的内容创作才能吸引更多的用户长期关注，为内容创业注入活力。

2）开启内容创业多维度竞争

内容创业往往是新思维创意和综合能力的结合。而突出综合能力就需要内容创作者在发挥专业性的基础上，从其他角度，如搜索引擎优化、软件编程优化、页面美学优化等，去完善内容创作的附加功能，从而提高用户的体验。例如在付费阅读平台的创作中，除了要呈现优美的文字和生动的场景，还需要重视页面设计、操作界面、运行速度、流量损耗等，要从多方面优化内容创意，这样才能更全面地迎合用户的需求。

3）提高内容创业准入门槛

目前，内容创业者越来越多，人们普遍认为内容创业是低门槛、高收入的行业。但是，随着从业人数的增多、科技的进步以及用户要求的提高，内容创业的门槛也逐渐提高，还像原来一样只靠一些低质量的文章和视频是不能在行业立足的。因此，内容创作行业对内容创作者的职业化和专业化的要求越来越高，内容生产者必须要生产出更有趣、更优质的内容才可以吸引大众。而这些内容的背后则要有专业的知识和职业化的团队做保障。

■本章案例

新浪微博的发展历程

微博是基于用户关系的社交媒体平台，用户可以通过 PC、手机等多种终端接入，以文字、图片、视频等多媒体形式，实现信息的即时分享、传播互动。

2009 年 8 月，新浪微博开始内测。2009 年 9 月 25 日，新浪微博正式添加了@功能以及私信功能，此外还提供"评论"和"转发"功能，供用户交流。新浪微博采用了与新浪博客一样的推广策略，即邀请明星和名人加入开设微博，并对他们进行实名认证，认证后的用户在用户名后会加上一个字母"V"（认证个人字母 V 为金黄色，认证企业字母 V 为深蓝色），以示与普通用户的区别，同时也可避免冒充名人微博的行为，但微博功能和普通用户是相同的。

2009 年 11 月 3 日，Sina App Engine Alpha 版上线，可通过 API 用第三方软件或插件发布信息。到 2014 年 3 月，微博月活跃用户已达 1.438 亿，日活跃用户 6 660 万，其中包括大量政府机构、官员、企业、个人认证账号，开放的传播机制使新浪微博成为中国的"公共议事厅"。

2010—2011 年间，新浪微博风头正盛，甚至一度力压 QQ。在产品功能上，新浪微博连续推出了 AIR 客户端、微团、微领地以及微音乐等一系列功能和应用，为用户提供了更多个性化的选择。2010 年 11 月 5 日，新浪微博群组功能产品——新浪微群开始内测，微群产品具备了通信与媒体传播的双重功能，被视作为网页版的"QQ 群"。

2012 年 9 月，新浪微博 PC 端出现"密友"分组，正式宣布微博进入私密社交领域。2013 年 1 月 31 日，新浪微博客户端推出 3.3.0 版本，新增"密友"功能强化私密社交圈，拓展了移动端交互方式，"密友"功能支持 LBS 定位服务，用户可以在发布私密微博时显示所处位置信息，这是微博客户端私密社交发展之路上的重要一步。此外，微博客户端信息流还全面嵌入了"赞"按钮，在转发分享、评论、收藏之外，丰富了用户间的互动方式。

随着入驻新浪微博的外国明星越来越多，语言翻译成为了中国粉丝与外国偶像零距离沟通的迫切需求。2013 年 1 月 11 日，新浪微博与网易有道达成战略合作，网易有道成为新浪微博首家翻译合作伙伴，为超过 4 亿用户提供免费外语微博翻译服务。用户在浏览外国明星发布的外语微博时，可以直接通过有道词典获得翻译结果。

2013 年 8 月 1 日，新浪微博与淘宝在北京召开产品合作发布会，推出新浪微博淘宝版，实现账号互通，淘宝卖家可在新浪微博淘宝版直接发布商品，并通过后台进行商品管理及商情监控。

2013 年 10 月 29 日，以用户主动订阅为基础的新浪微博"粉丝服务平台"正式上线，所有认证用户均可申请使用。粉丝服务平台帮助认证用户为主动订阅他的粉丝提供精彩内容和互动服务，被视为推动微博由"营销"平台向"营销+服务"平台转型的重要产品。与此同时，粉丝服务平台宣布推出开发者模式，对第三方开发者全面开放。

自 2014 年下半年开始，微博开始细分出时尚、股票、旅游、电影、汽车、美容、寻医、服务等垂直领域，仅仅用了半年时间，微博就已经成为国内最主要的电影点评平台，成为旅游分享和商家点评领域的榜首。2016 年，微博又新增 9 个月阅读量过百亿的垂直领域：美食、电商、教育、综艺、区域博主、体育、幽默、情感、电视剧。

2016 年 9 月，微博启动 MCN（包括视频、直播、图文等多种形式）管理系统内测，为 MCN 机构提供成员管理、资源投放、商业变现、数据分析四大功能。在产品功能方面，微博分别在移动端"发现页"上线视频标签，PC 端上线"视频"频道，成为固定的短视频观看入口。此外，视频 MCN 主页上也增加视频标签和热门视频推荐等板块。

2017 年 3 月 23 日，微博推出网红电商平台，汇集垂直领域电商红人、电商企业和电商服务商，实现资源共享。2017 年 4 月 20 日，微博将客户端首页左上角最显眼的位置给了视频拍摄板块，用户点击即可拍摄并发布 15 秒以内的视频，这使得用户发布视频更加直接，可以做到随时随地发布短视频。2018 年 10 月 13 日，一直播业务正式并入微博，双方团队保持独立运营，未来会继续加深合作。

2018 年 1 月，新浪微博宣布与淘宝进行深度合作，共同推出"微博购物节"，将社交与电商相结合。这一功能的推出使得微博用户可以在平台上直接进行购物，提高了平台的商业价值，加强了用户黏性。同年 8 月推出的"微博之夜"活动，旨在评选年度热点事件和人物，这一活动的推出得到了用户的广泛关注和参与，进一步扩大了平台的社会影响力。

2021 年年初新浪微博宣布将加大对虚假信息和恶意行为的打击力度，保障用户的合法权益和信息安全。这一政策的推出得到了用户的积极响应和支持，也进一步提高了平台的信息安全性和用户信任度。8 月宣布与 B 站达成战略合作，共同推出"B 站视频"功能，为用户提供更多的二次元内容和社交互动体验。这一功能的推出使得微博用户可以在平台上直接观看 B 站的内容和参与相关讨论互动。

2023 年，微博推出一系列运营计划，为各层级大 V 成长塑造更完善的平台生态。金 V 体系将全面升级，通过"流量+社交"的衡量，对粉丝的带动性进行反射，包括对消费带动的粉丝价值的体现。同时，微博将针对金 V 全面升级对接服务能力，提供一对一服务机制，并投入价值 10 亿元人民币的运营资源扶持金 V 群体扩大影响力，提升商业变现能力，进一步提升其社会影响力。

案例问题：

1. 新浪微博的推出和发展给哪些行业带来了怎样的影响？

2.在当前社会背景下，新浪微博面对的挑战是什么？

3.结合案例分析网络社群创业的前景。

■本章小结

　　本章主要讨论了网络创业的其他形式。首先介绍了网络教育创业，对网络教育的发展阶段、目前的网络教育形式，以及网络教育创业的发展趋势进行讲解。随后探讨了几种新兴的网络创业形式——网络旅游创业、网络广告创业、网络社群创业以及网络内容创业的发展历程、发展形势、优势劣势以及未来趋势等。

■复习思考题

　　1.网络教育的优点有哪些？

　　2.网络旅游创业的形式有哪些？它们的特点是什么？

　　3.网络广告的定价模式有哪些？与传统广告相比，网络广告有哪些优缺点？

　　4.网络内容创业有哪些发展趋势？

■本章网站资源

　　[1] 网易云课堂.https：//study.163.com/.

　　[2] 携程旅行.https：//www.ctrip.com/.

　　[3] 中国广告产品网.http：//www.chinaaoo.com/.

第 5 章

网店的推广

5.1　网店的装饰与美化

　　网店的主页就相当于实体店的门面，商品的陈列会给消费者带来直观的感受，网店经营者可以通过计算机软件和网络技术进行网店装修，营造一个良好的购物环境。网店的装饰与美化、网店风格、促销信息、商品目录都是关系网店整体效果的关键因素。

　　网店经营者可以根据自身情况，自行设计网店或购买、定制模板。如果自行设计网店，经营者可以利用 Dreamweaver、Photoshop 等软件对网店进行装饰和美化。目前互联网上也有很多专业网站在做网店装修，它们可以根据网店经营者的要求进行设计，方便、省时，价格上也比较实惠。

5.1.1　确定网店风格

　　网店装饰的第一步就是确定网店风格。经营不同的商品需要有不同的风格，如果千篇一律地使用固定的模板，很难引起消费者的关注。一个整体形象统一的网店，可以使消费者在浏览过程中感到舒适，产生一种信赖感。

　　在浏览过程中，影响消费者第一眼直观感受的就是网页整体的色彩。在网店风格设计中需要注意，网店所选的色调应该能够体现销售商品的特点，否则会十分突兀。不同行业在色彩选择上都有其偏爱，大致可以归纳为以下几种：

　　护肤品行业主要突出清透、优雅，常用的主色调有绿色、粉色、蓝色等；女装行业风格多样，选择也比较多；数码行业较多使用黑色、灰色等商业氛围重的颜色；家居行业普遍偏重于营造温馨的氛围，棕色、粉色都是不错的选择。

5.1.2　商品目录清晰，布局合理

　　随着消费者购买意愿的多元化，网店的商品目录要适应消费者的搜索和查找需要。对网店销售的商品，可采取多种形式的分类，每一种商品都不能只在一个目录下，要根据其功能、款式、上市时间等进行多重分类，方便消费者查找。

　　网店经营者可以通过设定多种模块来丰富商品目录，在保证条理清楚的前提下，通过添加 GIF 动态图片、超链接等方式丰富页面布局，并且动态地管理商品目录。优秀的网店经营者每周都会将大量时间花费在商品目录调整和页面布局上，此项工作可以结合搜索引擎优化共同完成。

　　有购买目标的消费者往往进入的是单个商品的页面，这里网店经营者必须对单个商品的图片信息、描述信息都做好准备，只有这个页面吸引住了消费者，消费者才会产生浏览整个网店的意愿。而网店整体类目清晰、布局合理，消费者想买的商品只要通过简单的点

击就能找到，这种方便快捷就会给消费者带来好感，容易促成交易。

5.1.3　及时更新促销信息

一家浏览量大的网店总是有各种促销信息吸引消费者，网店经营者可以根据货源供应、商品销售情况，以周为单位定期组织促销活动。如果网店的页面设计、商品类目都很整洁，但是很久没有任何变动，这样即使是已经对网店产生浏览习惯的客户也会逐渐流失。

网店主页应当保留一个空间作为促销信息的模块，并且注意保持更新。促销信息应该是消费者来到网店首先注意到的模块，直接影响消费者对网店产品的第一印象。在促销信息的设计上，网店经营者必须给予和广告投放同等的重视，因为在网店主页上的促销信息比起投放到其他网站的广告更具有针对性，而且不用收取额外费用，网店经营者要重视促销信息的发布。

5.2　网店初期的信用积累

网店的技术建设不是一项难度很大的工作。网店开始经营后，面临的最大困难就是消费者信任的建立。只有对网店信任，消费者才会产生购买行为。针对消费者的这种心理，类似淘宝网这样的网络平台通过记录销售次数来量化信用，一家网店开店时间越长、卖的东西越多，代表信誉的"钻石"就越多。针对网络平台的这种机制，不少商家开始通过出售虚拟商品（如点卡、游戏道具等）、互相购买等方式"炒店"，就此本节不做介绍，仅从销售策略视角对网店经营初期提出几点建议。

5.2.1　交叉促销提升网店知名度

交叉促销是指寻找与自己不直接形成竞争关系，而且针对同一类目标客户可以互补的商家合作，共同促销、合作共赢的促销方式。此方式对建店初期点击率较低的网店效果显著，网店经营者通过向知名网站免费提供试用商品或优惠券的方式，吸引消费者点击。网店经营者也可以寻求行业互补型商业网站，交换促销链接或组合销售。

交叉促销的优势主要有以下几点：

1）迅速获取客源

交叉促销的最大好处就是利用其他商家的客户资源快速获取客户，并且不会引起其他商家的反感。通过交叉促销，在合作商家和网店经营者获得双赢的基础上，消费者也获得了更多的购物信息，在购物上有了更多的选择。消费者体验到更多的增值服务，在一家网店消费的同时享受了其他网店的优惠，这会让消费者感受到此网店很有实力，值得信赖。

2）长期利益可观

在建站初期，网店经营者通常要使用促销力度较大的手段才能和其他商家合作，这从短期来看可能利润很低，甚至亏本经营，但是从长远来看，交叉促销无疑是树立网店品牌、提升网店知名度的好方式。通过交叉促销，网店经营者可以迅速从行业竞争者手中争夺客户，为长期竞争打下坚实的基础。

3）节约广告成本

建站初期，很多网店经营者为开拓市场，首选就是大力投放广告。除去投放广告需要大量的资金不谈，由于网店没有形成一定的知名度，投放广告即使获得点击量，也很难形成有效购买。交叉促销避开了广告投资，直接和想要创造同样利益的商家合作，虽然产生了一定的成本，但是和广告投资相比，风险低，投资回报率（ROI）高，只需让出一部分利润就能获得更多高价值的、有潜力的客户。

交叉促销是一个在短期内获得大量新客户、增加销售额的有效推广方式。在执行过程中，要注意合作商家所售商品和网店商品应具有互补性，促销方式最好建立在产生购买的基础上，充分利用双方的客户资源和消费者的购买潜力。

5.2.2　收集客户名单，建立数据库

著名的营销大师哈里·哈尔博特曾经说过："假如今天你在海滩上开一个卖热狗的小摊，在你旁边还有其他的竞争对手。如果你只能够采取一种手段来和你的竞争者对抗，你会怎么做呢？你是会选择比较好的地点，还是选择更好的制作原料？是要采取最诱人的广告，还是选一位美丽的销售员？而事实上，上述的策略都没有用，你需要的是一群饥饿的人。"

开网店也是如此，迈向成功的关键是有一群忠实的客户，而网店经营者要做的就是培养客户对网店的信赖，通过反复促销让客户重复购买。

建站初期的客流量和购买量都很小，网店经营者要在留住这些客户的基础上，寻求新的客户群体。比较好的方法就是在行业相关的网站或论坛上进行宣传，或者在竞争者的网站上寻找潜在客户的信息。值得注意的是，寻找新客户固然重要，但是留住老客户更能给网店带来长远的收益。已经在网店购买了商品的客户会给网店带来更大的价值，因为客户在重复消费的过程中，已经形成了消费习惯或对网店产生了信赖，这部分客户是网店最有价值的客户群体，网店经营者必须保留住这个群体，并致力于扩大这个群体。

5.2.3　针对客户名单开展促销

正如前文提到的，建站初期的推广活动可能会造成一些亏损，但是从长远利益来看，它是不可或缺的手段。想要快速获取新客户，必须在价格上给予优惠。在网店积累了一定数量的客户后，就可以针对客户开展促销活动了。

1）低价促销大众商品

面向访问网店的所有消费者，网店经营者可通过促销一种价格较低且大众化的商品来留住他们。这个阶段消费者刚刚接触到网店，完全没有信赖感，只有通过价格优势才能让消费者立刻产生购买欲，才能有机会让消费者成为网店重复购买的忠实客户。网店经营者可以采取短期亏本的方式加大促销力度，从长远来看，获得的客户资源给网店带来的长期收益远大于短期亏本的损失。

2）质量优势打动老客户

对于已经在网店消费过的客户，网店经营者可以向他们推荐价格比较高，但是质量更优的产品。因为这些顾客在购买过程中已经形成了消费习惯，对网店也较为信任，无论在心理上还是在能力上，这类客户都能够接受质量好、价格稍高的商品。网店经营者可以从这部分客户身上赚取更高的利润。

3）巧用促销技巧

网店经营者一定要定期对客户发送促销信息或商品介绍，这样才能保持客户资源的价值。消费者在网购时有很多的选择，浏览的信息量也很大，一段时间后就会淡忘网店。为此，网店经营者应在不对其信息浏览产生干扰的前提下，对消费者作出"适时提醒"，而这种提醒必须能够引起消费者的购买欲。网店经营者可以定期开展店庆活动、周年庆活动、节日特惠活动等，给客户发促销短信或电子邮件。通过这种方式，网店经营者既保持了与客户之间的联络，也能够获得新的订单。

建设网店是一个长期的过程，初期的建设更是此后工作开展的基础。网店经营者在这一过程中需要善于思考、善于总结，通过分析成功模式和经验，整合创新出适合自己的经营方式。

5.3 网店的内容

网店的内容是网店推广的基础，本节分别以自建网店和平台网店为例，并通过图解方式给予说明。

5.3.1 自建网店内容

自建网店在推广过程中直接面向搜索引擎，因此在程序编写方面应注意符合搜索引擎spider抓取信息的习惯，分类目录必须在网页的上方和左方，最好是两个方向都有；在动态图片、超链接吸引消费者眼球的基础上，确保文字链接保证spider搜索。

原1号店于2020年7月22日正式升级为1号会员店，通过全场自营、精选商品模式，致力于为用户提供品质升级、超值天天低价、便捷省心的会员制购物体验。图5-1为1号店更新后的首页①。用户需下载App来浏览商品。如图5-2和图5-3所示，页面最上方为网店的Logo，即店标；底部有明确的分类目录。促销信息通过横幅广告的形式在首页正中央醒目显示，确保消费者可以第一时间注意到。

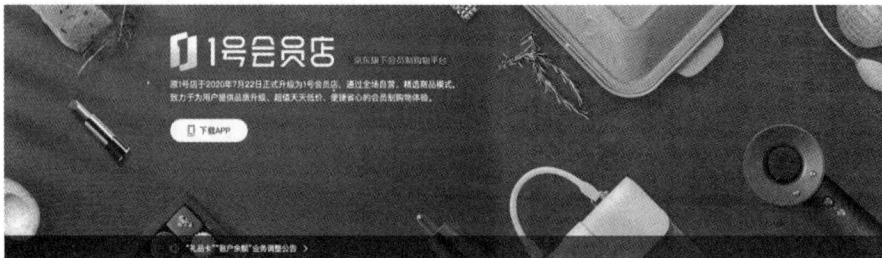

图5-1 1号店首页（1）

图5-2 1号店首页（2）

图5-3 1号店分类目录

---

① 1号店网址：http://www.yhd.com。

5.3.2　平台网店内容

平台网店一般都有固定的模板，虽然平台网店也支持模板自定义，但是建议网店经营者还是根据平台固有的模板排列习惯稍作改进，否则会有悖消费者的浏览习惯，弄巧成拙。

图 5-4 为淘宝旺铺鱼西美屋的网店首页[①]。

图5-4　鱼西美屋首页

通过首页我们可以看出，网络平台上的旺铺不太注重搜索引擎优化，此网站的 Logo 和分类目录都是图片链接，因为通过单独的商品链接和平台推广，鱼西美屋已经获得了大量的点击量，网络平台更看重单独商品标题的设定，所以平台网店经营者可以将设计重点放在愉悦消费者浏览上。

选择点击其中一个商品，其显示商品规格、优惠、参数，默认配送地址等，为购买者提供了更加详细的介绍。如图 5-5 所示。

继续下拉网页，便会出现筛选、定位商品的页面，在这里可以根据商品种类、销量、价格等条件缩小客户的选择范围，如图 5-6 所示。

---

① 鱼西美屋是一家实体店与网店同步销售的店铺，主营业务为欧洲田园风格装修饰品。

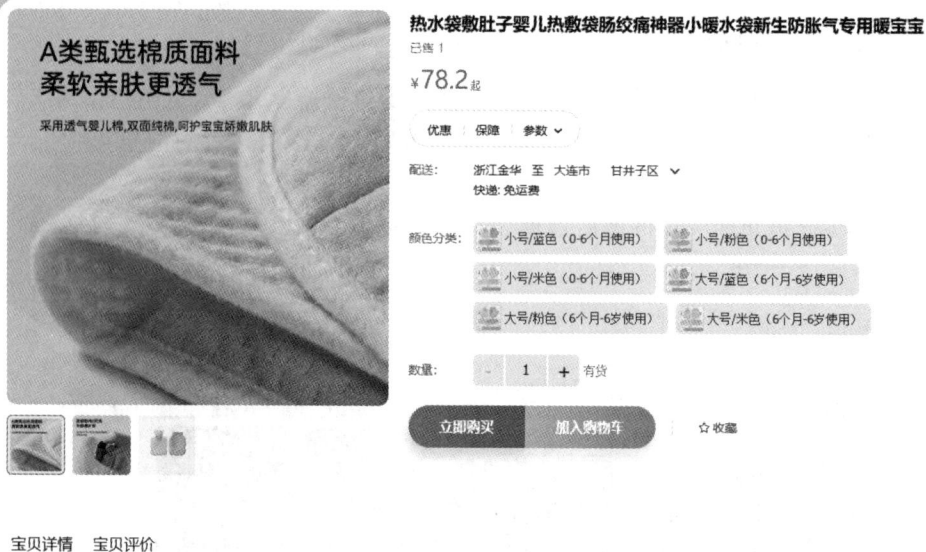

热水袋敷肚子婴儿热敷袋肠绞痛神器小暖水袋新生防胀气专用暖宝宝

已售 1

¥78.2 起

优惠 保障 参数 ∨

配送： 浙江金华 至 大连市 甘井子区 ∨
快递：免运费

颜色分类： 小号/蓝色（0-6个月使用） 小号/粉色（0-6个月使用）
小号/米色（0-6个月使用） 大号/蓝色（6个月-6岁使用）
大号/粉色（6个月-6岁使用） 大号/米色（6个月-6岁使用）

数量： - 1 + 有货

立即购买 加入购物车 ☆收藏

宝贝详情 宝贝评价

品牌：鱼西美屋杂货铺	型号：R87547L7345	产地：中国大陆
省份：河南省	地市：郑州市	颜色分类：小号/蓝色（0-6个月使用...
上市年份季节：2022年秋季	热水袋类型：冲水热水袋	适用人群：儿童

图5-5 鱼西美屋商品信息

图5-6 鱼西美屋商品筛选

以通过销量筛选商品为例，点击销量，便会出现一个新的网页，网页通过记录销售件数来吸引消费者。此网站的分类目录依然是图片形式，这与平台网站的搜索方式有关，网店经营者在设计时只考虑美观性即可，如图5-7所示。

网页的最下方显示消费者给网店的留言，网店经营者可以在此处回答消费者提出的问题，具有互动性。此外就是网络平台的相关信息，与一号店基本相同，为网站的帮助系统及相关注册信息。

宝贝推荐
更多 ▶

¥ 78.20
热水袋敷肚子婴儿热敷袋扇暖缓痛神器小暖水袋新生防胀气专用暖宝宝

¥ 26.53
笔筒简约现代办公桌创意学生老板桌面复古高档办公室儿童古风励志

¥ 18.40
金钻盆栽绿萝室内植物花卉绿植水培万年青多肉新房家用吸除甲醛

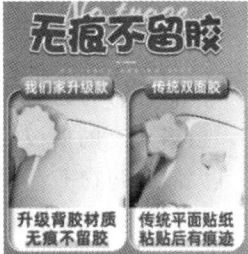
¥ 16.50
3D立体贴纸儿童可爱无痕防水贴面贴片杯贴卡通女孩手机夹后壳杯子水壶水杯茶杯

¥ 16.50
巴西木水养幸运木开花格鲁特小树人盆栽室内桌面水培绿植物小盆栽

¥ 49.10
2023年日历情诗一束文艺青年桌面治愈摆件轻奢ins阁所台历2022中考倒计时记

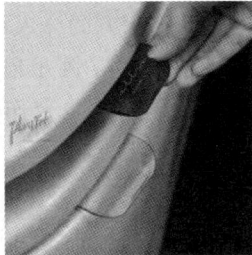
¥ 13.90
马桶搋子器不脏手揭马桶盖揭开器揭手坐便器掀盖子把手冲厕刷

¥ 21.38
帆布围裙家用厨房透气可爱做饭围裙夏季女洋气韩板耐磨工作服大人

图5-7 鱼西美屋商品排行

5.4 平台网店的推广方式

5.4.1 平台网店简述

目前，互联网上已经形成了一些完善、成熟的交易平台。对于资本拥有量一般且初涉网络的创业者来讲，利用成熟的第三方平台开拓事业，可以省出购买域名、进行相关工商注册等一系列网站管理工作的时间和费用，相对省时省力。

本部分以淘宝网为例介绍成熟的购物平台，其最显著的优势有以下几点：

1）知名度高，总体浏览量大

早在2014年，国际著名监测公司 Alexa 公司发布的数据显示，淘宝网的独立访问数已经超过 Amazon、eBay 等购物网站，在全球电子商务网站流量中排名第一。第三方平台 QuestMobile 发布的报告显示，淘宝 App 2023年6月平均日活跃用户数达4.02亿，2023年"6·18"大促期间，总活跃用户数达9.15亿，居电商平台第一位。根据报告，"6·18"大促期间，淘宝网平均每天获得450万增量用户，持续活跃用户占比达84.8%，在所有电商平台中排名最高。如此庞大的消费者群体带来的商机可想而知。

2）操作方便，适合大多数人创业

作为成熟的购物平台，淘宝网最大的卖点就是门槛低，经营者不需要有多高的技术水平，根据固定的模板按照规章制度填写个人资料，就能够顺利在平台上拥有自己的网店，并且大部分购物平台（或购物平台中的一部分模块）对货源和库存等没有限制，这使得普通人的创业梦想更容易实施。

3）规范化的交易流程，保障了经营者和消费者的权益

消费者在选择网络购物时，大部分人优先考虑的都是货款的安全性。消费者如何保证付款后就能拿到商品呢？经营者如何确定在发出货物后就能收到货款呢？在双方信用未知的情况下，一个信用度较高的第三方的介入将成为交易成交的保障。谈到网上独立的第三方支付平台，我国最具代表性的就是阿里巴巴公司旗下的支付宝。支付宝主页的数据显示，已有100多家银行及金融机构与之合作，包括国有银行、股份制银行、城市商业银行、信用社及外资银行。而如此完善的服务，费用是由第三方平台支付的而不是由经营者自己承担。

利用成熟的网络购物平台创业有如此多的好处，但是这并不意味着经营者入驻交易平台后就一劳永逸、万事大吉了。交易平台有上千万的日浏览量，经营者如何确保在众多的竞争者中吸引到消费者的视线？这一主要问题随即衍生出一系列的问题：如何装修网店店面？如何设计出吸引消费者的商品图片？如何在购物平台上推广网店的商品？如何在购物平台海量商家中提升知名度，建立起自己的品牌？这些都是作为平台网店经营者必须掌握的技能。

5.4.2　设计内容全面、丰富的商品标题

不同于传统意义上的搜索引擎优化，在平台网站上被检索的规则是十分简单的，这种简化了的搜索引擎营销（search engine marketing，SEM）仅仅是关键词的查找。登录平台的消费者一般通过想要搜索的词句来搜索商品。因此，网店经营者登录平台后要考虑的第一步，就是如何利用商品标题中的文字使潜在客户群能够第一时间找到店里的商品。

对网店经营者来说，利用商品的标题来吸引潜在客户群体的点击是走向成功的基础。一个内容全面的商品标题，必须在表达出它的使用功能的同时，也将它的价值最大限度地展现给消费者。商品的标题设置原则可以归纳为：

商品标题=商品描述+优化词+煽动词

在任何一个市场中，都存在部分商品消费的攀比效应，而在信息分享迅速的网络平台上，这种效应被放大了。优化词通常包含流行因素，提高了商品的检索点击率。例如，"韩版"在一段时间内比较流行，很多网店或者网站都在介绍，消费者在搜索时不知不觉就会倾向于流行的词汇，这里的"韩版"就提高了潜在客户群点击商品的概率；而"热

销"这类比较具有煽动性的词汇更加体现了这种攀比效应。随着业务量的增加，在拥有了一定销售积累后，也可以加上"销售过千"这样的信用保证词汇。当然不能使用虚假用词，因为当消费者点进来看不到相关的证据时，就会给他留下不好的印象，甚至会永远失去这名潜在客户。

5.4.3　熟悉网络平台的排名规则

对于经营者来说，拥有大量同类商品的购物平台中，自己的商品在搜索结果中的排名，与商品的点击量息息相关。而类似淘宝网这样的购物平台都会通过一套固定的检索排名算法来排列同类商品。

1）商城优先

天猫商城是淘宝网旗下一个 B2C 的平台，如果想成为天猫卖家，必须有注册公司和营业执照，并且缴纳商城保证金和技术服务年费，天猫商城有单独的推广团队策划定期促销、主页推广等，有一定实力的企业可以考虑以这种方式进入平台。

当通过关键词打开搜索的商品页面时，显示在最前面的是淘宝商城的商品。淘宝首页上也有比较详细的商品目录，消费者可以通过淘宝网列出的目录寻找目标商品，显示在最前面的也是天猫商城的商品。

2）商品下架时间优先制

天猫商城的确能够给经营者带来更多的商机，但是对经营者的实力要求也较为严格。在实际搜索中我们可以发现，在一种商品的搜索页面中，商城中的商品也就是位于前面几个，并不会将所有的先机全部占尽。根据淘宝网固有的算法，越是临近下架日期的商品，排名越靠前。所以，作为普通的经营者，可以利用商品上架的技巧争取排名。店内的同类商品要巧妙地排列上架时间，这样就能保证每个时间段都有潜在客户群通过点击店内的一个商品而进入网店，从而提高交易达成的概率。

5.4.4　利用网络平台提供的广告机会

网络平台经过了几年的发展，已经形成了成熟的营销体系，网络平台网店的经营者可以花费一些时间和精力为自己的网店进行免费推广，也可以支付一定费用使用平台提供的广告服务。

1）淘宝论坛推广

淘宝的论坛分类明确，在行业相关的类目下发帖可以提升网店的浏览量。很多消费者在购买商品之前会来论坛浏览，因为论坛有很多消费分享帖，其中绝大部分是商家的软广告，网店经营者可以根据自己网店的特点写一些消费分享、产品推荐等帖子，侧重于描述经历或经验，让消费者产生共鸣。

如果网店经营者对自己的发帖有信心，可以通过申请精华帖子的方式进一步提升点击量。精华帖子不但可以让更多的消费者点击，还可以获得论坛奖励的"淘宝社区银币"，网店经营者可以用"淘宝社区银币"来购买广告推荐位，对提高网店客流量效果显著。①

2）淘宝空间博客推广

比起生硬地推广网店的商品，淘宝空间博客服务使网店更加人性化，网店经营者可以在博客上发表一些商品相关知识和使用说明日志，转载一些精华帖子，这样能更好地吸引潜在客户的注意。因为网络平台的广告已经非常多了，消费者在浏览空间时寻求的是经验分享或是纯粹的兴趣阅读，生硬的推广方式会让消费者敬而远之。

除了用软文形式吸引消费者外，淘宝空间的另一个功能就是"宝贝推荐"。淘宝空间可以通过"宝贝推荐"功能赚取佣金，作为网店经营者，推荐的宝贝自然是自己网店中的商品。

3）淘宝直通车

淘宝直通车是一种免费展示、点击付费、通过关键词和类目把产品优先、精准地展示给潜在客户的广告推广工具。淘宝直通车是淘宝网上很多网店经营者进行推广的首选，如果操作得当，短时间内就能获得较大成交量。通过淘宝的卖家界面"我要推广"栏目可以直接进行注册，完成注册充值后可以投入使用。

淘宝直通车作为平台普遍使用的推广方式，主要有以下两个优点：

（1）曝光率高。淘宝直通车推广的宝贝会在搜索栏目的右方、下方显示，消费者有更多机会看到商品，主动进入网店。淘宝直通车有效地提高了商品曝光率，带来潜在客户；同时，通过关键词的设置，能够筛选出更具有购买意向的高质量点击率，成交率也比较高。

（2）成本可控。淘宝直通车是通过点击量进行收费的，网店经营者可以根据自己的实际情况制定自己的竞价，控制成本。当预存广告费用用完后不会继续扣费，方便经营者管理。

如图5-8所示，"掌柜热卖"栏就是淘宝直通车的展示广告位。

淘宝直通车虽然具有以上优点，但是在网店经营者决定推广时还要慎重考虑。一些热门关键词的竞价较高，导致推广成本过高，可能造成广告费用超支。在选择要推广的商品时也要从人气高、图片美、货源充足等方面考虑，特别是在竞价词的选择上，需要多浏览、多了解。此外，购买了淘宝直通车服务，还可以参加很多淘宝其他的附带推广活动，如首页热卖单品活动、频道热卖单品活动、周末购物活动等，附加值也比较高。

5.4.5   加强与其他商家的合作

网络平台上有很多网店，对于网店经营者来说，其中有竞争者也有互补者，通过和其他商家加强合作，可以提升网店知名度，提高品牌影响力。

---

① 淘宝社区银币可以用来购买广告推荐位，分为社区首页广告推荐位、论坛广告推荐位、站内信广告推荐位，通过淘宝网工作人员审核后发布，有效期均为1天；此外淘宝社区银币还可以用来购买礼物赠送给消费者，鼓励消费者重复购买。

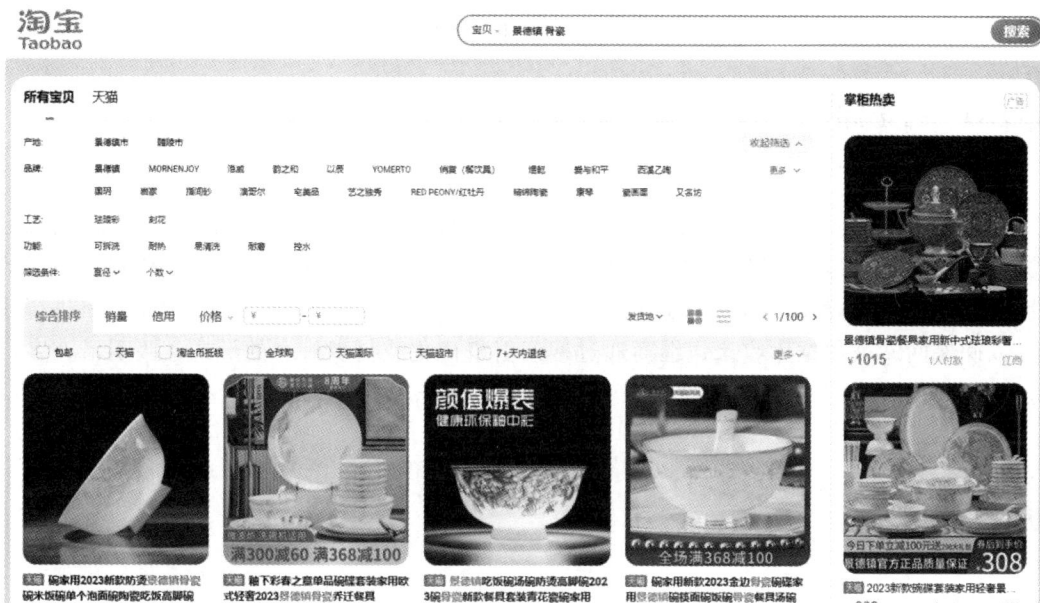

图5-8　淘宝直通车

1）添加友情链接

交换友情链接对于任何形式的网店来说都十分重要，对于网店宣传和品牌推广都有很大的帮助，很多网店的点击量都是通过友情链接带来的，这在营销体系中属于交叉营销，是一种互助互利的双赢营销方式。

网店经营者可以登录社区论坛寻找友情链接，或者直接发帖主动寻求友情链接，最好和信誉高、好评度高的网店进行链接，同时注重商品的互补性，避免同行间的恶性竞争。此外，与此类似的合作方式还有互相添加收藏，收藏的数据在一定程度上体现了网店的综合竞争实力，并且在平台算法上也会影响产品的曝光率。

2）加入商盟

商盟是网络平台上拥有一定信用度的网店以共同的背景组成的联盟群体，可分为行业联盟和区域联盟两种。加入商盟不仅可以提高网店的知名度，而且通过与其他网店经营者进行交流，加盟者可以学到更多的经营手段，商盟团体在集体促销时也可以吸引更多消费者的关注。

通常情况下，加入商盟都是需要审核才能通过的，其对好评度、信用等级和商品数量都有较高的要求，这也确保了商盟网店的质量。加入商盟后，网店经营者可以通过积极参与商盟组织的促销活动，提高在商盟中的地位，获得更多的点击量及更高水平网店的友情链接。

5.5　搜索引擎营销

搜索引擎（sponsored search）营销贯穿网络营销的各个领域，是网站推广的主要形式。搜索引擎营销力求以最小的投资换取客户大量的点击量，是一种在实践中被验证过的投资回报率较高的营销手段。在进行网店推广时，网店经营者首先通过在搜索引擎进行注册①以确保网站被数据库收录，继而通过搜索引擎优化或付费排名的形式，吸引潜在客户的点击，最终将点击转化为交易。这一过程的搜索引擎营销可以由图5-9简单表示。

购买

潜在客户点击

排名靠前（搜索引擎优化
或付费排名）

录入搜索引擎

图5-9　搜索引擎营销图示

搜索引擎营销主要通过搜索引擎优化、竞价排名、关键字广告、分类目录等方式，实现自然排名的提升以及获得付费排名。其中，搜索引擎优化是针对自然排名的一种技术性营销策略，从优化网站内容、页面设计、链接等角度对网站实施长期技术监控。而竞价排名、关键字广告、分类目录则是投入一定的广告费用，以获取搜索引擎的付费排名的营销方式。

5.5.1　搜索引擎优化技术

搜索引擎优化（search engine optimization，SEO），是针对搜索引擎的排名法则，通过对网站结构、页面设计以及链接设置等内容进行改进，使网站在搜索引擎中排名靠前的一种技术性网络营销手段。SEO针对搜索引擎的工作方式——以最小的投入换取最大访问量并衍生商业价值，是目前电子商务领域里较受推崇的营销手段。

前文详细介绍了SEO，将SEO的方式概括总结为关键词优化、页面设计优化、链接优化和数据检测与分析四种方式。关键词优化是进行SEO的基础，是潜在客户通过搜索引擎找到网店的前提；页面设计优化致力于在网店给消费者带来良好浏览感受的同时，兼顾

---

① 附搜索引擎网址登记处：百度：http://www.baidu.com/search/url_submit.html；Google：http://www.google.com/intl/en/addurl/html。

Spider准确快速抓取网站信息并第一时间反馈给潜在客户；链接优化是提升网站排名的因素之一，指向清晰的链接保证了消费者能够准确找到目标商品。在以上三点都得以优化后，还需要对优化的结果进行实时监督，动态地应对来自搜索引擎的反馈数据，因地制宜地调整SEO。

5.5.2　付费搜索引擎广告

1）付费搜索引擎广告概述

搜索引擎广告是网络广告中一种主要的形式，当消费者使用搜索引擎（国内最常见的搜索引擎广告媒体有百度、搜狐、搜狗等）搜索到这些关键字时，关键字广告就会在搜索结果页面上显示。从理论上讲，网店经营者通过实施SEO技巧的确能够增加网店的浏览量，获得较为不错的自然排名。但是，在实际操作中往往会出现这样的情况：网店经营者投入了大量的人力和时间进行SEO，但是自然排名并没有立竿见影地提高。一方面，这与SEO是一个长期的工作过程有关；另一方面，同类竞争者可能实施了更好的SEO。另外，在搜索中我们会发现，顺位靠前的几条信息及每页的右侧都标有"推广"（或"广告"）字样的链接，这些位置的链接就是付费搜索引擎广告。

但天下没有免费的午餐，利用免费的SEO存在着诸多局限性和不确定性。为使网店在短时间内获得更多的曝光机会，网店经营者可以在资金允许的情况下进行一定的广告投资。搜索引擎广告相对于网络广告及其他媒体广告具有以下优点：

（1）成本可控，投资回报率高。

竞价排名和关键词广告都是根据点击率进行收费的，在控制得当的前提下，点击链接的用户都是网店的潜在消费者，这种基于绩效的营销方式大大提高了广告的投资回报率。因为网店经营者提交的每一个关键词都应当是与网店业务息息相关的，并且根据点击量可以随时更换关键词以控制成本，依靠这种付费方式不会将广告费浪费在控制不当的地方，这是其优于其他新媒体广告最显著的特点。

（2）目标明确，针对性强。

搜索引擎用户只有在输入特定的关键词时，结果页面内容才会显示相应关键词的广告。通过这种方式，搜索引擎直接将消费者的购买意愿和网店经营者的销售意愿联系在一起，双方都避免了因信息不对称造成的浪费。因此，用户愿意利用搜索引擎表达购买意愿，网店经营者也节省了网店推广费用。

（3）实时监控，便于调整。

网络广告和传统传媒广告最明显的区别在于其时效性，网站的广告一经登出，效果都是立竿见影的。当网店经营者购买一个关键词后，这个关键词带来的浏览量很快就会发生变化。根据浏览量的变化，网店经营者可以随时调整广告成本，控制预算。搜索引擎广告商往往会附带数据统计服务，方便用户随时监控广告效果。

2）竞价排名与关键词广告

竞价排名广告是近年来风靡世界的网络推广服务，它按照客户网站带来的实际访问量进行收费（CPC），即记录下有效点击次数，并以此为收费依据，是一种真正按照效果收费的网络推广服务。关键词广告是利用用户在检索时对搜索结果页面内容的关注而实施营销信息传递的方法.两者主要在位置上和资费上有所区别：一般情况下，竞价排名出现在结果页面内容的右侧上方，关键词广告出现在结果页面内容的右侧，两者都标有推广或广告字样；顾名思义，竞价排名是通过与相同的关键词进行底价竞争，按出价多少排列顺序，而关键词广告固定位置的底价是固定的。

图5-10是百度营销（原百度推广）的产品与服务页面。

图5-10　百度营销的产品与服务页面

网店经营者可以根据网站的情况选择不同的投资组合。如果网站因为SEO已经在同行业中拥有了靠前的排名，那么网店经营者只要投资关键词广告，就基本上能够达到占领结果页面的效果了。

网店经营者通过竞价排名和关键词广告推广网站时要遵循以下原则：

（1）谨慎选择关键词。

关键词是消费者找到网站的敲门砖，网店经营者只有设置合适的关键词才能找到其潜在客户群体。由于关键词提交给搜索引擎后获得的浏览量是要按点击数收费的，所以网店经营者一定要谨慎地选择关键词，关键词必须与网店的业务紧密联系并高度概括产品特点。一个热门的关键词可能给网店带来大量的点击，但是这些点击往往不会转化为消费，而一个过于生僻的冷门词汇又不会带来点击。在设置关键词的时候，网店经营者可以换位思考，调查一下消费者在购买相关商品时的搜索习惯；同时调查同行业竞争者使用了什么关键词，效果如何。类似百度营销，在用户提交广告用关键词时，会给出相应数据以供用户参考。

（2）小规模试投。

竞价排名和关键词广告可以根据浏览量绩效随时调整关键词，网店经营者在这一步骤上不能疏忽。如果关键词过于热门，带来大量的浏览结果却没有转化为消费，就会给网店带来损失。[①]操作中经常会出现因为关键词点击量过大却没有转化为消费，导致成本预算超额给网店经营带来困难的案例。网店经营者在确定几个推广关键词后，可以先进行小规模的试投。前文提到，搜索引擎广告的效果几乎是即时生效的，试投不会占用网店经营者太长时间，而反馈的数据对于网店经营者而言却是十分宝贵的。

（3）实时监控。

互联网上的信息每时每刻都在更新，对于同一种商品的描述也变化很快。网店经营者正式投放广告后，必须实时监控每天的成交比例是否和之前试投时计算过的统计数据相近，如果差别较大就必须立刻修正投放策略。这与 SEO 有相似之处，但是与 SEO 不同的是，SEO 缺乏实时控制的结果是排名靠后，而搜索引擎广告缺乏实时监控的结果是要花费大量的广告费用。基于 CPC 的付费方式，网店经营者必须适时增减、调换关键词，这样才能确保广告费用有的放矢，达到预期营销目标。

竞价排名和关键字广告是网店经营者使用比较多的推广形式，其低投入、高回报、易操作的优势成为很多个体网店、中小企业进行网店推广的首选。自建网店经营者在进行网店推广时，没有平台网店的高浏览量以及信用优势，而搜索引擎广告为其提供了良好的广告投放方式，在广告资费、浏览量方面不逊色于成熟的购物平台，提高了自建网店营销者的综合竞争实力，这是自建网店经营者进行网络推广的首选方式。

3）分类目录

随着竞价排名和关键字广告的火爆，分类目录的广告效果没有早期那么明显了，而是通常作为竞价排名和关键字广告的辅助工具和附带功能提供给用户。很多早期比较著名的分类目录门户网站都被百度、谷歌等大型搜索引擎公司收购，作为其搜索引擎广告的一部分。[②]

一部分消费者在进行网络购物时还是会选择通过分类目录的方式查找商品，一种情况是此类消费者不想输入文字（例如，不会打字的用户或电脑不支持中文输入的用户）；另一种情况是这类消费者没有明显的购物意图，以类似现实生活中"逛街"的心理进行搜索。

图 5-11 为 hao123 网站的门户页面，详细的分类条目给浏览者带来清晰的浏览体验，这也是分类目录不同于竞价排名和关键字广告的特点，这种一目了然的形式也受到了很多消费者的青睐。

---

① 本处着重从盈利的视角来进行介绍，如果网店经营者的经营目标是推广品牌，不在乎短期盈利及成本预算，可以长期购买品牌关键词进行网站推广。

② 例如 http://www.hao123.com 现为百度旗下的网站。

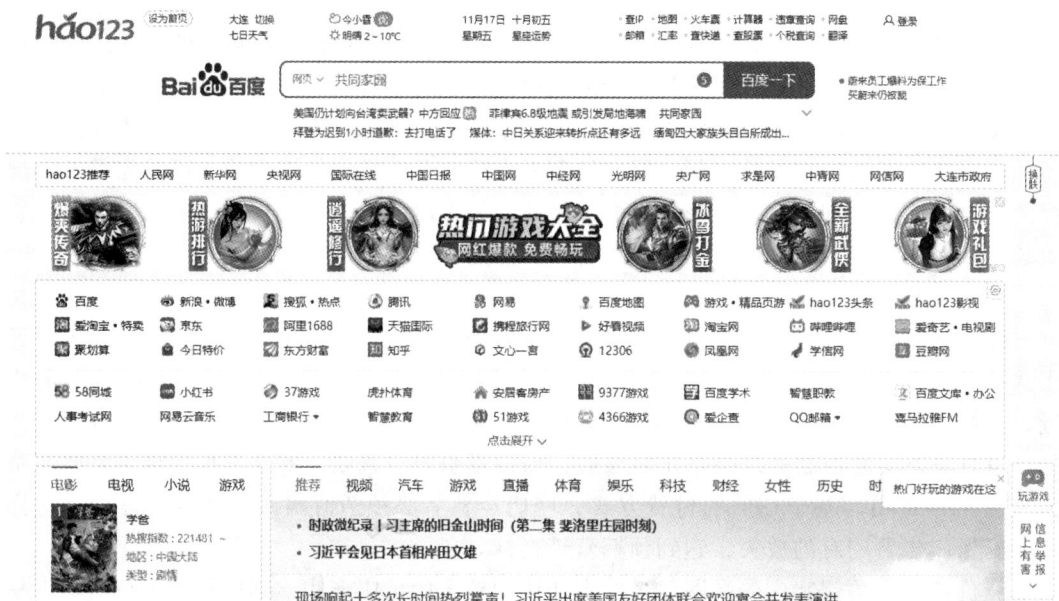

图5-11　hao123网站

很多用户的浏览器主页都是这类分类目录的门户网站，从图5-11中可以看出，能够在这类分类目录首页立足的都是实力雄厚的网站，这对于实力一般的网店创业者来说门槛过高。网店经营者可以根据自身的行业特点，寻找合适的行业网站联盟，登录其分类目录的费用低，如操作得当也有很大的盈利空间。

现在互联网上有很多网站联盟提供免费登录的分类目录，网店经营者一定要花一些精力进行这方面的网络推广。

■5.6　网络广告及效果测评

5.6.1　网络广告的发展

1）网络广告及其起源

所谓网络广告，是指在互联网站点上发布的以数字代码为载体的各种经营性广告。网络广告通常以GIF、JPG等格式建立的图像文件定位在网页中，大多用来表现广告内容，同时还可使用Java等语言使其产生交互性，用Shockwave等插件工具增强表现力。

1994年10月14日，美国著名的Wired杂志推出了网络版，其主页上设有AT&T等14个客户的旗帜（Banner）广告，这标志着网络广告的诞生。据美国互联网广告局（IAB）

统计，1996年全球网络广告收入为2.67亿美元，1997年为9.06亿美元，1998年达到30亿美元，增长的速度高达300%，并且首次超过了户外广告。现在，网络广告已经越来越受到传统产业的重视。

2) 我国网络广告的发展历史和重大事件

我国网络广告的萌芽大约始于1995年，以国内第一家中文商业信息站点"中国黄页"的创办为标志。最初的网络广告步履蹒跚，其后在英特尔技术发展有限公司的推动下才有了一定的发展。1998年6月，"国中网"下大手笔买断了法新社世界杯中文报道的版权，收入200多万元，这在广告界引起了震动，也标志着网络开始进入主流传媒行业。在此之后，网络广告开始受到关注，国中网、Chinabyte都举办了不同形式的研讨会或者培训，而国内的广告主们也开始青睐网络广告这种新形式。

5.6.2　网络广告的计费

1) 网络广告的尺寸规范

网络广告尺寸（包括价格等方面）很不规范。目前，国内还没有一家统一的机构来规范管理网络广告，国际网络广告也还没有法定的尺寸规格。但是，绝大部分的供应商和广告客户都遵循IAB的标准。该标准由美国互联网广告局（IAB）和资讯暨娱乐广告联盟（CASIE）共同提出，旨在建立一套标语广告尺寸的参考标准。尽管不是所有的广告服务商都遵循这些标准，但越来越多的网站采用这些标准。

1996年12月，美国互联网广告局（Interactive Advertising Bureau，IAB）与资讯暨娱乐广告联盟（Coalition for Advertising Supported Information and Entertainment，CASIE）共同宣布了9个网络广告尺寸标准，希望各网站采用。美国报业协会（Newspaper Association of America，NAA）于1997年1月24日正式发布网络广告标准尺寸，这是网络广告的尺寸规格的第一次规范标准，现在广泛采纳的网络广告规格也是按这个标准来定义的。2001年2月底，IAB宣布了几个新的网络广告尺寸标准，这是根据当时采用较多的规格来定义的。IAB在2001年8月6日公布了富媒体（rich media）网络广告的标准，这是IAB继2月推出7种大尺寸广告的标准之后，第三次针对网络广告相关的尺寸与档案大小所制定的参考准则。这次公布的规范最大的重点是强调网络广告突破了传统媒体"所见即所得"（what you see is what you get）的限制：除了一开始与网页同步下载（initial load）的广告之外，IAB还规定，如果使用者的光标经过（cursor over）或点击（click），媒体可以进一步下载（additional load）的档案大小。目前，网络广告已经摆脱了原有尺寸大小的束缚，而更多地注重创意的设计和新技术的应用，广告更加立体化并更具深度。

就我国而言，2001年2月7日，CNET正式推出自己网站的大型网络广告，引起各大网站的报道和关注。以前也有不少网站推出新的大型广告（大型广告是指高度大于60像素、宽度大于150像素的网络广告），但大部分是根据客户要求特意制作的，并未广泛采用。在CNET推出大型网络广告后，新浪、网易、Chinabyte和硅谷动力等都推出了自己的大型网络广告。

2）IAB 网络广告标准

这里的网络广告标准规格指的是 IAB 两次发布的网络广告尺寸规格。

第一次公布的标准，即相应的尺寸规格如下：

468 像素×60 像素全幅 Banner

392 像素×72 像素带 menu 全幅 Banner

234 像素×60 像素半幅 Banner

120 像素×240 像素竖幅 Banner

125 像素×125 像素方形 Button

120 像素×90 像素 Button#1

120 像素×60 像素 Button#2

88 像素×31 像素小 Button

第二次公布的标准[①]：

120 像素×600 像素"摩天大楼"形（skyscraper）

160 像素×600 像素"宽摩天大楼"形

180 像素×150 像素长方形

300 像素×250 像素中级长方形

336 像素×280 像素大长方形

240 像素×400 像素竖长方形

250 像素×250 像素"正方形弹出"式广告（pop-up）

3）为何广告规格尺寸要规范

（1）网络广告的自身特点。

电视广告和广播广告的规格是以时间（通常以秒）为单位的，而报纸广告是以版面尺寸为单位的，一般以整版、半版、四分之一版、通栏、通版计算。可以说，传统媒体的广告规格已经比较成熟和规范了，但是网络广告由于互联网自身的特性，不可能以广告刊登的时间为单位进行规范。如果以版面的长度尺寸为单位，实际上又会受到不同显示器的大小、不同分辨率的影响。因此，网络广告作为第四媒体，目前主要以像素为规格进行约束。如果网络广告缺乏规范，将会极大地限制网络广告的进一步发展。

（2）有利于广告销售和定价。

网络广告的现状是总体供给大于总体需求。也就是说，提供网络广告服务的网站很多，如果没有一个统一规范的广告规格，一方面会使广告主无所适从，难以进行选择；另一方面提供网络广告服务的网站也会难以制定价格。

---

① IAB 表示它将不再推荐使用第一次推出的 392 像素×72 像素的旗帜广告。

（3）有利于网络广告监测。

随着企业对互联网投资越来越理性，企业在花费高额网络广告费的同时自然会要求网络广告提供商提供网络广告具体效果的统计情况，如点通率、购买率等。规范的网络广告规格可以帮助广告主对不同网站相同规格的广告投放进行比较，可以分析在哪个网站上投放更有效果，从而得到一个比较客观的结论。

4）网络广告的计费方法

人们对于网络广告的收费应采用何种指标争议很大，目前还没有一个很好的标准来规范。一般来说，大致有以下几种计算网络广告费用的主要指标：

（1）点击数（hits）。

通常某个页面上的一个文件被访问一次称为一次点击，点击数是点击次数之和。

但是，用点击数来测试站点的吸引力是不准确的。因为一位上网者可以在一次访问中多次浏览一个主页，所以一个网站主页的点击数不等于真正访问它的网站的人数。

（2）页面印象（page impression），也称页面浏览（page views）、访问次数（visits）。

它是指在某一个连续的时间段中一位用户对网站的访问，他可能浏览主页及其他页面，也可能在浏览其他页面后返回主页，但访问次数仍是1。访问数不像点击数那样重复累加，它是一个较为客观地反映网站受欢迎程度的统计量。通常，这个统计量能表明每天（或单位时间内）进入网站的用户总数。

但是，如果一位用户完成一次访问退出站点后，隔了一段时间，又返回原先访问的站点，此时访问次数要再累计一次。除非站点设置了专门的分析软件能辨识来访者的身份，否则就会对访问次数重复累计，导致不能准确测试广告效果。

（3）印象（impression）。

如果一位用户点击并观看了广告，就被视为创建了一个印象，印象对创建品牌意识和品牌辨识具有很高的价值。但这种印象不一定都能起作用，如果该用户对广告不感兴趣，他就不会沿着广告提供的链接去深入了解有关信息，企业就没有达到想要达到的目的。

（4）回应单击（click-through）。

它是指访问者单击广告上的某个链接或按钮以进一步了解广告的有关信息的行为。一个广告有了回应单击就说明这则广告已对这位访问者产生了一定的作用。统计表明，回应率（回应单击数除以印象数）通常介于1%～4%之间。

（5）CPM（the cost per thousand impressions）。

CPM是一个用于传统广告的计费标准，但它目前已经广泛地运用在网络广告中。它是以广告图形被显示1 000次为基准的网络广告收费模式。比如说，CPM报价是30元，若有100 000个用户点击了广告，则广告发布者将向广告主收取3 000元的费用。由于这种方式对广告发布者相对有利，因此广告发布者比较愿意采取这种方式。

（6）收入分成（revenue sharing）。

广告主和广告发布者在协商、谈判的基础上共同制定一个标准，根据该标准，在广告主获得收益的基础上进行广告分成。这种方法把广告发布者、广告主的利益结合起来。但是在实际运作中，广告主、广告代理商以及广告发布者难以对广告的效果进行评价，也就是说，无法得知广告主所获得的收益当中，究竟哪些是由其所发布的网络广告带来的。

（7）CPC（the cost per click through）。

它是指以广告图形被点击并链接到相关网址或详细内容页面1 000次为基准的网络广告收费模式。由于这种方式是建立在用户进一步阅读广告的基础之上的，因此广告客户更倾向于这种方式。

CPC的计价模式起源于宝洁公司和雅虎公司。1996年，宝洁公司和雅虎公司谈判，为宝洁公司的5个品牌以"点击次数"方式为定价基础在网上做广告。这次谈判引发了一场广告主和广告发布商之间关于"点击次数"定价模式的争论。这是一次非常重要的争论，双方最后达成了协议。它表明了人们对网络广告认识的理性回归，人们将网络广告的重心转移到了网络广告的"直接市场营销"的影响力上。

（8）CPA（cost per action），即每行动成本。

CPA计价方式是指按广告投放的实际效果，即按回应的有效问卷或订单来计费，而不限广告投放量。CPA的计价方式对网站而言有一定的风险，但是如果广告投放成功，其收益也比CPM的计价方式要多得多。广告主为了规避广告费用风险，只有当网络用户点击旗帜广告、链接广告主网页后，才按点击次数付给广告站点费用。

（9）CPP（cost per purchase），即每购买成本。

广告主为了规避广告费用风险，只有在网络用户点击旗帜广告并进行在线交易后，才按销售笔数付给广告站点费用。无论是CPA还是CPP，广告主都要求发生目标消费者的"点击"，甚至进一步形成购买才付费，而CPM只要发生点击就付费。

（10）包月方式。

统计发现，很多国内的网站是按照"一个月多少钱"这种固定收费模式来收费的，这对客户和网站都不公平，无法保障广告客户的利益。虽然国际上通用的广告收费模式是CPM和CPC，但在我国，有很多网站的广告采用包月的收费形式。

（11）其他计价方式。

某些广告主在进行特殊营销时，也会提出以下几种计价方式：①CPL（cost per leads），以收集潜在客户名单多少来收费；②CPS（cost per sales），以实际销售产品数量来换算广告金额。

在以上几种网络广告收费模式中，比较而言，CPM和包月方式对网站有利，而CPC、CPA、CPP对广告主有利。目前比较流行的计价方式是CPM和CPC，其中最为流行的是CPM。在我国，包月计费的方式仍然很常见。

5.6.3 网络广告的特点

与传统广告相比，网络广告具有以下一些特点：

1）跨时空性

传统的广告媒体包括报纸、广播和电视。这些传统媒体在很大程度上受到版面、时间和空间的限制，容易错过目标受众，从而影响对产品的宣传。

网络媒体则突破了时间与空间的限制，拥有极大的灵活性。由于网络广告的存在形式是数字代码，因此可以说网络广告的空间是无限的，企业可以充分利用这一空间宣传和展示自己的产品。比如，消费者可以详细了解某款手机的重量、待机时间、尺寸等各种信息，而这在传统广告中是无法实现的。

2）个性化

传统广告媒体受时间、空间和成本的限制，通常采用大面积播送的方式，期望用画面、音乐等在广告受众的头脑中创建某种印象，由这种印象而引发相应的购买行为。这种广告方式的信息传送和客户反馈是单向的、有时差的，无法将信息送到细分的目标市场，消费者无法了解个性化的信息。比如，我们因为看到贝克汉姆做的百事可乐的广告而去购买百事可乐，但是广告并没有说明百事可乐的成分及糖尿病患者是否可以饮用等。

网络广告因为不受时间和空间限制，所以它可以把所有的产品信息发布在互联网上。由于网络广告传播采用的是一对一的方式，即广告信息一次只能涉及一个广告对象，企业可以通过网络广告为客户提供个性化的广告服务，最终促进理性的消费决策。

3）一定的可测试性

企业利用网络广告管理软件，通过对服务器上 log 文件的分析，可以十分便利地统计出其网络广告的访问情况。比如，用户是在什么时间、通过什么浏览器来访问相关广告的，他们浏览了多长时间等。尽管利用这种方法仍然很难十分准确地统计其中有多少用户是因为看了网络广告才最终购买的，但是定量化的分析对于广告主和广告发布者评价网络广告的营销效果仍然是十分重要的。广告主和广告发布者可以以此为依据，不断地对网络广告进行改进。

比如，网络广告管理软件可以告诉广告主，90% 的用户是通过 IE 浏览器来访问广告的。这样，广告制作人员在进行广告设计时，就需要更多地考虑满足 IE 浏览器用户的需求，那么可能这个广告用其他浏览器进行观看时的效果就不能尽如人意。

4）交互性

互联网的交互性决定了网络广告的交互性，消费者在交互中占据了主动。利用交互性，消费者可对广告信息进行主动取舍，对有关的或感兴趣的广告信息可以调出更详细的资料，还可以向企业的有关部门要求提供更多所需要的信息。对于企业来说，它可以及时地根据消费者需求的变化调整所发送的信息，使之能更好地满足受众的需求。

5）广告费用相对较低

在网络空间中，由于空间是无限的，所以网络广告的供给通常大于需求，这就导致网络广告的价格与传统媒体相比较低。但是网络广告费用的低廉只是相对的。在著名的门户网站上做广告，由于主页的空间有限，供给仍然是比较紧张的，所以价格也并不一定特别便宜。

5.6.4 网络广告的分类

网络广告具体的表现形式可以分为以下几大类：

1）主页形式

通过主页对企业进行宣传已经是所有网上企业的共识。Web技术为企业提供了一个树立企业数字形象、宣传企业产品和服务的良好工具。企业需要把自己的地址、名称、标志、电话、传真等发布在互联网上。当然，企业在互联网上的形象应当与它实际上的形象保持一致。比如IBM公司，它在网上和网下的形象都是以蓝色为基调，这就与它"蓝色巨人"的形象相统一了。

2）旗帜广告

旗帜广告是最常见的网络广告形式。其宽度一般在400～600像素之间（约8.44～12.66厘米），高度在80～100像素之间（约1.69～2.11厘米），以GIF、JPG等格式建立图像文件，放置在网页中。目前旗帜广告已发展成多种形式，主要包括以下几种：

（1）按钮广告（button ads）。

按钮广告以按钮的形式在网页上存在。

（2）文本广告（text ads）。

文本广告以文本形式放置在网页显眼的地方，长度通常为10～20个中文字符，内容多为一些吸引人的标题，然后链接到指定页面。

（3）插页广告（interstitial ads）。

插页广告又称弹出式广告，广告主选择在某一网站或栏目之前插入一个新窗口显示广告内容，广告内容可能是文字、图片链接等各种形式。网络用户在登录网站的时候，网站插入一个广告页面或弹出广告窗口。它类似于电视广告，都是打断正常节目的播放强迫观看。插页广告尺寸大小不一，互动程度也不同。浏览者可以通过关闭窗口或者安装相应的软件来拒绝接收这些广告。

3）分类广告（名录广告）

分类广告类似于传统报纸中的分类广告，众多的门户网站都提供此类服务。这些门户网站按照自己认为合理的方式进行类别划分，企业可以到自己所属的类别中进行注册。这种广告方式的好处在于针对性强，用户容易准确地找到自己所需的内容。

有些门户网站（比如雅虎）向教育机构等相关的非营利机构提供免费分类注册。但是随着网络经济的理性回归，世界上没有免费的午餐，企业在早期所享受到的免费注册服务现在已经不存在了。

4）通栏广告

占据主要页面宽度的图片广告具有极强的视觉效果。通栏广告视觉冲击力强，能吸引浏览者的注意力，通常出现在首页以及各频道中间的显著位置，大多以Flash形式出现，广告面积较大，能够较好地展示广告信息，规格一般相当于两条横幅广告的大小。

5）文本链接广告

文本链接广告是以一排文字作为一个广告，点击就可以进入相应的广告页面。这是一种对浏览者干扰最少，却较为有效的网络广告形式。这种广告方式成本较低，通过精心设计的文字广告也能达到良好的广告效果。文本链接广告一般不超过 10 个汉字，发布在首页、重点频道首页的推荐位置。

6）电子邮件广告

电子邮件是指向用户发送电子报纸或电子杂志。企业利用网站电子刊物服务中的电子邮件列表，将广告加在读者所订阅的刊物中发放给相应的邮箱所属人。电子报纸和杂志的成本很低，它可以发送给任何一个互联网用户。由于电子报纸和杂志是由上网用户自己选择订阅的，所以此类广告更能准确、有效地面向潜在客户。

7）关键字广告

关键字广告与搜索引擎的使用密切相关。关键字广告是指用户在搜索引擎键入特定的关键字之后，除了搜索结果外，在页面的广告版位会出现预设的旗帜广告。这种广告形式充分利用了网络的互动特性，因此也被称为关联式广告。

注意，尽管在互联网发展初期，论坛也是做广告的好地方，但是目前，在公告栏、论坛中做广告已不再流行，也不为消费者所接受，公告栏以及各种论坛主要用于客户服务。

（1）悬停按钮。

其在页面滚动中始终可以看到，可以根据客户的要求并结合网页本身特点设计移动轨迹，有助于提高广告的曝光率。

（2）全屏广告。

其在页面开始下载时出现，广告先把整个页面全部遮住，占据整个浏览器的幅面，并持续 3 秒以上，随后窗口逐渐缩小，最后收缩为按钮广告。这种广告方式拥有很强的视觉冲击力，但也可能遭到网络用户的反感。

（3）巨幅广告。

它是指在新闻内容页面中出现的大尺寸图片广告。用户在认真阅读新闻的同时也可能会对广告投以更多的关注。

（4）摩天楼广告。

它是指出现在文章页面的两侧、竖条的广告幅面。摩天楼广告形状为长方形，较为醒目，能够承载比按钮广告更多的创意表现，大小通常为 148×480 像素。

（5）流媒体广告。

其为在频道首页下载后出现数秒钟的大尺寸图片广告，可以在第一时间吸引用户的注意力。流媒体广告改变了互联网广告只能采用文字和图片的形式，可集音频、视频及图文于一体，在媒体表现方面，信息传递更直接，表达内容更丰富。与传统的多媒体播放形式相比，流媒体可以实现边下载边播放，从而大大节省了下载的时间。

8）微博广告

微博作为一个信息发布和传递的工具，在文章内容题材和发布方式上，非常灵活；在广告和新闻性传播上，具有很大的自主性；在信息承载量上，它的信息量更大；还可以用"中立"的观点来对自己的企业和产品进行推广，而且文章显得可信度更高。

9）游戏植入广告

游戏和广告在不断创造奇迹的互联网中被巧妙地结合起来，从而形成了一种以游戏为传播载体的新形式。将广告赋予用户的休闲娱乐活动中，在潜移默化中增强消费者对品牌的识别，不但不易引起反感，反而能吸引消费者主动参与甚至达到病毒营销的效果。

由于互联网技术日新月异，新的网络广告形式也不断出现，如 Flash、SVG 等，网络广告的规格也呈现出多样性，如视频广告、路演广告、巨幅连播广告、翻页广告、祝贺广告等。网络广告需要不断创新，但同时也需要有一个规范的约束，比如应当禁止网络广告对用户隐私权的侵犯。目前的巨幅广告就遭到了很多用户的批评。所以，规格的大小并不是网络广告革命性的创新，更多应该在广告创意、表现手法和尊重用户等方面下功夫。

5.6.5　网络广告效果测评

1）记录文件

服务器的记录文件（log 文件）用以记录发生在服务器上的所有活动，当有访问者申请浏览某个网页或者广告时，在 log 文件中就会产生一条记录用以记载相关信息。

在服务器的记录文件中通常包括下列信息：访问者访问的时间、被浏览页面（或广告、或下载的文件等）、用户所使用的浏览器、用户所停留的时间、用户所使用的操作系统等。

由于一个网站每天的访问量很大，记录文件中所记载的相关信息使得营销人员无法人工阅读，所以营销人员必须依靠分析软件。通过对记录文件的分析，分析软件可以向营销人员提供各种分析报告，比如，用户是从哪个搜索引擎转到企业的网站上来的，用户是通过哪个关键词检索到企业的网站的等，从而大大地提高了效率，增强了可衡量性。

以下就是用分析软件所得出的统计分析结果，如图 5-12、图 5-13 所示。

2）测评方法

目前，对网络广告的效果进行评价可以采取第三方测试和内部测试两种方法。

（1）第三方测试。

由第三方负责收集并处理在网站服务器上获得的信息，并产生分析报告。智科通信和 NETCOUNT 就是两家优秀的第三方测试公司。此外，一些原有的审计服务公司也加入进来。

第三方测试的好处是防止窜改，保证公正性；不利之处在于，网站丧失了它们对使用信息的控制。

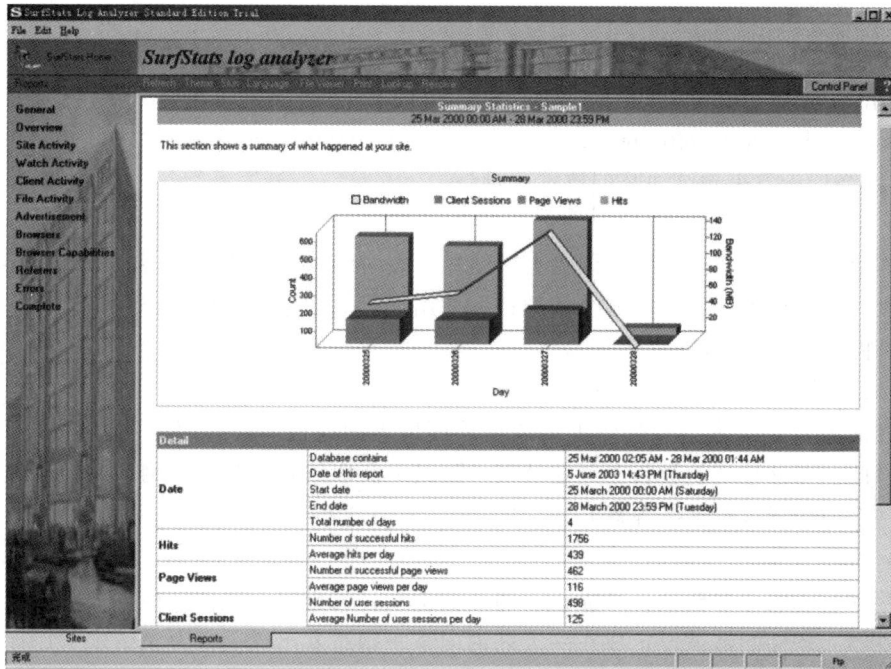

图5-12　用户的宽带情况分析

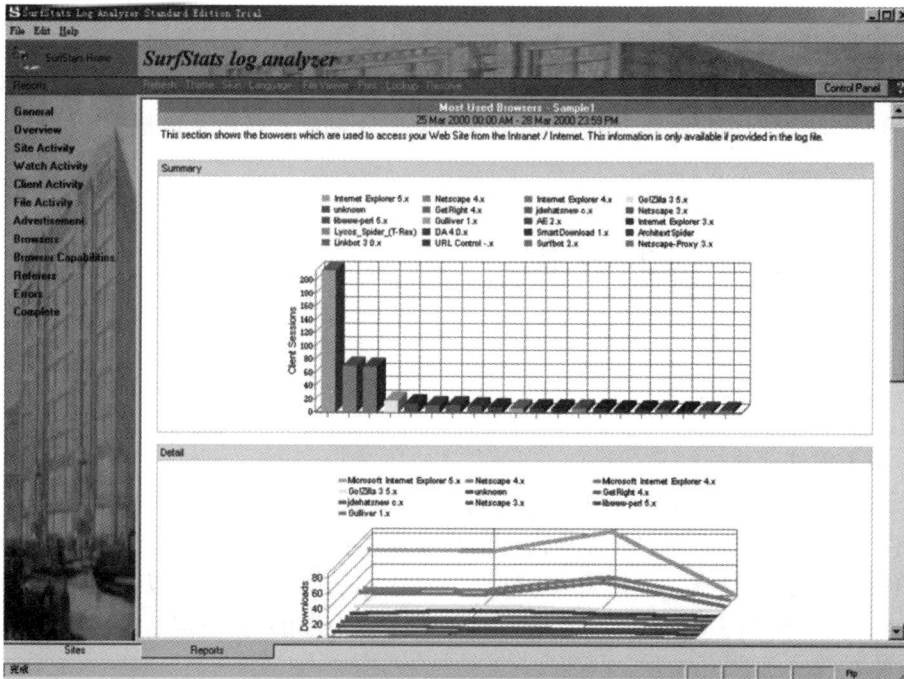

图5-13　用户所使用的浏览器情况分析

（2）内部测试。

这是指网站通过购买软件来分析记录文件。考虑到保密性、网站访问量的大小等因素，网站可以自己进行内部测试。比较好的软件网站有：www.interse.com、www.netgenesis.com 和 www.egsoftware.com。

3）网络广告效果测试面临的技术困难[①]

（1）超高速缓存（caching）。

超高速缓存是指将网页存在硬盘上以缩短下载时间。超高速缓存避免了每次提交申请同一网页时重复地下载。尽管这个处理过程使用户能更快地获取信息，但是这样使网站无法跟踪其网站的使用情况。

（2）代理服务器（proxy server）。

代理服务器是一家企业的防火墙通往外面世界的通道。代理服务器通常只有一个 IP 地址。因此，当该公司的数百台电脑从某一网站上获取信息的时候，网站的记录文件只能辨识出一个使用者（代理服务器）。

（3）机器人软件（robot）。

缓存和代理服务器会减少"提请"的真实次数，而机器人软件却能增加对网页的访问次数。机器人软件能够被设定成在一天之内向某一网站发出成千上万条请求，比如搜索引擎软件等。但是大部分的测试分析软件基本上都能辨认出这种测试的不正常结果。

（4）技术标准。

网络测试技术尚在发展过程当中，新的测试软件和评估体系不断涌现，但是缺乏一个统一标准。比如"impressions"，有人将其理解为"广告被看到的次数"，但是有人将其理解为"访问过网站的用户数量"，所以广告主很难对不同的产品进行价格、功能上的比较。

5.7　网络营销的方式

5.7.1　电子邮件营销

1）电子邮件营销的定义

电子邮件营销（e-mail marketing）是最传统的、最有效的网络营销方式之一。它是以电子邮件为主要工具，向用户传递价值信息的网络营销方式。电子邮件营销具有应用范围广、操作便捷、针对性强、节省成本等特点。同时电子邮件营销还可以起到与网络广告同样的作用，并且可以方便用户再次登录，有效地达到吸引用户浏览网站的目的，是一种较

---

① 马文良，等. 网络广告经营技巧［M］. 北京：中国国际广播出版社，2001.

为完善的营销模式。

2）电子邮件营销的使用要领

（1）邮件内容要引人入胜。

一封成功的邮件首先要有好的标题，邮件的标题应具备冲击力，并且能够反映出邮件的基本信息。个性化的标题同样也会提高用户点击的概率。邮件内容的设计对于邮件的阅读也是至关重要的。首先要注意版本的格式，一般的邮件系统都支持纯文本和 HTML 版本，而 HTML 版本将更加适合邮件的美化。此外，还应该注意控制邮件的大小，不要添加附件，以及注意统一字体等。

（2）为客户提供优惠，拉近与客户的距离。

企业可以向通过电子邮件获得信息进而购买产品的客户提供更多的优惠，以扩大电子邮件营销的效果。同时，当客户注册企业会员之后，企业应该立刻向客户发出感谢邮件，每逢企业开展活动之前，向客户发出专门的邮件，让客户觉得得到了企业的重视，从而拉近企业与客户的距离。

（3）努力使客户订阅电子邮件。

为了维持和扩大电子邮件营销的效果，企业要努力让客户订阅电子邮件或电子邮件型杂志。因此，需要寻找到一个突破口，告诉客户订阅的理由，同时，企业要通过策划更多活动来吸引更多的订阅量。此外，企业还可以通过病毒营销的方式来获得更多的注册用户。

（4）避免成为垃圾邮件。

为了避免被邮箱服务器当作垃圾邮件直接过滤掉，企业在进行电子邮件营销时应注意以下几点：①邮件标题中要避免出现敏感词汇。②每封信只发送一条，不要采用抄送或暗送的方式。③退订邮件的链接要醒目。④要及时地删除退订客户的邮件地址。⑤当客户订阅邮件之后，企业要对客户邮箱进行邮件订阅的再确认。

（5）选择适宜的时间发送邮件。

企业既要保证客户能够定期地收到邮件，又要防止客户产生厌烦情绪，因此，企业可以将邮件的发送直接进行列表管理，根据企业的性质和客户的特点来选择合适的时间和频率向客户发送邮件。当然最好要有固定的发送时间，这样便于客户接收和及时地阅读邮件。

5.7.2　网络新闻营销

1）网络新闻营销的定义

网络新闻是以网络为平台发布的新闻。网络信息传播速度快，不受时间和地点的限制，这使得传统新闻受到了前所未有的挑战。与传统新闻相比，网络新闻具有时效性强、形式多样、容量庞大、互动性强、容易存储等特点，因此受到了广大网友的青睐，越来越多的企业也对通过网络新闻进行推广产生了浓厚的兴趣。网络新闻营销对企业树立正面形象、建立良好口碑有着积极的作用，也是企业开展其他网络营销方式的基础。

2）网络新闻的传播方式

（1）网络资讯平台传播。

这种传播方式是指网络资讯平台与相关网站签订合约，由该类机构发布新闻稿件，这种新闻稿件会自动被录入相关签约网站的数据库，从而形成了批量发布的效果。这种传播方式的单次发布成本较低，但精准性较差，可控性比较弱。

（2）公关公司传播。

公关公司通过利用丰富的网络资源，并且依靠优秀的撰稿能力，能够较好地提炼网络事件的新闻点，同时有针对性地选择与新闻内容相关的网络媒体进行传播，提高网络新闻传播的效率。

（3）转载传播。

转载传播包括网络媒体转载传统媒体上发布的新闻和网络媒体之间的转载。转载传播可以扩大传播的范围和效应。

3）网络新闻营销的使用要领

（1）撰写精良的标题。

新闻最重要的就是要有一个醒目的标题，而在网络新闻中，标题的撰写更是显得尤其重要。好的标题会吸引、刺激、引导网友去点击阅读。网络新闻标题的撰写应直接点出新闻的事实或重要意义，从网友关心的问题出发，迎合社会热点，紧扣事件动态，长度适中，切勿过于花哨。

（2）突出新闻的要素。

网络用户通常会以浏览的方式打开网页，若是想让用户准确、快速地捕捉到新闻的核心信息，在撰写新闻的过程中就要做到语言简洁、表述清晰，同时要合理地排列新闻要素，将最重要的信息放置于新闻的开头，这样能够较快地吸引读者的眼球，确保新闻信息准确、无误地传播。

（3）选择恰当的传播方式。

网络用户每天都会面对来自互联网的大量信息，选择恰当的传播方式也是保证网络新闻有效传播的重要途径。首先要针对不同类型的新闻选择不同的投放地点，例如不能将科技类的文章投放到娱乐频道上；其次要把握合适的投放时间，注意受众群体的上网习惯以及新闻的时效性等；最后要控制新闻的投放数量，不是越多越好，而是要在一定数量的范围内发挥最大的传播功效。

5.7.3　论坛营销

1）论坛营销的定义

企业以网络论坛为平台，通过文字、图片、视频等方式发布和宣传企业产品及服务的信息，从而达到营销目的的手段被称为论坛营销。企业可以采用论坛营销的方式，在各大论坛上通过引人注目的标题和标新立异的内容吸引目标客户，从而促进交易的实现。论坛营销是一种最贴近网友的网络营销方式，具有投入少、见效快、互动性强、影响力大、针对性强等特点。

2）论坛营销的使用要领

（1）选择合适的论坛。

为了达到最佳的营销效果，企业要选择能够直接接触到目标群体的论坛进行营销。除此之外，还需要对论坛进行分析，努力发掘论坛的营销切入点，根据企业产品的特点和营销需求，选择适合的板块，并积极赢得论坛中"意见领袖"（opinion leader）的重视和认可，避免与这些人发生冲突。

（2）尽可能地多发热门帖子。

帖子是论坛的核心，热帖是帖子的核心，开展论坛营销就一定要多发热门帖子。要注意帖子的口吻，应以朋友的姿态达到沟通交流的目的，从而获得更多关注；要追求原创，只有原创才更有吸引力、更有价值；同时，要多结合当下社会现实生活中人们关注的热点时事，引起网友的普遍关注，从而收到更佳的营销效果。

（3）在论坛中要树立良好的口碑。

在论坛中发布帖子要在最短的时间内获得版主的支持和推荐，力争置顶。对于论坛中的帖子要时刻关注、积极回复，不回口水帖。帖子的发布应具有针对性，以趣味性的话题引起网友的注意，以准确的语言和负责的态度赢得网友的信任，从而树立良好的口碑。

（4）要对论坛中的帖子进行管理。

对已经发布的帖子进行有效的管理也是至关重要的，这事关论坛营销的成败。要阶段性地对论坛中的各项数据和指标进行统计分析，如论坛流量、删帖数量、新发帖数、回复数量以及相关的比重等。运用统计软件对这些数据进行分析，可以科学地指导企业更有效率、更有针对性地开展论坛营销。

5.7.4　搜索引擎营销

1）搜索引擎营销的定义

搜索引擎营销 SEM（search engine marketing）是指有效地利用搜索引擎来进行营销和推广的网络营销方法。一般来说，企业开展搜索引擎营销有两种途径：一是购买收费的搜索引擎广告（商业排序），如百度的竞价排名广告、谷歌的 AdWords 广告等；二是通过技术手段进行搜索引擎优化，让关键词通过自然搜索排到好的位置。搜索引擎营销的核心在于，通过搜索引擎让更多的人找到企业的网站，获得企业信息，进一步了解企业。

2）搜索引擎营销的使用要领

（1）企业要选择合适的搜索引擎。

不同的搜索引擎有着不同的排名算法，要选择合适的搜索引擎就要对搜索引擎的标准、特点和算法有着透彻的了解，并且根据企业自身特色，衡量所有引擎后再选择。

（2）企业应努力节省竞价排名的费用。

首先企业应进行有目的的广告投放，选择适当的区域进行推广的竞价排名，这样可以大大节省宣传成本。设定每日最高消费额及关键词的自动暂停搁置。合理地设置关键词，并且要使推广信息的标题、内容与关键词保持一致。在合理设定排名的同时，积极利用搜索引擎的其他方式进行辅助推广。

（3）规避恶意点击的风险。

在搜索引擎的排名中，越靠前越容易成为恶意点击的对象，因此不要片面地追逐排名，而要结合企业自身的特点，合理地选择排名位置。此外，尽量避开热门关键词同样是降低恶意点击风险的有效措施。同时，企业还应该针对产品的特点进行分区广告投放。

5.7.5　软文营销

1）软文营销的定义

软文营销是指以文章的形式，将需要表达的概念和理念从特定的角度用文字表达出来，并吸引消费者以及目标客户进入企业的消费圈的一种网络营销方式。一般通过采访、体验、交流等方式撰写软文，用文字展开心理攻势，从而扩大客户群体。软文营销不需要过多的技术支持，核心在于软文的质量和价值，具有低成本、高回报等特点，容易塑造诚信的形象和树立良好的口碑。

2）软文营销的使用要领

（1）保证文章内容的质量。

软文营销的目的在于用优秀的文章提高知名度，提高关键词的曝光率，最终将产品推销出去。因此，文章内容的质量便成为营销成败的关键。一篇广为流传的软文，其内容不仅要引人入胜，而且要带有鲜明的个性。在实施软文营销的同时，也要注重与搜索引擎营销等其他营销方式的联合使用，这样会提高关键词的曝光率，进而吸引潜在的客户群体。

（2）注意控制文章的长短。

软文营销不求量，但求质，忌讳长篇累牍。软文营销要以提高营销效率为前提，在最短的时间内，以尽可能简短的篇幅，向网络用户传递有效的信息，以达到营销推广的目的。过长的软文会使用户阅读的热情降低，影响宣传效果。

（3）谨慎把握文章的关键词。

在撰写软文的过程中要注重关键词的把握和运用，关键词要与文章内容、产品服务息息相关。一味地将缺乏联系的关键词进行堆砌，不仅会让读者产生反感，而且"关键词叠加"这种搜索作弊行为还会遭到搜索引擎的阻止和封杀，导致软文营销失效。

5.7.6　网络视频营销

1）网络视频营销的定义

网络视频营销是指通过数码技术，将产品的相关视频发布到网上来进行宣传和推广的网络营销方式。随着网络的普及，网络视频逐渐被网络用户所接受，并成为人们网上活动的重要组成部分，因此网络视频就成为越来越多的企业宣传产品和企业形象的一种重要营销手段。作为一种贴近网友的营销方式，网络视频营销具有成本低廉、操作简单、目标精确、互动性强、传播迅速、效果显著等特点。

2）网络视频营销的使用要领

（1）制作受欢迎的网络视频。

在网络高速发展的今天，网络视频的制作已经日趋平民化。拍摄视频首先要有好的创意，要注意视频的娱乐性、幽默性、猎奇性和互动性。在制作上要注重拍摄的效果、视频的格式、视频的大小，以及选择合适的视频编辑软件。

（2）开拓视频传播的渠道。

若要在大量的视频中脱颖而出获得网友的关注，增加点击量，除了精彩的内容和精良的制作以外，还应注重其他细节，如设计吸引人的缩略图、做好视频标签、管理账户、培养忠实观众等。此外，还可以为网友提供一些优惠和好处，让他们有利可图，这样才会使视频的传播范围得到扩大、传播速度得到提高。

（3）努力开展复合营销。

网络视频营销的开展往往与其他网络营销方式同时进行，以便收到更好的推广效果。企业可以在产品相关的论坛中建立账户，将视频代码发布到论坛中并及时管理。在推广视频的过程中，企业还可以借助社交媒体的力量，引发"意见领袖"或有影响力的博主的评论，从而扩大视频的影响力。利用社交媒体来推广网络视频是现阶段最为流行的营销模式，通过网络社交圈子，企业可以将视频迅速地推广出去。

5.7.7　SNS营销

1）SNS营销的定义

SNS是社会性网络服务（social networking services）的英文缩写，目前SNS日益成为互联网中最重要的应用之一，因此也就具备了营销价值。SNS营销就是通过社交网络宣传企业形象、进行产品推广的一种网络营销方式。SNS目前已经发展成为最受用户欢迎、覆盖范围最广的网络交际模式之一，因此SNS营销就具备了营销资源广泛、用户众多、互动性强等优势，具有远大的发展前景。SNS营销的实施通常伴随着软文营销、视频营销等其他营销方式，是一种复合型的营销手段。

SNS营销通过接触消费者、使消费者产生兴趣、消费者与企业互动、完成消费行为以及分享和传播这五个步骤来实施，通常包括制作显示广告、在游戏中植入广告、设计体验型广告和开展应用活动四种营销方式。

2）SNS营销的应用策略

（1）寻找产品的营销点。

社交网络一般通过把握目标群体共同的兴趣和爱好，使其聚集在一起，因此在社交网络中也会留下目标群体的需求和想法。企业可以通过这些需求以及目标群体的消费习惯和消费特点，结合自身产品定位，有目标地选择消费者感兴趣的信息进行推广和宣传。

（2）注重口碑，把握营销内容。

社交网络中最重要的应用和手段就是分享和推荐，可以潜移默化地影响消费者的购买行为。因此，这就对营销内容提出了较高的要求，只有使营销内容具有吸引力，让消费者主动地分享和推荐，才能达到良好的营销效果。

（3）重视互动，提高人气。

SNS网站具备了Web 2.0时代的互动特点，其表现出的强大参与特性有助于扩大营销的范围，提高营销的效果。企业应积极地向用户提供互动参与的信息，发起诸如赞助公益、打折优惠、开展比赛等活动，同时企业也可以在现实生活中开展与消费者的互动活动。

5.7.8　博客营销

1）博客营销的定义

博客是可以发表个人思想、观点，可互相浏览的网络日志。博客营销就是将博客与网络营销相结合，用博文进行网络营销的方式。博客营销是一种网络公关方式。博客营销通过原创的、专业化的软文推广企业的品牌和产品，在网络上建立访客的信任度，宣传企业品牌并树立正面形象。它具有零成本、内容丰富、机动灵活、亲和力强、可信度高等特点。

2）博客营销的使用要领

（1）建立知名的博客。

企业只有建立有一定知名度的博客，才能得到网友的关注。首先应将博客进行准确的定位，只有定位清晰并且针对专门的主题开设博客，才能逐步地形成一定影响力。其次要选择合适的博客名称，要突出自身主题，并朗朗上口。最后，博客的建立和维护是一个长期的过程，必须坚持经营，才能收到良好的营销效果。

（2）撰写精良的博文。

博客中文章的内容要原创，并且保持高度的新闻敏感度，与时事保持一定的相关度。注意博文的长度，切忌有错别字。坚决不做标题党，博客要有实实在在的内容，否则很快便会被大众遗忘。更新博客要选择恰当的时间，博客管理员通常会在上午10点左右选择当天推荐的文章，这个时间更新博客，被推荐的概率将大大增加。

（3）推广自己的博客。

博主应选择有效的方式对博客进行推广。例如，选择加入适当的圈子，努力争取博客推荐，多与博客管理员进行沟通、交流，认真对待每一条评论和留言等。

（4）利用博客进行口碑营销。

博客的口碑营销就是以自己博客所掌握的话语权为基础，对网络中的各种消费行为产生直接或间接的影响。在进行口碑营销的过程中，要避免参与到各个利益集团的口水战中；要切实了解产品的真实效用；坚持原则，严禁颠倒黑白、是非不分；适当地参与口碑营销，但不要过度，这样会有成为产品的广告站点之嫌。

5.7.9 微博营销

1）微博营销的定义

微博即微型博客，英文为micro blog。它允许用户借助手机、网页、即时通信（IM）等方式，将信息发布到网上，使用起来非常方便。用户可以发送微博信息供网友或粉丝浏览，同时也可以浏览其他人的微博信息。微博营销就是利用微博工具来进行营销推广的网络营销方式。由于微博具有发送便捷、传播迅速等特点，相应地，微博营销就具备了成本较低、操作方便、互动性强等特点。

2）微博营销与博客营销的区别

微博营销与博客营销存在着多方面的差异。首先，二者的区别表现在信息形式不同。博客营销主要以博文为基础，以个人观点为主要内容，博文独立成页，对文章的质量有着很高的要求；而微博内容精简，以发布状态和趣闻趣事为主要内容，无须过于系统和严谨。其次，二者信息传播的模式也存在差异。用户可以直接进入网站或通过RSS订阅浏览，或通过搜索引擎来持续地浏览博客；而微博的信息传播注重时效性，通过转发获得广泛的传播空间，但时间久了便无人问津了。最后，二者最大的区别在于核心不同。博客营销以博文为核心；而微博营销以信息发布者为核心，体现了人的核心地位。

3）微博营销的应用策略

（1）要不断增加粉丝数量。

企业要进行微博营销，首先要得到用户的广泛关注。这就需要企业尽可能地完善资料，并申请官方认证，提高微博信息的可信度；在微博中推广一些有意思、有价值的话题，吸引网友的兴趣，形成互动；同时，要扩大微博的影响力，不可避免地要先去关注他人，多多对他人的信息进行转发和评论。

（2）要及时进行监控。

微博营销可以通过对关键词的搜索来对话题进行关注，从而达到监控营销效果的目的。同时，企业也可以对自己发布的话题进行总结，及时了解评论数、转发数、关键词被提到的次数，从而对微博营销进行及时的调整和控制。

（3）要灵活运用微博的功能。

在微博中，两个"#"之间的文字可以表示话题内容，后面可以加入个人的观点，发布成功后，这条微博就会出现在相应的话题中。字符"@"后面接用户昵称，意思是"向某人说"或者是"提及某人"。熟练地使用这两个字符会使营销更加得心应手。此外，要注重私信的使用，当企业开展活动时，发私信的方式会让粉丝得到更多的尊重。

（4）要确保微博具有活力。

首先要保证信息的真实和透明，对于作出的承诺要向客户及时兑现，获得粉丝的信赖。在内容上，不能只发布产品信息、广告宣传或记流水账，这样的文字会显得苍白无力、没有特色。要注意话题的可读性、娱乐性和趣味性，确保微博具有一定的分享价值。

5.7.10　微信营销

1）微信营销的定义

微信是一款由腾讯公司出品的基于手机、平板电脑等移动终端的免费即时聊天软件，用户可以通过微信发送文字、语音、图像和视频等。微信营销是企业或个人在网络经济时代背景下，利用微信公众平台、朋友圈等各种功能进行宣传和推广，从而达到提高知名度、扩大用户群以及增加盈利等目的的新型营销方式。

2）微信营销的优势

（1）用户群体成熟，传播速度快。

微信的用户大多来源于已有的腾讯用户。微信还可以实现跨平台的好友添加，如可以通过访问手机通信录来添加已开通微信的朋友和家人。微信不同于其他社交平台之处就在于其建立的好友圈中均是已经认识的人，其建立起来的人际网络是一种熟人网络。微信的内部传播是一种基于熟人网络的小众传播，其信度和到达率是传统媒介无法达到的。

（2）内容丰富，分享方便。

微信作为移动互联网时代最优秀的产品之一，将移动互联网产品的优势发挥到了最大。通过微信，可以随时随地浏览资讯、传递消息，碎片化的时间得以充分利用。微信特有的对讲功能使社交不再限于文本传输，而是图片、文字、声音、视频的富媒体传播形式，更加便于分享用户的所见所闻。同时，用户除了使用聊天功能之外，还可以利用微信"朋友圈"，通过转载、转发及"@"功能将内容分享给好友。

（3）范围更广，效率更高。

微信公众平台于2012年8月18日正式上线，通过公众平台，企业或个人可以打造一个微信公众号，并实现和特定群体的文字、图片、语音的全方位沟通与互动。微信公众平台的传播方式是一对多，直接将消息推送到手机客户端。许多个人或企业微信公众号因其优质的推送内容而拥有数量庞大的粉丝群体，由于粉丝和用户对微信公众号高度认可，其借助微信公众号进行植入式的广告推广，不易引起用户的抵触，再加上高到达率和观看度，从而能收到十分理想的效果。

（4）位置服务，拓宽渠道。

LBS（location based services）即基于地理位置的服务，是指确定移动设备或用户所在的地理位置并提供与位置相关的各类信息服务。位置服务是移动互联网较之传统互联网的一大优势。微信的位置服务包括"查找附近的人""摇一摇"等，可轻易通过手机GPS服务获取用户的地理位置信息，用户在分享最新动态时勾选地理位置，好友便能看到其所在地，而地理位置是商家进行精准营销的重要信息。

3）微信营销的使用要领

（1）利用熟人推荐，做好口碑营销。

网络人际传播是一种有效的网络营销的新途径。由于微信朋友圈中大多是相识的人，用户在互动中更容易与对方建立起一种信任关系，用户在体验过企业的产品或服务之后可以对其进行评价，也可以通过微信强大的富媒体传送功能将信息分享给自己的好友，这种熟人推荐式的营销模式能够更好地保证信息的传递与阅读，促进用户进行消费。

（2）通过公众平台，精准直接传播。

用户通过关注微信公众号能够获得相关推送消息，同时也可以对企业公众号进行内容定制。企业在利用微信进行网络营销时，并不局限于开通企业公众号的形式，更可以与一些拥有大量粉丝的非商家公众号合作，通过植入式的营销达到产品推广的目的。由于用户对该公众号的信赖，这种植入式的营销更容易为用户所接受，对推送的产品产生好感，因此更易形成购买行为。[①]

（3）巧用位置服务，拓宽营销渠道。

微信聊天界面能很容易地将用户的地理位置发送出去，这一功能是企业进行精准营销的又一突破口。多数旅行网站、点评网站、酒店等都利用了微信的位置服务：用户通过发送自己当下的地理位置便可以获取附近的餐饮、交通、酒店的信息，还可以通过公众号平台或小程序来预订附近的酒店或宾馆。在获取用户位置之后，公众号也可据此对用户进行相关旅游信息的推送。微信的 LBS 平台实现了用户对信息的需求，也满足了商家促销的目的，这种双方互惠的营销模式不易导致用户对推送信息产生抵制情绪，接受度更高。

本章案例

星巴克《自然醒》

登录微信，添加"星巴克中国"为好友，即可与之展开一场内容丰富的互动对话。工作繁忙、身心疲惫，需要随时随地 Refresh 一下？

只需发送一个表情符号，星巴克就会即时回复你的心情，即刻享有星巴克《自然醒》音乐专辑，获得专为你精心挑选的曲目，感受自然醒的超能力，和星巴克一同点燃生活的热情，激发灵感。

具体实施过程

星巴克在实施过程中首先从全国的门店开始，让经常光顾星巴克的顾客先成为星巴克

---

① 程小永，李国建. 微信营销的 6 个经典案例 [EB/OL]. [2017-03-12]. http://www.qikan.com.cn/Article/xsgl/xsgl201307/xsgl20130733.html.

微信公众平台的粉丝，然后再利用活动等方式让粉丝将平台自主推荐给自己的朋友，这使星巴克微信公众平台的粉丝短时间内暴增。

星巴克针对目标人群的特点进行了细致入微的分析，同时对微信公众平台功能进行了充分开发，不仅摒弃了传统商业经营模式辐射面积小、用户参与度不高、受时间地点等制约的弊端，还具有了轻松时尚、趣味性强、商家与用户互动性强等优势，让用户能尽享商家带来的轻松惬意。

可以说，星巴克的这个案例将微信的及时性、个性化、互动性的优势充分发挥了出来。

分析与总结

星巴克依靠这个案例的完美执行，不仅将所有老客户牢牢地抓在自己的手中，也让穿梭于各种咖啡厅的客户更加信赖它，同时在推广方面也起到了事半功倍的效果，活跃的目标人群粉丝让星巴克的微信公众平台持续释放威力。

如果要说缺陷的话，恐怕就是功能太少了，毕竟星巴克在中国有千余家店，如果增加全国性和趣味性的功能（如天气预报、星座运势查询等）就更加完美了，粉丝的依赖度会更强。而且最好能设置星巴克微信个性化功能，这对品牌传播和建立粉丝依赖作用会更有效。

总的来说，星巴克无疑给所有连锁行业开了个好头。

连锁店最大的生存法则在于傻瓜式地执行、简单的选择和聚变性的模式，而星巴克的微信之道告诉所有连锁店企业，用微信可以轻易实现这些东西。连锁店只需要对目标人群进行深入的分析，然后进行功能化和内容化的开发并营销推广即可。

星巴克还有一套针对连锁行业的"微信连锁行业管理"一站式解决方案，将实现连锁店最精准化，将各个地方分店整合统筹管理，从而加大各个方面的执行力度，而这是在以往都不能实现的。

案例问题：

1. 请你为星巴克的微信营销提供更多的营销方案。

2. 星巴克利用微信营销的核心目的是什么？对于我国同类企业来说有无借鉴价值？

▌本章小结

首先，本章介绍了网络推广的方式与技巧，包括网店的装饰与美化技巧、网店建站初期的信用积累和网店主页的内容，以及平台网店的推广方式、自建网店的推广方式。平台网店主要可借助平台的高客流量进行平台广告推广，加大与其他平台商家的合作；而自建网店在搜索引擎优化的基础上，主要通过投入竞价排名和关键词广告，购买网站广告进行推广。其次，本章介绍了网络广告的发展历史以及我国网络广告的现状，对网络广告的尺寸和各种计费方法进行了详细的论述。再次，本章还对网络广告的特点、网络广告与传统广告的区别进行了阐述，介绍了网络广告各种分类和网络广告测评的方法。最后，本章介绍了常用的网络营销方式，包括电子邮件营销、网络新闻营销、论坛营销、搜索引擎营销、软文营销、网络视频营销、SNS营销、博客营销、微博营销及微信营销等。

▌复习思考题

1. 什么是交叉促销？交叉促销的优势有哪些？试列举开展交叉促销时的注意事项，并展开说明。

2. 网络平台网店在推广中主要采取哪几种方式？试以淘宝网为例说明。

3. 付费搜索引擎广告主要分为几种形式？试对百度营销进行简单论述。

4. 网络广告与传统广告最大的区别是什么？举例说明。

5. 网络广告能取代传统广告吗？两者之间有什么关系？

6. 运用一种测评软件对 log 文件进行分析，并写出分析报告。

7. 创建自己的签名。假设你有一个网上书店，创建一个具有个性化的签名，并且能体现你的特色。

8. 针对一款新推出的网络游戏，谈一谈你的营销策略。

▌本章网站资源

［1］百度营销 .http：//e.baidu.com.

［2］中国广告网 .http：//www.aadd.com.cn.

［3］中华广告网 .www.a.com.cn.

［4］动脑（营销创意杂志）.http：//www.brain.com.tw.

［5］中国广告协会 .http：//www.china-caa.org/.

［6］网络广告管理软件 CheckNetStats 下载 .https：//www.onlinedown.net/soft/96905.htm.

［7］网络广告管理软件 webtrends log analyzer 下载 .https：//mydown.yesky.com/pcsoft/5819.html.

［8］博客网 .www.bokee.com.

［9］IIS7.www.rssbandit.org.

第 6 章

网络创业的资金流管理与物流管理

6.1　小微企业的融资方式

　　网上创业者需要有灵活的融资和调配资金的能力，这是创业者必须具备的素质之一，因为资金是企业发展的推动力。如何筹措、使用、调节、盘活企业资金，使资金在市场经济中保值、增值、顺畅循环，并对其加强管理，已成为网上创业者面临的重要课题。企业的发展过程本身就是一次又一次融资、发展、再融资、再发展的过程。

　　常见的创业融资渠道主要包括以下两类：

6.1.1　向私人资本融资

　　创业企业在初期存在融资劣势，很难通过其他传统方式去筹集创业资金，因而可以选择向一些亲朋好友借款，也可以组成一个创业团队，按照出资比例分配相应的股权，解决创业启动资金的问题。这种创业资金来源的形式在创业早期是非常普遍的。创业是一件相当艰难的事情，创业团队是不稳定的，有很多因素如兴趣、企业管理理念等，使原始的创业团队成员逐渐退出团队，或者成员之间产生纠纷，或者在企业发展期间不断引入新的投资人，他们与原始股东可能会在观念或利益上产生冲突等。因而要在创业之初规划好股权结构和事件处理机制，免得以后遇到重大冲突时陷入僵局，影响企业的发展。

　　还有一种向私人资本进行融资的方式，就是天使投资。天使投资[①]（angel investment），是权益资本投资的一种形式，是指富有的个人出资协助具有专门技术或独特概念的原创项目或小型初创企业进行一次性的前期投资。天使投资是一种非组织化的创业投资形式，其特点是直接向企业进行权益投资。这种融资方式不仅可以提供资金支持，还提供专业知识和社会资源方面的支持，具有程序简单、短时期内资金就可到位的特点。

6.1.2　向金融机构资本融资

　　1）银行贷款

　　银行贷款的传统形式主要有抵押贷款、质押贷款、保证贷款三种。

　　（1）抵押贷款。

　　目前银行对外办理的许多个人贷款，只要抵押手续符合要求、借款人不违法，银行不会过问贷款用途。对于需要创业的人来说，可以灵活地将个人消费贷款用于创业。抵押贷款金额一般不超过抵押物评估价的70%，贷款最高限额为30万元。

---

　　①　参见百度百科天使投资，http：//baike.baidu.com。

（2）质押贷款。

近年来，银行为了营销贷款、提高效益，在考虑贷款风险的同时，对贷款质押物的要求不断放宽，除了存单可以质押外，以国库券、保险公司保单等凭证抵押也可以轻松地得到个人贷款。

（3）保证贷款。

如果创业者没有存单、国债，也没有保单，那么通过可靠担保也可以在银行等金融机构获得保证贷款。而且这种贷款不用办理抵押、评估等手续，当天即能获得批准，从而较快地获取创业资金。但需要注意的是，这种贷款方式对贷款期限有一定限制。

除了这些传统的银行融资业务外，个人生产经营贷款、个人创业贷款、个人助业贷款、个人小型设备贷款、个人周转性流动资金贷款、下岗失业人员小额担保贷款和个人临时贷款等新业务也比较适合创业者。

对于一个创业者来说，可以自由支配从银行贷出的资金，不用担心投资者掣肘。然而，银行毕竟是商业机构，发放贷款首先考虑的还是资金的安全性，出于贷款资金安全的考虑，贷款的门槛总是较高。而且银行贷款是有相应期限的，创业者需要认真考量其中的利弊，以免到期无法还款对企业的经营造成不必要的损失。另外，这种形式的融资也会产生银行贷款利息支出、担保公司的担保费用支出及其他费用支出，造成成本过高。

2）风险投资

（1）风险投资概述。

风险投资是指与技术创新相联系的高技术行业的创业投资。根据美国全美风险投资协会的定义，风险投资是指由职业金融家投入新兴的、迅速发展的、有巨大竞争潜力的企业中的一种权益资本。

传统的、严格意义上的风险投资具有如下特征：从风险投资家对风险企业进行投资的具体时期来看，它包括初期投资、扩张期投资和成熟期投资。从风险投资的业务程序看，投资过程分为筹资、投资和撤资三个阶段。从投资客体上看，它的投资对象通常只限于高科技企业，如软件开发企业、生物科技企业等。

在风险投资的过程中，除了要有风险投资资本外，还涉及风险企业、风险企业家和风险投资家这些必不可少的参与者。

从投资性质看，风险投资的方式有三种：一是直接投资，二是提供贷款或贷款担保，三是在提供一部分贷款或担保资金的同时投入一部分风险资本购买被投资企业的股权。但不管是哪种投资方式，风险投资人一般都附带提供增值服务。风险投资还有两种不同的进入方式。第一种是将风险资本分期分批投入被投资企业，这种情况比较常见，既可以降低投资风险，又有利于加速资金周转。第二种是一次性投入，这种方式不常见，一般风险资本家和天使投资人可能采取这种方式，他们在一次投入后，一般不愿提供后续资金支持。

风险企业是指从事高新技术创新活动的中小企业。这些新兴的高科技企业在创业初期可能只有一个点子（专有技术）或一项专利。它们可能获得巨大的成功，但也面临着失败的可能，而从事这类风险企业经营活动的企业家则被称为风险企业家。风险企业家通常具有强烈的市场竞争意识、风险意识以及创新精神。他们在经营风险企业的过程中，能不断地根据外部市场条件的变化，适时地进行调整和创新，并在创新中不断发展、壮大风险企业。

值得注意的是，风险企业家在发展初期通常所面临的最大困难就是资金短缺问题。他们没有厂房或设备可作抵押以获取银行贷款，更谈不上其他的融资手段。此时，对他们来说，风险投资家的风险投资资金的支持无异于雪中送炭。

风险投资家是具有丰富实践管理经验的专家型管理者。由于风险投资大多投向新兴的、有巨大发展潜力的中小企业，而这些企业又大多是计算机网络等领域的高科技企业，因此，风险投资家通常既要具有一定的技术背景，又要有较丰富的实践管理经验，否则，他们不可能对所投资的风险企业作出准确的评价，也很难得到自己所期望的投资回报率。

（2）风险投资的特点。

①风险投资中最重要的是融资。从某种意义上说，风险投资过程中最重要的也是最困难的不是投资而是融资。风险投资者首先要筹集一笔资金。风险投资所筹集资金的多少很大程度上取决于风险投资家个人的魅力。筹得资金后，风险投资家将其用以购买刚刚启动或已处于经营中的高科技企业的股份，在经营取得成功后，再将自己所拥有的股份出售。风险投资家的利润主要来自买卖差价。具体而言，在融资时，风险投资家购买的是资本，出售的则是自己的信誉和对未来收益的预期；在投资时，他们购买的是风险企业的股份，出售的是资本金；在退出时，他们出售风险企业的股份，得到丰厚的资金回报。

②风险投资公司的法律性质一般为合伙企业。风险投资公司大都不是上市的股份公司，而是私人合伙企业。风险投资公司的合伙人分为两大类：有限合伙人和普通合伙人。有限合伙人是风险投资公司的真正投资人，他们提供了风险投资公司的基本资金来源。有限合伙人包括养老基金、捐赠基金、大学的基金会、银行持股公司、富有的家庭和个人、保险公司、投资银行、非金融机构或公司、外国投资者。而风险投资家则是普通合伙人。普通合伙人是资金的实际经营管理者，他们筹集资金，筛选并决定投资对象，参与投资对象公司的经营管理，负责将所得利润在合伙人之间分配。他们掌握着风险投资，直接面对风险投资的成败。

一般情况下，有限合伙人的投资占风险投资资金总额的99%，构成风险投资公司的基本资金来源。而普通合伙人仅占1%，他们投入的主要是科技知识、管理经验、金融专长。

③风险投资的最终目的是退出。虽然风险投资在风险企业中占有相当一部分的股份，但他们投资的目的不是控股，而是退出，是带着丰厚利润和显赫功绩从风险企业退出。退出政策是风险投资公司投资战略中至关重要的一部分。

风险投资从风险企业退出通常有三种方式：公开上市、被其他企业收购、破产清算。其中，以公开上市为最优，破产清算为最差。能使风险企业达到公开上市发行是风险投资家的奋斗目标，但这种理想境地非常不容易实现。与公开发行相比，私人收购费用相对低廉，执行过程也较简单。这种方式虽对风险企业的市场价值评估低了一些，但风险投资家得到的是现金，而且退出后遗留问题较少。风险企业被收购后，风险投资公司可立即全部撤出，转向投资其他企业。因此，无论是有限合伙人还是普通合伙人，都比较喜欢私人收购方式。最后一种退出方式是破产清算。由于风险企业经营不善，风险投资失败，风险企业被迫破产，风险投资公司的投资遭受很大的损失。

（3）风险企业的特点。

① 风险较大。和一般企业不同，风险企业由于从事的是高新技术产品的研究和开发工作，因此它不可避免地存在失败的风险。此外，风险企业所面临的市场具有更加动荡、更加难以预测、竞争更加激烈的特点，风险企业的发展面临着许多不可测性。一般地，80%的风险企业都要面对失败的命运。在这种情况下，银行一般不愿意把资金贷给这些市场前景不明确，甚至是只有一些不成熟想法的企业。

② 规模较小。风险企业一般都是中小型高新技术企业。与大企业相比，中小企业具有更大的灵活性，它们可以很快地开发出新产品。但中小企业的规模小，很难获得银行的贷款，因而这些企业迫切需要风险投资资金的支持。

③ 风险企业通常拥有一批高素质的企业家。一个企业经营的好坏，在很大程度上取决于企业领导者水平的高低。由于前文所述高技术风险企业家所拥有的素质，因此在进行投资项目评估时，风险投资家们看重风险企业家的能力，相信风险企业能获得成功。

④ 风险企业成长快，获利丰厚。只要能开发出满足市场需求的产品，新产品就可以凭借其高品质、高技术价格比而迅速占领市场。因此，对于规模不大的高技术风险企业来说，它们在几年的时间里就能迅速发展成组织和管理十分成熟的大公司，并且能获得较高的投资回报率。

6.2 网店可选的支付方式

网上购物活动已呈现出较高的普及化与常态化趋势。网购支付方式的安全性和便利性依然是影响消费者进行网购的主要因素之一。因而，选择既安全又便捷的支付方式就成为网店创业者认真考虑的一个问题。现在比较成熟的 B2C 支付方式主要有第三方支付模式、网上银行支付、手机支付等。创业者可以根据自己网店的实际情况选择合适的支付方式。

6.2.1 第三方支付模式

所谓"第三方支付模式"，是指在从事电子商务的卖家与参与电子商务的买家之间，通过网上银行建立一个中立的支付平台，为买卖双方提供信用担保服务和网上购物资金划拨通道的电子支付模式。其成功解决了交易双方的信任问题，使消费者在电子商务交易过程中可以更加放心地完成电子商务支付环节。

电子商务交易中的买家通过第三方支付平台启动网上银行，输入自己的账号和密码，使自己的应付资金暂存于第三方支付平台的账户中，在确认货物安全无误地到达之后，再通知第三方支付平台将应付金额汇入卖家的网银账户中。与传统的网银支付相比，第三方支付平台在资金从买方流向卖方的过程中，承担了受双方信任的第三方的角色，确保了买卖双方的资金和货物安全，提高了电子商务交易的诚信度。

目前国内第三方支付平台比较有影响力的有支付宝、微信支付、财付通、银联在线、快钱、易宝、首信易等。数据显示[①]：截至2023年，支付宝的市场份额为43.8%，排在第二位的微信支付市场份额为41.2%，财付通、京东支付、联动优势、快钱、易宝、银联商务、苏宁支付则分列市场份额第3~9位。值得注意的是，支付宝占有的市场份额已经将近一半。

1）支付宝

支付宝出现于2003年10月，是国内首创的第三方担保在线支付模式。其业务开展之初主要是为解决淘宝网的支付诚信问题，其运作的实质是以支付宝为信用中介，在买家确认收到商品前，由支付宝替买卖双方暂时保管货款的一种增值服务。支付宝提供强大的担保功能，"全额赔付"策略保证交易双方的安全交易，降低了网上购物的感知风险。支付宝的业务板块较为全面，发展成熟，自2014年第二季度开始成为当前全球最大的移动支付厂商，2020年2月，尼泊尔央行向支付宝颁发牌照。截至2023年4月，支付宝全球用户规模达到14亿。

2）微信支付

微信支付是于2013年8月5日正式与财付通合作，由腾讯推出的第三方支付平台，致力于为用户和企业提供安全、便捷、专业的在线支付服务。以"微信支付，不止支付"为核心理念，为个人用户创造了多种便民服务和应用场景。微信支付为各类企业以及小微商户提供专业的收款、运营、资金结算解决方案，以及安全保障。用户可以使用微信支付来购物、就餐、旅游、就医、交水电费等。企业、商品、门店、用户通过微信联系在一起，让智慧生活变成了现实。

微信支付的特点在于其便捷性、快速性、安全性。用户可以通过微信App进行支付和转账，支持多种货币和多种支付场景，包括线上购物、线下消费、跨境支付等。同时，微信支付也提供了多种安全保障措施，如指纹、人脸识别等，保护用户的资金安全。

目前在中国，微信支付已经得到广泛应用，成为人们日常消费和交易的主要方式之一。

3）银联在线

银联在线是中国银联推出的互联网业务综合商务门户网站，致力于面向广大银联卡持

---

① 艾瑞咨询.艾瑞咨询2023年中国第三方支付行业研究报告［EB/OL］.［2023-04-02］. http：//www.iresearch.com.cn.

卡人提供"安全、便捷、高效"的互联网支付服务。银联在线依托具有中国自主知识产权、国内领先的银联 CUPSecure 互联网安全认证支付系统和银联 EBPP 互联网收单系统，构建了银联便民支付网上平台、银联理财平台、银联网上商城三大业务平台，为广大持卡人提供公共事业缴费、通信缴费充值、信用卡还款、跨行转账、账单支付、机票预订、基金理财和商城购物等全方位的互联网金融支付服务。在中国银联和相关合作方的努力下，建立了能够有效满足持卡人多元化支付需要的、渠道广泛的、内容丰富的银行卡便民支付服务平台。近 3 年来，银联在线支付凭借安全快捷的支付体验深受广大银联卡持卡人的青睐。目前，银联在线支付已接入银行超过 240 家，远远超过其他在线支付方式，是接入银行数量最多、覆盖范围最广、支付体验最为便捷的互联网支付品牌。

6.2.2　网上银行支付

网上银行支付是指电子商务商城利用各个商业银行在互联网上建立的网上银行和银行的支付网关，为顾客提供的完成电子商务交易支付环节的一种电子支付方式。在电子商务交易支付过程中，买家通过网上银行直接将货款支付到卖家的银行账户，卖家收到货款后随即发货给买家。与第三方支付平台方式相比，网上银行支付方式更加便捷、高效，成本更低。相对于买家而言，网上银行支付的方式对卖家更为有利。然而，电子商务是一种新型的交易方式，买卖双方不直接见面，网上银行支付又是在完全开放的互联网环境中进行的，是一种风险由消费者承担的支付方式。消费者对卖家诚信度的担忧，以及对网上银行账号、密码、资金安全的担忧，成为网上银行支付业务进一步发展的最大障碍。

6.2.3　手机支付

手机支付是一种基于移动设备（如智能手机、平板电脑等）和互联网技术的便捷支付方式。它通过在手机上安装特定的支付应用程序（比如支付宝、微信支付、Apple Pay 等）或使用内置的 NFC 技术，将付款信息传输给商家的收款终端，实现交易的支付。

手机支付的工作流程通常如下：

（1）下载支付应用：用户需要在手机上下载并安装特定的支付应用程序，如支付宝、微信支付等。一些手机也内置了钱包功能，可以直接使用。

（2）绑定支付方式：用户需要在支付应用中绑定自己的支付方式，如银行卡、信用卡或线上支付账户。

（3）发起支付：当用户需要支付时，可以打开支付应用，选择付款方式，输入支付金额，并确认支付。

（4）完成支付：通过扫描商家提供的二维码，或者使用手机上的 NFC 功能将手机靠近收款终端完成支付。

手机支付的优势包括：

（1）便利快捷：不需要携带现金或银行卡，只需携带手机即可完成支付。

（2）安全性高：通过多层加密和身份认证的方式，保护用户支付信息的安全。

（3）支付方式多样：手机支付支持多种支付方式，如扫码支付、NFC支付、指纹支付等。

（4）方便管理与记录：支付应用通常提供消费记录和交易详情，方便用户查看和管理支付记录。

需要注意的是，使用手机支付时，用户应保护好手机和支付账户的安全，对不明来源的应用程序保持警惕，避免密码泄露，以确保支付安全。

6.2.4　货到付款

快递公司将消费者网上购买的货物送到，同时消费者将货款直接交给送货员，再转到卖家账户，也就是由快递公司在送货的同时代收买家货款，之后再将其转到卖家账户里的网上购物付款模式。这种方式在电子商务兴起之初使用较多。

6.2.5　消费卡付款

消费卡付款模式是指在拍下商品后，选择消费卡付款，输入消费卡的账号和密码完成付款。以下以支付宝消费卡充值业务[①]的应用为例，介绍三种消费卡的使用。

1）话费充值卡

支付宝目前支持全国通用的神州行充值卡以及联通一卡充的30元、50元、100元、300元、500元五种面额的话费充值卡的充值业务。

2）百联OK卡

百联OK卡是百联集团线下购物商场出品的购物卡，是一种要求将持卡人资金转至卡内储存，交易时直接从卡内扣款的预付钱包式借记卡。

3）便利通卡

便利通卡是便利通电子商务有限公司发行的一系列购物卡和网上虚拟卡的总称，是根据持卡人的要求将其资金转至卡内储存，交易时直接从卡内扣款的预付钱包式借记卡。

6.3　网络创业中支付宝的使用方法

6.3.1　支付宝的注册

在使用支付宝之前，首先要注册支付宝。支付宝注册流程如下[②]：

---

① 详情请见支付宝网站帮助中心。
② 支付宝注册详情请见支付宝网站帮助中心。

（1）登录支付宝网站 https：//www.alipay.com，点击注册。

（2）选择个人账户（或者企业账户），选择使用手机号注册或邮箱注册，进入信息填写界面。填写手机号与验证码，勾选"同意支付宝服务协议"后点击"下一步"（邮箱注册需要通过注册邮箱进行激活）。

（3）设置个人身份信息，按照要求设置密码，填入姓名、身份证号等相关信息，然后点击确定。

（4）到达"设置支付方式"页面，输入绑定的银行卡卡号和手机号码，点击"同意协议并确定"。

在支付宝账户注册的过程中应注意以下两点：

（1）在支付宝账户注册的过程中，要认真填写注册信息，以免日后密码丢失，或者在需要核实个人信息时造成不必要的麻烦。

（2）支付密码与登录密码是两个不同的密码。登录密码是登录支付宝账户的密码；支付密码是使用支付宝实现资金流动的密码。

6.3.2　完善支付宝账户的安全策略

登录支付宝账户，进入支付宝安全策略中心[①]，用户可以学习防钓鱼、防诈骗知识，提高支付宝网络安全防范意识，了解支付宝公司提供的安全服务产品的信息，同时根据自己的安全需求选择适合的安全产品。

1）安全证书

安全证书是在进行网上交易时的身份证，或者说是私人钥匙。安全证书具有唯一性，与任何其他人的证书都不相同，甚至证书发放方都不会保存安全证书，所以需要证书持有者妥善保管。在进行交易时，交易指令都是通过安全证书高强度地加密，即使在网上被人窃取，也无法知道交易的具体内容。

针对用户的不同情况，支付宝公司提供了以下三种安全证书模式：

（1）数字证书。

支付宝早期采用了数字证书技术来确保支付过程的安全。数字证书采用了早期流行的 PKI 认证方式，可以有效解决身份认证问题。然而，数字证书也有缺陷：数字证书是以软件形式存在的，想在其他电脑使用需要备份，十分不方便。另外，其自身的保管也存在安全隐患，黑客可以使用木马程序盗取证书密码，然后从用户的计算机中获取和盗用数字证书。数字证书可以满足一般的、支付额度较小的网购买家支付安全的需求。

（2）支付盾。

支付盾也是支付宝早期推出的一种硬件安全设备。针对数字证书的安全缺陷，支付宝于 2007 年开始探索采用金融领域广泛使用的 USB Key 产品作为"支付盾"。将数字证书装

---

① 支付宝安全策略中心，http：//safe.alipay.com。

载到硬件设备里，数字证书及运算密钥存储在 USB Key 内，运算密钥是不可读取的，因此不必担心被黑客盗取的数字证书可以在任何电脑上进行操作，免除了数字证书的备份烦恼。对于交易额度比较大或交易频繁的用户来说，支付盾可以提供更加安全的防护。

（3）中国工商银行 U 盾（以下简称"工行 U 盾"）。

工行 U 盾，即中国工商银行于 2003 年推出并获得国家专利的客户证书 USB Key，是中国工商银行提供的办理网上银行业务的高级别安全工具。中国工商银行与支付宝开展合作，共同推出了数字证书共享项目。用户可以将工行 U 盾与支付宝账号绑定，利用 U 盾对登录支付宝的行为进行身份认证，必须插入工行 U 盾登录支付宝方可进行支付货款、提现、充值等操作。如果客户不使用工行 U 盾登录支付宝，则只能进行查询类操作。因此，支付宝客户在绑定了工行 U 盾后，即便不小心泄露了账号、密码，只要工行 U 盾在手，依然可以保证账户资金"安然无恙"。

2）安全保护问题

设置了安全保护问题后，用户在进行修改账户名、找回密码等操作时，既可以方便地通过回答问题来解决，又可以保证账户的安全。

3）实名认证

这是由支付宝提供的一项身份识别服务，一般有两种认证途径：银行卡认证和身份证认证，其中银行卡认证在起到"实名"作用的同时，也是用户提取现金的基础。通过支付宝实名认证后，相当于拥有了一张互联网身份证，提高了支付宝账户拥有者的信用度。

4）登录验证

支付宝要求用户使用账号密码进行登录，并支持多因素身份验证，如短信验证码、指纹识别、人脸识别等。

5）设备认证

支付宝会识别并记录用户常用设备的信息，当有异常设备登录时，会进行额外的验证，防止非法登录。

6）风险监测和反欺诈系统

支付宝建立了强大的风险监测和反欺诈系统，通过实时监控用户行为和交易模式，识别和阻止可疑的交易活动。

7）数据加密和安全传输

支付宝采用加密技术保护用户的交易数据，在数据传输过程中使用 SSL 协议进行加密，防止数据被窃取或篡改。

8）实时交易提醒和监控

支付宝会向用户发送实时交易提醒，用户可以随时监控自己的支付活动，及时发现异常交易。

9）假冒网站和钓鱼网站防御

支付宝通过标识验证和反钓鱼技术，防止用户被诱导到假冒的支付宝网站进行诈骗活动。

10）客户服务支持

支付宝提供24/7客户服务支持，用户可以随时获取帮助和报告安全问题。

11）宝令

宝令是支付宝和中国联通联合推出的一款采用动态密码的安全产品。屏幕上显示6位数字，在用余额、卡通、优惠等付款时需要输入，保护资金安全。动态密码每分钟更新一次。

12）手机动态口令

用户在申请手机动态口令服务后，在修改支付宝账户关键信息或交易时，如超过预设额度，将需要增加手机短信校验这一步骤。

13）密码安全控件

支付宝安全控件可对输入的密码进行加密保护。该控件下载安装后，才能登录支付宝账户，可以有效防止木马程序截取键盘记录。

6.3.3　支付宝的充值

支付宝的充值就是把银行卡上的钱或现金转到支付宝账户上的过程，成功后可以进行付款，以下重点介绍银行卡充值、支付宝转账充值、支付宝红包充值、支付宝余额宝自动转入以及支付宝花呗充值五种充值方式。

1）银行卡充值

用户可以通过绑定银行卡的方式，在支付宝账户中进行充值操作。具体操作流程为：进入支付宝首页，点击"余额"进入"我的钱包"页面，选择"充值"按钮，选择"银行卡充值"方式，输入充值金额和银行卡信息，即可完成充值。

2）支付宝转账充值

用户可以通过支付宝账户之间的转账方式进行充值。具体操作流程为：进入支付宝首页，点击"转账"按钮，选择"转账到支付宝账户"，输入充值金额和对方支付宝账户信息，即可完成充值。

3）支付宝红包充值

用户可以通过他人赠送的支付宝红包进行充值。具体操作流程为：进入支付宝首页，点击"红包"按钮，选择"收到的红包"，找到已收到的红包并点击"立即使用"，选择"充值到余额"即可完成充值。

4）支付宝余额宝自动转入

用户可以将支付宝余额自动转入余额宝进行理财，同时也可以随时从余额宝中转出到支付宝中并取现。具体操作流程为：进入支付宝首页，点击"余额宝"按钮，选择"自动转入"并设置转入金额和转入频率，即可完成从余额宝转入到支付宝的设置。

5）支付宝花呗充值

用户可以通过支付宝花呗进行充值，花呗是一种类似信用卡的消费信贷服务，用户可以选择花呗分期还款。具体操作流程为：进入支付宝首页，点击"余额"进入"我的钱包"页面，选择"充值"按钮，选择"花呗充值"方式，输入充值金额和花呗分期信息，即可完成充值。

6.3.4　支付宝的提现

支付宝的提现是将支付宝账户中的款项提取到和支付宝账户名一致的银行卡中的过程。支付宝内的账户余额既可以用来购物也可以用来提取现金，提现次数每天限3次。个人账户提现每次限额为50 000元。对于公司账户中无证书的客户，允许其每日提现累计最高20万元，单笔小于20万元；对于公司账户中有证书的客户，允许其每日提现累计最高100万元，单笔小于100万元。支付宝自2016年10月12日起对转账到银行卡和账户余额提现两项业务收费，具体规则如下：

个人用户：同一身份证下的多个实名账户终身共享2万元基础免费额度（含转账到银行卡、账户余额提现），超过额度后超出金额按照0.1%的比例收取服务费，最低0.1元/笔。

企业用户：不受此次收费政策影响，收费政策保持不变。

根据提现转账到账速度的不同，支付宝将提现分为两种方式：实时提现和普通提现。

1）实时提现

实时提现是指将支付宝账户中的资金提取到用户支付宝账户绑定的银行卡中，在银行端无异常的情况下，款项立刻到账，无须像普通提现一样等待。目前大多数银行卡支持实时提现功能。

实时提现的流程如下：

（1）登录支付宝账户，点击"提现"。

（2）按照流程提示，输入提现金额及支付宝账户支付密码即可提现成功。

2）普通提现

普通提现是指将支付宝账户中的资金提取到未与用户支付宝账户绑定的银行卡中。普通提现的具体流程如下：

（1）登录支付宝账户，点击"提现"。

（2）在"添加银行账户"页面，将银行账户信息填写完整，然后"保存账户"，提现银行账户必须与支付宝账户真实姓名一致。

（3）填写提现金额，然后点击"下一步"。

（4）确认提现银行卡信息和提现金额无误后，输入"支付密码"，点击"确定提现"。

提现申请成功提交后，根据提现银行不同，款项到账需要的时间也不相同。另外，注意核实提现的款项是否是充值进来的，因为充值的款项是不能用于提现的，只能进行原路退回，从哪张卡上支出就退回到哪张卡上，不能退到其他银行卡上。

6.3.5 支付宝的转账

支付宝账户的转账是指将资金从一个支付宝账户划转到另一个支付宝账户或银行卡的过程。通过支付宝转账可以实现"转账到支付宝账户""转账到银行卡""我要收款""AA收款"等功能。

1）转账到支付宝账户

转账到支付宝账户是基于用户对交易对方的信任，自愿付款给对方的行为。使用此项功能，可以把资金马上转账到对方的支付宝账户中，轻松实现转账付钱。转账到支付宝账户的付款方每天付款限额是：①手机支付宝（免费）产品额度为单笔20万元、单日20万元；②PC端（收费）产品额度为账户无证书的单笔2 000元、单日2 000元，若安装了证书，每天转账到支付宝账户的限额为单笔20 000元、单日20 000元。证书包括数字证书、支付盾、第三方证书、宝令、手机宝令（其中未实名认证的手机宝令用户限额为2 000元）。

转账到支付宝账户的流程如下：

（1）登录支付宝账户，点击"转账"，选择"转账到支付宝"。

（2）输入收款方E-mail、付款理由、付款金额，点击"下一步"。

（3）确认付款信息，选择付款方式——"电脑付款"或"手机付款"，点击"电脑付款""确认信息并付款"后选择支付方式——支付宝余额、储蓄卡网上银行或储蓄卡快捷支付（含卡通），完成付款；或点击"手机付款""确认并用手机付款"，打开手机版支付宝钱包，完成付款。

2）转账到银行卡

转账到银行卡是指通过支付宝，将用户支付宝账户中的可用余额、储蓄卡（网银、快捷、卡通）资金转入指定人的储蓄卡中。转账到银行卡收款的银行只支持个人类型的储蓄卡（不推荐使用存折），且银行卡状态处于正常（不能处于挂失、冻结、注销状态）。自2016年10月12日起转账到卡（包括本人和他人卡）收费规则如下：

（1）同一身份证下的多个支付宝实名账户终身共享20 000元基础免费额度（含转账到银行卡、账户余额提现），超过额度后，超出金额按照0.1%的比例收取服务费，最低0.1元/笔。

（2）非实名账户目前无基础免费额度，转账到卡金额按照0.1%收取服务费。

转账到银行卡的流程如下：

①登录支付宝账户，点击"转账"，选择"转账到银行卡"。

②点击"立即转账"，输入银行卡信息（银行卡卡号、银行卡开户名等），确保信息填写无误。

③选择付款方式——"电脑付款"或者"手机付款"（过程同上），完成转账。

3）我要收款

"我要收款"是收款人通过支付宝转账板块向他人收取款项的功能。用户发起"我要收款"后，系统会自动以邮件的方式通知买家付款，在买家付款成功后，款项会直接打入收款人支付宝账户中。

"我要收款"的收款限额为：电脑端：2 000 元/笔；无线端：向朋友收款，1 万元/笔；向非朋友收款，2 000 元/笔；签约大额转账的用户，单笔收款可达100 万元。

如果向非朋友收款，单账户单日收款次数上限为 10 次。向朋友收款无次数限制，但会占用向非朋友收款的次数。"我要收款"的流程如下：

（1）登录支付宝账户，点击"转账"，在左侧菜单中选择"我要收款"。

（2）点击立即使用，填写付款方支付宝账户。

（3）点击"确认信息并创建收款"，完成发起"我要收款"。

4）AA 收款

AA 收款是由收款方创建的即时到账交易。交易建立之后在对方账户将会显示一笔"等待买家付款"的即时到账交易，对方可以登录支付宝账户，进入"交易记录"中进行付款，付款成功后，收款方将会立即收到这笔交易资金。支付宝 App 操作 AA 收款账户需要实名制。

AA 收款的流程如下：

（1）登录支付宝账户，点击"转账"，在左侧菜单中选择"AA 收款"，点击"立即使用"。

（2）输入收款理由，添加 AA 收款成员，点击"发起收款"。

（3）点击"确认信息并创建收款"，完成发起 AA 收款。[①]

5）支付宝还款

信用卡网银以银行网银本身的支付额度为准。自 2019 年 3 月 26 日起，通过支付宝给信用卡还款收取服务费。具体来说，就是每个人每个月保留 2 000 元的免费还款额度，超出 2 000 元的部分将按照 0.1% 比例收取服务费，服务费不足 0.1 元的按照 0.1 元收取。

支持付款方式：网上银行、快捷支付（含卡通）、支付宝余额。

支付宝信用卡还款的出现，降低了信用卡还款的门槛，也代表了手机支付的普及。手机支付日益成熟，连接了整个个人金融体系，成为其枢纽。在未来，人们会更多地着眼于手机支付的安全性，而手机支付也将有更广阔的平台。

---

① 参考支付宝帮助中心，http://help.alipay.com/lab/index.htm。

6.4　网络创业中财付通的使用方法

财付通是由中国最早、最大的互联网即时通信软件开发商腾讯公司推出的专业在线支付平台。其核心业务是帮助在互联网上进行交易的双方完成支付和收款，致力于为互联网用户和企业提供安全、便捷、专业的在线支付服务。

6.4.1　财付通的注册

通过财付通进行买卖和交易首先要注册成为财付通用户。注册财付通有三种方式：QQ号码快速激活财付通、手机号码注册财付通、E-mail注册财付通。

1）QQ号码快速激活财付通

QQ号码快速激活财付通的流程如下：

（1）登录财付通首页（https：//www.tenpay.com），点击右侧登录栏下的"注册账号"。

（2）选择"QQ号码快速激活财付通"，点击"立即激活"。

（3）填写QQ号码以及QQ的登录密码，点击"登录"。

（4）填写并确认支付密码，填写密码保护问题及答案等密保信息。

（5）填写真实姓名及身份证号等个人信息，点击"确认激活"，完成财付通账号的激活。

2）手机号码注册财付通

手机号码注册财付通的流程如下：

（1）选择"手机号码注册财付通"，点击"立即注册"。

（2）填写"手机号码""验证码"，点击"下一步"。

（3）系统将发送一组6位数验证码到手机上，填写验证码；若因网络问题没有收到验证码，则点击"重新发送"。

（4）输入账户信息，填写并确认登录密码。

（5）填写并确认支付密码，填写密码保护问题及答案等密保信息。

（6）填写真实姓名及身份证号等个人信息，点击"确认激活"，完成财付通账号的激活。

3）E-mail注册财付通

E-mail注册财付通的流程如下：

（1）选择"E-mail注册财付通"，点击"立即注册"。

（2）填写账户信息，选择注册的邮箱，填写邮箱及密码。

（3）填写并确认支付密码，填写密码保护问题及答案等密保信息。

（4）填写真实姓名及身份证号等个人信息，输入"验证码"，点击"确认激活"，完成财付通账号的激活。

6.4.2 财付通的安全中心

为保证账户和资金的安全，财付通设定了一系列完善的安全策略，并统一集成在"安全中心"。财付通的安全中心设置了"安全检查""安全监控""资金保护""密码管理""账号保护"五个模块，涵盖了数字证书、系统通知、实名认证、财付盾等多项保护措施。

1）数字证书

数字证书相当于网上的身份证，它以数字签名的方式通过第三方权威认证有效地进行网上身份认证，帮助各个实体识别对方身份和表明自身的身份，具有真实性和防抵赖功能。与物理身份证不同的是，数字证书还具有安全、保密、防窜改的特性，可对网上传输的信息进行有效的保护和安全的传递。申请成为数字证书用户后，如果在其他电脑登录财付通账户，在没有安装数字证书的情况下，只能查询账户，不能进行其他涉及账户信息修改、资金变动的操作。所有的财付通用户都可以申请财付通数字证书。

2）系统通知

财付通的系统通知有三种途径：QQ、邮箱、手机。财付通账户的登录、注销以及账户中的每一笔资金变动，都会由财付通系统自动、即时地向用户的QQ、邮箱或手机发送消息，及时地通知客户，以便用户能最快地发现账户的异常，最大限度地保护账户的安全。

3）实名认证

"财付通实名认证"服务是由财付通深圳科技有限公司（腾讯旗下企业）提供的一项身份识别服务。财付通实名认证的同时核实会员身份信息和银行账户信息。通过了财付通实名认证后，相当于拥有了一张互联网身份证，可以在网上开店、出售商品，提升财付通账户拥有者的信用度。目前支持财付通实名认证的银行有中国工商银行、中国农业银行、招商银行、中国建设银行、中国银行、交通银行、浦发银行、民生银行、平安银行、中信银行、广发银行等。

4）财付盾

财付盾是财付通为了保护账户安全，推出的高级身份验证系统。它将数字证书存储在加密的硬件系统中，无须驱动，激活即可使用。财付盾的大小如同房间钥匙，形状和市面上的U盘相似，可以穿在钥匙环上随身携带。财付盾采用双因子认证方式进行网络身份鉴别，时刻保护资金及账户安全。所谓"Key+PIN码"的"双因子认证"是指将USB Key插入计算机且验证其PIN码后才能使用Key里的私钥进行签名。

6.4.3 财付通的充值

财付通的充值就是把银行卡上的钱或现金转到财付通账户上的过程，包括银行卡充值、手机卡充值、刷卡充值等多种充值方式。

1）银行卡充值

银行卡充值的流程如下：

（1）登录财付通账户，点击"充值"，选择"银行卡充值"。

（2）选择银行，选择"快捷支付"或"网上银行"，输入充值金额，点击"下一步"。

（3）利用"快捷支付"充值时无须登录网上银行，凭财付通支付密码和手机校验码即可完成付款。

（4）若选择"网上银行"充值，则点击所开通的网上银行，输入充值的金额，点击"登录到网上银行充值"，进入相应的网上银行进行转账充值，完成网上银行的充值流程。

2）手机卡充值

手机卡充值的流程如下：

（1）登录财付通账户，点击"充值"，选择"手机卡充值"。

（2）选择运营商（中国移动、中国联通或中国电信），选择面值（30元、50元、100元）。

（3）填写手机卡的序列号及密码，点击"充值"，完成财付通的充值。

3）刷卡充值

财付通的刷卡充值是一种全新的充值方式，无须网银，只需一个插入手机或平板电脑音频插口的刷卡器，再通过手机或平板电脑上的财富通客户端即可完成充值。其特点是安全快捷、不受地点的限制。

刷卡充值的流程如下：

（1）购买刷卡器。目前与财付通合作的是"乐刷"刷卡器，预付10元押金即可获得刷卡器。

（2）在拥有Android操作系统的手机或平板电脑中安装财付通客户端。

（3）将刷卡器插入手机或平板电脑的音频输出插口。

（4）在刷卡器上刷卡充值。

6.4.4　财付通的提现

财付通的提现就是将财付通内的钱转移到指定银行卡内。根据到账的时间长短不同，可将财付通的提现分为普通提现、快速提现和实时提现三种方式，其中普通提现1~3天内到账，快速提现2小时之内到账，实时提现实时到账。

1）普通提现

目前支持财付通普通提现的银行有中国工商银行、中国农业银行、招商银行、中国建设银行、中国银行、交通银行、广发银行、中国民生银行、平安银行、光大银行、兴业银行、中信银行、浦发银行、上海银行、宁波银行、华夏银行以及北京银行等。

普通提现的流程如下：

（1）进入财付通账户，点击"提现"，进入提现页面。

（2）选择"普通提现"，点击"添加提现银行卡"。

（3）选择银行，输入并确认银行卡卡号，填写支付密码，点击"确定"。

（4）填写"提现金额"，输入"支付密码"，点击"立即提现"。

2）快速提现

目前支持财付通快速提现的银行有中国工商银行、中国农业银行、招商银行、中国建设银行、中国银行及交通银行等。

快速提现的流程如下：

（1）进入财付通账户，点击"提现"，进入提现页面。

（2）选择"快速提现"，点击"添加提现银行卡"。

（3）选择银行，输入并确认银行卡卡号，填写支付密码，点击"确定"。

（4）填写"提现金额"，输入"支付密码"，点击"立即提现"。

3）实时提现

目前支持财付通实时提现的银行有招商银行、邮政储蓄银行、光大银行、渤海银行、广东农信银行、云南农信银行、广州银行、重庆农商银行、上海农业银行、广东南粤银行、包商银行、鄂尔多斯银行及晋中银行等。

实时提现的流程如下：

（1）进入财付通账户，点击"提现"，进入提现页面。

（2）选择"实时提现"，点击"立即开通"。

（3）根据网页提示完成开通过程。

（4）选择银行，输入并确认银行卡卡号，填写支付密码，点击"确定"。

（5）填写"提现金额"，输入"支付密码"，点击"立即提现"。

6.4.5　财付通的转账

财付通的转账方式与支付宝大致相同，可以向其他财付通账户或者银行卡内划转资金。进入财付通账户后，点击"转账"，选择"银行卡"或"财付通"，填写相关信息并确认无误后，点击"立即转账"，即完成财付通的转账。

6.5　电子商务物流概述

6.5.1　物流的概念

物流的概念是随着交易对象和交易环境的变化而发展的，它的最初含义来源于商品的营销。1915年阿奇·萧在《市场流通中的若干问题》一书中提出"物流是与创造需求不同的一个问题"，此时物流指的只是销售过程中的物流，即流通物流。

在第二次世界大战中，围绕战争供应，美国军队诞生了"后勤"（logistics）理论，并将其用于战争活动中。"后勤"是将战时物资生产、采购、运输、配给等活动作为一个整体进行统一布置，以求战略补给费用更低、速度更快、服务更好。后来"后勤"一词在企业中广泛应用，又有了商业后勤、流通后勤的提法，这时"后勤"包含了生产过程和流通过程中的物流，因而是一个范围更广泛的物流概念。

physical distribution作为物流概念在1915年被提出，经过70多年的时间才基本达成共识。现在，欧美国家把物流称作logistics多于physical distribution，这是因为物流概念包含了生产领域的原材料采购、生产过程中的物料搬运与厂内物流和流通过程中的物流，其外延更为广泛。

不过，目前国内外对物流的定义有很多，不同的学者、企业从不同的角度对物流进行了诠释，本书采用美国物流管理协会CLM（The Council of Logistics Management）在1998年对物流所做的定义：

物流是供应链过程的组成部分，是为满足客户需求而对商品、服务及相关信息从产地到消费地的高效、低成本流动和储存而进行的规划、实施和控制过程。

6.5.2　物流的特点

1）系统性

系统性是物流的最基本特点。物流学科产生的基础就是发现了各种物流环节之间存在着相互关联、相互制约的关系，证明它们是作为统一的有机整体的一部分而存在的。现代物流是置身于供应链之中的，供应链为物流活动提供了一个大的框架。供应链的含义是从采购开始，经过生产、分配、销售，最后到达用户，所有的行为均不是孤立的，而是一定流量环环相扣的"链"。物流活动是由这一供应链关系决定和制约的，因此物流管理就需要把许多分散的功能要素整合成一个能动的物流系统，必须有鲜明的系统观念和资源整合思想，只有这样才能把全部物流活动作为一个统一的过程来管理。

2）信息化

物流信息化是供应链的必然要求，为供应链沟通、决策提供依据。物流信息化表现为物流信息的商品化、物流信息收集的数据库化和代码化、物流信息处理的电子化和计算机化、物流信息传递的标准化和实时化、物流信息存储的数字化等。信息化是基础，没有物流的信息化，任何先进的技术设备都不可能应用于物流领域，而信息技术及计算机技术在物流中的应用将会对物流行业产生深远的影响。

3）自动化

自动化的基础是信息化，自动化的核心是机电一体化，自动化的外在表现是无人化，自动化的效果是省力化。物流自动化可以扩大物流作业能力、提高劳动生产率、减少物流作业的差错等。此外，物流自动化的进程中还要逐步实现物流智能化。为了提高物流现代化水平，物流的智能化已成为物流发展的一个新趋势。

4）网络化

物流领域网络化的基础也是信息化，这里指的网络化有两层含义：一是物流系统的信息网络化；二是组织、设施的网络化。物流的网络化是物流信息化的必然结果，是供应链物流活动的主要特征之一。Internet等全球网络资源的可用性及网络技术的普及为物流的网络化提供了良好的外部环境，物流网络化是大势所趋。

5）柔性化

柔性化本来是为实现"以顾客为中心"理念而在生产领域中提出的，但需要真正做到柔性化，即真正地能根据消费者需求的变化来灵活调节生产工艺，没有配套的柔性化的物流系统是不可能达到目的的。柔性化的实质是要将生产、流通进行集成，根据需求端的需求组织生产，灵活组织和实施物流作业，以适应生产、流通与消费的需求。

6.5.3　物流的主要作业活动

1）网络设计

物流领域的网络化既包括物流系统的信息网络化，也包括物流设施的网络化。信息系统在整个供应链中都发挥着重要的作用。物流信息系统设计就是要能使各个供应链企业进行有效的信息收集、分析和共享。物流设施网络的设计需要确定承担物流工作所需的各类设施的数量和地点，还必须确定每一种设施怎样进行库存作业和储备多少库存，以及安排在哪里对客户订货进行交付等。物流设施网络形成了一种进行有关物流作业的结构依据，因此在网络设计中还必须考虑运输能力、订货处理、维持库存及材料搬运等有关的具体工作。

2）订单处理

在许多供应链中，客户需求是以订单形式传递的，因此订单处理是物流活动中的一项主要作业活动。订单处理涉及从最初的接受订单到交付、开立票据以及通常的托收等有关管理客户需求的方方面面。从一般意义上讲，一个厂商的订单处理能力反映了其实际物流作业能力。

3）运输

在现代物流观念诞生之前，不少人将运输等同于物流，其原因是物流中很大一部分责任是由运输承担的，运输是物流的主要内容。按物流的概念，物流是"物"的物理性运动，这种运动不但改变了物的时间状态，也改变了物的空间状态。而运输承担了改变空间状态的主要任务，其是改变空间状态的主要手段，运输再配以搬运、配送等活动，就能圆满完成改变空间状态的全部任务。

4）储存

储存功能包括存放、保管、保养、维护等活动，是物流解决商品供给与需求之间的时间差异，创造"时间效用"的主要功能要素。由于设置仓储设施的出发点不尽相同，有些仓库是为便利商品流转设立的，有些仓库是为建立商品储备设立的。对储存活动的管理，要明确仓库以流通为主还是以储备为主，合理确定保管制度和流程，确定合理的库存数量，对库存物品采取区别管理方式，力求提高保管效率，降低损耗，加速物资和资金的周转。

5）装卸搬运

装卸搬运是对运输、保管、包装、流通加工等物流活动进行衔接，以及在保管等活动中为检验、维护、保养所进行的货物移动活动。在全部物流活动中，装卸活动是最频繁的，也是产品损坏的易发环节。

6）包装

包装包括在物流过程中对商品进行换装、分装、再包装等活动。物流企业通过对销售包装进行组合、拼配、加固，可以形成更适于物流配送的组合包装单元。对包装活动的管理，根据物流方式和销售要求来确定，要全面考虑包装对产品的保护作用、促销作用、提高装卸效率的作用、拆装的方便、包装费用的节省、废包装易于回收处理等因素。包装管理要根据整个物流过程的经济效果，具体决定包装材料、强度、尺寸及包装方式等。

7）流通加工

流通加工是流通过程中的辅助加工活动，物流企业为了弥补生产过程中加工程度的不足或市场不确定性的影响，更有效地满足用户需求，更好地衔接产需，往往需要进行一定的加工活动。流通加工的主要目的是方便生产或销售，如专业物流中心常与固定的制造商或分销商长期合作，为制造商或分销商完成一定的加工作业，比如贴商品标签、制作并粘贴条形码等。流通加工环节的地位和作用特殊，同时具有生产特征和流通特征，既可以看作流通过程中的生产活动，也可以看作生产过程中的流通活动，对衔接生产和流通具有重要意义。

8）配送

配送是以配货、送货形式完成商品物流服务，有利于社会经济资源的合理配置。配送活动不是一种运输形式，而是一种综合性商业服务方式，它集库存、集货、配货、分拣、装卸、搬运、运输等经营、服务活动于一身，是一种新型物流方式。

6.5.4 电子商务与物流的关系

1）物流是电子商务的组成部分

如前文所述，电子商务中的任何一笔交易都包含着三种基本的"流"，即信息流、资金流和物流。其中信息流和资金流可以在虚拟的空间中完成交易过程，即以信息化的方式完成交易意向的表示、确定交易契约和实现电子付款等，但是这个过程不能代替真正的商品交付或服务的提供。非电子化的商品和服务还需要物流体系的支持。在电子商务环境下，商品流通呈现出高频度、小批量的特点，为了实现上、下游企业间商品的快速配送或服务，需要建立一个比较完善的，包括运输、仓储、包装、搬运等实体过程在内的物流网络，以确保电子商务交易过程中所需的商品流通。因此，物流是电子商务的重要组成部分。

2）电子商务提供了新的物流手段和工具

电子商务信息化、虚拟性等特点对物流提出了新的要求，传统物流模式势必要向电子商务下新的模式转化。这种模式即电子物流模式，具体表现为物流信息的商品化、物流信息收集的数据库化和代码化、物流信息处理的电子化和计算机化、物流信息传递的标准化和实时化、物流信息存储的数字化等。因此，条形码（bar code）、数据库（database）、电子订货系统（electronic ordering system，EOS）、有效的客户反应（effective customer response，ECR）、企业资源计划（enterprise resource plannig，ERP）等电子商务条件下所应用的观念与技术在物流中将会得到普遍的应用，成为物流管理现代化的基础。电子商务活动中的信息技术在物流中的应用已经开始影响物流管理过程。

6.6　电子商务环境下的物流配送

6.6.1　物流配送是电子商务的重要依托

物流是随着社会经济生活的发展而发展的，新的社会发展阶段会对物流提出新的要求，而人类已经迈进电子商务时代，其对物流提出的要求是前所未有的。它需要一个高效、合理、畅通的物流系统，具体体现在快捷、廉价上。电子商务的特点和价值很大程度上体现为快捷性，如果电子商务的其他环节都能在瞬间完成，货品的配送时限却达不到用户的要求，那么电子商务的价值就无从体现，即没有良好的物流做保证，没有配送这个出口，电子商务就无法最终完成。

6.6.2　电子商务下的物流配送

1）配送的概念

从物流来讲，配送几乎包括了所有的物流功能要素，是物流的一个缩影或在某一小范围中物流全部活动的体现。一般的配送集装卸、包装、保管、分拣、配货、运输于一身，其中分拣、配货是配送的独特要求，也是配送中有特点的活动。正是通过这一系列活动实现了货物的送达目的。除此之外，特殊的配送则还要以加工活动为支撑，所以包括的方面更广。电子商务关注的是配送的实施形态，从这个角度来看，配送可以表述为：按用户订货要求，在配送中心或其他物流节点进行货物配备，并以最合理的方式送交用户。

2）配送的环节

（1）备货。

备货是配送的准备工作或基础工作，备货工作包括筹集货源、订货或购货、集货、进货及相关的质量检查、结算、交接等。配送的优势之一就是可以集中用户的需求进行一定规模的备货。备货是决定配送成败的初期工作，如果备货成本太高，就会大大降低配送的效益。

（2）储存。

配送中的储存有储备及暂存两种形态。配送储备是按一定时期的配送经营要求，形成的对配送的资源保证。这种类型的储备数量较大，储备结构也较完善，视货源及到货情况，可以有计划地确定周转储备及保险储备结构及数量。配送的储备保证有时通过在配送中心附近单独设库解决。

配送暂存是在具体执行日配送时，按分拣配货要求，在理货场地所做的少量储存准备。由于总体储存效益取决于储存总量，所以这部分暂存数量只会对工作方便与否造成影响，而不会影响储存的总效益，因而在数量上控制得并不严格。还有另一种形式的暂存，即分拣、配货之后，形成的发送货载的暂存，这个暂存主要是调节配货与送货的节奏，暂存时间不长。

（3）分拣及配货。

分拣及配货是配送不同于其他物流形式的有特点的功能要素，也是影响配送成败的一项重要工作。分拣及配货是完善送货、支持送货的准备工作，是不同配送企业在送货时进行竞争和提高自身经济效益的必然延伸，所以也可以说是送货向高级形式发展的必然要求。有了分拣及配货，就会大大提高送货服务水平，所以分拣及配货是决定整个配送系统水平的关键要素。

（4）配装。

在单个用户配送数量不能达到车辆的有效载运负荷时，就存在如何集中不同用户的配送货物进行搭配装载以充分利用运能、运力的问题，这就需要配装。和一般送货不同，通过配装送货可以大大提高送货水平并降低送货成本，所以配装也是配送系统中有现代特点的功能要素，是现代配送与传统配送的重要区别之处。

（5）配送运输。

配送运输属于运输中的末端运输、支线运输，其与一般运输形态的主要区别在于：配送运输是距离较短、规模较小、额度较高的运输形式，一般使用汽车作为运输工具。与干线运输的另一个区别是，配送运输的路线选择问题是一般干线运输所没有的，干线运输的干线是唯一的运输线，而配送运输由于配送用户多，城市交通路线一般又较复杂，所以如何组合成最佳路线、如何使配装和路线有效搭配等，是配送运输应考虑的问题，也是难度较大的工作。

（6）送达服务。

配好的货运输到用户附近还不算配送工作完结，这是因为货物送达和用户接货之间往往还会出现不协调，使配送前功尽弃。因此，要圆满地实现货物的移交，并有效地、方便地处理相关手续并完成结算，还应讲究卸货地点、卸货方式等。送达服务也是配送独具的特点。

（7）配送加工。

在配送中，配送加工这一功能要素不具有普遍性，但往往是具有重要作用的功能要素。其主要原因是通过配送加工，可以大大提高用户的满意度。它一般只取决于用户的要求，加工的目的较为单一。

3）电子商务环境下配送的运行特征

与传统配送相比，电子商务环境下的配送是信息化、现代化和社会化的配送方式，它是指物流配送企业采用网络化的计算机技术和现代化的硬件设备、软件系统及先进的管理手段，按客户的要求进行的一系列编配、整理、分工和配货等工作。除具备传统的配送特征外，电子商务环境下物流配送还具有以下运行特征：

（1）配送流程实时控制。

电子商务对企业的生产流程、营销模式产生了巨大的冲击，也使供应链从推式流程转变为拉式流程成为可能。拉式流程由市场需求启动，要求企业在极短的时间内对市场需求作出反应。新型的物流配送业务流程都由网络系统连接，当系统的任何一个末端收到需求信息时，该系统都可以在极短的时间内作出反应，并可以拟订详细的配送计划，通知各环节开始工作。在工作过程中，系统还可以实时监控，对运作流程进行协调和修正，客户也可以随时了解配送进程并据此安排自己的工作。

（2）配送过程简化。

物流在网络管理下持续时间会大大缩短。在传统的物流管理中，由于信息交流的限制，完成一个配送过程的时间比较长，但这个时间随着网络系统的介入会变得越来越短，任何一个有关配送的信息和资源都会通过网络管理在几秒钟内传到有关环节。网络系统的介入简化了物流的过程，在网络支持下的成组技术可以在网络环境下更加淋漓尽致地被使用，物流周期会缩短，其组织方式也会发生变化，计算机系统管理可以使整个物流管理过程变得简单和容易。

（3）配送反应速度快。

电子商务改变了企业的计划、采购、定价及内部运作模式，同时顾客消费需求层次不断升级，而且需求的多样性和个性化越来越突出，开始要求能够在适当的时间、适当的地点，以最低的价格和最快的速度获得合适的产品，这些都使市场的复杂性和不确定性大大增加。企业要想在竞争中取胜，就必须具有对市场环境作出快速反应的能力。相应地，物流配送也要具有快速反应的能力，可以重新设计适合电子商务环境的流通渠道，以此来减少物流环节，简化物流过程，从而提高物流反应能力。

（4）配送对象多品种、小批量。

在电子商务时代，消费者对产品的需求越来越多元化，原来少品种、大批量的生产方式转向以客户为中心的多品种、小批量的生产方式，这就要求物流配送也要根据消费需求，灵活组织和实施物流作业。

（5）配送服务延伸。

电子商务物流配送的发展趋势是专业化的第三方配送，要求服务商能够提供增值服务，而增值服务本身就意味着对基本服务的延伸。物流服务可以延伸到市场调查与预测、采购及订单处理、物流咨询、物流方案的选择与规划、库存控制决策建议、货款回收与结算、教育与培训、物流系统设计等。例如，在结算方面，物流服务商可以替货主向收货人结算货款等；在需求预测方面，物流服务商可以根据物流中心商品进货、出货信息来预测未来一段时间内的商品进出库情况，进而预测市场对商品的需求，从而指导订货。

6.6.3　配送中心

物流是一项复杂的系统工程，其理想状态就是建立全方位、多功能的社会配送中心，通过全社会的供应网络、先进的管理方法，实现配送的高效率、低成本。

1）配送中心的概念

配送中心是以组织配送性销售或供应，执行实物配送为主要职能的流通型节点。在配送中心，要进行零星集货、批量进货等种种资源收集，以及对货物的分整、配备等工作。配送中心往往还具有较强的流通加工能力。此外，配送中心还必须完成货物配备后送达到户的使命。由此可见，配送中心的功能较全面，具有配与送的更高水平，实际上是集货中心、分货中心、加工中心功能的综合体。概括地说，配送中心是指从事货物配备（集货、加工、分货、拣选、配货）和组织对用户进行送货，以高水平实现销售或供应的现代流通设施。

2）配送中心的形式

物流配送业从诞生至今获得了飞速的发展，由于环境和需求不同，形成了多种形态的配送中心，归纳起来大致有以下6类：

（1）专业配送中心。

"专业"大体上有两个含义：一是配送对象、配送技术属于某一专业范畴，综合这一专业的多种物资进行配送，如多数制造业的销售配送中心；二是以配送为专业化职能，基本不从事经营的服务型配送中心。

（2）柔性配送中心。

这种配送中心不固定于某一专业化方向，对用户的要求有很强的适应性，也无固定的供需关系，其不断发展配送用户和改变配送用户。

（3）销售配送中心。

它是指以销售经营为目的，以配送为手段的配送中心。其具体包括：生产企业为了将自身产品直接销售给消费者而建立的配送中心；流通企业作为本身经营的一种方式，为扩大销售而建立的配送中心；流通企业和生产企业联合的协作型配送中心。

（4）城市配送中心。

它是指以城市为配送范围的配送中心，采用汽车进行配送，可直接送达最终用户。这种配送中心往往和零售经营相结合，由于运距短、反应能力强，因而从事多品种、少批量、多用户的配送较有优势。

（5）区域配送中心。

它是指以较强的辐射能力和库存准备，向省（州）际、全国乃至国际范围的用户配送的配送中心。这种配送中心配送规模较大、用户较多，配送批量也较大；而且，往往配送给下一级的城市配送中心，也配送给营业所、商店、批发商和企业用户，虽然也从事零星的配送，但不是其主体形式。

（6）加工配送中心。

它是指将运抵的货物经过流通加工后再运送到用户或使用地点的配送中心。这类配送中心需要对原料、材料、产品等进行流通加工，一般配有专用设备和生产设施，物流过程中的加工特点是将加工对象的仓储、加工、运输、配送等形成连贯的一体化作业。

3）新型物流配送中心

在电子商务环境下物流出现的新的特点，要求建立相应的新型配送中心予以支持。其至少应该具备以下条件：

（1）科学化的管理模式。

新型物流配送中心是一种全新的流通模式和运作结构，其管理水平要求达到科学化和现代化。通过合理的科学管理制度、现代化的管理方法和手段，物流配送中心可以充分发挥其基本功能，从而保障相关企业和用户整体效益的实现。管理科学的发展为流通管理的现代化、科学化提供了条件，促进了流通产业的有序发展。此外，也要加强对市场的监管和调控力度，使之有序化和规范化。总之，新型物流配送中心的根本出路在于加快科技进步，一切以市场为导向，以管理为保障，以服务为中心。

（2）合理化的人员配置。

新型物流配送中心科学管理归根到底要靠人去实现，因此配送中心能否充分发挥其各项功能，完成其应承担的任务，人才配置是关键。合理的人才配置要求必须配备数量合理、具有一定专业知识和较强组织能力、结构合理的决策人员、管理人员、技术人员和操作人员，以确保新型物流配送中心的高效运转。在人才培养方面，要加大投入，培养和引进大批掌握先进科技知识的人才，并给予其能够施展才华的机会；还应对现有员工进行有计划的定期培训，形成系统学习科技知识的制度；还要在企业里引入竞争机制，优胜劣汰。要提高员工的科技创新意识，培养企业对知识的吸纳能力，促进物流产业的人力资源开发和利用，造就大批符合知识经济时代要求的物流配送人才，利用各种先进的科学技术和科学方法，促进物流配送产业向知识密集型方向发展。

（3）现代化的装备配置。

在电子商务时代，市场瞬息万变，新型物流配送中心面对着成千上万的供应商和消费者，承担着众多用户的商品配送和及时满足他们不同需要的任务，这就要求配送中心必须配备现代化装备和信息管理系统，尤其是要重视计算机网络的运用。计算机网络可以实现信息的收集、分析和比较，并通过科学的决策模型，迅速作出正确的决策；同时采用现代化的配送设施和配送网络，逐渐形成社会化大流通的格局。专业化的生产和流通，对物流手段的现代化提出了更高的要求，如对自动分拣输送系统、立体仓库、自动导向系统、商品条码分类系统、悬挂式输送机这些新型、高效、大规模的物流配送机械系统有着广泛且迫切的需求。只有这些现代化的设备才能适应市场需求，提供更加完善的服务，以满足多用户、多品种、小批量、高频度、准确、迅速、灵活的服务要求。

6.6.4 信息技术在物流中的应用

正如前文所述，电子商务时代要想提供最佳服务，物流系统必须要有现代化的装备配置及信息系统。电子商务的发展，尤其是信息技术的进步也给物流技术带来了新的变化。目前，信息技术在物流中的主要应用有：

1）条形码技术

条形码（bar code）技术是在计算机的应用实践中产生和发展起来的一种自动识别技术，也是目前国际上供应链物流管理中普遍采用的一种技术手段。它是为实现对信息的自动扫描而设计的，可以实现快速、准确且可靠地采集数据。条形码技术的应用解决了数据录入和数据采集的"瓶颈"问题，为电子商务环境下的物流管理提供了有力的技术支持。

条形码是承载标识信息的一个载体，其承载的信息是随物品一起流动的，这个信息可以在任何一个点上进行采集，信息采集到之后，还可以在供应链上上下流动，因此它为各贸易环节提供了通用语言，也为EDI和电子商务奠定了基础。物流条形码标准化在推动各行业信息化进程和供应链管理中起到不可估量的作用。

2）射频识别技术

射频识别（radio frequency，RF）技术是将非接触特性应用到普通IC卡上，利用射频方式进行非接触双向通信，以达到识别目的并交换数据。与条形码技术相比，其优点在于非接触、不需要光学可视、信息可以更改及完成识别工作时无须人工干预等，非常适于实现自动化作业。除此之外，射频识别技术还具有可识别高速运动物体、同时识别多个射频卡及可读写等诸多优点，可以轻松满足信息流量不断增大和信息处理速度不断提高的需求。

目前，射频技术主要应用于物料跟踪、运载工具和货架识别等要求非接触数据采集和交换的场合，由于射频标签具有可读写能力，在需要频繁改变数据内容的场合尤为适用。

3）地理信息系统

地理信息系统（geographical information system，GIS）是多种学科交叉的产物，它以

地理空间数据为基础，采用地理模型分析方法，实时提供多种空间和动态的地理信息，是一种为地理研究和地理决策服务的计算机技术系统。其基本功能是将表格型数据（无论它来自数据库、电子表格文件还是直接在程序中输入）转换为地理图形显示，然后对显示结果进行操作和分析。其显示范围可以从洲际地图到非常详细的街区地图。

物流企业可以利用GIS基于属性数据和图形数据的结合对分区进行科学、规范的管理，并且可以优化车辆与人员的调度，最大限度地利用人力、物力资源，使货物配送达到最优化。物流中的许多重要决策问题，如配送中心的选址、货物组配方案、运输的最佳路径、最优库存控制等方面的问题，都可以得到更好解决。

4）全球定位系统

全球定位系统（global positioning system，GPS）是美国自20世纪70年代开始研制，历时20年，耗资200亿美元，于1994年全面建成，具有海、陆、空全方位实时三维导航与定位能力的新一代卫星导航与定位系统。GPS是由24颗高度为2万千米的卫星组成，它们在6个不同的轨道上运行，可提供全球范围从地面到9 000千米高空之间任一载体的高精度的三维位置、三维速度和精确的时间信息。安装在车辆上的车载单元只要能收到来自3颗卫星的定位信号，就可确定出该辆车的经、纬度位置和时间信息。GPS以其全球性、实时性、全天候、连续、快速、高精度的车辆动态定位功能给物流运输企业带来了一场革命。

GPS主要应用于运输工具自动定位及跟踪调度。比如，利用GPS的计算机管理信息系统，可以通过GPS和计算机网络实时收集全路汽车所运货物的动态信息，实现汽车、货物追踪管理，并及时地进行汽车的调度管理；在铁路运输方面，通过GPS和计算机网络实时收集全路列车、机车、集装箱及所运货物的动态信息，实现列车及货物的追踪管理。只要知道货车的车种、车型和车号，就可以立即从近10万千米的铁路网上流动着的几十万辆货车中找到该货车，还能得知这辆货车现在在何处运行或停在何处，以及所有车载货物的发货信息。

电子商务技术的飞速发展，不仅给物流发展带来了新的机遇，也使物流具备了信息化、网络化、智能化、柔性化等一系列新特点。这些特点要求物流向系统化、社会化和高效化的方向发展，因此传统的物流技术只有与现代的信息技术紧密结合，才能发挥更大的作用，电子商务物流才能得到有效的发展。

6.7　第三方物流

6.7.1　第三方物流是配送的首选

通过上一节的学习，我们已经知道，电子商务的瓶颈是配送，因此究竟是选择自营还是外购第三方物流，就成了从事电子商务业务的企业们必须面对的一个问题。事实证明，采用第三方物流能给企业带来许多自营物流无法比拟的优势，所以其理所当然成为配送的首选。企业将自己的物流业务外包给运行良好的第三方物流公司，可以获得如下优势：

1）获得规模经济效益

第三方物流公司拥有强大的运输购买力和货物配载能力，可以从运输公司或者其他物流服务商那里得到比其客户更为低廉的作业报价。如可以从运输商那里大批量购买运输能力，然后集中配载很多客户的货物，这就大幅度降低了单位运输成本。

2）拥有第三方灵活性

把物流业务外包给第三方物流公司的企业只需要向第三方支付服务费用，而不需要自己购买维持物流的基础设施来满足物流需求，这样可以使企业的固定成本转化为可变成本，并且获得企业运营的灵活性，包括地理范围跨度的灵活性（设点及撤销）及根据环境变化进行其他调整的灵活性。例如，业务量呈现季节性变化的公司不必在旺季聘用更多的物流人员。

3）获取作业利益

企业可以获得因作业改进而产生的利益，如自己组织物流活动所不能提供的服务或物流服务所需要的生产要素，实现物流作业机械化和现代化；还可以改善企业内部管理的运作表现，提高作业灵活性，如统一加工后，实行套裁的方法，边角余料都能利用起来。

4）拥有外部网络和信息技术

通过物流外包，制造企业可以集中资源在公司的核心业务上，有助于企业的发展。而通过专业化的积累，第三方物流公司已经开发了信息网络和分销网络并且拥有了针对不同物流市场的专业知识和相关信息，企业如果想要拓展国际市场或其他地区市场来寻求发展，可以借助这些网络进入新的市场。

6.7.2　第三方物流概述

1）第三方物流的概念

第三方物流（third-party logistics，简称 3PL 或 TPL）一词于 20 世纪 80 年代中后期开始盛行，当时它是对物流环节的要素进行外包的一个主要考虑方面。近年来，随着现代企业生产经营方式的变革和市场外部条件的变化，第三方物流这种物流形态开始引起人们的重视，其思想逐渐被人们所接受，成为流通领域的一个热点话题。目前，对于第三方物流的理解并不一致，存在着多种解释。

从字面上看，第三方物流是指由物流服务供需双方之外的专业企业，来承担企业物流活动的一种物流形态。但在实践中，国际上也将以营业性货运为基础发展起来的后勤保障、货运配载、仓库出租、仓储配送、包装流通加工等行业概括为改造传统产业的经营理念、服务项目、经营方式等的一种新兴市场力量——第三方物流。基于此，可以将第三方物流表述为：利用现代技术基础、经济关系和管理手段，为用户或最终消费者提供全部或部分物流服务的外部组织，其服务内容包括物流战略和（或）物流系统规划、设计、运营及管理等活动过程。

2）第三方物流的角色定位

第三方物流市场具有潜力大、渐进性和高增长率的特征，这使得第三方物流业拥有大量的服务提供者。从目前国内实际情况来看，大多数第三方物流服务公司是以传统的"类物流"业（如仓储业、运输业等）为起点而发展起来的，它们所提供的服务内容也大都集中于传统意义上的运输、仓储范畴之内，但这并不意味着第三方物流等同于运输业、仓储业。第三方物流与这些"类物流"有着本质的区别，具体表现在以下几个方面：

（1）与客户企业具有长期、稳定的合作关系。

第三方物流与客户企业不是单纯的承托关系，也不是偶然、临时的业务关系，而是根据合同条款建立起来的长期、稳定的合作关系。

（2）服务具有明显的刚性和柔性。

所谓刚性，是指按照适当的时间（right time）和适当的条件（right condition），以适当的价格（right price）把适当数量（right quantity）的适当产品（right products）送到适当的地方（right place），并能提供适当的信息（right information），即"7RS"的要求为客户企业提供优质的第三方物流服务。所谓柔性，指的是第三方物流活动必须和客户企业生产或销售节拍保持同步，即必须具有高度的实时性、动态性和灵活性；而单纯的运输、仓储所提供的服务显然不可能有如此高的标准。

（3）服务多元化、深层次。

从物流服务的深度和广度来看，第三方物流已渗透到客户企业的生产或销售领域，成为客户企业生产或销售活动在流通领域中的延续。同时，第三方物流具有物流系统设计及开发、电子数据交换、货物运输、运输代理、仓储、咨询、运费谈判或支付等多种功能。

（4）提供积极主动服务。

第三方物流提供的是一种积极、主动的服务，它不仅努力做好已有的各服务项目，而且积极、主动地为客户企业提供物流系统设计、物流系统优化等相关服务，实际上，第三方物流与客户之间的关系已成为一种"共生、共栖"关系。

通过以上分析，我们应该对第三方物流有一个明确的定位。第三方物流提供者是一个为外部客户管理、控制和提供物流服务作业的公司或企业，其并不在供应链中占有一席之地，自始至终对货物没有所有权，仅仅作为第三方，但通过提供一整套物流活动来服务于供应链。第三方物流服务的用户与提供者之间的战略联盟、物流伙伴关系均要求彼此公开更多的信息，打破传统的业务关系束缚，从"基于交易"的业务关系向更为一体的、长期的"伙伴关系"转变。这种业务关系带给双方的明显利益表现在系统的可靠性提高、客户服务的改善以及更有效率的成本业绩上。

需要指出的是，目前对物流的探讨仍在不断深入，有不少学者提出了所谓的"第四方物流"和"第五方物流"。事实上，所谓的第一方物流是指由销售方（供应商）组织的物流；第二方物流是指由采购方（分销商）组织的物流；第三方物流是针对第一方物流和第二方物流而言的。因此，本书认为对客户而言，所谓的第四方物流和第五方物流都只是在第三方物流基础上的一种演绎，只要非第一方物流、第二方物流，均属于第三方物流。

3）第三方物流的特征

电子商务的发展给全球物流业带来了新的变化，也使第三方物流呈现出以下新的特征：

（1）信息化。

电子商务时代的第三方物流是以信息技术为基础的，信息技术实现了数据的快速、准确传递，提高了仓库管理、装卸运输、采购、订货、配送、发运、订单处理的自动化水平，使订货、保管、运输、流通和加工实现了一体化。

（2）合同化。

在电子商务环境下，物流配送呈现出多批次、小批量的特点，这就对物流服务的稳定性提出了更高的要求。第三方物流可以很好地适应这种特点，能够根据合同条款长期（不是临时需要）提供多功能甚至全方位的物流服务，以保证企业对其客户的服务。一般而言，第三方物流能提供仓库管理、运输管理、订单处理、产品回收、搬运装卸、物流信息系统、产品安装装配、运送、报关、运输谈判等多种物流服务。

（3）个性化。

物流服务需求方的业务流程各不一样，对物流的需求也是多种多样的。比如，客户所订设备的不同组件是在不同国家制造的，第三方物流要使所有组件按进度完工，并运抵总组装厂进行拆包检查，总组装后再包装运到消费地。对于这么复杂的工作，缺乏个性化的物流服务是不可能顺利完成的。所以，第三方物流不是单纯地提供部分固定的服务项目，而是按照客户的业务流程来定制"个性化"服务。

（4）联盟化。

第三方物流的联盟化体现在两个方面：一个是功能联盟；另一个是战略联盟。

功能联盟是指第三方物流企业之间的业务联盟关系。不同的物流企业的核心竞争力不同，对非核心业务多是采取对外委托的方式，由更专业的公司去完成。正因如此，第三方物流企业之间彼此的依赖性增强，这就要求各方能相互信任、优势互补、利益共享，从而达到比单独从事物流活动所能取得的效果更好的目的。

战略联盟是指第三方物流企业与其客户之间的关系。第三方物流企业不是单纯的代理公司，而是客户的战略同盟者。第三方物流服务的利润不是来自运费、仓储费用等直接收入，也不是以客户的成本性支出为代价，而是来源于与客户一起在物流领域创造的新价值。所以，其经营效益直接同客户的物流效率紧密联系在一起，这就使第三方物流企业能够站在货主的立场上来设计物流系统运营的目标，并通过提供增值物流服务来促进客户物流效率的提高。

6.7.3 第三方物流运作模式

第三方物流运作并没有统一的标准和固定的模式，不同的企业完全可以根据自身的特点进行优化组合，最大限度地发挥自身的资源优势，设计出自己的第三方物流服务产品。我们主要介绍三种第三方物流运作模式：

1）以综合物流代理为主的第三方物流运作模式

从事综合物流代理业务的主要思路为：不进行大的固定资产投入，低成本经营；将主要的成本部门及生产部门的大部分工作委托他人处理，注重建立自己的销售队伍和管理网络；实行特许代理制，将协作单位纳入自己的经营轨道；公司经营的核心能力就是综合物流代理业务的销售、采购、协调管理和组织设计的方法与经验，并且注重业务流程创新和组织机制创新，建立和完善物流网络，分级管理，操作和行销分开；开发建设物流管理信息系统，应用物流信息技术，对货物实施动态跟踪和信息自动处理，使公司的经营不断产生新的增长点。采用这种模式的物流企业应该具有很强的实力，同时拥有发达的网络体系，从而为客户提供全方位的服务。

2）以提供物流增值服务为目标的第三方物流运作模式

作为一种战略概念，物流也是一种产品，而且是可以增值的产品。管理不仅仅可以降低总成本，更重要的是通过提供增值服务来实现增值以保持竞争优势。增值服务是向客户提供的超出基本服务水平的额外服务，如流通加工、流通再包装等。第三方物流企业提供这些量身定做的服务能够很好地创造客户价值，有力地支持客户的市场营销战略，使客户把主要的精力投入核心业务中。同时，物流企业可以利用专业化、差别化的服务提供者来承担这些增值服务。专业化的服务提供者能够实现作业的高效率，又能够实现规模经济，使增值服务的成本较为低廉。这样，物流企业就可以以低廉的成本满足客户较高的期望，从而实现增值。

3）以"一对一"物流服务为目标的第三方物流运作的模式

物流服务需求方的业务流程各不一样，对物流的需求也是多种多样的，所以第三方物流不是单纯地提供部分固定的服务项目，而是利用信息将其咨询能力与客户的实际需求相结合，从而创造出新的价值。这种运作模式需要真正领会客户的生产意图，针对客户供应链的各环节，紧密配合客户生产的需求，以提高客户效率、降低物流费用及提高客户整体效益和竞争力为目的，拟订一个整体性的、"一对一"的解决方案，并以此整合所有的业务。

6.7.4 第三方物流的整合策略

1）第三方物流的整合思路

对于第三方物流企业而言，整合的目标有两个：一个是通过纵向整合增强物流服务的一体化能力；另一个是通过横向整合实现规模扩张和网络化运营。无论是纵向整合还是横向整合，就整合方法来讲，有以产权的转移为标志的购并型紧密整合，也有以业务和市场为纽带的虚拟型松散整合。因此，根据整合是横向还是纵向，整合手段是紧密还是松散，可以将整合方法分为以下四类：纵向紧密整合、纵向松散整合、横向紧密整合和横向松散整合。

2）第三方物流的整合策略

（1）纵向紧密整合策略。

根据各项作业活动的复杂程度和技术含量的不同，可以将整个物流行业搭建成一个金字塔，从图6-1中不难看出，在塔式结构中，从最底层到塔尖，涉及的作业活动有：以运输、仓储为主的专业化功能、综合物流服务、供应链管理及供应链规划等。第三方物流公司属于综合物流服务商，其纵向紧密整合就是以产权的转移为标志的并购，从而实现功能整合，包括上行整合和下行整合。

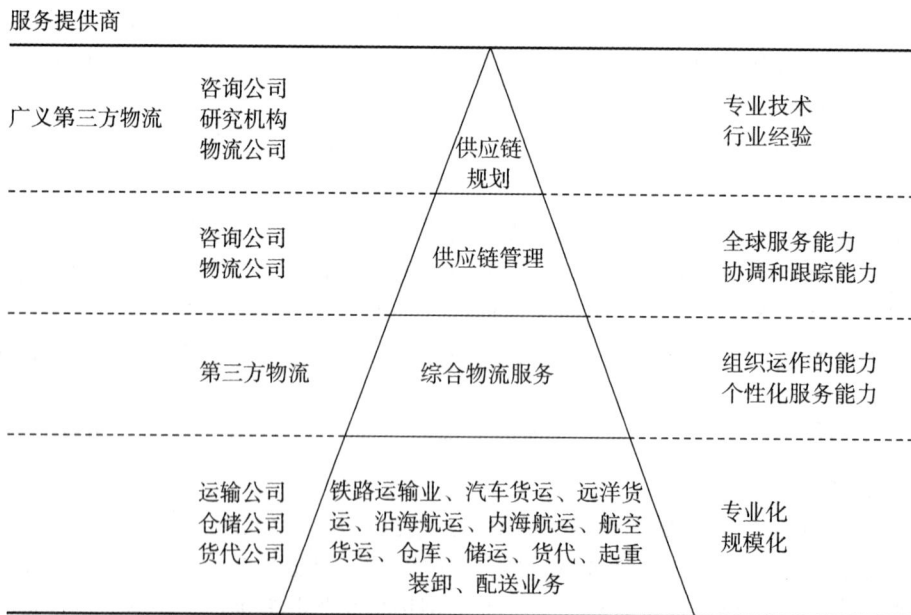

图6-1 物流行业的分层经营模型

①上行整合。上行整合就是第三方物流公司业务向供应链管理以及供应链规划整合。

在经营过程中，如果第三方物流公司发现现阶段作业操作层面无法使公司的潜力得以充分发挥，而且利润很薄，就可以考虑采用纵向上行紧密整合策略，通过兼并一些以物流管理和技术咨询服务为核心的经营主体，实现业务由操作层面上移到管理和规划层面。

在国外，大型的物流公司一般都同时具备咨询规划和管理运作的能力，而我国由于物流发展的时间较短，物流企业还不具备囊括这两个经营层面的能力。因此，通过实施兼并策略来提高第三方物流公司的管理水平和技术含量，应该是一个可行的选择。不过国内的上端物流企业还比较少，而且其工作的实用性还有待证明，所以第三方物流公司在采用这一策略时应该考虑到这一点。

②下行整合。下行整合就是向专业化作业整合。现阶段市场对纯粹管理型的物流公司不是非常认同，公司要想发展壮大，必须通过实体经营。这时候，第三方物流公司就可以考虑采用纵向下行紧密整合策略，通过收购等手段取得物流资源，实现业务由管理层面下移到操作层面。

在我国，这类整合是未来物流市场主流的整合形式，具备良好的市场前景。因为管理型公司掌握先进的物流理念和管理手段，并有良好的市场营销队伍和较多的客户资源，但由于不占有运作资源，所以在物流市场还不规范的情况下，能否保证服务质量是个问题。传统的货运、仓储企业尽管掌握大量的运作资源，但由于观念、技术和管理落后，营销能力不强，只能在低层市场上拼价格，经营非常困难。二者的结合带有很强的互补性，因而可行性比较强。

需要指出的是，有种观点认为，第三方物流公司下行整合没有必要，因为国外物流业的发展趋势是第三方物流公司不掌握物流资源。事实上，我国物流的经营环境与国外不尽相同，在西方，第三方物流是在低层的物流市场已经比较规范的情况下发展起来的，许多第三方物流公司还脱胎于大型的、实力雄厚的传统物流企业，如 UPS、FedEx 都有自己的第三方物流公司。因此，西方的第三方物流公司可以不拥有自有资产而借助较规范的低层社会化物流资源或母公司的物流资源完成业务操作。而我国物流低层市场的不规范性，决定了第三方物流企业有时不得不通过建立自己的物流服务体系来提高服务质量，创立品牌。

（2）纵向松散整合策略。

纵向紧密整合策略往往要求企业具有很强的资金实力，当第三方物流企业存在这方面的障碍而又希望实现整合时，便可考虑松散策略。与纵向紧密整合策略一样，纵向松散整合策略也要实现操作层面的上移或下移，但实现手段不同，它并不兼并或收购任何公司，而是以共同开发市场或业务层面协作来实现。

① 共同开发市场。所谓共同开发市场，是一种捆绑销售的概念。对客户而言，其往往希望为自己服务的服务商能够解决自己物流领域的一切问题，即提供"一站式"服务，因此无论是第三方物流公司还是其上、下端企业在销售时，如果客户有需求，都可以将对方作为整体解决方案的一部分推出。例如，第三方物流公司在进行物流服务方案推广时，

可以同时强调自己在网络规划等方面的优势；而以咨询公司角色出现的上端企业，在推广自己咨询方案的同时也提供管理、运作方案。同样地，物流作业公司在展示自己作业能力时，也可以提供管理、运作方案。

② 业务层面协作。业务层面的协作分为两类：第一类是在双方开展业务时，可以利用对方的资源完善自身的服务。如第三方物流公司可以通过上端咨询企业取得更加专业的管理和运作方案，也可以同运输、仓储企业保持密切的合作关系；而上端咨询企业和下端的类物流公司在开展咨询项目时，同样可以利用第三方物流公司成功的管理和运作经验。第二类是双方的业务可以明确分离出属于对方业务范围的，由对方负责完成业务。例如，第三方物流公司获得了网络规划或物流设施规划业务就需要由上端企业完成，而具体的物流活动则外包给物流公司去做；反过来，上、下端企业获得的管理和运作层面的业务，则由第三方物流公司完成。

在我国，由于物流发展的时间较短，物流企业还不具备兼容这两个经营层面的能力，因此通过实施松散整合策略提高第三方物流公司服务的档次，应该是一个可行的选择。不过相对于第一类整合，松散整合风险虽然要小一些，但市场影响力也比较小，而且在业务合作过程中，需要注意双方的利益均衡问题。

（3）横向紧密整合策略。

与纵向的功能性整合不同，横向整合是与自己同质的第三方物流企业进行整合。可以说，横向整合是外延式的发展策略，其关注的目标是规模的扩张（同地同质企业整合）和网络的发展（异地同质企业购并整合）。横向紧密整合分为购并紧密整合和联盟紧密整合两种。

① 购并紧密整合。横向购并多发生在不同经营层面上的第三方物流公司之间，可以形成能力上的互补，合并后的企业的垄断力量也会增加，达到规模效应。从国际范围来看，这种兼并比较多，不过在我国并不多见。但从市场竞争的情况来看，大多数第三方物流公司很难依靠自身的实力完成现代物流的信息化、网络化和规模化，兼并重组、优势互补，将是未来几年第三方物流公司不得不面对的选择。

② 联盟紧密整合。与横向购并不同，横向联盟多发生在地域互补的第三方物流公司之间，整合后可以拓展各自的物流服务网络。不过，关于第三方物流公司的横向紧密联盟，在我国还没有很成功的案例，具体的模式也有待进一步探索。

（4）横向松散整合策略。

第三方物流公司实现横向紧密联盟并非易事，但可以通过公共信息平台建立松散的物流联盟，以拓展各自的物流服务网络。在实践中，业界已经做了很多探索，也取得了一些成绩，但由于我国物流市场还处于初级阶段，物流企业之间的服务标准、操作规范等还很难统一起来，单纯依靠信息平台建立联盟还有其脆弱性。

以上提出的四种整合策略为未来市场最重要的整合方式，第三方物流公司在发展过程中可以根据需要，选用符合自己需求和特点的整合模式。需要指出的是，这些整合模式之间并不矛盾，可以组合使用，只要符合自己的特点，可以不拘泥于单一的形式。

6.8 网络创业者的物流选择

网络创业者可以选择的物流配送方式主要包括平邮、快递两种。随着社会的发展和时代的变革，平邮方式由于速度慢、取货不便等缺点慢慢被商家和消费者抛弃，快递是现今物流配送的主要方式。根据快递公司的性质，其可以划分为国有快递公司和私营快递公司，分别如 EMS 和顺丰速运；而私营快递公司又分为直营快递公司和加盟快递公司等。本书针对不同的类型选择部分物流公司进行介绍。

6.8.1 国有快递公司

1）中国邮政速递物流公司

中国邮政速递物流公司是中国邮政集团公司直属全资公司，主要经营国际、国内特快专递业务，是中国速递服务的最早供应商、中国速递行业的最大运营商之一。特快专递业务覆盖国内所有市县，甚至延伸至亚洲地区。

EMS（express mail service），即邮政特快专递服务。它是在万国邮联管理下的国际邮件快递服务，是中国邮政提供的一种快递服务。它以高速度和高质量为用户传递国际及国内的紧急信函、文件资料、金融票据、商品货样等各类文件资料和物品。

EMS 的优点是：速度快、可以上网查询、送货上门、物品安全有保障。缺点是：收费较贵；部分地区邮局工作人员派送物件前不先通过电话联系收件人，有可能导致收件人不在指定地点，而耽误物件的接收时间。

2）中铁快运股份有限公司

中铁快运股份有限公司（以下简称"中铁快运"，CRE）是隶属于中国铁路总公司的大型国有专业运输企业，在国家市场监督管理总局注册，注册资金为 26.93 亿元。公司业务遍及全国。中铁快运作为铁路大型专业运输公司，是快运物流业领先企业、高新技术企业和全国物流百强企业，管理和经营全国铁路行李车、快运货物专列、公路汽运配送等。

中铁快运提供的快递服务有：

（1）时限快运包裹。

时限快运是指根据客户需求，将当日承运的快运包裹，在当日指定的车次装运，并按照向客户承诺的交付日期（时间）交付。根据客户的不同需求，时限快运可分为次日达和隔日达。

（2）普通快运包裹。

这是根据客户需求，将承运的包裹，利用客车行李车、货物班列、公路干线车和航空方式进行运输，采用标准定价、标准操作流程，各环节均以最快速度进行承运、中转和配送，并对客户进行相对准确时限承诺的快运产品。

（3）合同物流。

这是指客户与中铁快运签订长期合同，约定服务范围、服务价格、运到时限、信息对接、货物追踪、费用支付等各项服务协议。基本服务范围包括全国任何城市间的货物快运业务、区域级和城市级的仓储配送业务等。增值服务范围包括货物的再包装、代验收、签单返回、代收货款等。

（4）货物快运。

中铁快运利用铁路快运货物班列资源，提供货物快运产品，覆盖全国30余个城市，主要向企业客户和第三方物流公司提供大运量的城市间的快速运输服务，具有安全、准时、经济、快捷的优势。

（5）普包代理。

普包代理包括行李和包裹两种办理方式。

行李的范围：行李是指旅客自用的被褥、衣服、个人阅读的书籍、残疾人车和其他旅行必需品。行李中不得夹带货币、证券、珍贵文物、金银珠宝、档案材料等贵重物品和国家禁止、限制运输物品、危险品。行李每件的最大重量为50千克。体积以适于装入行李车为限，但不得小于0.01立方米。

包裹的范围：包裹是指适合在旅客列车行李车内运输的小件货物。包裹每件体积、重量与行李相同。单件重量超过50千克，视为超重包裹。

（6）高铁快递。

当日达：提供城市间当日收取当日送达的门到门快递服务。

次晨达：提供城市间当日收取次日上午送达的门到门快递服务。

次日达：提供城市间当日收取次日送达的门到门快递服务。

经济快递：为满足客户非限时性需求，提供约2~4日送达（不含寄送当天）的门到门快递服务。

同城快递：为客户提供取派件均在同一城市的门到门快递服务。

3）民航快递

民航快递有限责任公司成立于1996年，是中国航空集团旗下的综合物流公司及相关业务服务提供商。自2001年起，民航快递一直以ISO 9000质量体系为标准，坚持以市场为导向，以时效产品为龙头，以现代计算机信息管理为手段，始终致力于行业物流解决方案的研发与推广，为高端快递客户提供全国物流解决方案，努力不懈地为广大客户提供稳定、可靠的快递、物流服务产品。民航快递品牌连续17年荣获世界品牌实验室颁发的"中国500最具价值品牌"称号，是唯一入选的物流、快递企业。至2020年其品牌价值已达226.95亿元。[①]

民航快递提供的快递服务有：

（1）限时服务。

可根据发货人要求的时限，在满足当天航班时刻的前提下，提供8、12、24、36、48小时高效、优质的门到门递送服务。

（2）分时递送。

2019年，民航快递推出2D12/2D18分时递送服务产品，是指根据发货人需求自收货日起至次日12点或18点将货物安全、准确地送到收件人处的服务，旨在方便客户在工作日接收快递产品。

（3）普货运输。

根据发货人需求，提供城市间机场到机场的航空运输服务。当发件人的货物到达目的站民航快递机场营业部时，民航快递工作人员会电话通知收件人到机场自提。

6.8.2　直营快递公司

1）顺丰速运

顺丰速运（集团）有限公司（以下简称"顺丰"）于1993年成立，总部设在深圳，是一家主要经营国内、国际快递及相关业务的服务型企业。自成立以来，顺丰始终专注于服务质量的提升，不断满足市场的需求，在大中华地区（包括中国港、澳、台地区）建立了庞大的信息采集、市场开发、物流配送、快件收派等业务机构，建立了服务客户的全国性网络，同时也积极拓展国际件服务，已开通新加坡、韩国、马来西亚、日本及美国等业务。

顺丰速运提供的快递服务有：

（1）普货运输。

顺丰为客户提供超过100千克的大宗货物经济运输服务。开通范围包括广东、广西、福建、山东、湖北、安徽、四川、河南、江浙沪、北京、沈阳、重庆、江西、湖南、香港特别行政区、澳门特别行政区、我国台湾等地。

（2）标准快递。

顺丰可以提供高水准门到门快递服务。采用标准定价、标准操作流程，各环节均以最快速度进行发运、中转、派送，并向客户提供相对标准承诺的快递产品。从客户预约下单到顺丰收派员上门收取快件，快件到达顺丰营业网点至收派员上门为客户派送，在最短时间内完成；保障各环节以合适的路径发运，可实现快件"当日达"或"今天收明天到"。

（3）省内即日到。

顺丰率先在中国大陆推出"省内即日到"产品，实现省内城间当日收取当日送达，承

[①]　民航快递官网，http://www.cae.com.cn。

诺不到退还运费。

（4）国际件。

为满足用户国际快递业务的需求，顺丰速运开通了美国件、日本件、韩国件、马来西亚件、新加坡件等国际件服务。

（5）顺丰特安。

顺丰特安是为有寄递高价值物品（单票声明价值超过2万元）需求的客户提供特殊监控、专车派送、专业理赔的快递服务。顺丰特安的收费标准为：快递的标准运费+保费（保费=声明价值总金额×5‰）。[①]

2015年1月26日，顺丰正式发布《2015年顺丰速运新版价格通知》，自2月1日起正式施行。调整主要涉及25个省份的标准快件长距离配送，首重提价1~2元；此外，电商特惠也略有上涨。

2）宅急送

宅急送公司创建于1994年1月18日，经过30年的快速发展，宅急送已有员工逾2万人，车辆2 000余台。其全国共有30个分公司，7个航空基地，247个独立城市营业所，网络已覆盖全国地级以上城市。

宅急送提供的快递服务有标准快件、当日递、次日递、隔日递、普件等。资费根据原寄地和目的地之间距离的不同而不同，首重收费范围为6 ~ 20元/千克，续重为0.5 ~ 18元/千克。

6.8.3　加盟快递公司

1）圆通速递

上海圆通速递有限公司创建于2000年5月28日，公司现拥有10大管理区、58个转运中心，遍布全国的5 100余个配送网点，5万余名员工，服务范围覆盖国内1 200余个城市，已经跨越式发展成中国快递行业领导品牌之一。圆通在2013年、2014年和2015年实现了营业收入和快件递送量的3连涨，2年时间营收增长幅度超过75%，快递递送量增长130%。圆通速递发布的2023年第三季度财报数据显示，2023年前三季度，公司实现营业收入407.59亿元，同比增长4.98%，归母净利润26.59亿元，整体业务呈现出稳步发展的良好趋势。

但和2022年相比，2023年圆通整体盈利能力似乎有所下降，财报中显示圆通速递2023年三季度归属于上市公司股东净利润为7.9亿元，较上年同期减少了19.98%；截至三季度末，其经营活动产生的现金流为38.1亿元，较上年同期下降了24%。

圆通速递提供的产品服务主要分为新产品和时效产品两大类。新产品包括仓配电子面单、专机晨达/次日达、香港件专递以及国际件；时效产品分为8小时同城件、12小时次

---

① 顺丰速运官网，http://www.sf-express.com。

晨达、24小时次日达、36小时隔日上午达、48小时隔日达以及72小时件等。

2）京广速递

京广速递是一家专注于广东省包裹和货物速递服务的民营企业，于2012年投入运营。该公司的服务范围广泛，包括快递物流服务，为电商商家提供广东地区的包裹货物快速配送服务等。一直致力于成为一流品质的速递企业。其发展方向是以华南为基础，面向全国走向世界。为了加快企业转型升级，其积极加大硬件和软件建设力度，并加快人才队伍建设以及企业信息化、人工智能化建设进程。

京广速递还提供一系列的物流解决方案，满足各类客户的需求。除了提供标准的快递服务外，为了满足客户的特殊需求，京广速递还提供特殊的服务，如大宗货物运输、冷链运输、保价快递、包裹代收等，

3）极兔速递

极兔速递是一家科技创新型互联网快递物流企业，由李杰于2015年8月创立，主要业务涉及快递、快运、仓储及供应链等多元化领域。极兔速递的快递网络已覆盖中国、印度尼西亚、越南、马来西亚、泰国、菲律宾、柬埔寨等12个国家，服务全球逾20亿人口。极兔速递的快递业务主要通过互联网平台进行，致力于为用户带来优质的快递和物流体验。其在快递行业中有着较高的市场份额和品牌影响力。其发展历程中，通过投资控股上海龙邦速运直接获取了快递经营资质和网络，并学习东南亚发展经验，借力OPPO国内的销售网络和物流需求，快速起网。

极兔速递当前提供的服务包括国内快递、国际快递、特快专递、海外邮政、普货快递等多种服务，可以满足不同客户的物流需求。无论是在国内还是海外，都可以提供快速、安全、稳定的快递服务，并且可以提供多种配送方式和增值服务，方便客户根据自身需求进行选择。此外，它还提供24小时的客户服务，客户可以随时咨询物流信息、投诉和建议。

■ 本章案例

中外运的物流体系[①]

国际咨询机构Armstrong & Associates根据全球第三方物流公司过去一年的营收排列出了前50家公司，其中中国唯一入选10强的中国外运股份有限公司（以下简称"中外运"）从上年第10名升至第8名。中外运为什么会在众多第三方物流公司中脱颖而出，其中很多地方值得我们学习。

---

① 根据国际咨询机构Armstrong & Associates官方网站www.3plogistics.com相关内容整理。

首先，中外运提供了广泛的国际快递业务。中外运提供通达全球200多个国家和地区、1~4天承诺时效的包裹/资料的快捷服务。针对较重货物，中外运通过直航航班提供最佳性价比的经济快递服务。其服务包括：①自有专线出口——标准快件。通达国家和地区包括中东、大洋洲、日本、韩国、印度、南非、英国、法国、德国、美国以及东南亚等。②自有专线出口——经济快递。针对50千克以上的货物，利用中外运自身海外网点的优势，主要经营中—美、中—澳、中—韩、中—日、中国至欧洲、中东，以及中国大陆至台湾地区门到门的经济快递线路。③自有专线进口——标准快件。利用中外运在北京、上海、广州、深圳、成都、郑州、天津、重庆、厦门、杭州、南京、沈阳等国内多个口岸的自有快件清关资质，可提供商业快件（文件、包裹）和私人物品的进口清关、转运、派送服务。

其次，从供应链管理上来说，从供应链最上游的供应商到最下游的终端使用者，中外运为客户提供整条供应链的物流管理解决方案。其整合货运代理、仓储、运输等基础业务，为客户提供从国际段的海/陆/空运、进出口清关到国内段的仓储、运输的一站式物流服务。在提高客户供应链整体效率的同时，帮助客户降低物流成本。

中外运利用遍及全国的多达289万平方米的各种类型（包括干货库、温控库、保税库、海关监管库、危险品库等）的仓库资源，为客户提供入厂物流、厂内物流、成品物流、逆向物流以及产品组装、产品配套、生产线喂料、包装、贴标、质检等增值服务。

最后，在物流信息管理上，中外运以其业界领先的信息系统为客户提供一流的物流综合解决方案和全程供应链物流信息服务。自2011年以来，公司3次被中国物流与采购联合会评为"中国物流信息化优秀应用企业"。实现从接收客户订单到服务操作、财务结算和电子支付的协同集成与高效运作，满足不同行业客户多样化、个性化和及时准确的服务需求；实现与客户/合作伙伴信息系统和第三方公共平台的数据对接和信息共享，广泛应用各种物联网技术，提供全程物流可视化与增值服务；着力发展物流电子商务，打造领先的物流电子商务平台，实现业务转型，创新业务模式和服务产品。

在长期的运营实践中，中外运不断加深对行业的了解，为客户量身定制最优的供应链解决方案，在能源、基础建设、化工、汽车与零配件、电子与高科技以及快速消费品等行业赢得了客户的普遍赞誉。凭借成熟的项目管理方法、一流的物流信息系统和严谨的流程设计，中外运不断优化服务流程、提升服务品质，同时为客户带来整个供应链的可视化，创造可持续发展的价值。

案例问题：

1.你的网店在选择第三方物流时需要注意哪些问题？

2.比较中外运的物流体系，讨论为什么京东选择自建物流体系。

利用电子商务盈利的联邦快递公司①

联邦快递（FedEx）是全球最具规模的快递运输公司，为全球超过235个国家及地区提供快捷、可靠的快递服务。联邦快递设有环球航空及陆运网络，通常只需1~2个工作日，就能迅速运送时限紧迫的货件，而且确保准时送达。联邦快递是一家国际性快递集团，为遍及全球的顾客和企业提供涵盖运输、电子商务和商业运作等一系列的全面服务。作为一个久负盛名的企业品牌，联邦快递集团通过相互竞争和协调管理的运营模式，提供了一套综合的商务应用解决方案，其年收入高达32亿美元。

联邦快递依靠科技进步，采用最先进的网站硬件和网络技术，应用互联网、现代通信技术、快速输送技术和实物流网络，将物流服务和网络技术结合起来，效率、效益由此而得到大幅度提高。多年来，电子商务一直在联邦快递的业务中发挥着核心作用。

联邦快递电子商务网站真正的核心竞争力来自深刻理解用户的需求。联邦快递网站注重的是它与客户，尤其是企业客户间的亲和力和吸引力，这对其发挥智能化运输控制作用是至关重要的。联邦快递每天向全球客户递送250万个包裹。2009年，联邦快递正式成为淘宝的"推荐物流商"。它全面应用客户关系管理、商业智能、计算机电话集成、无线互联技术等先进的信息技术手段，以及配送优化调度、动态监控、智能交通、仓储优化配置等物流管理技术和物流模式，为客户提供了一套先进的、集成化的物流管理系统，从而为客户建立敏捷的供应链系统提供了强大的技术支持。联邦快递还在其他公司的后勤供应上发挥作用。例如，联邦快递经营商业服务器，以便零售商将自己的站点放到该服务器上运行。另外，联邦快递还经营仓储业务，使产品的拣选、包装、检测、装配和运输一体化。联邦快递客户运送的产品的主要特点是技术含量高、价格昂贵或易腐，这意味着客户办理的订单需要尽快填写完。随时满足客户要求的信息网络，同样也是其发展后勤供应业务的重要基础。

联邦快递的专用网络为该公司如今的电子商务奠定了基础。互联网进一步拓展了专用网络的应用，联邦快递通过电话和传真与客户沟通的联系方式已经成为历史，随着越来越多的公司通过互联网销售产品，联邦快递提供的快速运抵服务使该公司从不断增长的网络交易机会中获利。

（1）降低手工业务成本。如果没有联邦"快递船"软件，联邦快递则不得不多雇用2万名雇员来分拣包裹、回答电话咨询和输入货单。有了"快递船"软件，大量的简单劳动就可以自动完成。管理员可以花更少的时间记录产品信息，电话服务代表可以花更短的时间回答客户的问题并随时联机追踪商品的运送情况。

（2）降低日常运营成本。客户每个月使用互联网追踪100万个包裹的行踪，现在大约一半的追踪电话是联邦快递的免费电话。

（3）更好的客户服务方式。客户当然也可以选择与公司互动的方式，不过将近95万

---

① 联邦快递（FedEx）官方网站：www.fedex.com。

名客户发现，通过联邦快递的 Web 网站联系更加方便和简单。

案例问题：

1. 联邦快递是如何运用电子商务开展全球快递业务的？

2. 为什么说电子商务使联邦快递获得较大收益？

▌本章小结

首先，本章介绍了资金在网络创业中的重要性、创业者获取资金的几个主要来源及其优缺点。其次，本章讨论了网络购物中的多种支付方式，并分析了各种支付方式的优缺点，其中着重分析了第三方支付平台的模式。本章还详细介绍了支付宝和财付通的使用方法。此外，本章重点介绍了配送的相关内容，包括配送的功能要素和物流信息技术。最后，针对第三方物流的战略内涵和特点，本章也做了介绍，并重点讨论了网络创业的物流选择。

▌复习思考题

1. 网络创业者的资金来源渠道有哪些？这些渠道有何优缺点？

2. 访问阿里巴巴融资网站，谈一谈网络融资渠道未来的前景以及需要完善的地方。

3. 访问支付宝网站，分析手机支付宝的支付流程以及安全策略。

4. 登录支付宝网站注册一个支付宝账户，使用支付宝进行网上购物体验。

5. 供应链物流与传统类物流的区别主要体现在哪些方面？

6. 现代物流配送与传统物流配送的区别体现在哪些方面？

7. 为什么说第三方物流是电子商务配送的首选？

▌本章网站资源

[1] 支付宝网站 .https：//www.alipay.com.

[2] 网经社 .http：//b2b.toocle.com.

[3] 银联在线 . http：//www.chinapay.com.

［4］财付通.http：//www.tenpay.com.

［5］中国邮政速递物流.http：//www.ems.com.cn.

［6］中铁快运物流网.http：//www.cre.cn.

［7］民航快递有限责任公司.http：//www.cae.com.cn.

［8］顺丰速运.https：//www.sf-express.com/chn/sc.

［9］宅急送.http：//www.zjs.com.cn.

［10］极兔速递.https：//www.jtexpress.cn/.

［11］圆通速递.http：//www.yto.net.cn.

第 7 章

网络营销产品与定价

7.1　网络营销产品策略

7.1.1　网络营销产品概述

1）产品的概念

传统的产品观念认为，产品就是具有特定物质形态和用途的实体，讲求的是产品本身的使用价值。而现代市场营销观念从满足用户需求的角度出发，认为产品是人们通过交换而获得的需求满足，需求是多方面的，有看得见的物质需求，也有看不见的精神和心理需求。由此可认为，能满足用户的需求的一切有形或无形的因素都是企业的产品，即所谓的大产品概念或产品的整体概念。

大产品概念包括三个部分：一是核心产品，是指用户所追求的基本利益。这也是企业选择目标用户的基本依据。由于网络营销是一种以顾客为中心的营销策略，企业在设计和开发产品核心利益时要从顾客的角度出发，根据上次营销效果来制订本次产品的设计开发方案。要注意网络营销的全球性，企业在提供核心利益和服务时要针对全球性市场，如医疗服务可以借助网络实现远程医疗。二是形式产品，即核心产品的外在表现，通常由品质、特性、品牌、包装、式样等五要素来表达，是用户为满足基本利益而选择产品的根据。三是附加产品，即用户购买过程中所得到的各项服务。在其他条件大致相同的情况下，用户购买意向总是朝着能提供完整服务的生产者。在网络营销中，对于物质产品来说，延伸产品层次要注意提供满意的售后服务、送货、质量保证等。

正确理解产品的含义很重要，因为这一概念是"经营上始终以满足消费者为中心"的现代营销理论的反映。

首先，在产品设计、生产过程中，要围绕消费者的需要进行计划和组织。企业要发展，必须时刻瞄准市场，及时开发消费者需要的产品。其次，企业的声誉、产品的品牌是产品的重要内容，十分重要。最后，产品的售前、售后服务也十分重要。消费者在使用产品时必然会遇到许多问题，只有建立良好的服务体系，及时解决消费者遇到的困难，其产品才能发挥最大效用，消费者才会满意，企业才能赢得市场。

2）网络营销中的产品特性

在网络营销中，由于目标市场和用户特征发生了变化，所以企业的产品和服务从产品定位上看，要符合互联网自身的特点和网络用户的消费特征；从产品形态上看，尽管互联网也用于进行有形产品的营销，但是数字化产品和服务（如股票），标准化产品，在购买前无须尝试、质量比较稳定的产品（如 CD、书籍等）更有利于在网上销售；从产品品牌上看，由于网上购买者面对众多的选择，自然会对品牌比较关注；从产品开发上看，用户可以直接通过互联网向企业提出自己的设计和想法，企业可以根据用户的需求以较低的成本提供个性化的产品和服务；从产品价格上看，互联网上的商品一般采用低价的策略。

7.1.2　网络营销新产品开发面临的挑战

新产品开发是许多企业获得竞争优势的重要手段。互联网的出现给企业的新产品开发带来了不小的挑战，主要表现在以下几个方面：

1）市场更加细分

互联网的出现以及数据库技术和数据挖掘技术的发展使得企业可以对目标市场进行更好地细分，进而使企业的营销活动更有针对性。例如，企业以前通常以某个家庭为目标客户，并向该家庭推销"家庭装"麦片粥，但现在企业要针对家庭中每一个成员的不同口味来推销不同的麦片粥。

2）产品个性化要求越来越高

随着收入水平的提高和用户消费行为、消费心理的变化，企业需要由以前的规模生产转变为根据用户的需求开发出个性化的新产品。在互联网环境下，用户不再是被动地接受企业所研发的新产品，而是可以主动参与。用户可以告知企业自己对产品的期望，并可以参与整个新产品的研制和开发工作。

3）产品的生命周期不断缩短

随着生活节奏的不断加快和竞争的加剧，产品更新换代的速度越来越快，刚刚进入市场不久的新产品很快就会变成旧产品，所以企业需要重组企业流程以达到缩短新产品研发周期的目的。

实际上，互联网对于新产品开发而言应当是机遇与挑战并存。互联网在给新产品开发带来挑战的同时，也为企业的发展提供了一次良好的机遇。企业可以把供应链上的所有供应商和中间商整合起来，利用供应商和中间商所掌握的顾客信息，一起进行新产品的研制与开发。企业如果能够适应这种挑战，那么将可能获得新的发展空间和竞争优势。

7.1.3　虚拟产品开发技术

1）背景

虚拟产品开发技术的发展和进步与制造业在新经济时代所发生的变化有直接的关系。目前，制造业已经由传统的对原材料进行加工、生产，转变为同时对生产资料、信息和知识进行加工、生产。产品的增值曲线也发生了相应的变化，如图7-1所示。

由图7-1可见，传统制造业中以加工、生产为主体现已转变为以产品开发和营销与服务为主体。

此外，就制造企业所处的价值链而言，制造商与上游的供应商和下游的中间商及客户之间不再是简单的线性关系，而是发展为基于SCM、CRM和产品生命周期管理（PLM）的网状关系，如图7-2所示。

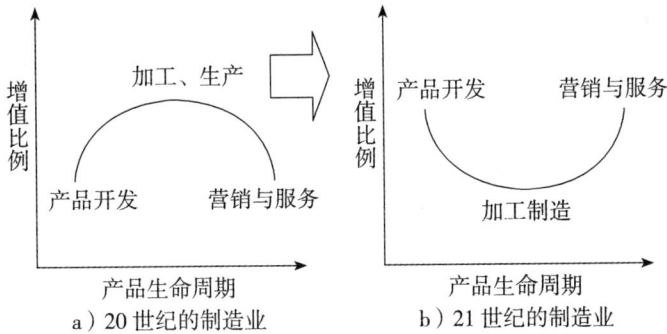

a）20 世纪的制造业　　　b）21 世纪的制造业

图7-1　知识和信息成为最重要的生产要素

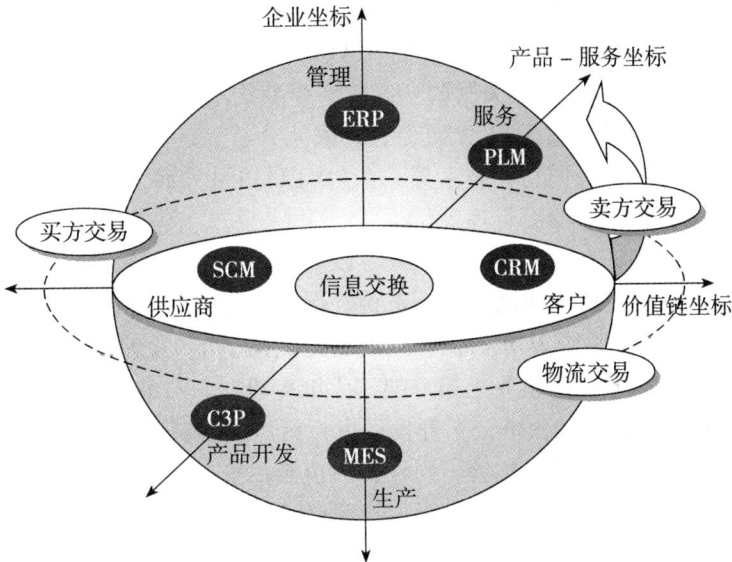

图7-2　制造业现代化的范畴

　　所以，制造业已经不再局限于以往的产品加工和生产，它开始整合价值链上的所有资源共同为顾客提供服务和知识，并使价值链上的各方均从中获得增值。

　　2）虚拟产品的开发技术

　　在如前所述的制造业发展的大环境下，产品的开发也面临着转变，其中一种重要的技术就是虚拟产品开发技术。

　　在通常情况下，传统的产品开发过程是由工程技术人员设计出产品，然后进行测试并改进，如此多次反复直至达到要求。采用这种传统的方法进行新产品开发，一般开发周期长，风险大，上市慢，限制了企业的市场竞争力。数字化产品开发技术的出现则从根本上解决了这个问题。数字化产品开发技术一般采用数字原型替代物理原型，利用计算机对产品的外观和性能、产品的可制造性和可装配性等进行测试，从而缩短新产品开发周期，降低开发成本，加快新产品推向市场的速度。虚拟产品开发（virtual prouduct development，

VPD）技术是数字化产品开发的新进展，它通过各种虚拟现实装置，如头盔、虚拟墙、立体眼镜、数据手套、音频设备以及软件等营造一个三维的虚拟环境，设计者能够多方位、多形态地与设计对象进行交互，有助于提高设计者和所设计实体之间的交互操作性。

VPD是建立在可以用计算机完成产品整个开发过程这一构想的基础之上的。它能够在虚拟状态下构思、设计、制造、测试和分析产品，当这种"设计-分析-再设计"循环到满足设计要求的时候，才在虚拟样机基础上制造物理样机进行验证。而且，可以通过网络通信组建成"虚拟"的产品开发小组，将设计人员、工程师、分析专家、供应商以及客户联成一体，实现异地合作开发。VPD极大地增强了企业的创新能力，有效解决了新产品开发中时间、成本、质量等诸多问题，增强企业快速适应市场变化的能力。一些有实力的制造商已经开始把VPD作为一项总体经营战略。

VPD的实现需要一系列的技术与工具，CAD/CAM/CAE/PDM（简称C3P）是实施VPD的技术保证。在CAD方面，有全关联的三维数字模型技术、虚拟装配技术等；在CAM方面，有系统仿真制造过程；在CAE方面，有有限元分析、运动学分析、动力学分析、碰撞仿真及计算流体力学、协同仿真技术等；在PDM和PLM方面，有文档管理、版本管理、配置管理、工作流程管理、变更管理等。

由于虚拟制造技术具有诱人的应用前景，以美国为主的一些发达国家成立了相应的虚拟制造研究机构，已出现许多成功的应用范例。例如，美国福特汽车公司采用网络并行技术设计制造的新型SS1型赛车从开始设计到上道测试仅用了9个月时间；波音公司采用虚拟产品开发技术成功地研制出世界上第一架"无纸客机"——波音777双喷机型，接着又研制出新一代737客机；日本松下公司开发的虚拟厨房设备制造系统可以允许消费者在购买商品前，在虚拟的厨房环境中体验不同设备的功能，按自己的喜好评价、选择和重组这些设备，这些信息被存储并通过网络送至生产部门进行生产等。

7.1.4 产品策略与企业定价

产品策略不是独立存在的，与企业的定价策略直接相关，因此本章将两者放在一起研究。

1）产品属性与定价

产品的属性不同，价格对消费者需求和购买行为的影响也不同。例如，日用品购买频率高、周转快、竞争激烈，宜实行低价，薄利多销，而高档品的定价相对要高一些。

2）产品需求弹性与定价

需求弹性大小直接决定供求和价格的关系及其变化方向。需求弹性大，企业可以适当定低价或降价；需求弹性小，企业可以适当定高价或提价。

3）产品生命周期与定价

产品所处的生命周期不同，价格也有所不同。在导入期，定价既要考虑成本，又要考虑能否为市场所接受；在成长期和成熟期，产品大量销售，是企业取得投资收益的大好时机，稳定价格对企业比较有利；进入衰退期，一般应采取降价策略。

4）定价还需要考虑替代品和互补品情况

替代品多、替代品价格低，被替代品定价不宜过高。互补品多、互补品价格低，有利于企业适当提高价格。

5）产品品牌与定价

产品的品牌、商标、知名度和社会声望对定价也有影响。知名度高、社会影响大的产品，价格可以适当提高；一般产品则以价格偏低为好。

7.2 网络营销定价方法

7.2.1 网络营销定价特点

1）全球性

由于电子商务的重要媒介——互联网本身就是全球性的，电子商务的边界将不再受到地域或国家边界的限制，因此商家可以利用这个世界性网络将商务活动的范围扩大到全球。因此，企业上网就意味着它的形象进入了国际媒体。只要是在国际互联网络覆盖到的地区，任何国家的机构或个人都可以与该企业进行商务活动。

因此，企业面对的是全球性网上市场，企业需要采取差异化定价措施（通常采用全球化和本地化相结合的原则）来应对这一变化。例如，在不同的国家建立地区性网站，以适应地区市场消费者需求的变化。雅虎、亚马逊等就是很好的例子。

2）低价位定价

互联网所倡导的是自由、共享的原则，而且由于受到电子商务发展初期免费商业模式的影响，网络营销产品定价还需要采取渐进的由免费向低价收费转变的路径。在定价问题上，各个国家网络用户的情况不尽相同。例如，美国网络用户的平均年龄和收入水平相对较高，而根据中国互联网络信息中心的统计数据，中国网络用户的平均受教育程度、平均年龄和平均收入相对较低。

3）顾客主导定价

顾客主导定价主要是指以C2C模式为代表的网络拍卖定价。本章随后将详细讨论网络拍卖定价机制问题。

4）个性化定价

在传统经济中，个性化定价成本较高。但是，在互联网环境中，企业可以利用网络技术和辅助设计软件为顾客提供定制化生产和个性化定价。

7.2.2 网络营销的定价策略

1) 渗透定价策略

渗透定价是一种建立在低价基础上的新产品定价策略，即在新产品进入市场初期，把价格定得很低，借以打开产品销路，提高市场占有率，谋求较长时期的市场领先地位。旧产品也可以采用这种定价策略来延长其生命周期。渗透定价是一种颇具竞争力的薄利多销策略。采用渗透定价的企业，在新产品入市初期，利润可能不高，甚至亏本，但通过排除竞争对手，开拓市场，可以在长时期内获得较高的利润，因为大批量销售会使边际成本下降，边际收入上升。如果企业排除了竞争对手，控制了一定的市场，则可以提高价格，增加利润。所以，渗透定价又被称为"价格先低后高策略"。渗透价格通常既低于竞争者同类产品的价格，又低于消费者的预期价格。

渗透定价是网络营销中的一种重要定价手段，因为数字化产品的边际成本很低（几乎为零），企业也无须支付传统店铺所必须支付的高昂租金，所以企业的成本也得以大幅度降低。

2) 折扣定价策略

（1）数量折扣。

数量折扣又称批量作价，是企业对大量购买产品的顾客给予的一种减价优惠。一般购买量越多，折扣也越大，以鼓励顾客增加购买量，或集中向一家企业购买，或提前购买。尽管数量折扣使产品价格下降、单位产品利润减少，但销量的增加、销售速度的加快，使企业的资金周转次数增加，流通费用减少，产品成本降低，使企业总盈利水平上升，对企业来说利大于弊。数量折扣又可分为累计数量折扣和一次性数量折扣两种类型。

①累计数量折扣。

累计数量折扣是指规定顾客在一定的时间内，购买量累计达到一定数量或金额时，就能享受相应的折扣优惠。例如，企业规定购买量累计达到1 000套，价格折扣4%；达到2 000套，价格折扣5%；超过3 000套，价格折扣6%。累计数量折扣有利于稳定顾客，鼓励顾客经常购买、长期购买。这种折扣特别适用于长期交易的商品、大批量销售的商品，以及需求相对稳定的商品。

②一次性数量折扣。

一次性数量折扣又称非累计性数量折扣，是指规定一次性购买或订货达到一定数量或金额时，给予的折扣优惠。这种方法只考虑每次购买量，而不管累计购买量。例如，企业规定，一次购买100~200件，按标价给予10%的折扣；200件以上给予15%的折扣；不足100件不给折扣。一次性数量折扣对短期交易的商品、季节性商品、零星交易的商品，以及过时、滞销、易腐、易损商品的销售比较适宜。一次性数量折扣不仅可以鼓励顾客大批量购买，而且有利于节省销售、储存和运输费用，促进产品多销、快销。一次性数量折扣计算简便，有利于中小企业日常操作使用。

（2）现金折扣。

现金折扣是对在规定的时间内提前付款或现金付款者给予的一种价格折扣。在易货贸易中，有时一方提出向对方支付现金，另一方可能给予价格折扣。有时，企业规定可以用支票结算，但如果客户支付现金，企业也可能给予价格折扣。在信用购物条件下，许多企业向顾客赊销商品，或实行分期付款，并规定顾客须在一定的时间内付清全部货款。为了鼓励顾客尽早付款，加速资金周转，许多企业都采用现金折扣，因为产品赊销、付款时间越长，信用成本就越高，销售风险和财务风险就越大，坏账（死账）、呆账也就越多。所以，企业为尽快收回资金，给予一定的折扣是值得的。

（3）功能折扣。

功能折扣又称交易折扣、同业折扣、商业折扣、贸易折扣，是指生产企业根据中间商在产品分销过程中所承担的功能、责任和风险，对不同的中间商给予不同的折扣。对生产性用户的价格折扣也属于一种功能折扣。功能折扣比例的确定，主要考虑中间商在分销渠道中的地位、对生产企业产品销售的重要性、购买批量、完成的促销功能、承担的风险、服务水平、履行的商业责任，以及产品在流通领域中经历的环节多少和产品在市场上的最终售价等。功能折扣的结果形成购销差价和批零差价。

功能折扣主要有两个目的：一是对中间商经营有关产品的成本和费用进行补偿，并让中间商有一定的盈利，因为中间商付出了劳动、提供了服务、承担了风险，应该得到合理报酬。二是鼓励中间商大批量订货，扩大销售，多争取顾客，并与生产企业建立长期、稳定、良好的合作关系。

（4）季节折扣。

许多产品的生产和消费存在季节性，旺季畅销，淡季滞销。季节折扣就是企业对淡季购买商品的顾客给予的一种减价优惠。例如，服装生产经营企业对不合时令的服装给予季节折扣，以鼓励中间商和用户提前购买、多购买；旅游公司在旅游淡季给游客以价格折扣，是为了招徕更多的生意。季节折扣比例的确定，应考虑成本、储存费用、基价和资金利息等因素。季节折扣有利于减少库存，加速商品流通，迅速收回资金，促进企业均衡生产，充分发挥生产和销售潜力，避免季节需求变化带来的市场风险。

上述折扣方法尽管出自传统营销活动，但是在网络营销中，企业几乎全部照搬了上述行之有效的折扣方式。

3）差别定价策略

（1）差别定价的概念。

差别定价又称区别需求定价法，是指因需求特性的不同，同一时间对同一商品制定两种或两种以上的价格。需求特性的不同主要表现在购买力、需求量、需求强度、需求时间、需求层次、需求地点、需求偏好、商品用途、产品生命周期所处的阶段、需求弹性、用户类型等方面，还要受到国家政策导向的影响。差别定价实质上是一种价格歧视。

（2）实行差别定价的前提条件。

实行差别定价必须具备一定的条件，否则就达不到差别定价应达到的效果，甚至会产生负面作用。

① 购买者对产品的需求有明显的差异，市场能够细分。

② 低价市场的同类产品无法在高价市场上销售。

③ 差别定价不会引起顾客的反感。例如，在教师节期间，书店对教师购买实行优惠，其他职业的人能够理解；但如果只对重点大学的教师优惠，非重点大学的教师无同等待遇，就可能引起非重点大学教师的不满。

④ 差别定价不会违反国内外的相关法律。价格歧视容易出现在垄断市场上，而垄断市场上的价格歧视往往导致不公平、不平等。所以，许多国家都有关于禁止价格歧视的法令和政策。另外，在国际市场上，如果企业对同一商品在不同市场实行高低不同的价格，容易被低价市场的国家指控为倾销，从而征收反倾销税。

（3）网络营销中的差别定价。

在互联网环境下，企业可以更好地识别市场和市场中的单个顾客，从而实行差别定价。关于网络营销中差别定价的理论问题，本章将随后进行介绍。

4）使用定价策略

使用定价就是网络用户根据具体使用某一网络产品或网络服务的次数或者时间进行付费，而不需要将产品完全购买。如网络广告、网络教育服务等就大量采用了这一定价方式。

5）声望定价策略

声望定价策略是指根据产品在消费者心中的声望、信任度和产品的社会地位来确定价格。对一些传统的名优产品、具有历史地位的民族特色产品，以及知名度高、有较大的市场影响、深受市场欢迎的驰名商品，消费者的预期价格普遍高于一般商品，如果价格过低，消费者反而会对商品产生怀疑而不愿购买。有时，消费者购买商品，仅仅是借助名牌商品的价格来显示其身份、地位和名望，如果价格太低，则难以满足消费者的心理需要，消费者也会放弃购买。

声望定价应主要达到两个目的：一是利用产品的高声望，确定高价格，或者通过高价格显示名贵、优质；二是满足某些消费者的特殊欲望，如地位、财富、身份、名望和自我形象等。在互联网上，网络用户面对的商品选择更加繁杂，所以声望将发挥十分重要的作用。

总之，企业具体选择何种或者几种定价策略还需要根据企业及其产品和服务的实际情况来确定。

7.3　网上拍卖及定价

7.3.1　拍卖概述[①]

1）不对称信息下的市场失灵

在经济环境中存在的交易大多是在不对称信息下完成的，具有完全信息的交易在现实的经济环境中为数不多。所谓不对称信息，就是每个市场参与者所拥有的信息是不对等的。也就是说，在市场交易中，一方掌握的信息多于另一方。不对称信息的情况在现实生活中普遍存在。

2）不对称信息下拍卖的功能

信息经济学的研究成果表明，当市场参与人存在信息不对称时，任何一种有效的资源配置机制必须满足激励相容（incentive compatible）和个人理性（individual rationality）条件。拍卖正是能满足激励相容和个人理性条件的一种有效的市场机制。在拍卖中，激励相容是指竞买人贡献私人真实信息对自己有利，对拍卖人也有利；个人理性是指竞买人只有在参与拍卖的获利水平比不参与拍卖的获利水平更高时才会决定参与拍卖。

在信息不对称的条件下，拍卖具有以下功能：

① 拍卖机制具有搜索市场信息的作用，它为市场价格的形成提供了一个途径。

② 拍卖为市场参与人互相影响和互相尊重提供了一整套规则，迫使市场参与人决策时不但要考虑自己的选择对别人的选择的影响，也要考虑别人的选择对自己的选择的影响。

7.3.2　拍卖方式

国际通行的拍卖竞价方式主要有两种，即增价拍卖和减价拍卖。

1）增价拍卖

增价拍卖又称英国式拍卖或估低价拍卖。它是一种价格上行的拍卖方式，即拍卖标的竞价由低至高依次递增，直到以最高价格成交为止。英式拍卖有单式拍卖和复式拍卖两种：在单式拍卖中，竞争商品为单个商品（或服务），这时市场进程为此种商品（服务）的价格发现过程。在复式拍卖中，可有多个商品参加交易，购买者可在商品价格和数量两方面进行竞争。当市场关闭时，最高出价者获得其欲购买的数量，次高出价者从剩余售货量中获得其欲购数量，依此类推，直至全部商品交易完毕。

---

① 中国拍卖行业协会.拍卖通论［M］.北京：中国财政经济出版社，2002；刘晓君，席酉民.拍卖理论与实务［M］.北京：机械工业出版社，2001.

此外，还有英式反向拍卖（拍买）。由买方启动市场，其市场中价格形成的过程与正向拍卖过程正好相反，出售者不断降低售价，直至没有再低的售价，最低售价者胜市。与英式拍卖一样，英式反向拍卖亦可进一步划分为单式反向拍卖和复式反向拍卖。

英式反向拍卖是现代网上采购 B2B 电子商务中最常用的市场组织形式。网上采购者（包括联合国、中央政府与各级地方政府、国内外大型采购集团等采购者）通过 B2B 电子商务公司为其组织网上英式反向拍卖，通过网上竞价大幅降低其采购成本。

2）减价拍卖

减价拍卖又称荷兰式拍卖或估高价拍卖。它是一种价格下行的拍卖方式，即拍卖标的的竞价由高到低依次递减，直到以适当的价格成交为止。荷兰式拍卖也分为单式拍卖和复式拍卖，在复式拍卖中，买者可同时报价和报量，直至全部商品成交为止。

7.3.3　网上拍卖

1）网上拍卖的兴起和发展

网上拍卖是从美国兴起的一种电子商务形式。1995 年，eBay 的创始人——美国人奥米德亚并没有想到自己能够成为一场影响深远的"商业变革"的开拓者。他只是想帮助妻子收集《星球大战》系列影片中的激光剑，为此他推出了一个叫 eBay 的拍卖网站。该网站的成功不仅造就了一个市值数百亿美元的超级互联网拍卖企业，更重要的是开创了一个全新的市场，使拍卖这个古老的行业和价格机制在网络时代获得了新的增长空间。

最初的网上拍卖适用于交通工具、房地产、艺术品等拍品的拍卖。随着电脑网络技术的不断发展，在电子合同、网上支付、拍品展示等技术方面还将有很广阔的发展空间。

2）我国网上拍卖的起源

1999 年以来，国内的网上拍卖活动接连不断，许多中文网站专门开通了拍卖网站。1999 年 6 月 16 日，国内网上首家拍卖网站雅宝正式开通（目前已经不存在）。到了 2000 年，网络拍卖逐渐走向理性和成熟。2000 年 6 月 18 日，由中国拍卖行业协会牵头，上海国际商品拍卖有限公司、广东佛山金桂拍卖公司、湖北宜昌国华商品拍卖公司、河南拍卖行、深圳市拍卖行、广西北海地产拍卖行 6 家国内拍卖行共同发起并通过重组原"拍得"网站创办了"中拍"网。

当时国内网上拍卖的格局主要有两种：一种是以计算机公司为代表的国内网上拍卖，如雅宝、易趣等；另一种是以拍卖公司为代表的国内网上拍卖。

3）网上拍卖与传统拍卖的异同

我们可以从拍卖的基本程序，如发布公告、展示拍品、竞价拍卖、缴款取货等，来了解网上拍卖与传统拍卖的异同。

（1）发布广告。

传统的方式是在拍卖行所在地的大型媒体上刊登广告，这种做法往往会因为广告的篇幅、媒体的发行地域、时间限制而无法使公众及时、方便地了解拍卖情况，在一定程度上影响了拍卖的成交率；而网上拍卖则加快了信息的传递。通过互联网，一个拍卖订单可以在几小时甚至几分钟内传遍全国乃至全球，这对加快拍卖成交起到了至关重要的作用。由此可见，网络拍卖在信息的传递上具有不可比拟的优势。

（2）展示拍品。

传统的拍卖方式强调的是让客户现场看样、实地测算。而网络拍卖能以网页的形式用图片和文字说明来让客户了解拍品，这样不仅节省了展示实物所需耗费的物力和人力，也使跨地区拍卖成为可能。

但由于拍卖所涉及的拍品绝大多数为艺术品等难以估价的物品，这些物品需要客户亲身实地去感知感觉，以判断拍品的真伪优劣、估算价值。因此，网络拍卖物品的真伪性和优劣性令人难以把握，会出现诈骗等情况。

（3）竞价拍卖。

网上拍卖使异地拍卖变得非常简单。在传统拍卖中，异地拍卖要办很多手续，而且到异地举行拍卖成本较高，而网上拍卖使异地拍卖变得简单多了。

但是，在网络拍卖中面临谁来监督竞标过程的公正性，如何防止恶意串通、哄抬物价致使买主利益受损等可能发生的问题。传统的拍卖可通过预缴竞买保证金和现场控制等来预防串标行为的发生。网络拍卖的法律要素约束还不健全，中标人和销售人可以随意取消对自己没有约束的承诺，缺乏对欺诈行为的防范措施。

（4）缴款及取货。

传统的拍卖在拍卖会开始之前，通常要求竞买人缴纳一定的保证金和相关的个人、企业材料来约束竞买人，使竞买人有所顾忌，不敢随意叫价破坏拍卖、毁约、不按时缴纳拍卖款项等。网络拍卖对竞买人的资格审查相对宽松，有的甚至无须预缴或只缴纳金额极少的竞买保证金，这样一来，就很难保证没有相应约束机制的拍卖能真正公正和竞买人能按照履约缴清货款。此外，取货也是网上拍卖中存在的一个问题，因为相当一部分的拍品是需要通过邮寄来传送的，商品难免发生破损。

4）网上拍卖的形式

（1）模仿传统拍卖业务方式的网上拍卖（B2C）。

这类拍卖以英式拍卖为主。这种形式所拍卖的标的一般是按照一定程序由委托人进行委托，是符合传统拍卖程序的。买方参加竞拍，需要根据标的起拍价的不同先行缴纳额度不等的保证金，保证金的缴纳可以采用电子支付方式，也可以使用一般支付方式，如邮寄或汇款。网上拍卖的运作者，一般指网站本身，通过相应的程序、规则的设定，行使拍卖师的权利。网上拍卖的标的需要事先设定起拍时间和终止时间。当网上拍卖的标的开始起拍后，竞拍者将根据设定好的竞价阶梯进行叫价，所拍卖标的的各项信息不允许修改。在拍卖过程中，如果某件标的被叫价，网站将通知拍品委托方进行备货。在拍卖终止时间之前，出价最高的竞拍者将成为买受人。买受人可以使用电子支付方式或传统支付方式进行付费，其所支付的费用=标的的成交价+买受方佣金+其他费用（如异地邮资等）。由于网上拍卖这种特殊的拍卖方式无法实现当场付款、当场取货，故网站将对买受人付款这一环节进行监督。一般情况下，如果买受人在竞拍成功后一段时间内没有任何支付行为，网站将视其为恶意竞拍，必要时将采取扣留保证金等措施。买受人按照相应规则支付货款后，网站或拍品委托方将向该买受人发货，直至确认买受人收货完成，整个网上拍卖流程完成。

（2）开放式的个人委托自由竞价方式（C2C）。

这也是以英式拍卖为主，拍品委托方式是自由的，只要在网站上注册成为会员，便可以任意将各种物品放到网上进行拍卖，也可以参加任何拍品的竞拍。拍品在网上拍卖的过程同前一种方式相似，但当拍品成交时，买受方与拍品提供方进行货款交付只能通过私下方式解决，网站不提供任何帮助。

7.3.4　网上拍卖存在的问题

尽管网上拍卖发展迅速且深受网络用户的偏爱，但是网上拍卖仍然存在一些需要解决的问题。这些问题主要表现在以下两个方面：

1）技术问题

网上拍卖需要进一步提高竞买人报价询问和拍卖师提示信息的传输与终端显示的速度。应当通过技术创新，为网上拍卖提供三维画面和实景虚拟空间，更真实地反映拍卖标的的状况。对于一些同步进行的拍卖活动，需要建立网上竞价与现场竞价的同步系统，使拍卖活动能在网上和拍卖会场同步进行。

2）资信问题

网上竞买并非真正意义上的拍卖，而是一种在电子商务环境下公开竞价机制的特殊在线交易方式。网上竞买最主要的特点在于其采取的是公开竞价机制，但是网络的匿名性和隐蔽性为一些暗箱操作提供了可能，因此网上竞买必须切实增强交易过程的透明度，保证网络安全和网络条件下的诚实信用原则和资格信用认证，避免不法商人利用网络进行欺诈或误导，保护竞买人的合法权益。为此，拍卖网站需要加强与银行体系的合作，实现电子货币的广泛使用和拍卖主体信用资质保证。

网上拍卖尚处于发展阶段，需要不断探索如何将信息技术与拍卖特性更好地结合，同时网络交易制度规范应体现网上拍卖的特点，从而保证这种交易方式的健康发展。

7.3.5　网上拍卖流程实例

下面以淘宝网的拍卖为例，说明在淘宝开店需完成的五个步骤。

第一步：注册淘宝账户。

进入淘宝官方网站 https：//www.taobao.com/，点击"免费注册"，进入淘宝网账户注册界面并注册成为淘宝网站会员，如图7-3所示。

图 7-3　注册淘宝账户

第二步：完成开店认证。

登录淘宝网，点击"免费开店"或手机淘宝搜索"开店"进入淘宝开店入口，选择开店身份、店铺主体类型，即可开始开店认证。开店认证包括支付宝实名认证及上传真实个人照片（身份信息认证）两部分，如图 7-4 所示。

图 7-4　完成开店认证

第三步：新掌柜待完成任务。

点击"免费开店"进入开店任务页面。

待完成任务包含观看淘宝开店指南视频，完善商家创业档案，以及绑定官方钉钉账号并进入群聊，及时掌握第一手信息。同时，淘宝开设潜力商家发现计划，每日推荐 20 条专属店铺的蓝海市场建议。

第四步：设置店铺基本信息。

如果您点击免费开店，开店认证显示"已完成"，那么继续完成"完善店铺信息"便可以拥有自己的店铺了，在左侧菜单栏"店铺"处即可看到"店铺装修"字样。

第五步：发布拍卖物品。

为了规范拍卖交易方式，提升拍卖商品质量及消费者参与拍卖的购物体验，从 2012 年 8 月 30 日开始，卖家要想发布拍卖商品必须签署"消费者保障服务协议"并缴纳保证金。并非所有商品类目都支持发布全新商品，部分类目需要交纳保证金后才能发布全新商品，如卖家要发布该类目商品，在未缴纳保证金的情况下，就只能发布二手商品。

发布具体流程如下：

（1）进入"千牛卖家中心"，点击"商品""发布宝贝"，如图7-5所示。

图7-5　进入卖家中心

（2）选择拍卖方式，如图7-6所示。

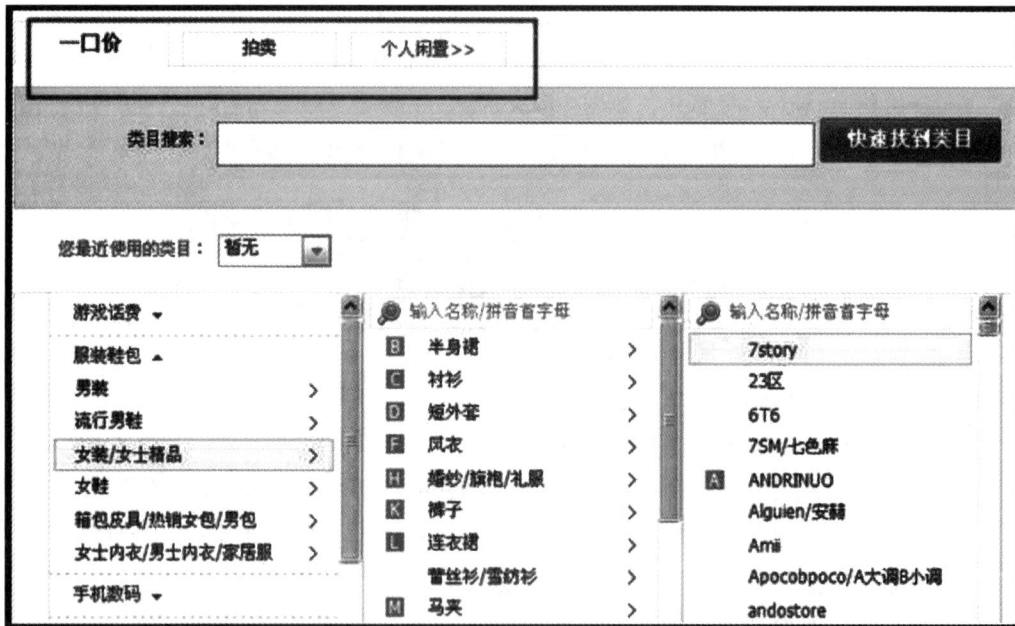

图7-6　选择拍卖方式

（3）选择商品所属类目后点击"我已阅读以下规则，现在发布宝贝"，如图7-7所示。

（4）填写商品属性信息，包括设置商品拍卖的起拍价、加价规则与保证金比例，然后点"发布"，商品就成功发布了，如图7-8所示。

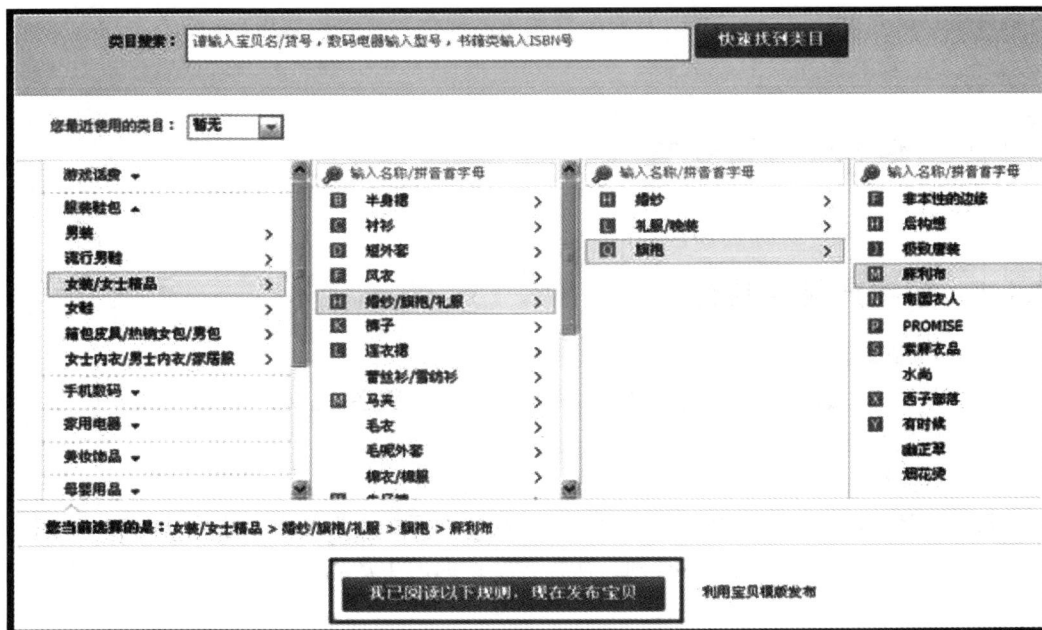

图7-7　阅读规则

图7-8　发布商品

淘宝拍卖的拍卖类型包括以下几种：

（1）增价拍卖。卖家设置参加拍卖的商品的起拍价和加价幅度。买家可以根据自己的实际情况，输入系统需要的最低价格，也可以输入自己可以接受的最高价格，让系统代理出价。拍卖结束时，出价最高者获得商品。

（2）荷兰式拍卖。多件相同商品参加拍卖，价高者优先获得商品，相同价格先出价者先得。最终商品成交价格是最低成功出价的金额。如果商品的拍卖数量大于出价人数，则最终按照起拍价成交。如果最后一位成功竞买者可获得的商品数量不足，则可以放弃购买。

（3）降价拍卖。降价拍卖是指拍卖商品的竞价由高到低依次递减直到竞买人应价时成交的一种拍卖方式。如果商品数量为1，则拍卖在第一个竞买人应价时成交且拍卖结束；

如果商品数量大于1，则拍卖在所有商品被竞买人应价完后，拍卖结束。

7.4　数字产品及其定价

7.4.1　数字产品的特性

1）不可破坏性

数字产品不会磨损，没有耐用品和非耐用品之分。数字产品的生产者是在和自己已经售出的产品进行竞争。

2）可变性

数字产品可以很容易地被修改。尽管有版权法的保护，但是由于技术发展快于法律的修订，而且法律永远不可能穷尽规则，所以数字产品的生产者很难保护其利益不被侵犯。

3）可复制性

数字产品极容易被复制，也就是说它具有高沉没成本、低边际成本的特点（甚至有时候边际成本几乎可以忽略不计）。[①]

4）对个人偏好的依赖

信息产品不是"可消费"产品，被消费的是信息所代表的思想和信息的用处，这些用处因人而异。因此，信息产品的销售者要更多地依赖消费者信息，以便根据偏好来对消费者进行分类。这就产生了两个问题：一个是销售者要根据消费者类型进行差别定价；另一个是对于差别化的产品，销售者应根据消费者的边际支付意愿而不是边际生产成本来定价。

5）经验品

所谓经验品，是指只有消费了该商品之后才能评价商品的价值。[②]数字产品是典型的经验品，其价值只有在使用后才能评价出来。所以，对于数字产品而言，如果用户不了解该产品的内容和价值就不会购买；而一旦了解其内容后也就用不着购买了。在这种情况下，数字产品的生产者通常将产品中的"适量"信息免费提供给顾客，如标题、目录或试用版等，以引导顾客进一步购买。

总之，数字产品的这些特点决定了其定价的特殊性。

---

① 关于这一问题，Choi等与勒维斯有不同的看法。他们认为尽管数字产品的边际成本很低，但还是不能说它的边际成本为零，因为还要考虑到每份拷贝的成本中的版权费用。
② 相对于"经验品"，有些商品的价值消费者在购买前就能知道，即所谓的搜寻品（search goods）；而有些商品的价值即使消费者消费以后仍无法评价，即信任品（credit goods）。

7.4.2　数字产品的差别定价

　　尽管在实物市场上也存在产品的差异化现象，但它在电子商务中应用得更为广泛。因为数字产品的可变性使之高度多样化。此外，在电子化的市场环境中，关于用户喜好的详细信息要丰富得多。

　　在电子商务中，差别定价将详细的用户信息和定制产品相结合，从而达到有效定价的目的。但是，差别定价存在两方面的困难：其一，当产品差异化之后，因为用户的兴趣和产品用途不同，定价方式将变得极其复杂；其二，数字产品的成本结构与多数实物产品不同，由市场决定的价格对生产和消费无效。产品差异化和用户信息产生了多种销售机制，包括订购、许可、出租、租借等。目前主要的定价方式是个性化定价、版本定价、群体定价和捆绑销售定价。

　　1）个性化定价

　　个性化定价也就是以不同的价格向不同的消费者出售信息产品。如图7-9所示，数量 Q_1 的产品对应的价格为 P_1，数量 Q_2 对应的价格为 P_2，依此类推，数量 Q_n 对应的价格为 P_n。在这时，由需求曲线表示出来的代表商品边际效用的消费者买进一定量信息产品所愿意支付的价格，也就成为信息产品供应商的边际收入曲线。这样，信息产品供应商就能把在单一定价下的消费者剩余全部转化为由于实行个性化定价而追加的收益，从而获得更多的收益。实行个性化定价，信息产品供应商可以根据消费者的兴趣来代为设计一整套的信息产品，并相应采用不同的价格。

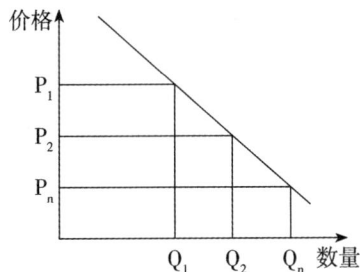

图7-9　个性化定价

　　然而，在现实世界中，有时很难完全实行个性化定价，最主要的原因就是难以确定某人愿意支付的最高价格。而且，即使企业了解每个消费者愿意为其产品支付多少价钱，如企业提供给一个消费者 C_1 的价格比另外一个消费者 C_2 的价格低，但要在市场上防止消费者 C_2 采用企业提供给消费者 C_1 的低价也是很困难的。而如果我们在销售中采用的技术是"一对一营销"，就可以安排多样的甚至个性化的价格。例如，在互联网上，我们就可以比较容易实现这种个性化定价。

　　不过，在实行这种策略时，我们还需要注意对信息产品本身及其价格都要实行个性化。这在互联网上也是比较容易实现的，因为在互联网上可以实现"一对一营销"。同时，在互联网上，我们可以充分了解消费者对商家的信息产品的兴趣所在。我们可以通过消费者在网络上的点击率、搜索习惯以及他们的注册信息等来分析其真正需要什么。然后，可以根据消费者对信息产品的不同评价、不同购买习惯以及其他特征来实行不同的价格。

2）版本定价

版本定价就是提供一个信息产品系列，让用户选择适合自己的产品版本。如图7-10所示，当顾客消费低级版本 Q_1 时，收费为 P_1；当消费者再购买高一点的版本 Q_2 时，收费为 P_2，依此类推，这样信息产品供应商就可以获得比单一定价 P_1 多的销售收入，如图7-10中阴影部分所示。

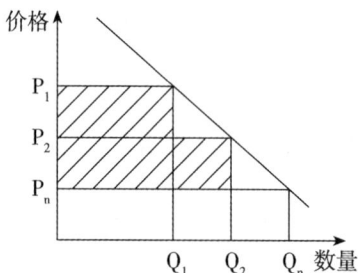

图7-10　版本定价

之所以要把产品划分为不同的档次和版本，是为了针对不同顾客群体的需求而采用不同的定价。信息产品的一些价值对某些客户极有意义，而对其他客户则没有什么重要性，这些价值就是划分档次和版本的关键。在软件工业中，软件往往按方便程度、容量、技术支持等划分为不同版本。

在实际运作中，供应商需要调整产品的特征，对消费者认为有价值的产品进行差别划分，对不同群体提供不同吸引力的版本。供应商还可以从不同方面对信息产品进行版本划分，如时间延迟、用户界面、图片分辨率、操作速度、格式、容量、完整性、技术和服务支持等。

3）群体定价

群体定价就是对不同的消费群体设置不同的价格。假定实行群体定价的信息产品供应商可以把其产品分割为两个市场——A市场和B市场，这两个市场的需求曲线如图7-11所示。为了得到尽可能多的收益，信息产品供应商的总产量由联合边际收益（CMR）与边际成本（MC）的交点决定。此时总产量等于各个分市场上的产量之和。在这个总产量水平上，生产最后一个单位信息产品追加的成本（MC）恰好等于在任意市场上出售该单位信息产品所能得到的追加收益（MR_A 或 MR_B）。厂商将它的总产量（OQ）用如下方法在两个市场之间进行分配：使每个市场销售的最后一个单位信息产品取得的收益，即边际收益相等，并都等于总产量的边际成本，即 $MR_A = MR_B = CMR - MC_C$。

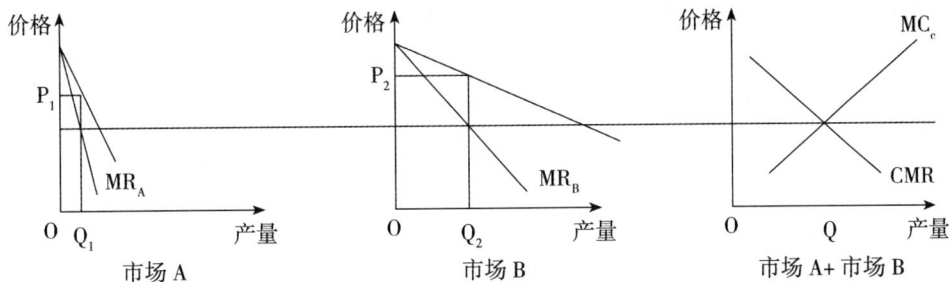

图7-11 群体定价

信息产品供应商要实行群体定价就是要在具有某种购买历史、邮政编码或其他行为方式的人提供不同价格的基础上，找出具有相同特征的人享受相同的价格条件，也就是把价格直接建立在群体特征的基础上。如果不同群体的成员对于价格的敏感程度有系统性差异，那么信息产品供应商就可以有利可图地向他们提供不同的价格。例如，向学生或老年人提供一定的优惠。另外，厂商在实行群体定价时，对不同的群体内部可以再实行版本定价。

群体定价最常见的原因是价格敏感因素，如果不同群体成员在价格敏感上表现出系统性差异，向他们提供不同的价格就有利可图。另一个重要原因是群体定价有利于建立长期的忠诚顾客基础。群体定价还往往会因为产品的共享程度不同而采取不同的价格，如以高价向图书馆出售但以低价向个人出售的图书。

4）捆绑销售定价

捆绑销售实质上是一种特殊的版本划分形式。在这种情况下，不同产品被包装在一起以统一价格进行销售，其价格通常比分开的组件价格之和低。捆绑销售之所以能赚钱，是因为对捆绑产品的支付意愿比对组件的支付意愿分散程度更低。

本章案例

三只松鼠的广告营销[①]

三只松鼠是一家以研发、销售坚果等食品为主的互联网品牌公司，是中国第一家定位于纯互联网食品品牌的企业，其2012年成立，2019年上市，被称为"坚果之王"。三只松鼠是如何快速打开市场并快速上市的呢？

三只松鼠作为一个线上零食品牌，凭借着抓住了现代网络发展方向和互联网浪潮，致力于打造一个互联网时代的生态农业产业链，不仅仅受益于线上网络红利，同时也成为在

---

① 三只松鼠官方网站：www.3songshu.com 或 www.sanzhisongshu.com。

互联网浪潮中崛起的优秀品牌之一。随着网络红利逐渐减少和公司品牌定位的调整，三只松鼠逐步将消费场景从传统的在线 B2C 转移到手机 App、微信小程序、社区电商等更多场景，以深度挖掘线上渠道的红利，提升三只松鼠的触达率，并完善品牌塑造。

与此同时，三只松鼠还与天猫、京东、苏宁易购、当当网、拼多多等主流第三方电商平台建立了稳定的合作关系，消费者可以通过网页、手机 App 等多种方式进行浏览和下单。这样的合作能够让消费者更加方便地获取到三只松鼠的产品，也为三只松鼠拓宽了销售渠道，增加了品牌的曝光度和市场份额。

在品牌打造方面，三只松鼠另辟蹊径，将品牌代言人"快乐三宝"人格化，为品牌塑造了鲜明且易于记忆的形象——"松鼠小酷"冷静理智、个性沉稳的特点就像坚硬的坚果一般，所以"松鼠小酷"代表坚果品类；"松鼠小贱"热情单纯、乐观随性的特点就像我们都喜欢吃的美味且高颜值的零食一般，所以，"松鼠小贱"代表零食品类；"松鼠小美"优雅温柔、外柔内刚的特点，就如同一朵鲜艳娇嫩的花茶一般，所以"松鼠小美"代表花茶品类。

在品牌宣传方面，三只松鼠通过动画、绘本、周边等多元化渠道不断丰富品牌内涵；并通过广告投放、社交媒体宣传、产品包装、影视剧植入、跨界合作、线上线下等方式与消费者进行高频次互动，拉近与消费者之间的距离，使消费者对三只松鼠这一以线上销售为主的品牌建立更加立体的印象。

"三只松鼠"建立了"以客户为主人"的核心价值观：公司在企业运营中充分践行了"主人"文化，客服人员以"主人"称呼消费者，给足消费者"满足感"的同时，还通过松鼠的可爱形象拉近了与消费者的距离。公司还创新性地在发出货品中随包装附送果壳袋、开箱器、湿纸巾等配套的物品，优化购物细节，为"主人"提供更加优质便利的服务。

三只松鼠的营销网络升级基于线上线下协同，能够更高效地为消费者提供更有针对性的产品和更便捷的服务，为长期发展奠定扎实基础。公司通过开设线下体验店的方式打造与消费者"零距离"的品牌及产品体验中心，构建线上线下联动的立体销售网络，挖掘更大潜力的消费群体，提升三只松鼠的品牌知名度和增加消费者黏性。

三只松鼠的营销模式分为三大模块："电商平台+自营 App+线下体验店"同步运营的营销模式。三只松鼠将拓宽产品销售渠道，对无线自营 App、线下体验店、全渠道信息化系统三个模块全面升级，借助三个模块构建线上线下相结合、产品销售与品牌推广并行的营销手段，为消费者带来更加立体、便捷的购物体验，使消费者在休闲和消费的同时将三只松鼠的品牌文化融入生活。

案例问题：

1. 三只松鼠的网络营销策略是什么？
2. 用经济学的边际效益原理分析网络营销产品的成本。

国货之光——花西子①

花西子，是中国崛起的美妆品牌，2017年创立于杭州，其核心理念为"东方彩妆，以花养妆"。2021年"6·18"年中购物节，花西子整体销售额达到了2.63亿元，预售期间就突破了亿元。而整个2021年总体销售额更是高达54亿元，成为京东、天猫、抖音、快手4个平台的彩妆类目的榜首，被称为"国货之光"。

在定价方面，花西子实行差异化的高价策略，定位中高端市场。完美日记、橘朵等国货彩妆等竞争产品，价格带为50~60元，而花西子将平均价格拉高到130元。

而2023年，花西子一度被推到了风口浪尖。花西子标价79元的眉笔，折合每克985元，部分网友统计发现，与日本知名眉笔植村秀同量对比，花西子价格更高。当然，花西子一直定位中高端，高价由其品牌价值定位决定。但其价值从何而来？

对此，花西子称其产品原料取材全球，不设成本限制，以提供更好产品为目标，2022年更是聘请资深科学家强化研发。但在彩妆领域，产品原料成本往往只占很小比例，真正能支撑溢价的，还是来自品牌的影响力。这需要在消费心智、渠道建设等多方面不断加强。

品牌溢价离不开营销造就，花西子依靠头部主播带货获得了很大的成功，成为淘宝系国妆的销量冠军，但单靠流量网红的推动作用并不长久。对于一个品牌来说，长期的成功需要更多的因素。

目前，花西子已经进军日本市场，与香奈儿粉饼价格相近，显示其高端定位。但这始终是一个过程，还需要经受市场检验。毕竟，以年轻品牌来说，花西子距离香奈儿这样的国际一线大牌，在知名度、美学积淀上还存在差距。

所以，对花西子来说，产品定价还是需要考量自身品牌影响力。价格不可超越消费者的心理认可度。花西子现阶段的高价策略，实则也依赖李佳琦等网红带货。这种依赖关系需要谨慎对待，不能形成价格虚高的局面。

总而言之，花西子的产品价格与其品牌定位和商业决策有关，但最终能否在市场上持续获得认可，还要看其内在产品力的提升。这需要花西子在研发、设计、品质控制等方面下足功夫，真正为消费者提供高品质的产品，而不能只依靠营销手段。

案例问题：

1. 试分析花西子高价策略的优劣。
2. 试着归纳高价策略和其他网络营销定价策略的异同。

---

① 花西子官方网站：www.HUAXIZI.com。

本章小结

首先，本章介绍了产品的概念、网络营销产品的特点以及面对的挑战。其次，本章重点介绍了网络营销价格定价策略中的各种方法，以及网上拍卖的特点和定价方式。最后，本章针对数字产品介绍了其特点及定价方法。

复习思考题

1. 什么是整体产品？以某一数字产品为例进行说明。
2. 运用产品生命周期理论，举例说明某一数字产品的生命周期。
3. 网络营销定价策略的内容包括哪些？分别有什么特点？
4. 网上拍卖的特点及定价方法是什么？举例说明。
5. 数字产品的特点和定价方法是什么？举例说明。

本章网站资源

［1］ 凡客 . https：//www.vancl.com.
［2］ eBay.http：//www.ebay.com.cn.
［3］ 淘宝网 .http：//www.taobao.com.

网上市场调查

第
8
章
o

8.1 网上市场调查概述

8.1.1 网上市场调查的概念

企业要想真正通过互联网创造价值，就必须先了解顾客。企业需要了解顾客是谁、他们需要什么、什么时候需要及为什么需要等。而企业对网络顾客的了解是建立在网上市场调查和分析的基础之上的。所谓网上市场调查，就是在互联网这一营销环境中，收集、整理和分析信息，达到了解顾客需要、市场机会、竞争对手、行业潮流、分销渠道及战略合作伙伴的目的。

互联网上有各种各样的信息资源，汇集了海量的信息。尽管有些传统的市场调研方法可以延伸到互联网上，但是网上市场调查也需要结合互联网的特性进行创新。目前，随着互联网应用的日渐普及，网络用户人数不断增加，以及网络调查软件的日益成熟，网上调查正逐渐成为主流的市场调查方式。欧洲许多国家，如意大利、法国等已经把互联网作为政治选举中进行民意调查的重要手段。

网上调查主要有两种方式：一种是网上直接市场调查，即利用问卷调查等方式收集一手资料；另一种是网上间接市场调查，即利用互联网的海量信息资源收集二手资料。

8.1.2 网上直接市场调查

网上直接市场调查的方法主要包括 Web 网站调查法、电子邮件法、社交媒体平台调查法、随机 IP 抽样法、计算机辅助访问法、专题讨论法及其他网上直接市场调查方法。

1）Web 网站调查法

企业将设计好的调查问卷放到自己的网站或者其他顾客流量较多的网站上进行调查。这种调查方法是非强制性的，当浏览者看到调查主题并对此感兴趣的话，他们就会点击回答调查问卷。在这种调查方式中，进行调查的企业相对比较被动，但由于这种方法不会冒犯顾客，所以是目前常用的一种网上市场调查方法。

2）电子邮件法

企业进行市场调查，电子邮件也不失为一个好的发放工具。企业把调查问卷或者指向调查问卷的链接通过电子邮件发送给顾客，顾客填写问卷或者点击指向问卷的链接来回答问题。与 Web 网站调查法相比较，在电子邮件法中，企业相对主动。但是，由于考虑到垃圾邮件和顾客隐私权问题，这种调查必须针对同意接受调查的顾客，也就是说，必须约束在许可电子邮件的范畴之内。

3）社交媒体平台调查法

除电子邮件外，微信、微博、小红书、微信公众号等社交媒体也是发放问卷的绝佳平台。这些平台具有广泛的用户基础和强大的社交网络效应，可以帮助企业快速传播问卷并吸引更多的受众参与调查。但是，这种方式也存在一定弊端。首先，社交媒体平台上的用户可能并不代表整个人群的横截面。这些用户可能具有特定的兴趣、背景和行为特征，不能代表整个目标受众。这就导致了样本的偏倚，使得调查结果可能无法反映出整体人群的真实情况。其次，在社交媒体平台上进行问卷调查，难以控制回收样本的质量，因此我们需要事后对回收到的问卷进行严格的筛选工作，排除掉无效数据和异常样本。

4）随机 IP 抽样法

随机 IP 抽样法是一种企业通过随机抽取 IP 地址作为样本的调查方法。随机 IP 抽样法属于主动调查法，其理论基础是随机抽样。利用该方法可以进行纯随机抽样，也可以依据一定的分类标准进行分层抽样和分段抽样。需要注意的是，随机抽样不是随便抽样，企业需要在拥有总体 IP 地址的情况下进行随机抽样。而且，企业必须了解每个 IP 地址的相关背景信息。如果无法做到这一点，企业的样本就会存在问题，调查结果也会缺乏可信度。

5）计算机辅助访问法

企业通过基于 Web 的计算机辅助访问（computer assisted web interviewing，CAWI），将分散在不同地域的被调查者通过互联网视频会议功能虚拟地组织起来，在主持人的引导下讨论调查问题。CAWI 实际上就是 CAPI 技术在互联网上的应用。这种调查方法通常向被调查人员发送一份电子邮件，在邮件中能链接到调查公司设计的可由被调查者自行填写的调查问卷。

6）专题讨论法

上述几种调查方法主要为问卷调查法。问卷调查法比较客观、直接，但很难针对特定的目标受众。为了深度分析，企业通过专题论坛就某一问题进行调查。现在很多论坛都提供"发起调查"功能，用户可以就某一个观点或者问题自发进行调查。这对于企业了解某些特定顾客的特定问题比较有帮助。但"发起调查"功能通常提供的调查选项比较少，一般限制在 10 个以内。所以对于一些复杂的统计分析软件而言，调查问题过少会导致无法进行高层次的统计分析。

7）其他网上直接市场调查方法

随着社会性网络服务（social networking services，SNS）的发展，企业通过微博、微信等 SNS 网站与工具建立了与顾客以及潜在顾客的直接联系，通过 SNS 投票组件可以对顾客群体进行直接的市场调查研究。社会网络投票组件的优点在于目标群体明确、操作简明，在市场调查的同时进一步稳固与顾客的营销关系；其缺点在于调查选项较少，难以触及已有顾客群体以外的新客户市场。

8.1.3　网上间接市场调查

1）网上间接市场调查概述

网上间接市场调查主要是利用互联网收集与企业营销相关的市场、竞争者、消费者及宏观环境等方面的信息。网上间接市场调查渠道主要包括网站、论坛、E-mail、社交媒体等。间接信息主要包括企业内部信息和企业外部信息。

企业内部信息主要包括企业自己通过 E-mail、会议、培训等方式收集、整理的销售记录、顾客资料等信息。企业内部信息的收集渠道主要包括由上而下（布置任务和发布信息）、由下而上（汇报和投诉）及横向传递（不同部门职别雷同的岗位之间进行传递）3种方式。

企业外部的市场信息源很多，主要是国内外有关的公共机构以及专业化市场调查公司。这些机构或组织提供的信息主要包括媒体对企业本身、竞争者、产业上下游的报道；或者顾客、供应厂商、竞争者的网页内容、新闻稿、商情信息、专利说明书，以及研究机构的论文、技术报告、产业分析等。

进行市场调研的网络工具有很多，除了我们常用的谷歌和百度之外，下列搜索引擎也是进行网络调研很好的工具：搜狐搜索引擎、新浪搜索引擎、网易搜索引擎、微软必应搜索等。

2）内容聚集商

内容聚集商（content aggregators）是指专业化的互联网市场调查公司。这些市场调查公司拥有专业化数据库，从各种渠道、来源收集并汇集了大量信息，然后通过在线的方式销售给顾客。内容聚集商是一种重要的企业外部信息来源。就内容聚集商的发展情况而言，我国的专业互联网市场调查公司发展较晚，而且在数量和质量上与国外还难以相比，但已有一些专门从事网上调研的国内互联网市场调查公司已逐渐发展起来，如数据服务型网上调查公司（如我要调查网，http：//www.51diaocha.com/）、付费调查网站（如问卷星，https：//www.wjx.cn/）等。

8.1.4　网上市场调查的特点

1）网上信息资源海量但分散

互联网是一个分布式的网络结构，各种信息存储在世界各国的服务器和主机上。2023年全球网站数量已经超过了20亿个。如此庞大的网络资源构成了前所未有的数据仓库。所以，对于市场调查而言，已经不再是使不使用互联网进行市场调查，而是如何运用互联网进行调查的问题。

海量的信息给企业所带来的问题是：企业收集信息的成本不断增加，企业难以从海量的信息中找到对自己有用的信息。GVU 的互联网调查报告显示，只有49%的用户能够在互联网上找到想要的信息。虽然这些用户中不乏专业高手，也只有16%的用户一直能找到想要的信息。

2）垃圾信息较多

互联网的开放性使得人们可以自由地在网上发布各种各样的信息。因此，各种有价值的信息和无价值的信息充斥着互联网络空间。但是由于搜索引擎的智能化程度还远不能达到人们的要求，所以无法对信息进行智能化的选择和过滤。在任何一个搜索引擎上输入一个常用的关键词都会产生上千条甚至上万条链接，而其中大部分信息是冗余信息。由于事实上用户根本不可能采用人工的方式浏览所有的网页来进行信息的选择，所以垃圾信息的产生在所难免。

3）各种检索软件检索方法不统一

目前，还没有任何一种检索工具能够提供对网络信息的全面检索。各种检索软件使用的检索符号和对检索方式的要求不一样。例如，如果要检索 internet 和 marketing 主题的文件，其检索式为"internet and marketing"。对于上述检索要求，不同的检索软件使用的符号是不一样的。有些搜索引擎的简单检索用 "+" 号，高级检索用 "&" 号；有些搜索引擎用 "." 号；有些搜索引擎用 "and " 或 "+" 号等。由于各种检索软件对符号的规定不同，所以给检索带来了困难，给用户的使用造成了很多不便。在检索式的组成上，不同的检索软件也有不同的要求，如有的搜索引擎要求用户在写检索主题时尽可能详细，而有的则要求用户尽可能以简短的词来表示查询主题；有的检索软件要求用户将人名和专有名词都大写，而有的则大小写都可以。

4）隐私性

出于安全性和隐私性等方面的考虑，许多人不愿意在互联网上透露个人信息，所以进行网上市场调查尽管在基本原则、基本方法上与传统市场调查是一致的，但由于网上市场调查自身的特点，市场调查人员需要充分考虑互联网的性质，建立起适合网上市场的调查体系和方法。

8.1.5　网上市场调查的主要内容

对于特定目标市场需求的调查可以通过搜索引擎关键词的查询热度进行预测，可通过百度指数（http：//index/baidu.com）、谷歌趋势（http：//www.google.cn/trends）、谷歌 AdWords 点击量估算工具和谷歌关键词工具等网站与工具进行查询。

结合网上市场的特点，网上市场调查一般应包括以下几个方面的内容：

1）市场需求研究

市场需求调查包括两个方面的内容：其一，消费需求量调查。消费需求量直接决定市场规模的大小。影响需求量的主要因素包括货币收入、人口数量等。其二，消费结构调查。消费结构是指消费者将货币收入用于不同商品的比例，它决定了消费者的消费取向。对消费结构的调查包括人口构成、家庭规模和构成、收入增长状况、商品供应状况以及价格变化等。

随着电子商务的出现，消费者的消费观念、消费方式和消费者的地位正在发生重要变化，消费者的控制权和主导权日益增加。此外，消费者挑选商品的空间不断扩大，选择余地增多，消费者的购买行为也更加理性。一般而言，网上市场需求主要有以下几个方面的特点：

（1）个性化需求增加。

由于工业化大生产、规模经济和标准化生产的原因，尽管物质资料极为丰富，但是消费者的个性日益丧失。随着互联网的出现，消费者可以在全球范围内进行产品的比较和选择，并可以设计自己的产品，市场又开始向个性化消费回归。可以预见的是，在网络时代，个性化消费将成为市场的主流。

（2）消费者的主动性增强。

随着社会化分工日益细化和专业化，消费者感知的消费风险日益上升。在互联网出现之前，消费者无法成为每一种商品的专家，而且无从获得关于欲购买商品的信息。随着互联网的出现，消费者通常在购买重要的商品之前，会通过互联网这一重要的信息渠道收集商品的价格信息或特征信息等各方面的信息。这种查询和分析，能够减少消费者的信息不对称，并在很大程度上消除查询前的感知风险。消费的主动性有利于提高消费者对产品的信任程度并使之获得心理上的满足感。

（3）消费者理性化增强。

互联网上海量的信息空间以及智能购物代理、搜索引擎的出现为消费者选择商品提供了前所未有的理性选择途径。消费者可以利用互联网上的各种信息来源对准备购买的商品进行比较，根据性价比来决定是否购买。

2）市场供给分析

市场供给分析主要包括生产状况分析、进出口分析、价格结构分析和竞争态势评估等项目。

3）消费者行为的研究

对消费者行为的研究仍然需要借用传统市场营销的相关理论，因为消费者在本质上没有发生什么变化，只是更多地利用了网络的特性。欲获取网络消费者行为的一些统计数据，可以访问 https：//www.cnnic.net.cn。

影响消费者行为的因素主要有三大类：消费者自身因素、环境因素和企业市场营销因素。消费者行为研究就是分析这三类因素的变化对消费者行为的影响。

（1）消费者自身因素。

网络用户的数量、人口统计特征等与现实生活中的人口是不一样的，所以在决定进行网上营销时，企业需要查明哪些人上了网，并将其与企业在营销过程中试图接触到的人群进行比较，然后企业才能确定在网上需要付出多少努力，以与期望的回报相适应。

根据科特勒的观点，消费者调查有7个要点，也称为7Os，即市场构成者（occupants，上网用户概貌）、购买目标（objects，购买什么）、购买目的（objectives，为什么购买），购买活动的参与者（organization，哪些人参与了购买过程），购买过程（operations，如何购买），购买时机（opportunity，何时购买），购买地点（outlets，在何处购买）（见表8-1）。

表8-1 消费者调查与网络消费者调查

消费者调查的7个要点	网络消费者调查的应用
市场构成者	上网用户概貌：用户总人数、用户的地域分布、上网人群使用的语言、用户性别、用户的收入情况、用户的年龄情况、用户的工作领域、平均上网时间、用户的受教育情况等
购买目标	购买什么
购买目的	为什么购买
购买活动的参与者	哪些人参与了购买过程
购买过程	如何购买：上网用户的计算机类型、使用何种操作系统、用户在家里还是在单位上网、接入方式如何、使用的显示器多大
购买时机	何时购买
购买地点	在何处购买：经常买东西的电子商务网站

传统的消费者调查强调人口统计和消费心理数据的收集。然而，在信息时代，技术对消费者购买行为的重大影响要求企业获得更多的消费者信息，特别是技术在消费者生活中的重要性等信息。这被称为消费者技术统计学，即指消费者使用技术的动机、使用特征以及对技术的态度等信息构成的分支学科。[1]

（2）环境因素。

环境因素是指消费者外部世界所有物质和社会要素的总和，包括有形的物体，如商品和商场；空间关系，如消费者与商场的空间距离、商场的位置及商品在商场中的位置；其他人的社会行为，如周围是什么样的人、他们在想什么、做什么等。环境因素是影响消费者心理与行为的重要因素。例如，商场的装潢、与消费者住所的距离远近、前往商场的路途交通状况、周围的人对该商场的评价及是否乐意到该商场购物等都会影响消费者的购买决策。许多营销人员比较重视可视环境（也称功能环境），因为它直接影响消费者的行为，但是对非可视环境的研究不能忽视。随着现代科学技术和通信技术的发展，互联网已逐步进入人们的生活，为人们创造了一个全新的信息环境——网络环境。所谓网络环境，是指在电子计算机与现代通信技术相结合的基础上构建的宽带、高速、综合、广域型数字式电信网络。

---

① 弗瑞斯特.网上市场调查［M］.李进，杨哲慧，成栋，译.北京：机械工业出版社，2002.

在网络环境中,原有的信息获取方式将发生重大变化,分散在不同地理位置的不同信息资源以数字化的方式存储,通过网络互联,人们在任何一个终端都能获取所需要的信息。这样的环境不仅有利于信息的收集与存储,也方便了用户查询信息。这种不用考虑信息的地理存储位置、查询信息的网络环境,是传统的信息环境所无法比拟的。

中国互联网信息中心历年的调查表明,随着互联网的普及,我国的网络环境已初步形成,互联网以前所未有的发展规模,将用户、信息和信息系统联系在一起,为企业创造了新的发展机遇。

根据环境因素的空间覆盖范围和影响人数的多少,环境因素可分为微观环境因素和宏观环境因素两个层次。微观环境因素是指消费者直接接触到的、具体的物质因素和社会因素的总和。例如,商场的购物环境、人员流动情况、售货员的服务技能和态度、家人和朋友对某商品的看法等看似较小的因素都会影响消费者的特定行为。宏观环境因素是指大规模的、具有普遍性的、影响广泛的物质环境和社会环境的总和,包括人口因素、经济因素、政治法律因素、社会文化因素、自然因素和科学技术因素等。宏观环境监测的四种类型见表8-2。

表8-2 宏观环境监测的四种类型[1]

类型	定义	举例
随意浏览	不带任何目的地进行探索性的浏览,有很多差异很大的信息源。这种监测一般是肤浅的,大部分信息都会被观察者所忽略	随意浏览不同的电视频道;随意翻阅杂志;在互联网上冲浪
受限浏览	调查者在调查计划的指导下对特定领域或特定信息的消极观察。这种观察通常表明某些领域需要进一步的调查。受限浏览和随意浏览的最大区别是,受限浏览的观察者如果对某些信息更为敏感,他们会随时评价这些信息的重要性	浏览报道特定专题的报纸专栏、期刊和网站
非正式调查	为了获得特定信息进行的有限的、非结构化的调查。它和受限浏览的最大区别在于,非正式调查积极地搜寻所需的信息。非正式调查有多种形式,包括主动地寻找信息、加强对相关信息源的关注或采取行动以获得更多的所需信息	观察新产品定价策略对销售额的影响;按类别或一般关键词检索互联网
正式调查	为收集特定信息而采用的完善的调查方法,这种调查方法通常遵循预先确定的计划、程序或方法来实施。正式调查与非正式调查的最大区别在于,它是经过认真计划的。企业的研究开发部门开展的很多活动以及企业收购特别小组实施的调查都属于正式调查	系统地收集信息以评价一项将要发生的企业收购行为;按特定的关键词检索网站

---

① 弗瑞斯特.网上市场调查 [M]. 李进,杨哲慧,成栋,译.北京:机械工业出版社,2002.

（3）企业市场营销因素。

企业市场营销因素包括企业营销战略、产品策略、价格策略、渠道策略和促销策略等。下文将进行详细介绍。

4）营销因素研究

（1）产品调查。

产品调查包括四个方面的内容：其一，产品生产能力调查，主要包括原材料来源、生产设施的现代化程度、技术水平情况、资金状况、人员素质等；其二，产品实体调查，主要包括产品的规格、颜色及图案、味道、式样和类型、性能等；其三，产品的包装调查；其四，产品的生命周期调查。

（2）价格调查。

价格调查包括目标市场的不同阶层顾客对产品的需求程度、竞争产品的定价水平及销售量、采用浮动价格是否合适、目标市场的不同消费者对产品价格的要求、现有定价能否使企业盈利，以及在同类企业中居于什么样的地位。价格对产品的销售量和企业盈利的大小都有着重要的影响。

（3）分销渠道研究。

分销渠道是指商品从生产领域进入消费领域所经过的通道。市场营销中大体有三种分销渠道，即直接卖给用户、通过商品经销商（批发商、零售商）卖给用户、委托代理商负责推销。市场调查需要研究的是，哪一种分销方式最能有效地辐射商品，使更多的商品进入市场，并使更多的消费者了解和认可商品。

（4）促销策略研究。

促销活动包括广告、公关、现场演示、有奖销售等一系列方式。根据产品的不同情况，采用哪一种或几种方式更能促进产品销售，就需要根据调查资料进行决策了。

5）竞争对手研究

竞争者信息的收集工作是指企业系统地寻找并收集关于现有和潜在竞争对手的及时的、相关的信息。在网络营销中，竞争十分激烈，企业要在竞争中取胜，必须"知己知彼"，需要充分地掌握同行业竞争对手的情况，并以此为借鉴，扬长避短，充分发挥企业的竞争优势。当然，如果网络营销对企业可有可无，如排水管道公司，就可以不考虑竞争对手的情况了。但是对于绝大多数企业而言，非常有必要了解以网络为基础的竞争对手的情况。

（1）主要内容。

① 市场上的主要竞争对手及其市场占有率情况。

② 竞争对手在经营、产品技术等方面的特点。

③ 竞争对手的产品、新产品水平及其发展情况。

④ 竞争者的分销渠道、产品价格策略、广告策略、销售推广策略等情况。

⑤ 竞争者的服务水平等。

可以创建一张图表，将上述内容量化：用"是"或"不是"来回答问题，而不是使用"糟糕""缓慢"这样的词。根据客观事实更容易作出客观的判断。

对比的方面主要包括网址、网页数、用于接收反馈信息的电子邮件地址、网上销售数据、图表利用、多媒体利用、推送技术的利用等。以下是一个简单的例子，见表8-3。

表8-3 竞争对手情况分析

对比项目	甲公司	乙公司	丙公司
网站	没有	有	有
微信公众号	没有	没有	有
微博	没有	有	有
在线服务论坛	有	没有	有
网址	无	有	有
网页数	无	12个	几十个

做完上述比较之后，对每个竞争对手进行详细分析，列出各个竞争对手网站的主要评价指标，如公司介绍、产品、新闻、技术支持及信息反馈等。最后，写出总体感觉并列出竞争对手的优缺点。

（2）分析步骤。

①选择关键词和搜索引擎。

利用所有的相关关键词和喜爱的搜索引擎进行一系列的互联网搜索。通过Alexa排名工具、谷歌Adplanner工具等网站流量排名查询工具，可以大致地了解竞争对手的网站经营情况。

②搜索竞争者网站。

竞争者的网站会透露企业当前及未来的营销战略。这主要包括以下几个方面：风格、内容（年度报告、出版物、产品信息、人才招募计划等）、主要特色、促销战略、讨论组及顾客对竞争者的评论等。这个工作可以由自己来完成，也可以外包给专业公司。

③搜索第三方网站。

其一，搜索贸易协会。贸易协会可以提供没有偏见的竞争者信息。这种信息可以作为从竞争者网站获得的信息的补充。其二，一些个人网站上也会有相关的信息。其三，通过一些信息服务平台、新闻来收集竞争对手的相关信息。其四，外购竞争者信息。

④对竞争者的客户进行调查。

首先通过微信公众号、微博来确定竞争者的客户，然后在线调查竞争者的品牌形象、品牌特性、品牌资产、广告和促销的效果。找到竞争者的客户的难易程度取决于产品的类型。

8.1.6　网上市场调查的步骤

不管市场调查要收集什么样的信息，以及市场调查通过什么样的方式进行，一般而言，都要经过以下几个阶段：

1）提出问题，明确调查目的

提出问题是市场调查的首要工作。在调查中，要想确定调查目标，首先要清楚以下几个问题：为什么要调查（调查的目的）；在调查中想要了解什么；调查结果有什么样的用途；谁想知道调查的结果。

2）非正式调查

非正式调查也称预调查或试验性调查。在调查目的基本确立之后，调查人员可以通过与消费者、生产商、零售商、分销商等进行非正式访谈，以增进调查人员对市场的了解，并对调查目标进行修正。

3）制订调查计划

（1）选择资料收集的方法。

利用互联网进行资料收集是一种非常有效的方式。如前文所述，资料分为一手资料和二手资料。前者适用于推定消费者的喜好及分析其他特质，如许多企业在网站上设置在线调查表，用以收集用户反馈信息。在线调查常用于产品调查、消费者行为调查、顾客意见、品牌形象调查等方面，是获得第一手调研资料的有效工具。但如何提高在线调查结果的质量，是开展网上市场调研的关键。后者适合测定销售量和分析其他市场。在选择二手资料时，要考虑资料的可信度、正确性以及是否符合本次调查的目的。二手资料的收集可以采用常用的询问法、观测法及实验法等。在收集资料前，为了便于资料的统计和处理，应当使用标准化的格式。

（2）样本的选择与控制。

根据调查的目的确定调查群体、样本性质、大小及分配，如调查地点、调查人群等。在抽样时需要注意，调查者首先需要掌握被调查群体总体的 E-mail 或 IP 地址，然后再进行随机抽样。如果做不到这一点，就无法达到随机抽样的要求。

（3）调查方法的选择。

网上市场调查可以使用专题讨论法、问卷调查法和实验法。专题讨论法是借用邮件列表讨论组和网上论坛及其中的"发起调查"功能进行的。问卷调查法可以使用 E-mail 问卷、在社交媒体平台发布问卷以及在网站上发布在线问卷的形式。实验法则是选择多个可比的主体组，分别赋予不同的实验方案，控制外部变量，并检查所观察到的差异是否具有统计上的显著性。这种方法与传统的市场调查所采用的原理是一致的，只是手段和内容有差别。

（4）预试。

在大规模调查前先进行小规模调查，以找出调查问卷的缺点。

4）编制调查计划表

在调查计划确定之后，应当编制调查计划表。在调查计划表之下，可以制定调查时间表、调查费用表等分表（见表8-4）。

表8-4　　　　　　　　　　　　　　　　　调查计划表

调查目的	为什么调查、需要了解什么、有何用途
调查方法	问卷法、询问法、电话法、邮寄法、观察法等
调查地区	被调查者居住地区、居住范围
调查对象、样本	对象的选定（姓名等）、样本数量、样本选取
调查时间、地点	所需时间、开始日期、完成日期、在外调查时间等
调查项目	调查表的内容
提交调查报告	报告书的形式、份数、内容、中间报告、最终报告
调查进度表	策划、实施、统计、分析、提交报告书
调查费用	各项开支数目（资料费、文件费、差旅费、统计费、劳务费等）
调查人员	策划人员、调查人员、负责人

5）调查数据的汇总、整理和分析

将调查结果中不正确、不真实的部分去掉，然后统一计量单位，并进行适当的分类，利用统计分析工具进行统计分析，解释统计结果的含义，并提出相应的政策建议。具体内容可以参见与市场调查有关的书籍。

6）最终市场调研报告的撰写

市场调研报告的结构主要包括题目版面、序言（调研报告的目的）、内容提要版面、调研报告正文、主要的结论（一系列简短的陈述）、调研的细节、调研结果（正文、表格、图表）、调研结果小结、结论和建议、参考资料、附录。

8.2　网上市场调查的实施

8.2.1　网上问卷调查方法

网上问卷调查方法是将问卷在网上发布，被调查对象通过Internet完成问卷调查的方法。下面对电子邮件调查、社交媒体平台调查和Web页面（网站）调查进行一些补充说明。

1）电子邮件调查

（1）电子邮件调查及其特点。

电子邮件调查就是使用纯文本（ASCII码）或附件或HTML格式进行问卷调查，应答者把答案输入到指定的地方，并在回答完毕后将问卷回复给调研机构，由专门的程序进行问卷准备、列出E-mail地址和收集数据。这种问卷调查的优点是问卷制作方便，分发迅速，不需要专门技术。另外，这种方法能防止用户的重复应答，除非应答者有几个不同的电子邮件地址。

这种方法的缺点是在调查问卷反馈之前，没办法检查应答错误，因此调查者不可能要求数据的再次输入，除非应答者自己寄一封电子邮件要求再填一次问卷。如果使用专门的软件把数据直接输入数据库，漏答的问题和毁坏的文本需要代价高昂的手工编码；否则，需要把所有的调查问卷打印出来并将结果一一手工编码。

此外，由于用户使用的电子邮件软件多种多样，所以在用电子邮件进行调查时，被调查者看到的问卷可能不是发送的原件。格式、空格和换行可能会被歪曲，对被调查者填写问卷造成困难。

（2）电子邮件调查应注意的问题。

① 应当把主要的信息和调查的重点放在第一屏可以看到的范围内。

② 把文件标题作为邮件主题。主题是收件人首先可以看到的，如果主题富有吸引力，而且新颖，可以激发兴趣，则会促使他们打开电子邮件，这一点非常重要。

③ 调查问卷应当简洁。在使用传统营销手段时，一般推销文章越长越有说服力，但电子邮件不同。这是因为电子邮件信息的处理方法不同于印刷资料，尤其是有一大堆邮件需要整理时。因此必须了解这一新兴媒体的特点，尽量节约收件人的处理时间。不要滥用多种字体，尽量使电子邮件简单明了，易于浏览和阅读。

2）社交媒体平台调查

社交媒体平台调查是指在社交媒体平台上进行的一种调研方法，根据目标受众和调研需求选择合适的社交媒体平台，如微博、微信群、QQ群等。通过制作并发布问卷调查来收集用户对某一特定主题或问题的意见、看法和反馈。这种调研方法通过利用社交媒体平台的广大用户群体和信息传播效应，可以高效地获取大量的有效数据。

社交媒体问卷调查法的优势包括高效、低成本、便捷和广泛覆盖用户等特点。然而，也需要注意样本的准确性和代表性，以及部分用户对于问卷调查的信任度和回答真实性的影响等问题。

3）Web页面调查

采用动态网页技术，将问卷设计者、服务器、数据库结合起来。当用户访问网站时，其可以在表格上进行填写，填写的内容可以自动地存入数据库。

这三种方式实质上是一样的，都是通过问卷的方式进行调查。因此，问卷的设计就成为关键。所有优秀的电子问卷调查软件都可以把原始数据转换成微软的Access和Excel等电子数据库格式。市场调查者应该确保自己所用的程序具有这种功能，否则就要人工输入收集的数据，这样使用电子问卷调查就没有什么意义了。

8.2.2　在线调查方法的特点[①]

自有了互联网以来，人们就在探寻如何对消费者进行在线调查。人们一直希望能够利用互联网收集数据并从事定量分析，以准确地了解消费者对企业在线产品和服务的态度与看法。但是，要达到上述目标对研究者来说是一个巨大的挑战。事实证明，我们并不能如自己所愿地与在线消费者进行接触和沟通，也很难保证在线收集的数据具有一般性和代表性。所以，尽管从1987年开始，互联网就被用于数据收集，但是效果并不明显。即便是涉及在线调查方法的文献和书籍，也主要偏重于定性研究，大多是把传统市场营销学中的市场调查方法进行了延伸和拓展，给人似是而非的感觉。因此，我们需要认真研究在线调查的自身特点和基本方法，以正确认识目前在线调查所面临的问题和发展取向。

1）在线调查定量分析的核心——调查样本的确定

不管在线调查的对象如何，不论采用何种在线调查的具体手段，也不论利用何种数学工具对调查结果进行分析，对在线调查而言，最重要的是确定样本。根据样本的确定情况，在线调查方法可以分为两类：基于概率样本的在线调查和基于非概率样本的在线调查。

（1）基于概率样本的在线调查。

① 截取调查。该样本取自网站的访问者。与已有的投票调查法相类似，截取调查以网站的访问者为目标，其所采取的方式是，邀请网站的第 N 个访问者参与投票。[②]

② 以名单为基础的样本。这种方法的样本框架是以已有的名单为基础，如教师、工作人员或者学生的名单。调查人员随机地向这些名单中的成员发送参与调查的邀请以及调查问卷。

③ 混合调查法。调查人员通过邮寄或者电话的方式来发布调查信息，被调查人员利用网络或电子邮件来进行回答。[③]这种调查方式所选取的样本与电话或者邮寄调查方式所选取的样本人群类似，但被调查者所负担的成本下降了。

④ 事先确定样本法。事先确定好被调查者，如果被调查者是非网络用户的话，则需要为其提供上网条件，使其能够在线回答问卷。这种方法被认为是从所有人口中获得概率样本的唯一的方法。

（2）基于非概率样本的在线调查。

基于非概率样本的在线调查通常意在了解用户一般性的观点，可以在网站上以任何方式出现。

---

① 对于"在线调查"，通常有多种解释，本书仅指利用互联网对网络用户（在线用户）进行调查。
② N是一个任意数，比如5 100，根据网站的实际访问量确定。
③ 因为被调查者通常更愿意以网络或电子邮件的方式来回答问卷。

① 娱乐性调查法。门户网站或者新闻网站常采用此方法。这类网站一般没有进入限制，网络用户比较喜欢并经常访问此类网站。这类网站通常对一些大众关心的问题进行调查（例如，关于国足选帅的调查），而网站浏览者点击一下鼠标就可以进行回答。

② 志愿者选择模式。通过网站（通常是门户网站）上的旗帜广告来招募志愿者，点击广告的志愿者会被邀请参与网络或电子邮件调查。

上文所述基本上包括了目前所采用的在线调查方法。尽管还有其他一些在线调查的方法，但是研究发现，在过去的几年中互联网很少被用来收集可供定量分析的数据。这种现象是什么原因造成的呢？要回答这个问题，就需要对互联网在线调查的优劣进行分析。

2）在线调查的优势分析

相对于传统的市场调查而言，在线调查通常被认为具有以下优点：

（1）在线调查的广泛性。

互联网本身所具有的技术特点保证了在线调查的广泛性。根据 CNNIC 第 46 次《中国互联网发展状况统计报告》，截至 2023 年 6 月，我国网民规模达到了 10.97 亿人，互联网普及率约为 67%，此外，由于绝大多数上网用户都拥有电子邮箱，因此在线调查被认为是非常容易进行的。

（2）易于回复。

在进行在线调查时，被调查者可以选择多种方式进行回复。以电子邮件调查为例，被调查者可以通过电子邮件回复，也可以把问卷打印出来填写，然后将答卷邮寄或者传真给调查人员。现在，可以在发送给被调查者的电子邮件中给出一个链接，让被调查者链接到网站上，并直接填写 Web 表单。

网络调查易于回复的特性加快了问卷的反馈速度，大多数电子邮件调查在 24～48 小时都可以得到反馈，这也使回复率得以提高。

（3）低成本。

在线调查可以降低分发调查问卷的成本，调查者不需要支付邮资和打印成本。此外，在互联网发展的早期（1997 年左右），调查人员通过搜索引擎可以免费获得网络用户的电子邮件地址。

（4）保证被调查者的匿名性。

匿名性和隐私性对于许多被调查者而言是至关重要的。匿名性的保证将直接影响调查的回复率。在线调查可以保证被调查者的匿名性，特别是当调查不需要进行用户注册时。

（5）保证调查的准确性和客观性。

由于利用网络调查，被调查者所输入的数据可以被直接导入数据库进行分析，所以网络调查能够降低调查人员对答案产生误解的可能性，尤其是相对于电话调查或面对面会谈而言。

此外，在线调查有助于降低被调查者对调查人员产生偏见的可能性，调查人员在网络上的形象几乎不会影响被调查者的答案。

3）在线调查面临的问题

随着互联网经济的不断发展，在线调查面临着许多新的问题。有些被认为是在线调查与生俱来的优势（如低成本）也在悄然发生着变化。

（1）调查对象是否具有普遍性。

根据 CNNIC 的统计资料，我国网民数量虽然庞大，但主要集中在发达地区而且用户类型比较集中。因此，这样一个以互联网为基础的样本就不可能从整体上代表中国人口的一般性。

（2）样本偏倚。

首先，在线问卷调查是自愿参与的，参与者决定是否填写问卷。这可能导致某些群体更倾向于参与，而其他群体可能被忽略。例如，某些人群可能对特定主题更感兴趣或有更强烈的观点，因此更有动力参与调查，而其他人群可能对该主题不太感兴趣或没有时间填写问卷。

其次，在线问卷调查需要电子设备和互联网连接，这可能导致数字鸿沟现象。一些群体可能没有适当的设备或互联网接入，因此无法参与在线调查。这可能导致某些特定群体在样本中被忽略，从而产生偏倚。

再次，不同社会群体之间存在认知、文化水平、社会经济地位等方面的差异，这也会导致在线问卷调查的样本偏倚。某些群体可能更有意愿参与调查，而其他群体可能由于种种原因而被忽略。

最后，在线问卷调查通常通过社交媒体、电子邮件、论坛等渠道传播。这些渠道可能有其特定的用户群体，可能导致样本在年龄、教育程度和兴趣等方面存在偏倚。例如，如果使用某个社交媒体平台进行调查，只有使用该平台的用户才有机会知道和参与调查。

（3）多次回复。

技术手段还不能阻止被调查者多次就某一个问卷进行回答，所以存在着某一个被调查者多次回答的可能性。也就是说，任何人都可以在任何时候对网络调查问卷进行回答。因此，调查者不可能评估实际回复率，网络调查结果的权威性也就值得怀疑了。

有以下几种方法可以防止重复回复：

① Cookie：只要用户不关掉此系统，并在同一台电脑上完成问卷，它就可以发挥功效。

② IP：可建立公共网关接口防止在同样的 IP 地址重复作答。但是，如果用户断开连接，然后再登录，他们就会有不同的 IP 地址。

③ 唯一的统一资源定位符：用电子邮件发送邀请时，就建立了唯一的统一资源定位符系统，这样每个用户就会得到独有的资源定位符地址。比如：http://www.domain.com/cgi-bin/survey.pl? 12345，这里 12345 是连接时必需的、唯一的、不连续的 ID 数字。如果用户删掉了数字，就无法进入问卷调查；如果改变了数字，则要花费几个小时去猜另外一个有效的数字。

④ 唯一的密码：建立用户名/密码的组合系统可使每个用户名/密码只参与一次。可以重复作答，但一旦用户名/密码在数据中被捕捉到，则以后重复的回答将被删除。

⑤ 事后清除：先允许重复作答然后清除它们可能是最简单的办法了。追踪重复作答也并非难事，只要分析 IP 地址、浏览器类型、个人信息和打字模式等几个指标就可以了。[①]

（4）样本容量不足。

在线问卷调查通常需要尽可能多的参与者来获得可靠的结果。如果参与者数量不够，可能无法对整个目标群体进行良好的代表性抽样，从而降低研究结论的可信度。

另外，有些参与者可能对一些敏感或私人的问题不愿意如实回答，或者出于社会期许而提供希望被接受的回答。这可能导致数据的失真。

（5）调查结果是否具有一般性：概率样本与非概率样本的争论。

非概率样本的研究通常遵循这样一个原则，即实际回复的数量越多，回复就越具有代表性。要获得大量的回复，其中一个最有效的方法就是在网站上的不同地方采用不同的方式对网络用户进行调查，比如旗帜广告等。

但是，大量的回复也并不一定能保证一个稳定的和具有代表性的人群。

Tierney 对一个旅游网站进行了调查。网站所收集的关于访问者的数据来自两个方面：一是网站的访问者自己所提供的信息；二是网站所获得的实际信息。他将这两方面的信息进行了比较，结果发现：如果回复者与未回复者存在着很大的差异，那么即便网络调查所获得的样本再大也是没有任何意义的。因此，Tierney 建议慎重考虑使用非概率的方法。

与此相反，Witte、Amoroso 和 Howard 建议采用非概率样本。他们认为随机性只是让人们觉得样本代表了人口的一般性，但实际上随机性也无法保证样本的代表性。为了说明这一问题，他们列举了 Nielsen 电视台进行调查时所采用的方式。该电视台对不同的人群（如少数民族群体）进行调查。调查者认为，非概率样本也可以保证结果具有代表性，因为可以用一些外部尺度对其进行调整，以使研究者把非概率样本作为一个随机的样本（概率样本）来对待。例如，一项为美国国家地理协会所进行的网络调查不仅在整体上将网络用户的人口特征与美国的人口特征进行了比较，并且通过询问一系列问题的方式整体比较了在线回复者与整个美国人口的类似性。例如，询问上网的人和不上网的人各自喜欢什么样的音乐。对音乐偏好的比较就提供了这样一种可能性：能够对网络调查的结果进行调整，以使其更具有一般性。[②]

此外，为了更好地理解非概率样本，对概率样本分析的结果与非概率样本分析的结果进行比较是十分重要的。通过这种比较，可以了解两个样本中回复者的类似性和差异性、整个调查结果的类似性和差异性，以及调查问卷完成率的类似性和差异性，这样有助于解决非概率样本不具有普遍性的问题。

[①]　弗瑞斯特.网上市场调查［M］.李进，杨哲慧，成栋，译.北京：机械工业出版社，2002.
[②]　尽管这种方法并不十分完美，但它提供了一种有益的思路。

（6）低成本性不复存在。

在线调查的低成本性好像是天经地义的，但是目前就概率样本调查而言，互联网调查已经不再是一个低成本的方式了。一方面，针对无法覆盖到的特定人群，需要通过广告投放或购买用户数据库来获取样本，这可能增加了一定的费用。另外，为了提高问卷的可信度和有效性需要额外的设计和测试，这也会增加成本。另一方面，考虑到隐私权问题，许多人不愿意将自己的信息纳入目录中，因此相对于电话号码本中的广告页而言，在线目录的价值降低了。由此可见，要确定调查名单需要大量的劳动。要进行在线调查，调查主体的选择必须是合适的，而且直接与样本的内容相关。因为网上调查只能对感兴趣的人群进行，而不能对整个人群进行。

所以，从这个意义上说，只有对某一特定的人群进行调查时才能获得更大的成功。因为对某一特定的人群进行调查可以得到理性的样本。比如，对属于各种协会的个体进行列表调查，可以获得关于租金方面的数据。想研究学生、教师、医生以及其他目标群体的态度和观点的研究人员，可以找到令其满意的调查名单。

（7）垃圾信息与隐私权问题。

随着垃圾信息的数量越来越多，人们越来越不愿意参与电子信息调查。此外，对隐私权的关心也会对调查有所影响。对上述问题的研究表明，垃圾信息以及隐私权问题会影响在线调查，因此需要进一步研究如何采取一些方法来改进在线调查在人们心目中的形象。

通过上述分析，我们可以认识到互联网并不是万能的，利用互联网进行网上调查仍是一项艰巨的任务。不论网上调查采用何种方法，要解决的关键问题都是调查结果是否具有一般性。事实上，本节所有的问题都是围绕这一原则而产生的。尽管将互联网用作定量研究还有待时日，但是作为研究者，我们需要创造出新的方法以便更好地将互联网应用于市场调查活动中。

8.2.3　网上市场调研的原则

1）认真设计在线调查表

由于被调查者的兴趣和耐心是有限的，所以在线调查表应该主题明确、简短（一或两屏），以获得高的应答率。这是所有问卷设计的基本原则。

2）采取激励措施，吸引更多的人参与调查

参与者的数量对调查结果的真实性十分重要。企业可以采取一些激励措施来吸引被调查者参与调查。奖励可以分为：经济刺激（如20元的电话费）、智力刺激（如一张收集了19世纪英国文学作品的只读光盘）、功能刺激（如一种订购货物或邮递的在线方式）、娱乐刺激（如提供当红演员的声音和录像剪辑）。但是奖励措施通常会导致同一被调查者多次填写调查表，所以合理设置奖项有助于减少不真实的问卷。

调查者特别需要注意的是，不要对微信和微博用户进行调查，因为这很容易遭到用户的反感。

3）声明对个人隐私进行保护

向被调查者保证，网站所获得的信息一定对外保密，只有这样，才能让被调查者提供尽可能真实的信息，保证调查结果的准确性。

4）尽量降低样本分布不均衡的影响

样本分布不均衡表现在用户的年龄、职业、受教育程度、用户地理分布以及不同网站的特定用户群体等方面，因此在进行市场调研时要对网站用户结构有一定的了解，尤其是在样本数量不是很多的情况下。此外，要防止重复投票对样本的影响。

5）多种网上调查方法相结合

可以将网站在线调查、电子邮件问卷调查、对访问者的随机抽样调查、固定样本调查等调查方法结合起来。多种调查方法的结合可以获得尽可能多的有价值的信息。

8.2.4　在线调查表的设计

在线调查是一个了解顾客的很好的渠道，但前提是必须设计一个好的调查表（见表8-5）。这样才能得到正确的反馈信息。

表8-5　　　　　　　　　　　　　在线调查表制作步骤

事前准备	调查目的的确认与明确化	调查目的的确认
		原有资料、信息的分析设定假说
		汇总、分析方法的确定
调查问卷的设计	调查问卷的组成部分	卷首语、问题指导语、问卷主体以及结束语
	决定调查项目和提问项目	决定调查项目
		决定提问项目
	设定问题项目的制作	提问形式、回答形式的推敲
		设定问题方案内容的推敲
		措辞的检查
		决定回答项目
	提问顺序的推敲	
	进行预备测试（模拟试验）	
事后的检查	调查问卷的完成	根据预备测试进行修正，校对并印刷

营销调查的第一步是界定问题，先界定研究的目标是什么，然后再界定这是属于何种问题。第二步是设计问卷，最常见的是态度量表，又可分成封闭式问卷和开放式问卷。第三步是制作问卷，可以用表单制作工具来制作。第四步是将问卷放到网络上并邀请被调查

者填写。第五步是资料分析，然后找出营销决策资讯。

8.2.5 撰写网上市场调研报告应注意的事项

网上市场调研完成后，需要做的工作就是撰写报告。撰写网上市场调研报告应注意的事项包括：

（1）调研报告应该用清楚的、符合语法结构的语言表达。

（2）调研报告中的图表应该有标题，对计量单位应清楚地加以说明，并且如果采用了已公布的资料，应该注明资料来源。

（3）正确运用图表，对于过长的表格，可在调研报告中给出它的简表，详细的数据列在附录中。

（4）调研报告应该在一个有逻辑的框架中陈述调研结果。尽管特定的调查有特定的标题，但在调查报告中应对特定标题给出一些具体的建议。若涉及宣传方面的问题，调研报告的内容和形式都应满足特定要求。

（5）调查报告的印刷式样和装订应符合规范。市场调研对一个公司来说是至关重要的，它能促使公司生产适销对路的产品，及时地调整营销策略。

8.2.6 问卷调查软件的评估标准

在进行网上市场调研时，通常会购买一些问卷调查软件。在选择问卷调查软件时，可以采用以下几个评估标准[①]，见表8-6。

表8-6 问卷调查软件评估标准

1.完全定制的HTML格式，而不仅仅是背景和字体	9.定额控制选项
2.可选择一页或多页格式	10.重复作答控制选项
3.可选择每页有多少个问题	11.安全或密码保护选项
4.将结果保存到数据库	12.数据有效性选项
5.真正的跳过模式	13.调查结果的实时展示
6.任意一页都可以根据多重标准选择跳过模式	14.问题的表格化，每隔一行彩色显示
7.真正的分支结构（根据应答者的答案提供多个调查问卷版本）	15.能与所有显示表格的浏览器100%兼容
8.应答者必须能够使用浏览器的"后退"键而且不会丢失数据	16.如果软件需要运行Cookie或者其他新的Web浏览器，那么上述一切就没有用了

① 弗瑞斯特.网上市场调查［M］.李进，杨哲慧，成栋，译.北京：机械工业出版社，2002.

本章案例

"Z世代"的"生活养成伙伴"——海尔 Leader[1]

Leader 电器，是海尔智家旗下专为"Z世代"打造的年轻家电厂牌，志在成为年轻人的生活养成伙伴。它的出现，让海尔的产品更加多元化，构筑起海尔、卡萨帝、Leader、GEA、AQUA、FPA、Candy 等完整的品牌矩阵，覆盖超高端、高端、大众、年轻等群体，并实现高端品牌的全球引领。

Leader 品牌是如何洞察"Z世代"的家电需求的呢？Leader 品牌拥有一套自己的调研机制，以更好地关注用户的场景需求。首先，他们采用海尔智家的数字化平台"云脑"，结合传统的入户走访和问卷调查的方式来收集用户需求和反馈。其中，"云脑"是主要的收集方式，传统的入户走访和问卷调查则是辅助手段，旨在减少传统调研方式带来的"幸存者偏差"问题。其次，他们与高校合作，组织学生参与比赛，实现学生与公司企划团队的共建。例如，在 2022 年组织了 62 名中国大学生参加小家电劳动技能大赛；在 2023 年举办了"狂飙吧！00后"大赛，学生们的设计方案给张丹和他的团队留下了深刻印象。如果某个创意经过市场需求量的评估后可以落地，就会进入开发序列。此外，海尔的海高设计中心有时也会邀请"Z世代"一起参与设计过程。再次，他们广泛快速地利用当代年轻人常用的视频平台和社交软件，如抖音、小红书等，来获取需求和反馈。最后，借助设备和科技的力量，比如眼动仪，可以更准确地捕捉用户对产品不同颜色和外观的喜好程度，并通过人工智能生成内容（AIGC）提高工业模型制作和调研反馈的效率。

根据一系列的调研和市场洞察，Leader 品牌目前已经推出了多款产品，以满足用户的不同需求。这些产品包括适合放在卧室的美妆冰箱、可拼可嵌的 iCase 小彩条冰箱、可以实现洗消一体功能的小蓝盒洗衣机以及具有元气三色的元气空调等。在 2023 年的"6·18嗨购节"中，Leader 冰箱零售业务再次迎来新增。截至 2023 年 6 月 15 日的统计数据显示，Leader 冰箱零售同比增长 50%。

案例问题：

1. 在上述海尔 Leader 的案例中，采取了哪几种网上调查方案？

2. 结合上述案例，讨论网上直接调查和网上间接调查的特点各有哪些。

---

[1] 海尔官方网站：www.haier.net。

▌本章小结

　　本章是网络营销中的重点内容。首先，本章介绍了网上市场调查的特点、内容、步骤，并提供了具体的撰写网上市场调研报告的方法。然后，介绍了网上市场调查的方法及其特点，以及如何进行网上市场调查。

▌复习思考题

　　1.我国网民有哪些人口统计特征？这些特征对调查者上网收集信息有何影响？
　　2.利用互联网对某类产品或某个行业进行宏观环境监测。把你的监测结果写成一份经理摘要，并就短期（5年）和长期（大于5年）的营销战略提出合理的建议。
　　3.采用一种网上直接市场调查的方法，调查某一用户群体使用RSS阅读器的情况。
　　4.选择一家公司，用本章所介绍的方法在互联网上实施竞争者信息收集工作。

▌本章网站资源

　　市场调查类公司：
　　［1］http：//www.fuld.com
　　［2］http：//www.3see.com
　　［3］http：//www.forrester.com
　　［4］http：//www.nua.com/surveys
　　调查统计类网站：
　　［1］http：//www.stats.gov.cn/
　　［2］http：//www.cnnic.net.cn/
　　［3］http：//www.iresearch.com.cn/
　　［4］https：//s.askci.com/

第

9

章

精准营销

9.1　精准营销概述

以前是由营销人员把握消费者需求的，他们通过传统的市场调查问卷来进行，但是这种方法的成本高昂，其效果也未必都好。随着商业自动化市场的逐渐成熟，营销人员可以通过对商业自动化留下的数据进行统计分析，然后挖掘和提炼出有价值的信息，帮助企业制定有效的营销策略。精准营销是一种基于大数据和先进技术的营销策略，旨在通过分析和预测个体消费者的行为和需求，以精确、个性化的方式向其传递相关信息和产品。其核心思想是将市场细分为各种特定的目标群体，然后通过个性化的沟通和定制化的营销手段，与目标消费者建立更紧密的联系，并提供符合他们需求的产品和服务。

9.1.1　精准营销的种类

精准营销有多种不同的形式和实践方法，以下是一些常见的精准营销种类：

1）个性化推荐

通过分析用户的历史行为和兴趣偏好，使用推荐算法向用户推送符合其需求的个性化产品或服务，例如电商平台的商品推荐、音乐和视频平台的推荐播放列表等。

2）定向广告投放

根据用户的特征和消费行为，将广告投放到与目标受众相关的媒体渠道，以确保广告的准确触达和最大化效果。例如基于用户兴趣的广告投放、地理位置定向广告等。

3）精准定价和促销

通过对用户数据进行分析和建模，了解用户对价格的敏感度和购买意愿，从而制定个性化的定价策略和促销活动，提高销售转化率和盈利能力。

4）社交媒体营销

利用社交媒体平台上的用户数据和社交关系图谱，进行精准的粉丝运营、口碑营销和社群活动，提高品牌曝光度和用户参与度。

5）个性化客户服务

通过整合用户的历史交互记录和反馈信息，提供个性化的客户服务和支持，例如智能客服机器人、个性化推送的服务提醒等。

6）跨渠道一体化营销

将线上和线下渠道数据进行整合和分析，实现跨渠道的个性化沟通和营销活动，提升用户体验和品牌认知度。

9.1.2　精准营销与顾客关系管理

精准营销与顾客关系管理（Customer Relationship Management，CRM）密切相关，二者相辅相成，在提供个性化、定制化服务的同时，有效管理和维护客户关系。

精准营销通过分析和利用大数据、用户行为数据等信息来深入了解客户需求，实现精确的营销目标定位。而 CRM 系统是支持精准营销的重要工具，它能够帮助企业集中收集和管理客户信息，并在整个客户生命周期内进行跟踪和管理，从而提高客户满意度，增加客户黏性和忠诚度。具体来说，精准营销和 CRM 的关系体现在以下几个方面：

1）客户数据集成

CRM 系统能够集成各个渠道和部门的客户数据，包括购买记录、交流历史、偏好等，为精准营销提供数据支撑。

2）客户细分和目标定位

CRM 系统可以根据客户数据进行细分和分类，为精准营销提供目标受众。通过对客户群体进行分析，确定合适的定位和推送策略，并针对不同群体提供个性化的产品或服务。

3）个性化沟通和营销

CRM 系统能够帮助企业与客户建立良好的沟通渠道，通过短信、电子邮件、社交媒体等方式进行个性化的营销推送。根据客户的特点和需求，提供相应的信息或优惠，增强客户与企业的互动和参与度。

4）客户服务和支持

CRM 系统可以集成客户服务功能，使得企业能够及时响应客户的问题和需求，并进行有效的客户支持。通过记录和跟踪客户的反馈和投诉，不断改进产品或服务，提升客户满意度。

5）客户反馈和评估

CRM 系统能够帮助企业收集客户的反馈和评估数据，了解客户对产品或服务的满意度和期望，为精准营销提供依据。企业可以通过对反馈数据的分析和挖掘，进行产品创新和改进，不断优化客户体验。

9.1.3　网络精准营销的特点

网络精准营销是基于网络平台和技术手段进行的一种营销方式，具有以下特点：

1）精确定位目标受众

网络精准营销可以通过收集和分析大量的用户数据，包括浏览记录、搜索关键词、兴趣偏好等信息，从而准确地定位和识别目标受众群体。通过精确的定位，可以更有效地将产品或服务推送给潜在客户，提高营销效果。

2）个性化传播和推送

网络精准营销可以根据不同受众的特点和需求，实现个性化的传播和推送。通过分析用户的行为数据，可以为他们提供符合其兴趣和偏好的内容和广告，从而增加吸引力和点击率。个性化的传播和推送能够提高用户的参与度和购买欲望。

3）即时互动和反馈

网络精准营销可以实现即时的互动和反馈。通过网络平台，用户可以与企业进行实时的沟通和互动，提出问题、提供意见反馈等。企业可以根据用户的反馈和需求，迅速调整营销策略和改进产品，满足用户的期望，提升用户体验。

4）多渠道传播和整合营销

网络精准营销可以通过多种网络渠道进行传播，如搜索引擎、社交媒体、电子邮件、手机应用等。不同渠道的组合和整合可以实现更全面、立体化的营销传播，提高品牌曝光率和覆盖范围。

5）数据驱动和效果评估

网络精准营销依靠大数据分析和技术手段，可以对营销活动的效果进行全面、准确的评估。通过数据的监测和分析，可以了解用户的行为、购买路径、转化率等指标，为后续营销策略的优化提供依据。

9.1.4 用户数据的内容

用户行为数据是指用户在使用互联网产品或服务过程中产生的各种行为记录和信息。它主要包括以下几个方面的内容：

1）用户基本信息

包括用户的注册账号、昵称、性别、年龄、地理位置等基本身份信息。

2）浏览行为

记录用户在浏览网页、使用应用程序时的信息，包括浏览的页面、时间、停留时间等。

3）搜索行为

保存用户在搜索引擎上进行搜索的关键词、搜索时间、搜索结果点击等信息。

4）点击行为

记录用户在点击广告、推荐内容或其他链接时的数据，包括点击位置、点击时间、点击次数等。

5）购买行为

记录用户在电商平台上的购买行为，包括购买的商品、购买时间、订单金额等。

6）社交行为

记录用户在社交网络上的好友关系、发布的内容、评论、点赞等交互行为。

7）应用使用行为

记录用户在移动应用上的使用行为，包括应用安装、卸载、启动次数、使用时长等。

8）设备信息

记录用户使用的设备类型、操作系统版本、屏幕分辨率等设备相关信息。

9.1.5　企业实施精准营销的步骤

在传统营销中，运用大众传媒（报纸、杂志、网络、电视等）大规模地宣传新品上市或实施新的促销方案容易引起竞争对手的注意，使他们紧跟其后推出针对性方案，这可能会影响预期的效果。而运用精准营销，可与消费者建立紧密联系，一般不会引起竞争对手的注意，避免公开对抗。如今，很多知名企业都将这种现代化的营销手段作为一种重要工具运用到激烈的市场竞争中。

1）确定目标和目标受众

明确企业的营销目标，确定要达到的具体结果。同时，进行目标受众分析，了解所要针对的消费群体的特征、需求和行为。

2）数据收集和分析

收集相关的用户行为数据、市场调研数据等，利用数据分析工具对数据进行深入的分析和挖掘，以获取有关用户的洞察和趋势。这包括用户兴趣、购买行为、消费偏好等信息。

3）制定用户画像

基于数据分析的结果，对目标受众进行细分，并创建用户画像。通过考虑用户的人口统计信息、兴趣爱好、购买习惯等方面的特征来描述目标受众的关键特点。

4）选择合适的营销渠道

根据目标受众的特征和行为习惯，选择合适的营销渠道进行推广。可以包括社交媒体、搜索引擎、电子邮件、自有网站、线下活动等多种渠道。

5）制定个性化内容和策略

基于用户画像和目标受众的需求，为不同受众群体制定个性化的营销内容和策略。这包括定制化的推广信息、促销活动、优惠券等。

6）实施并监测效果

在实施精准营销策略后，密切关注市场反馈和效果。通过跟踪关键指标（例如点击率、转化率、回头客比例等），评估营销活动的成效，并及时调整策略和优化营销方案。

7）维护客户关系

精准营销不仅仅是一次性的促销活动，更重要的是建立和维护与目标受众的良好关系。通过提供个性化的客户服务、持续的沟通和关怀，增强与用户的互动性，提高用户的忠诚度。

9.2 精准营销数据库的类型[①]

9.2.1 客户数据库

1) 按客户对交易的态度分

（1）积极客户数据库。

积极客户数据库的基本内容有：每位客户的购买习惯、何时进行第一次购买、购买频率、每次购买的支出、对商品和服务的偏好、客户通过哪些营销渠道获取信息等。确认积极的客户群体可以帮助企业找出某种产品的目标消费者，以便将数据库直销的注意力放在最有可能获利的客户身上。对积极的客户群体，企业应当在以下几个方面予以加强：促使他们购买相关产品；增加购买数量及提高购买频率；请他们介绍新的准客户；维持他们对企业的忠诚度。

（2）不积极客户的数据库。

不积极客户是指曾购买过或咨询过本企业的产品，但最近一年内没有购买行为的消费者。这一数据库中应包括：客户有多长时间消极地对待企业产品以及有多长时间积极接受企业产品；客户在积极购买时的消费模式如何；最初他们是如何获得产品信息的；自第一次购买后他们还接受过什么样的报价等。上述信息有助于企业有针对性地采取营销策略，重新调动起这些客户的购买积极性。

2) 按数据库资料来源分

（1）自有资料数据库。

它是由企业对过去有交易往来的客户资料进行有效、持续的收集、整编而成的。

（2）外部资料数据库。

它是指企业以各种手段从外界获得的各种潜在客户的静态资料，如从专门的名单公司购买或租借的客户名单；通过各种途径，如电话簿、驾驶执照等方式获取的客户信息。

3) 按客户资料的内容分

（1）基本资料数据库。

它包括个别客户基本资料记录，如客户姓名、性别、出生年月、电话、住址、家庭成员情况等。

（2）交易资料数据库。

它包括个别客户喜欢购买的商品种类、付款方式、购买频率、购买数量、购买金额及

---

① 郭抒. 数据库直销［M］. 北京：首都经济贸易大学出版社，2000.

累计金额等。这类交易资料既可以在会计账目应收账款客户户别明细账中加以记载，也可以记载于平日业务往来所制作的送货通知单上。

（3）促销资料数据库。

它包括通过电话、直接回函等方式与客户接触时，对有关情况的摘要记载。

4）顾客资料收集的方法

（1）顾客主动更新。

正如前文所述，顾客数据库中的顾客资料在使用几年以后，随着顾客情况的变化，原有数据库中的顾客个人信息的真实度就会下降。对顾客资料最了解的莫过于顾客自己。因此，企业需要采取激励措施，鼓励顾客自动更新个人数据库中的资料。

（2）通过各种活动收集。

企业可以通过开展各种活动来收集用户资料。比如，通过竞赛活动，向用户发放问卷来收集资料，因为问卷上除了有竞赛题目之外，还需要顾客填写住址、姓名、年龄、职业等内容。但是要注意的是，如果没有奖品、赠品或其他回报的鼓励，用户的参与率会很低，而且很难保证内容的真实性。

9.2.2 准客户数据库

1）准客户数据库的建立

准客户是指今后有可能成为企业客户的个人或团体。在数据库直销中，无论客户多么忠诚，客观条件总会发生变化，因此对企业而言，不断发现潜在客户并同他们建立且保持联系是极为重要的。如何寻找潜在客户并编制准客户清单是建立准客户数据库的关键。我们在制作客户数据库时，应当以"必须亲手制作名单"为指导思想，即企业必须通过现成名单，配以问卷、调查、访问等形式亲自编制、整理客户名单，不可胡乱借用或全盘抄袭。

具体来说，建立客户数据库的步骤是：

第一步，将所有客户名单输入企业的数据库中，然后寻找最有可能成为消费者的群体。

第二步，利用名单、未来产品需求及现有状况制作客户剖面图，找出潜在客户的共性。

第三步，考虑市场细分和产品分类，不同的产品做不同的市场定位，并以此确定未来可能的客户群体。

第四步，精确确定目标，侧重于那些同现有客户特征类似的消费者市场，而非大众市场。

第五步，对初步草拟的准客户名单进行试验，逐一测试。

2）准客户资料收集的方法

企业可以利用各种现有名单，比如各种名录、网站校友录上登记的电子邮件等各种方式来收集准顾客资料。另外一种收集准顾客资料的行之有效的方法就是鼓励顾客之间的互相介绍。比如，英国苏格兰的一家酒厂开展过一个活动，如果一位顾客能够推荐5位朋友注册成会员并购买产品，那么该顾客就可能获得免费的苏格兰旅游以及参观酒厂的机会。

9.2.3　聚合数据库

消费者因其不同的客观条件、心理特征、生活习惯等因素，在实际生活中组成了各具特色的人群集合，在每一个集合中都存在特定的关系，其内部主体常常以特定的方式生活、交往着，由此就可能产生不同类型的消费者群体。为了了解和测定这些特殊群体的消费行为，企业有必要制作各种聚合数据库。常用的方法是利用人口、住房等各项普查信息进行制作。这种数据库具体可以归纳为以下几种群体集合：

1）密切关系群体

密切关系群体，如亲属和邻居，他们的特点是有相似的兴趣爱好并且关系极为密切。在这些群体中，购买行为包括购买习惯和购买态度等，均受到共同的兴趣爱好的影响。

2）地理偏好群体

地理偏好群体是通过外部地理统计数据库，如以地区普查、街区门牌号码及邮政编码来确定具有相同地理位置的消费者群体，从消费群范围及相互影响入手，编制数据库。

3）共同生活偏好群体（即心理特征群体）

这一群体通常是由具有共同的活动、行为模式、心理特征的消费者组成的。

4）企业数据库

企业数据库的内容主要包括企业规模、销售额、资金、员工人数以及标准工业分类等。商家应从企业本身特点出发建立有关的信息数据库，为日后的营销工作做准备。

9.2.4　数据库分析

使用数据库不仅可以收集信息、细分名单，而且有助于企业进行决策。将数据库作为一种分析工具列入企业战略统计方法中，并对研究结果及数据库直销效果进行评估测验，就是数据库分析。

在某些领域比如电信领域，当用户基数成长到海量时，数据库营销就再也不是电邮、信函和电话能解决的了，这时候数据挖掘（data mining）技术就显得愈加重要。我们的任务就是要从数以百万计的数据中把最容易流失的客户找出来，并用有效的方式来维持他们的品牌忠诚度。

数据库分析的作用包括：

（1）测量客户反应，记录计量结果及客户反应。

（2）分析、解释、评价每一项数据库直销活动决策的执行情况及直销效果。

（3）预测未来客户反应。

表9-1是一个数据库分析的基本结构举例。

表9-1 产品市场分析内容

分析项目	分析内容	说明
市场特点及变化方向	市场范围；市场收益性；市场容量；销售增长率；市场集中度；市场需求；市场价格弹性	产品总需求量 处于产品生命周期中的位置 同行业先进企业资金利润率 销售利润率 购买力、购买动机、潜在需求
产品盈亏情况	销售额或净资产 利润、利润率 盈亏临界点 敏感分析	净产值构成比例分析
产品竞争能力	市场占有率 竞争因素（找出产品发展的关键因素）	竞争结构、市场覆盖率分析 竞争因素包括产品的性能、质量技术水平、产量、价格、销售能力、技术服务、企业信誉、管理水平等

　　我国现阶段的精准营销还需要完善。首先，精准营销需要收集和分析大量用户数据，但在此过程中，个人隐私可能受到侵犯。目前我国对个人数据保护的法律体系正在完善，但仍面临一些挑战，比如个人数据被滥用、泄露、不合规使用等问题。其次，有些精准营销平台或企业未明确告知用户其所收集的信息用途、范围以及数据获取的具体渠道，导致用户对自己的信息流向缺乏了解，进而引发隐私担忧。再次，精准营销过程中需要依赖大量的数据分析和算法模型，然而，数据的质量和准确性对于精准营销的效果至关重要。有时候，可能会存在数据源不可靠、数据不完整、数据过时等问题，影响了精准度。最后，由于大量的广告信息和推送，用户可能会遭受到信息过载和骚扰。尤其是一些精准推送的广告可能无法准确判断用户的真实需求，给用户带来不必要的打扰和困扰。精准营销不仅是一种营销方法、工具、技术和平台，更是一种企业经营理念，改变着企业的市场营销模式与服务模式。

9.3　布尔塞模型及其应用[①]

9.3.1　预测直销的布尔塞模型

　　布尔塞模型是由30个因素（或称标准）构成的，是预测网上销售特定产品或服务成

---

　　① 夏俊. 直复营销管理［M］. 北京：中国发展出版社，2001.

功概率的模型。布尔塞的意思为靶的中心。如果产品或服务在布尔塞模型中的打分很高，那么该产品或服务就极有可能获得网上直销的成功。

布尔塞模型的30个因素是与下述指标相关的：企业成本结构、市场环境、目标市场、价位、促销、分销等。企业或个人对每个标准所提出的问题进行回答，以决定产品销售成功的概率。

9.3.2　目标市场

1）与目标市场相关的布尔塞标准

（1）网络产品与服务对象是否针对计算机使用者市场。互联网的使用者当然是计算机使用者，因此如果企业把目光瞄准计算机使用者，就将比那些瞄准非计算机使用者的企业在网络直销中获得更大的成功。

（2）网络产品是否瞄准早期科技使用者市场。早期科技使用者与后期科技使用者相比，接受新事物和新概念的能力较强。

（3）网络产品是否瞄准较高收入阶层。网络使用者的收入相对不使用网络的人而言较高。

（4）网络产品是否瞄准受过良好教育的群体。网络使用者一般比非网络使用者所接受的教育要高。

（5）网络产品是瞄准男性市场还是女性市场。男性市场是影响网络直销成功与否的重要因素，尤其是在亚洲市场。

（6）目标市场是否容易确定并进入。如果目标市场的进入门槛较低，企业就会面对更多的竞争对手。

（7）互联网用户是否是目标市场的一部分。如果产品直接面对网络使用者，或使他们产生浓厚兴趣，就会更有希望成功。

2）市场细分策略

（1）地理方面：目标市场的地理位置。

（2）人口方面：人口特征，如年龄与性别。

（3）心理模式方面：如习惯、兴趣等。

（4）使用率：对于一些产品，一小部分客户可能意味着很大一笔销售额。

（5）消费者购买心理：特定的使用者总想取得一定的好处。

在现实世界里，很难在"心理模式"和"受益细分"这两个方面触及目标市场，但运用互联网就很容易实现。但是，想要在网上寻找特定地理区域的未来客户，可能比在现实世界中困难。

9.3.3　产品/服务

有10个布尔塞标准与产品/服务本身的特点相关。

1）产品/服务是否与计算机相关

如果企业的产品与计算机相关，那么企业在网络直销时就可能获得较多的成功机会，比如计算机软件在网络上的销售就不错。

2）产品/服务在被购买前是否需要被看到、摸到或试用

如果产品需要让客户看到、摸到或试用，就不太可能在网络上售出。这并不是说用网络手段销售这类商品没有任何意义，而是意味着企业必须修订目标，应把目标定为提高产品认知度、增强客户兴趣以及购买愿望，而不是只想着去达成交易，或者说他们应通过网络说服潜在客户去零售渠道看一下，而不是一味地让客户去购买产品。

牛仔裤、蔬菜等在这项标准上得分很低，因为人们总是喜欢在购买牛仔裤前试穿一下；股票等商品却相反，因为在购买股票前你不必先看到它。

3）产品/服务是否容易理解、识别及认购

如果对产品的识别及认购程序能够简化并实现自动处理，那么企业可能上网销售这种产品。

4）产品的属性如何

产品本身的一些属性，如性能、质量决定了它的市场对象。

5）产品是有形产品、无形产品还是知识型产品

水果店可以通过网络销售它们的产品，但是不能通过网络来派送它们的产品。但是，无形产品或知识型产品，比如数字化产品，如书籍、音乐等产品，则可以通过网络来传递。

6）产品是高科技产品还是低科技产品

网络使用者比一般人更愿意使用高科技产品，因此我们可以推断在网上销售摄影设备、CD播放机等产品会比较容易。

7）产品是否是"标准品"

"标准品"是指所售产品可以被标准化，如盐、股票等可以被看作"标准品"。客户只要知道标准品的级别或者颜色等特征，不需要亲眼见到产品就可以决定是否购买。

8）产品是否具有特殊的性能与外观

如果所售产品有独特性能或别致的外观，就可能比一般的产品更有竞争优势。

9）产品是否具有"全球吸引力"

互联网是一个全球性媒介，具有"全球吸引力"的产品就比只限于地区、国家、语种的产品销售得好。比如，如果产品的说明只用日语标注，就限制了目标市场的范围。

10）产品是否适合在全球范围内直销

如一家专门生产古董家具的企业，它所生产的产品就适合在全世界不同市场中销售，若运用网络来推销就比只在某个地区运用传统的营销手段更为有效。

9.3.4 品牌因素

许多人对从没听说过的品牌会产生不信任的感觉，这就意味着有知名度的产品在网络直销中更有市场。

9.3.5 直销

当涉及直销这个问题时，企业应该问自己如下两个问题：第一，当地竞争对手的直销渠道是否健全。如果企业的竞争对手在当地有发达的直销系统，那么企业最好的策略就是另选其他城市开展直销活动。第二，企业目前能把产品直销到全球，还是仅限于当地或国内市场。如果一个企业能把产品销往全球，那么在网络直销中就会处于较有利的地位，也会有较多的商业机会；如果企业没有这个能力，最好的办法就是在国外寻找战略合作伙伴。

9.3.6 价格

1）产品/服务的价格昂贵还是低廉

太贵和太便宜的产品在网络直销中都会遇到困难。如果客户想购买昂贵的产品，他们一般都想私下与销售代表面谈或对产品进行测试；而如果在网上销售价格低于5元的产品，则运费可能大大超过产品的价格。

2）网上产品的价格是否需要经常变动

网络直销相对于传统营销战略的一个优势，就是可以经常改变对产品的报价以及其他方面的特征。因此，经常需要改变价格的产品可能在网络直销中更为受益。

9.3.7 促销

一个在传统营销中运用大量资金进行广告与宣传的企业，在网络直销中可以充分利用这个优势来增加成功的可能性。

9.3.8 竞争环境

竞争越激烈，成功越难。这意味着如果网上有其他企业销售同样或相近产品，企业就不容易取得网络直销的成功。

1）法律环境

销售的成功与否受某一产品的供给需求水平影响。对于某一不合法产品的大量需求可能会产生巨大的"被压抑"需求。网络是用来在全球范围内销售产品的，在一些国家合法的产品在另外一些国家就可能是非法的，比如赌博业。供给与需求之间的落差越大（供小于需），企业就越容易在网络上销售出产品。

2）社会文化环境

一种产品的潜在成功性受到需求水平与社会接受程度的影响。需求量大但不被社会接受的产品也可能产生巨大的"被压抑"需求。如果在销售过程中需要隐藏客户姓名，那么相对于传统营销方法，网络直销就成为有价值的战略。

3）政治环境

在有些国家里，网络内容可能受到检查，因此企业如果销售的产品/服务不受那个国家的政府欢迎，那么网络直销的成功将大打折扣。

4）经济环境

很明显，当一个国家经济形势好时，很容易卖出产品；在经济低落时销售奢侈产品，则很难取得成功。

5）科技环境

如果你的市场定位于科技不发达的小城市，那么就很难取得成功；而如果定位于那些基础设施发达、网络的使用者很多的大城市，就很可能取得成功。

9.3.9　对布尔塞模型的运用

对于企业要投放市场的产品/服务，可以根据布尔塞标准进行打分：如果产品根本不符合标准，计0分；如果几乎不符合标准，计1分；如果完全符合标准，则计10分；如果与标准非常接近，计8分或9分；如果既不算太符合标准，又不算太差，根据情况计2～7分。得分系统的划分见表9-2。

表9-2　　　　　　　　　　　　得分系统的划分

评价	得分
低（极不相符）	0或1
低/中度符合	2、3或4
中度符合	5、6或7
高度符合	8、9或10

表9-3是运用布尔塞模型对股票进行的分析。

表9-3　　　　　　　　　　布尔塞模型应用——股票

产品：股票　　　公司：××证券公司　　　公司简介：证券中间商

网络布尔塞模型标准	得分
目标市场	
没有专门瞄准计算机使用者市场	3
没有瞄准科技早期发明与使用者	4
瞄准了高薪阶层	9

续表

网络布尔塞模型标准	得分
瞄准的是受过高等教育的阶层	8
男性和女性都购买该产品	8
目标市场的辨别与进入比较困难	6
网络用户只是目标市场的一部分	8
产品与品牌	
与计算机关系不大	7
不必在购买前先看到产品	10
产品容易识别、定购	9
有形产品（但也可数字化并方便地传送）	9
既不是高科技又不是低科技产品	5
几乎是一种"标准品"	8
不是新产品，没有独特性能与外观	8
主要在国内有市场	7
是一种市场比较集中的产品	6
公司的名气不大	2
分销	
传统渠道能提供类似的产品	4
较好的国内、国际分销能力	4
价格	
价格适中	7
需要经常改变报价	8
促销	
可以利用一些传统的广告宣传创造商机	5
市场环境	
合法产品	7
网络可以提供较低的成本结构及运送、服务费用	8
在网络上或市场中都有类似产品	9
社会认可产品	8
匿名并不重要	2
政治不是决定因素	2
经济发展缓慢	2
目标市场为本国及其他发达国家	6

表9-4为某股票的布尔塞市场得分合计数。

表9-4　　　　　　　　　　　　　布尔塞市场得分合计数

市场标准	得分	全部可能得分	得分率（%）
目标市场	46	70	61
产品与品牌	71	100	58
分销	8	20	50
价格	15	20	75
促销	5	10	50
市场环境	44	80	49
合计	189	300	63

最后的合计得分率为63%，这意味着如果一个证券公司要用网络来直销股票或者与股票相似的产品，则获得成功的概率为63%。

9.4　用户精细化运营工具：RFM法

9.4.1　RFM法则

RFM模型来自美国数据库营销研究所Arthur Hughes对用户数据库的长期研究，它是衡量当前用户价值和客户潜在价值的重要工具和手段，是一种针对不同用户群体进行精细化用户分层的运营方法，通过用户数据中的消费（Recency）、消费频率（Frequency）、消费金额（Monetary）三项指标来衡量用户价值状况。

当公司需要为某项直邮或目录营销活动寻求目标受众时，可以运用RFM法对所有潜在顾客进行排序，以此来识别该项活动的目标顾客或准顾客。

具体做法是：首先，根据公司顾客数据库中的成员在这3个方面的统计信息，分别为他们赋予一个分值，然后按照该分值进行排序。这种分类法为实现利润最大化提供了基础。因为，公司可以运用数据库产生的这种信息遴选出那些最有可能给公司带来最大收入的顾客。

9.4.2　RFM法则的运用

表9-5具体说明了RFM法的计算方法。表9-5中购买的近期程度的分值是由顾客自上次购买至今的月份数的倒数乘以10获得的；购买频率分值是由顾客过去12个月内购买次

数乘以 2 获得的；购买总币值的分值是由顾客购买的总币值乘以 0.02 获得的。总评分是 RFM3 个部分的总和。根据该总分的大小可以将顾客分等排序。从该表中可以看出，000005 号顾客的总分最高，其原因也是显而易见的。

表9-5　　　　　　　　　运用RFM法遴选顾客的计算过程[①]

顾客编号	购买的近期程度（距离最近一次购买的月份）	权重	分值（权重/近期程度）	购买频率	权重	分值（购买频率×权重）	购买总币值	权重	分值（购买总币值×权重）	总评分	排名位置
000001	4	10	2.5	3	2	6	566	0.02	11.3	19.8	5
000002	3	10	3.3	5	2	10	788	0.02	15.8	29.1	4
000003	5	10	2.0	4	2	8	332	0.02	6.6	16.6	7
000004	6	10	1.7	3	2	6	290	0.02	5.8	13.5	8
000005	1	10	10.0	6	2	12	1 200	0.02	24.0	46.0	1
000006	2	10	5.0	7	2	14	679	0.02	13.6	32.6	2
000007	2	10	5.0	4	2	8	299	0.02	6.0	19.0	6
000008	5	10	2.0	6	2	12	890	0.02	17.8	31.8	3
000009	7	10	1.4	2	2	4	243	0.02	4.9	10.3	9
0000010	11	10	0.9	1	2	2	125	0.02	2.5	5.4	10

在传统营销中，运用大众传媒（报纸、杂志、网络、电视等）大规模地宣传新品上市或实施新的促销方案，容易引起竞争对手的注意，使他们紧跟其后推出对抗方案，这势必会影响预期的效果。而运用数据库营销，可与消费者建立紧密联系，一般不会引起竞争对手的注意，避免公开对抗。如今，很多知名企业都将这种现代化的营销手段运用于自身企业，将其作为一种秘密武器运用于激烈的市场竞争中，从而在市场上站稳了脚跟。

▌本章案例

淘宝：用户数据驱动精准营销

截至 2021 年上半年，我国网络购物用户规模 8.12 亿人，占网民整体的 80.3%（来源：

---

① 麦克唐纳.直复营销 [M]. 英文 2 版. 北京：机械工业出版社，1999.

中商产业研究院)。由此可见,网络购物逐渐成为人们普遍选择的一种消费方式。作为连接买卖双方的服务方,电商平台掌握了海量的用户数据,用户数据成为一种宝贵的资源,支撑和优化企业的经营决策。下面以"淘宝"为例,探讨淘宝 App 如何利用用户数据实现基于个性化推荐的精准营销。

一、多种手段全面获取用户信息

淘宝所收集的用户信息类型具有很强的全面性,囊括了基本信息(包括个人姓名、性别、出生年月、家庭住址、单位地址、个人电话号码、电子邮箱、邮编、创建用户名和密码等);身份信息(包括身份证、驾驶证、护照、军官证等);订单信息(包括购买人和收货人名称、收货地址、收货人电话号码等与订购相关的任何信息;在交付货物文件上的签名;网站账户与账户信息等);位置信息(包括行程信息、定位信息、住宿信息等);支付信息(包括订单支付详情、支付方式等);财务信息(包括银行卡、交易和消费记录,以及账户余额、优惠券等);日志信息(包括 IP 地址、浏览器的类型、网站浏览记录、软件使用记录、点击记录、使用的语言、访问日期和时间等);设备信息(包括硬件型号、设备地址、操作系统类型等);来自第三方的信息(从网站关联方、合作伙伴及其他独立第三方来源获取的关于用户的个人信息)。

淘宝收集用户信息的手段也具有多样性。通过阅读淘宝的《隐私权政策》,可以总结出以下几种淘宝收集用户信息的方式:

(1) 用户为顺利达成交易而主动提供:包括基本信息、身份信息等;

(2) 用户完成购物行为后系统自动生成:包括订单信息、支付信息等;

(3) 利用 Cookie 追踪技术收集用户日志信息:包括用户的浏览及搜索行为信息等;

(4) 嵌入 SDK(软件工具开发包)以收集用户的设备信息;

(5) 从网站关联方、合作伙伴及其他独立第三方来源获取关于用户的个人信息。

二、投放程序化广告和算法推荐广告,实现精准营销

1. 与第三方 App 达成战略合作,站外投放程序化广告

程序化广告是指广告主通过数字平台从受众的匹配的角度由程序自动化完成展示类广告的采买和投放,并实时反馈投放分析的一种广告投放方式,实现了整个数字广告的自动化。例如,你在淘宝浏览了一款耳机商品,关闭淘宝后登录抖音时,你会在抖音上接收到一条关于耳机的广告推送,刚好是之前在淘宝看到的那条。这便是一条程序化广告。程序化广告运作流程如图 9-1 所示。

下面用通俗易懂的话来解释程序化广告的运作流程。

当我们在抖音浏览视频时,抖音会不时推送广告,我们假设该广告是实时竞价广告。当我们刷到这个广告时,抖音通过广告实时交易平台(ADX)同时向 N 个平台发送消息,告知有可出售的广告位,请各个需求方平台(DSP)参与竞价。

抖音在发送消息时携带用户信息,用户信息有唯一的广告标识符。淘宝在收到消息时,以此广告标识符与自身数据管理平台(DMP)内的用户画像进行核对,发现该用户存

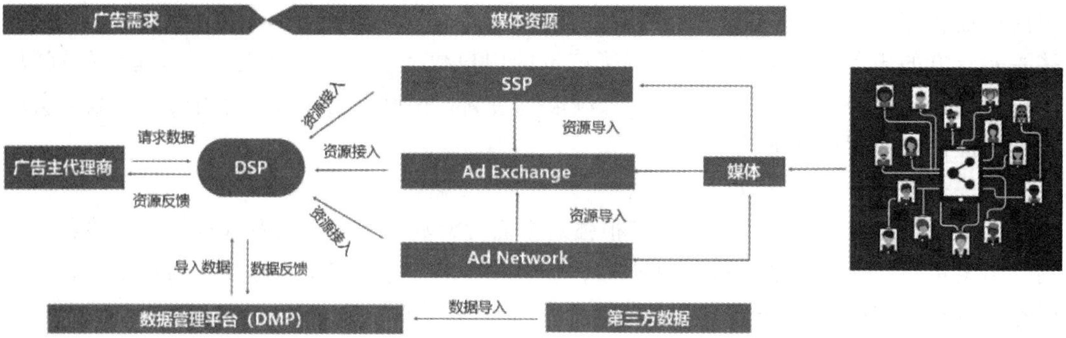

图9-1 程序化广告运作流程

在且与平台某种产品的匹配度很高，则会出高价购买该广告位，赢得该广告位该次广告的展示权。然后，将需要投放的商品信息广告内容返回给抖音。最终，抖音将此条广告精准推送给用户。程序化广告的投放机制较无差别投放的传统广告而言，真正实现了"只把广告投放给对的人"，大大提升了广告主的营销效率和广告效果。数据管理平台架构图如图9-2所示。

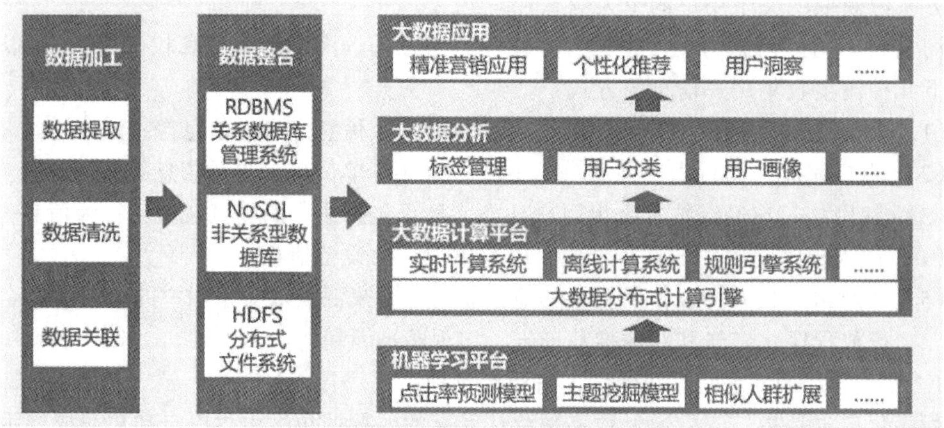

图9-2 数据管理平台架构图

2. "榨干"用户数据全部价值，站内投放算法推荐广告

网购平台中商品不计其数，用户的特点与偏好各不相同，要实现精准营销，必须展现符合他们个性化需求的商品。用户使用淘宝App过程中会产生浏览、购买等行为，这些行为会被淘宝记录，进一步对这些数据进行分析，从中得知消费者的购物喜好、时间偏好、购物习惯等信息进而进行个性化算法推荐广告的投放。

例如，淘宝"双11"推出的一键分享购物车功能背后就是由推荐算法支撑，即找到与目标用户A购物喜好相似的用户B，将用户B分享的购物车内容推送至目标用户A功能界面，帮助用户A找到消费目标，进而刺激其消费。

网购平台最常用的经典个性化推荐算法有协同过滤、基于关联规则的推荐和基于内容/知识的推荐和混合推荐。

（1）协同过滤

协同过滤的核心思想是根据与目标用户的兴趣偏好相似的最近邻的偏好来进行推荐。下面主要介绍基于用户的协同过滤和基于项目的协同过滤。

基于用户的协同过滤先找出K个与目标用户相似的用户，再根据预测模型对相似用户喜欢的物品进行评分，然后过滤掉目标用户已经消费过的物品，最后将剩余物品按照预测评分排序，选取评分最高的前N个物品进行推荐。假设现在有甲、乙、丙三位用户，甲喜欢商品A、B、C，乙喜欢商品D，丙喜欢商品B、C，那么算法会觉得甲和丙两位用户的喜好比较相似，然后将商品A推荐给用户丙。

基于项目的协同过滤是业界应用最广的推荐算法之一，它首先计算项目间两两的相似性，目标用户对某个项目的评分可以根据其对相似项目的评分来预测，之后再对预测评分进行排序，选取评分最高的前N个商品进行推荐。也就是说，相似用户喜欢的产品目标用户可能也会喜欢。

（2）基于关联规则的推荐

通过分析用户历史购物篮中的商品集合，找到商品之间关联关系的算法，根据商品之间的关系，找出顾客的购买行为，进而在用户下一次购物时推荐与其喜欢的商品相关联的商品，这便是基于关联规则的推荐算法。

（3）基于内容/知识的推荐

基于内容/知识的推荐算法是根据历史信息（如评价、分享、收藏的文档）构造用户偏好文档，计算推荐项目与用户偏好文档的相似度，将最相似的项目推荐给用户。算法根据用户浏览记录、商品评价、购物车或收藏夹中宝贝等，推断用户需求和爱好，向用户推荐相关商品。比如我们在淘宝浏览完一些商品后关闭平台，当我们再次打开时就会发现，首页向我们呈现的都是与之前浏览过的商品相类似的商品。

（4）混合推荐

混合推荐是通过加权、变换、混合、特征组合和层叠等方式将多个算法技术融合计算和推荐，弥补单一算法的缺陷，从而获得更优的推荐效果。混合推荐算法是为解决单一推荐算法所存在的问题而提出的。如协同过滤推荐算法、基于内容的推荐算法和基于上下文感知推荐算法等均存在各自的局限性，而混合推荐算法可以将单个或多个推荐算法通过某种方法进行融合以达到取长补短的推荐效果。

案例问题：

1.淘宝的精准营销带来了什么启示？

2.试分析精准营销如何与电子商务相结合。

本章小结

首先，本章介绍了数据库直销的种类、营销数据库的内容；其次，详细介绍了营销数据库的类型、布尔塞模型及其运用；最后，阐述了RFM法则的基本原理。

复习思考题

1. 假设你的目标客户为大学生，为他们设计一个数据库。
2. 运用布尔塞模型分析网络直销摄影器材的可能性。
3. 运用RFM法则对表9-6进行分析。

表9-6   运用RFM法遴选顾客

顾客编号	购买的近期程度（距离最近一次购买的月份）	权重	分值（权重/近期程度）	购买频率	权重	分值（购买频率×权重）	购买总币值	权重	分值（购买总币值×权重）	总评分	排名位置
000001	4	10		2	2		267	0.02			
000002	5	10		1	2		189	0.02			
000003	2	10		5	2		872	0.02			
000004	1	10		6	2		1 300	0.02			
000005	1	10		8	2		1 639	0.02			
000006	5	10		5	2		951	0.02			
000007	3	10		4	2		626	0.02			
000008	2	10		2	2		219	0.02			

本章网站资源

［1］赛仕软件官网.http：//www.sas.com.
［2］网数公司官网.http：//www.stata.com.

第 10 章

电子化客户关系营销

客户从没能像今天一样如此自由和轻易地获取信息。互联网在带给他们信息的同时，也给了他们选择的权利。现在的客户比以往任何时候都更处于一种主动的地位，他们需要最好的服务、最低的价格，并要求在最短时间里得到利益，从而迫使企业不得不利用信息技术全方位地了解客户，满足客户的需要，提高客户的满意度和忠诚度。因此，客户关系管理成为企业在电子商务环境下必须认真考虑的一个问题。

10.1　客户关系管理概述

10.1.1　客户关系管理对现代企业经营管理的意义

来自北美和欧洲的权威机构提供的统计数据表明，世界500强企业在5年内大约流失了50%的客户。企业争取一个新客户的成本是保留一个老客户的7~10倍。留住5%的客户有可能为企业带来100%的利润。在企业的所有客户中，大约有50%的客户没有为企业带来利润。从对一些公司CEO的问卷调查统计分析中可以看出，他们最关心的话题是企业如何才能留住客户，即提高客户对企业的忠诚度。

基于互联网技术的电子商务正在改变各个行业的经营模式，对企业的管理模式产生冲击，使企业开始重新定位并考虑自身的组织架构、业务流程和经营渠道，使企业的经营模式必须转向把客户作为中心。正如通用汽车公司的总裁杰克·史密斯先生所说："要把所有的一切——全部的资产、决策都集中在顾客身上，他们才是成败的最终裁判。"

10.1.2　客户关系管理的产生与发展

客户关系管理最早由Granter Group提出，目的在于建立一个系统，使企业在客户服务、市场竞争、销售及支持方面形成彼此协调的全新的关系实体，为企业带来长久的竞争优势。

最早发展客户关系管理的国家是美国，在20世纪80年代初便有了所谓的"接触管理"（contact management），专门收集客户与公司联系的所有信息。到1990年，"接触管理"演变成由电话服务中心支持资料分析的"客户关怀"（customer care）。

从20世纪80年代中期开始，许多公司进行了业务流程的重新设计，采用了企业资源计划（enterprise resource planning，ERP）。由此，企业完成了提高内部运作效率和质量的任务，可以有更多的精力关注企业与外部相关利益者的互动，以便抓住更多商业机会，CRM系统应运而生。

最初的CRM在20世纪90年代初投入使用，主要是基于部门的解决方案，虽然增加了特定的商务功能，但未能体现企业整体的竞争优势。于是，20世纪90年代中期推出了整合交叉功能的 CRM 解决方案，其把内部数据处理、销售跟踪、国外市场和客户服务请求融为一体。CRM 这一概念直到 20 世纪 90 年代末才开始深入企业。

10.1.3　客户关系管理的概念

客户关系管理是企业为提高核心竞争力，达到竞争制胜、快速成长的目的，树立以客户为中心的发展战略，并在此基础上开展的包括判断、选择、争取、发展和保留客户所需实施的全部商业过程；是企业以客户关系为重点，通过开展系统化的客户研究，优化企业组织体系和业务流程，提高客户满意度和忠诚度，提高企业效率和利润水平的工作实践；也是企业在不断改进与客户关系相关的全部业务流程，最终实现电子化、自动化运营目标的过程中，所创造并使用的先进的信息技术、软硬件和优化的管理方法、解决方案的总和。

10.1.4　客户关系管理的内涵

客户关系管理就是以现代信息技术为手段，结合先进的经营理念和管理思想，通过对以"客户为中心"的业务流程的重新组合和设计来提高客户的忠诚度，与客户建立起长期稳定和相互信任的密切关系，从而为企业吸引新客户，维持老客户，提高效益和竞争优势的过程。因此，客户关系管理的基本内容包括以下两个方面：

1）对内实行以人为本的管理

客户关系管理对内实行以人为本的管理，即企业和企业的领导要充分地依赖人、尊重人和相信人，树立"人是企业发展的根本"的思想，培养员工热爱企业、热爱工作的精神，以赢得员工的忠诚。企业主要应该在员工的个人发展和培训上舍得投资，使其充分地发挥自身的能力，以所学专业知识发展相应的职业方向，同时要注重物质上和精神上的双重奖励。

2）对外强调以客户为中心的管理

客户关系管理对外强调以客户为中心的管理，了解客户端需求，通过产品差异化和客户差异化来赢得客户的忠诚。客户忠诚即当客户想买一种他曾经使用过的商品或是将来可能需要的商品时首先想到的就是某个企业或某个品牌，其原因是多次愉快的购买体验增强了客户的舒适感、信任感和忠诚度。

10.1.5　客户关系管理的功能和作用

CRM 软件的基本功能包括客户信息管理、时间管理、联系人管理、销售管理、潜在客户管理、电话管理、电话营销、营销管理、客户关怀，有的还涉及呼叫中心、合作伙伴管理、商业智能、知识管理、电子商务等。其中，客户信息管理、营销管理、销售管理和客户关怀是 CRM 的四大重要功能。

CRM 的具体作用如下：能全面地提升企业的核心竞争力；提升客户关系管理水平；能满足客户个性化的需求，挖掘出客户的潜在价值；可强化企业营销系统的功能；提升销售业绩。

10.1.6　客户关系管理基础理论

1）客户关系管理的目标、原则、层次

客户关系管理主要是为了维持、增加与老客户的关系，挖掘增长潜力；开拓新客户，达到客户满意。归纳起来，客户关系管理的目标有三个方面：①提高效率；②拓展市场；③保留客户。

客户关系管理的原则：①客户中心原则：以客户为中心；②一致性原则：企业一个声音对外；③战略原则：把客户关系管理放在战略高度；④老客户优先原则：保留老客户优于拓展新客户。

客户关系管理分为四个层次，见表10-1。

表10-1　　　　　　　　　　　CRM的层次结构

层次	特征
理念层	以客户为中心，提高客户满意度
执行层	企业各个部门一个声音对外
原理层	市场营销，网络营销
软件层	前端：客户前台软件，客户服务软件，网站
	后端：营销自动化，销售自动化，部分ERP

2）客户关系管理的内容

（1）客户分析。

该项工作主要分析谁是企业的客户，客户的基本类型，个人购买者、中间商和制造商的不同需求特征和购买行为，并在此基础上分析客户差异对企业利润的影响等问题。

（2）企业对客户的承诺。

承诺的目的在于明确企业提供什么样的产品和服务。在购买产品和服务时，客户总会面临各种各样的风险，包括经济利益、产品功能和质量，以及社会和心理方面的风险等，因此要求企业作出某种承诺，以尽可能降低客户的购物风险。企业对客户承诺的宗旨是使客户满意。

（3）客户信息交流。

它是一种双向的信息交流，其主要功能是实现双方的互相联系、互相影响。从实质上说，客户管理过程就是与客户交流信息的过程。实现有效的信息交流是建立和保持企业与客户良好关系的有效途径。

（4）以良好的关系留住客户。

建立和保持与客户的长期稳定关系，首先需要良好的基础，即取得客户的信任；同时要区别不同类型的客户关系及其特征，并经常进行客户关系情况分析，评价关系的质量，采取有效措施。还可以通过建立客户组织等途径，保持企业与客户的长期友好关系。

（5）客户反馈管理。

客户反馈对于衡量企业承诺目标实现的程度、及时发现企业在为客户服务过程中的问题等方面具有重要作用。投诉是客户反馈的重要途径，正确处理客户的意见和投诉，对于消除客户不满，维护客户利益，赢得客户信任是十分重要的。

10.2 客户

10.2.1 客户的概念

对于企业而言，客户是对本企业产品和服务有特定需求的群体，是企业生产经营活动得以维持的根本保证。客户资源是企业生存、发展的战略资源，其价值体现在"所有客户未来为企业带来的收入之和，扣除产品、服务以及营销的成本，加上满意的客户向其他潜在客户推荐而带来的利润"。

传统的观点认为，客户（customer）和消费者（consumer）是同一概念，两者的含义可以不加以区分，但对企业来说，客户和消费者应该是加以区分的：

（1）客户是针对某一特定细分市场而言的，他们的需求具有一定的共性；而消费者则是针对个体而言的，他们处于比较分散的状态。

（2）客户的需求相对较为复杂，要求较高，购买数额也较大，而且交易的过程延续时间比较长；而消费者与企业的关系一般是短期的，也不需要长期、复杂的服务。

（3）客户注重与企业的感情沟通；而消费者与企业的关系相对比较简单，即使企业知道消费者是谁，也不一定与其发生进一步的联系。

（4）客户是分层次的，不同层次的客户需要企业采取不同的客户策略；而消费者可看成一个整体，并不需要进行严格区分。

10.2.2 客户的分类

按照不同的标准，可把客户分成不同的类型。

1）按企业与客户的关系分类

科特勒按客户与企业关系的紧密程度把客户分成5类，见表10-2。

2）按客户重要性分类

在客户关系管理中，企业常常按照客户的重要性进行分类。例如，采用ABC分类法进行划分，可以把客户分成贵宾型客户、重要型客户和普通型客户三种，见表10-3。

256 网上创业实务

表10-2   按客户与企业的关系分类

客户类型	企业与其关系
基本型	销售人员把产品销售出去后就不再与其接触
被动型	销售人员把产品销售出去后并鼓励其在遇到问题或者有意见时与公司联系
负责型	销售人员在产品售出以后主动与客户联系，询问产品是否符合要求，同时了解有关产品改进的各种建议，以及任何缺陷和不足，以帮助公司不断改进产品，使之更加符合客户需求
能动型	销售人员不断地与客户联系，得到有关改进产品用途的建议以及新产品的信息
伙伴型	公司不断地和客户共同努力，帮助客户解决问题，支持客户的成功，实现共同发展

表10-3   用ABC分类法对客户进行划分

客户类型	客户名称	客户数量比例	客户为企业创造的利润比例
A	贵宾型	5%	50%
B	重要型	15%	30%
C	普通型	80%	20%

表10-3所列的数字为参考值，不同行业、不同企业的数值各不相同。

3）按客户忠诚度分类

按照客户对企业的忠诚度进行划分，可以把客户分成潜在客户、新客户、常客户、老客户和忠诚客户等。潜在客户是指对企业的产品和服务有需求，但尚未开始与公司进行交易的客户；新客户是指那些刚开始与公司开展交易，但对产品和服务还缺乏全面了解的客户；常客户是指经常与公司发生交易的客户；老客户是指与公司交易有较长的历史，对企业的产品和服务有较深的了解，但同时还与其他公司有交易往来的客户；忠诚客户则是指对公司高度信任并与公司建立起了长期、稳定关系的客户，他们基本只在本公司消费。

不同忠诚度的客户对企业利润的贡献有较大的差别，可以用图10-1简单表示。

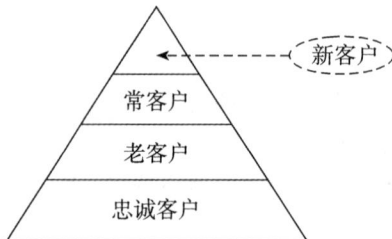

图10-1 不同客户创造的利润分布图

10.2.3　客户的满意度

客户满意是指客户通过一个产品或服务的可感知的效果，与他的期望值相比较后形成的愉悦或失望的感觉状态。客户满意度是可感知效果和期望值之间的函数关系，即：

C=B/A

式中：C——客户满意度；

B——客户的感知值；

A——客户的期望值。

可见客户是否满意与期望成反比关系，与感知成正比关系。对客户满意状况的测量实际是看客户满意度的大小。当C接近1或等于1时，既可以表示客户的感受为"比较满意"，也可以表示其感受为"一般"；当C小于1时，表示客户的感受为"不满意"；当C等于0时，则表示客户的期望完全没有实现。

1）影响客户满意度的主要因素

根据客户满意度的定义，客户满意度是客户建立在期望与现实基础上的、对产品与服务的主观评价，一切影响期望与服务的因素都有可能影响客户满意度。

从企业工作的各个方面分析，影响客户满意度的因素可以归结为以下五个方面：企业因素、产品因素、营销与服务体系、沟通因素和客户关怀。

从对客户满意度的直接影响因素分析，可以将影响满意度的因素分为不满意因素、满意因素与特别满意因素三类。企业可以通过减少或彻底消除不满意因素，提供更多的满意因素和特别满意因素来达到提高客户满意度的目的。

2）客户满意度的调查与评价

要获得客户满意度数据，需要进行定量调查。企业首先要具有客户档案数据库，以便快速、准确地找到客户，这是企业的基础管理工作。客户满意度调查通常由专业人员或专业公司组织进行。定量调查通常包括以下步骤：①确定调查目标、对象与范围；②确定调查方法；③问卷的设计和预调查；④调查人员的挑选和培训；⑤实际执行调查；⑥调查问卷的回收和复核；⑦问卷的编码录入和统计分析。

3）客户满意或不满意的表达模型

客户满意度形成模型如图10-2所示：

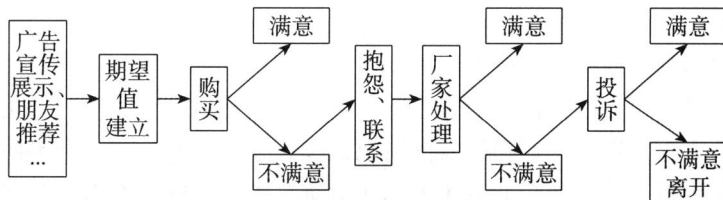

图10-2　客户满意度形成模型

企业要消除不满意，需要花费很大的代价。但营销专家菲利普·科特勒指出，如果用令人满意的方法处理投诉，那么80%的投诉者不会转向其他竞争对手。因此，客户抱怨或投诉不一定是坏事。它可以为企业解决问题提供线索，而且为企业留住最挑剔的客户提供机会。相反，不抱怨或不投诉的客户转向其他竞争对手，才是对企业最大的威胁。

4）如何提高客户满意度

提高客户满意度需要企业长期不懈地努力。实际上企业不可能让客户满意度一直上升达到100分，一定幅度的上下波动是正常的。重要的是，企业如何建立一套机制来保证客户满意度处于非常满意或满意水平，并能针对问题及时采取补救措施。通常的方法包括：

（1）提高客户的感知价值。

企业需要致力于为客户提供更有价值的产品和服务，满足不断变化的客户需求与偏好，从而提升客户的认知，这样企业才能获得持续、稳定和健康的发展。企业还要为客户提供定制化的和质量优异的产品与服务，从而塑造品牌。

（2）控制客户期望值。

营销人员应该控制客户的期望值，尽可能准确地描述产品或服务，不要夸大产品的性能、质量与服务，否则只会适得其反。如果客户期望比较客观，企业的工作成果却能超越客户的期望，客户就会非常满意，并向他人推荐该企业的产品或服务。

10.2.4 客户的忠诚度

1）客户忠诚度的意义

忠诚的客户通常指会拒绝竞争对手公司提供的折扣，经常性地购买本公司的产品或服务，甚至会向其家人或朋友推荐本公司产品的顾客。尽管满意度和忠诚度之间有着不可忽视的正向关系，但如果不是忠诚客户，即使满意度很高，其在面对更便利的条件或更低的价格时，也会毫不犹豫地转换品牌。

忠诚客户所带来的收获是长期且具有累积效应的。一个客户能保持的忠诚度越久，企业从该客户那里得到的利益越多。其原因在于提高了销售量，增强了竞争地位，减少了营销费用，不必进行价格战，有利于新产品推广。

企业可以利用节省的成本，在改进网络和服务方面进行更多的投资，进而在客户身上获得良好的回报。所以，今天的企业不仅要使客户满意，更要注意维系客户，提高他们的忠诚度。

2）如何衡量客户的忠诚度

企业在对客户的忠诚度进行管理时应当设计一系列定量指标来考核工作目标。由于企业的具体经营状况有很大的不同，因此不同的企业在设计客户忠诚度的量化考核标准时可以从自身的各个方面加以考虑，根据实际情况选择合适的因素，并给予不同的权值，从而得出一个综合评价得分。一些企业通用的和相对重要的考核标准有以下几方面：客户重复购买率、客户需求满足率、客户对本企业商品或品牌的关注程度、客户对竞争商品或品牌的关注程度、客户购买商品的时间、客户对价格的敏感程度，以及客户对产品质量的承受能力。

忠诚的客户来源于满意的客户，但满意的客户不一定是忠诚的客户。在一些交易中，客户的满意度提高了，但销售量并未取得明显增加。客户忠诚度的提高有赖于满意度的提高，但更取决于客户对企业的信任度。在因特网这个虚拟世界中，企业与客户很难见面，彼此的信任更加重要。因此，企业必须从建立信任度开始，提高满意度，直至取得忠诚度，如图10-3所示。

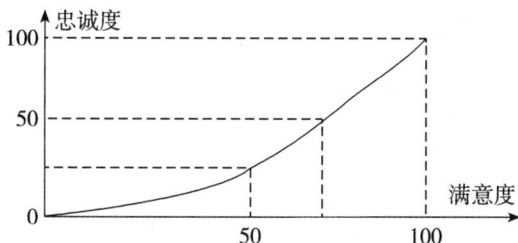

图10-3　客户满意度与忠诚度

3）提高客户忠诚度的关键

客户忠诚度是建立在客户满意度基础之上的，因此提供高品质的产品、无可挑剔的基本服务，增加客户关怀是必不可少的。在此基础上，还需要注意以下几方面以提高客户的忠诚度：

（1）集中锁定客户范围，即聚焦了那些具有高度忠诚潜力的客户群。

（2）提供特色服务。除了完整的销售过程中的质量、服务、关怀保证外，企业要选择最吸引客户的方式，提供与众不同的特色服务。

（3）成为以客户为中心的企业。无论采取哪些行动，最终都需要将企业变成以客户为中心的企业。

（4）加强与客户沟通。企业要认真倾听客户的意见，表达自己的态度，在客户需要的时候随时与之交流，消除客户的不满。加强与客户的沟通将给企业带来利润回报。

（5）正确处理抱怨。快速有效地处理顾客抱怨，有利于降低顾客流失率，还能积累应对不满意顾客的宝贵经验。

10.2.5　客户价值

1）客户价值的两种概念取向

对客户价值概念的理解存在两种不同的看法，即客户价值是企业为客户创造并提供的价值，还是客户为企业创造并提供的价值。显然两个价值的内涵是截然相反的。

在大多数学者的研究中，客户价值被认为是"某种客户关系给客户所创造的价值"。尽管客观上存在客户价值方向上的不同，但本章采用主流的定义，认为客户价值的方向是"从企业到顾客"，是"企业为客户创造的价值"，而将"客户为企业带来的价值"归结为"关系价值"，即"企业维持与顾客的关系，能够为企业带来的价值"。客户价值和关系价值共同构成客户关系管理的两大价值支柱。

2）客户价值的定义

客户价值是客户对产品属性、属性效能以及使用结果（对实现客户目标和初衷的促进或阻碍）的感知偏好和评价。有关客户价值的本质，具体的描述如图10-4所示。

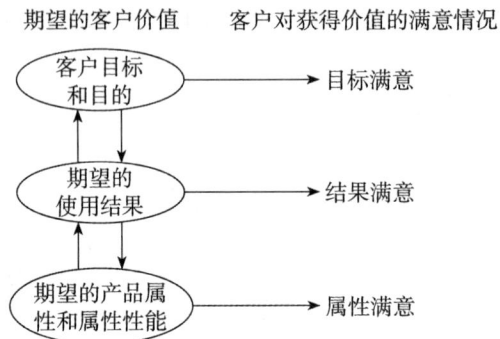

期望的客户价值　　客户对获得价值的满意情况

客户目标
和目的 → 目标满意

期望的
使用结果 → 结果满意

期望的产品属
性和属性性能 → 属性满意

图10-4　客户价值的层次模型

3）客户价值的主要体现

（1）竞争利器。

客户价值是企业竞争制胜的一种最主要的资源和最基本的竞争利器。

（2）市场价值。

客户价值对企业的市场价值主要体现在以下三个方面：利润来源、新产品与新服务的首推对象、老客户扩大需求时应被首选。

（3）规模优势。

企业拥有的客户越多，就越可能降低企业为客户提供产品或服务的成本，这样企业就能以等量的费用更好地为客户提供更高价值的产品与服务，提高客户的满意度，从而在激烈的竞争中处于领先地位。

（4）口碑价值。

客户的口碑价值是指由于满意的客户向他人宣传本企业的产品或服务，吸引更多的新客户加盟，从而使企业销售增长、收益增加所创造的价值。

（5）信息价值。

客户信息对企业来说是重要的价值，它会直接影响企业的经营行为，以及企业对客户消费行为的把握，是企业下一步经营的依据。

4）客户价值与客户满意度

从客户价值的定义中不难发现，客户价值与客户满意度之间存在很强的内在联系。二者都是产品的评估性判断，都十分看重使用情形，在含义上存在着一定的重叠，图10-5反映了客户价值与客户满意度之间的关系。

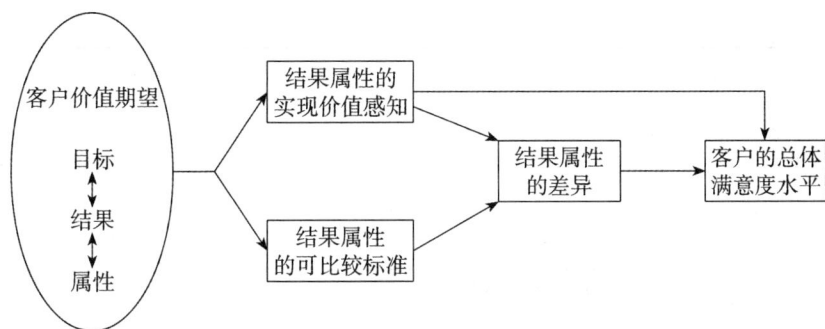

图10-5 客户价值与客户满意度之间的关系

客户在进行评估时，先根据过去的或现在的经验，明确自己期望的价值。反过来，期望价值指导客户形成对特定使用情形下产品效能的感知，即评价在这些属性上的使用经历、属性效能和使用结果。实现价值可能会直接形成一个总体满意度，影响总体满意水平。

在客户的期望价值层次模型的每一个层次上，都可以产生一个满意度水平，而总体满意度取决于客户对不同层次上的满意度的权衡和积累。因此，客户可能会对产品属性、属性效能、使用结果和目标实现程度等形成不同的满意度水平。

预测客户的未来价值可以帮助我们确定和识别潜在客户，形成竞争优势，从而实现更好的客户关系管理。表10-4中介绍了几种常见的客户价值分析方法，[①]通过运用这些方法，可以达到不同的预测目的，进而帮助实施客户战略。

表10-4 客户价值的分析方法

分析方法	运用方法	用途
RFC	以最近电子邮件点击量、点击率和总的点击价值为基础，给每个客户打分	除了与RFM有相同的应用外，还包括检测非促销接触的成功； 除了购买行为外，还通过团体价值等因素检测客户价值； 识别哪一个客户参与最多（不排除作为检测购买行为的手段）； 检测响应的有效性
LTV	基于客户的购买历史或将来购买行为、客户保持率、总计划花费以及实施净现值（NPV）计算等的假设预测客户在一段时间内带来的净利润	预测新客户的终身价值； 决定新计划成功的可能性； 检测获得新客户对基于保持客户销售投资的影响

---

① 布隆德默. 客户关系营销技巧［M］. 高云，冯昭伟，译. 北京：机械工业出版社，2002.

分析方法	运用方法	用途
LTCV	基于客户的购买行为或假设的将来点击行为、客户保持率、总计划花费以及实施净现值计算，预测客户在一段时间内带来的"点击利润"	除了同 LTV 有相同的应用外，还包括对非购买行为确定将来预期价值
CSI	通过要求客户按一定规模评价自己的经历或使用诸如 BizRate 的服务，即相对于工业标准对客户取样和评价你的表现，提供单个客户满意度定量检测方法	检测系统问题

10.3 客户关系管理系统

10.3.1 客户关系管理系统的一般模型

　　CRM 系统的功能可以归纳为三个方面：对销售、营销和客户服务三部分业务流程的信息化；与客户进行沟通所需要的手段（如电话、传真、网络、E-mail 等）的集成和自动化处理；对上面两部分功能所积累下的信息进行加工处理，从而产生商务智能，为企业的战略、战术的决策作支持。一般来讲，当前的 CRM 系统所具有的功能都是图 10-6 的子集。

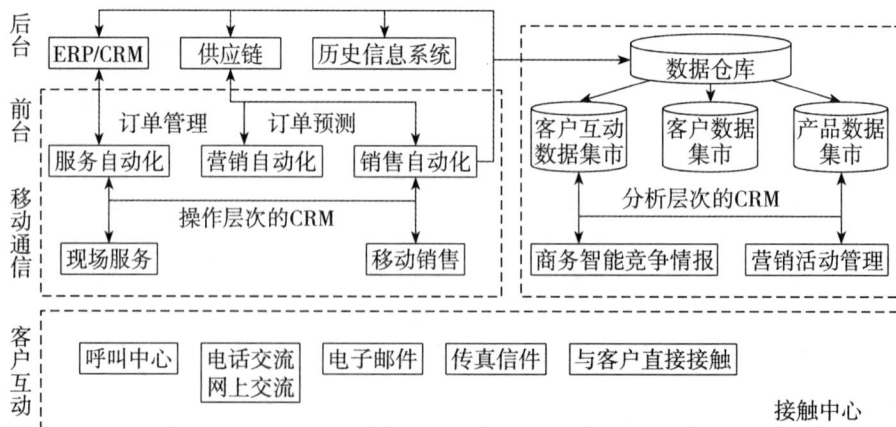

图10-6　客户关系管理系统全貌

10.3.2 客户关系管理系统的功能

1）CRM系统的作用

一般而言，CRM的主要作用体现在三个层面：

从对外的层面而言，能够及时、有效地解决来自外部客户的抱怨，为客户提供超出其期望值的产品和服务，达到提高客户满意度的目的。

从企业内部的层面而言，可以改善企业内部工作人员如销售人员、市场人员以及服务人员的工作环境，减少原来的重复性工作，增加具有增值性和创造性的工作，提高知识工作者的劳动生产率。

从ERP的层面而言，应用CRM能够有效释放ERP的潜力。

2）CRM系统的功能模块

（1）销售自动化（sales force automation，SFA）。

销售自动化是以自动化方法替代原有的销售过程，这个自动化方法即信息技术。

（2）营销自动化。

营销自动化是通过营销计划的编制、执行和结果分析、清单的产生和管理、预算和预测、资料管理、建立产品定价和竞争等信息的知识库、提供营销的百科全书、进行客户跟踪以及分销管理，达到营销活动的设计目的。

（3）客户服务与支持（customer service and support，CSS）。

客户服务与支持是客户关系管理中的重要部分。它是通过呼叫中心和互联网来实现的，这样便于产生客户的纵向及横向销售业务。客户服务与支持提供了产品质量反馈、业务研讨、现场服务、订单跟踪、客户关心、服务请求、服务合同、维修调度、纠纷解决等功能。

（4）商务智能。

当销售自动化、营销自动化和客户服务与支持三方面的功能实现之后，将会产生大量的客户和潜在的客户的各方面信息，这些信息是宝贵的资源，利用这些信息可以进行各种分析，以便产生客户关系方面的商务智能方案，供决策者及时作出正确的决策。商务智能包括销售智能、营销智能、客户智能等内容。CRM的商务智能是一种通过数据挖掘产生报表，并对报表进行分析和决策支持的工具。

10.3.3 呼叫中心

呼叫中心（call center）起源于30年前的民航业，其最初是为了能更方便地向乘客提供咨询服务和有效处理乘客投诉。早期的呼叫中心就是今天我们常说的热线电话，客户只要拨通指定的电话就可以与客户代表直接交谈。随着近年来通信和计算机技术的发展和融合，呼叫中心已被赋予了新的内容：CTI（computer telephony integration）使计算机网和通信网融为一体；分布式技术的引入使客户代表不必再集中于一个地方工作；自动语音应答设备的出现不仅在很大程度上替代了客户代表的工作，而且使呼叫中心24小时不间断地运行；Internet和通信方式的革命更使呼叫中心不仅能处理电话业务，还能处理传真、电子函件、Web访问，甚至是基于Internet的电话和视频会议，至此，呼叫中心已远远超出了过去定义的范围，成为以信息技术为核心，通过多种现代通信手段为客户提供交互式服务的服务系统。第四代呼叫中心在两个关键技术上有了很大进步：其一是在接入方式上集成了Internet渠道，这种集成并不是简单地把信息公布在网上，而是用户通过点击公司主页上的按钮，即可方便地与呼叫中心的客户代表进行电话交谈；其二是在管理上融入了客户关系管理思想，呼叫中心不再只是一个客户服务部门，而是立足于全局，把生产、销售、配送、服务等部门组成一个互动的整体。目前，部分企业已经提出了第五代呼叫中心的概念。第五代呼叫中心是在第四代呼叫中心的基础上，更多地融入了依托互联网技术的媒体渠道与沟通渠道，如社交网络、社交媒体，从而实现基于互联网的文本交谈、网上音频、网上视频等沟通方式。

10.3.4 运营型CRM

运营型CRM是指企业管理的所有业务流程的流线化和自动化，包括经由多渠道的客户"接触点"的整合以及前台和后台运营之间的平滑连接和整合。

运营型CRM是基于Web技术的全动态交互的客户关系应用系统。运营型CRM使企业在网络环境中以电子化方式完成从市场、销售到服务的全部商务过程。它主要有以下5个方面的应用：

1）CRM销售套件

CRM销售套件为企业管理销售业务全程提供丰富强大的功能，包括销售信息管理、销售过程定制、销售过程监控、销售预测、销售信息分析等。CRM销售套件对企业的主要作用在于帮助企业管理跟踪从销售机会产生到销售阶段结束的全程信息。

2）CRM营销套件

CRM营销套件为企业提供自始至终掌握市场营销活动的信息管理、计划预算、项目跟踪、成本明细、效果评估等功能，帮助企业管理者清楚了解所有市场营销活动的成效与投资回报率。

3）CRM服务套件

CRM服务套件帮助企业以最低的成本为客户提供包括服务请求及投诉的创建、分配、解决、跟踪、反馈、回访等相关服务环节的闭环处理模式，从而为企业留住老客户、发展新客户。

4）CRM电子商务套件

CRM电子商务套件是CRM让企业商务过程"E"化的front office，帮助企业将门户站点/各种商务渠道集成在一起，开拓新的销售渠道及商务处理方式。

5）CRM 商务平台套件

CRM 商务平台是产品的基础核心平台，实现产品的基础数据维护、安全控制、动态配置与工作流程定制等功能。

10.3.5　分析型 CRM

分析型 CRM 主要是分析运营型 CRM 获得的和原有系统中储存的各种数据，进而为企业的经营和决策提供可靠的量化数据。分析型 CRM 一般需要用到一些数据管理和数据分析工具，如数据仓库、OLAP 和数据挖掘等。

1）分析型 CRM 的主要功能

分析型软件具备 6 大支柱功能：客户分析、客户建模、客户沟通、个性化、优化和接触管理。

分析型 CRM 把大量的销售、服务、市场及业务数据进行整合，使用数据仓库、数据挖掘、OLAP 和决策支持技术，将完整的和可靠的数据转化为有用的、可靠的信息，再将信息转化为知识，进一步为整个企业提供战略上和技术上的商业决策，为客户服务和新产品的研发提供准确的依据，提高企业的竞争能力，使公司能够把有限的资源集中服务于所选择的有效的全体客户，同这些客户保持长期和有效益的关系。

2）分析型 CRM 的 4 个阶段

一个典型的分析型 CRM 系统包括 4 个阶段：进行客户分析、将市场区段信息运用于客户分析、进行日常市场活动分析、预报客户行为的各种方法的模型。

（1）客户分析。

客户分析需要很多可以量化的信息，这些信息通常来自各种不同的数据源。这些信息必须加以整合，并以合理的方式放到客户数据仓库中，以便对其作进一步的分段或挖掘处理。

（2）市场区段分析。

在客户数据仓库准备就绪之后，就可以对当前客户以及预期的客户群作区段分析，判断不同区段的优势与弱势。对客户群实施区段分析时，可以利用客户数据仓库所积累的大量有用的信息。对这些信息的分析与数据挖掘，有助于发现和评价各种可变因素的不同排列组合会导致什么样的后果。

（3）一对一的市场。

在找到最具价值的市场区段后，就可以为不同区段设计并提供适应其特定需要的成套服务。有针对性的市场开拓工作可以促使企业瞄准更有前景和更有商机的领域。如果能够使企业的产品和服务被本来并不需要它们的客户所接受，就可能为企业赢得最具价值的客户。

（4）事件模型。

事件模型是一种技术手段，旨在帮助企业使其市场活动与处理策略准确，并最终取得成功。事件模型可以"刻画"客户的行为和客户的反应，还可以预见未来市场活动的后果。与事件模型有关的典型问题有：哪些年龄段的客户对降价处理最感兴趣？哪些客户更喜欢通过个人渠道购物？针对高收入客户的市场策略是否达到了预期的目的？

提出此类问题的目的在于发现影响客户反应的主要因素，然后才能将客户按照他们的特征加以标识与分类。在很多情况下，可以运用有关购买特征的知识，对各种不同的处置策略加以检验。如果进一步细化这方面的工作，必然会因正确运用这些策略而提高客户的满意度。

10.4 SCRM

10.4.1 社交客户关系管理的起源

社交客户关系管理（SCRM）的起源可以追溯到社交媒体的兴起和普及。传统的客户关系管理（CRM）主要集中在组织内部，通过整合和管理企业内部的客户数据，以提供更好的客户服务和支持。然而，随着互联网和社交媒体的快速发展，人们开始在社交媒体平台上分享信息、交流和互动，这也改变了企业与客户之间的沟通方式。

社交媒体的普及给企业带来了新的挑战和机遇。客户在社交媒体平台上发布评论、进行反馈和评价，这些信息对企业来说具有重要价值。企业意识到需要更全面地了解和参与社交媒体上的客户活动，以更好地满足客户需求和提供个性化的服务。于是，社交客户关系管理（SCRM）概念应运而生。

SCRM的核心理念是将传统的CRM理念与社交媒体相结合，以建立并维护积极的社交媒体策略，实现与客户的实时互动和沟通。SCRM借助社交媒体的开放性和互动性，为企业提供了更广泛的客户参与渠道。企业可以主动参与社交媒体话题和讨论，回答客户问题，解决客户疑虑，从而提高客户满意度和忠诚度。

10.4.2 社交媒体的普及对CRM的需求

随着社交媒体的迅猛发展和普及，企业与客户之间的沟通方式和CRM策略已经发生了翻天覆地的变化。传统的CRM模式已无法满足当前的互动需求，企业需要重新审视并调整其策略，以社交媒体的特点为依据进行有针对性的优化和改进。

传统的CRM主要依赖于电话、邮件等渠道与客户进行沟通和互动，而社交媒体的普及使得客户可以通过多种渠道与企业互动，包括社交平台、评论区、讨论组等，因此企业需要在其CRM系统中整合和管理这些不同的渠道，以实现跨渠道的客户互动。

社交媒体的实时性和互动性给客户提供了即时反馈的平台。他们可以通过评论、分享、点赞等方式表达对产品或服务的意见和评价。企业需要及时回应并积极参与这些互动，以提高用户参与度和用户满意度。

社交媒体用户对品牌的评价和意见可以迅速在网络上传播，对企业的声誉产生极大影响。因此，企业需要密切监测社交媒体平台上涉及自己品牌的内容并及时作出回应。同时，企业还需要使用CRM系统来管理和处理潜在的危机事件，以保护和维护品牌声誉。

社交媒体平台提供了大量关于用户行为和兴趣的数据。通过CRM系统对这些数据进行分析，企业可以更好地了解用户需求、喜好和购买偏好，并将其用于个性化的市场推广和服务定制。这有助于提高营销效果和客户满意度。

社交媒体的普及使得企业能够更加亲近客户并建立更强的关系。通过CRM系统，企业可以开展定向的客户参与活动，例如邀请客户参与讨论、调研和用户生成内容等，以增加用户忠诚度和参与度。

10.4.3　SCRM的特点

1）多渠道

传统的CRM系统是将数据存放在企业内部的系统中，而SCRM的数据来源非常广泛，包括社交媒体平台、微博、微信、博客、论坛、评论等。这种多渠道的特点使得企业能够更全面地追踪客户的行为，以便更好地满足客户的需求。

2）互动性强

由于社交媒体渠道的特点，用户可以随时发表评论、评分、建议等来表达自己的看法，而企业也可以通过这些渠道来回应和互动。这种强大的互动性使得企业能够随时掌握客户的需求，进一步提高用户的满意度和忠诚度。

3）时效性强

传统的CRM系统基于历史记录来分析数据，而SCRM则是以实时监测客户投诉和评论来作出及时的回应。这种时效性的体现能够为企业在客户互动过程中赢得更多的可信度和好感度。

4）专业化和个性化

与传统的CRM相比，SCRM更注重个性化关怀。通过社交媒体平台，企业可以针对不同类型的客户，采用不同的沟通方式和营销策略。这种专业化和个性化的特点能够更好地满足不同客户的需求。

5）数据分析和预测

SCRM系统会收集、存储并分析大量的客户数据。这让企业了解到客户的行为和需求，进而预测客户未来的行为和需求。通过细致的分析和预测，企业可以更好地为客户提供恰当的服务和产品。

微丰客户体验营销云，是一站式私域客户营销管理平台，其打造的SCRM具有多渠道、互动性强、时效性强、专业化和个性化以及数据分析和预测等特点。在数字化时代，企业应该注重SCRM的实施，以更好地满足客户的需求，建立并维护良好的品牌形象。

10.4.4　社交媒体的普及下客户关系管理的目标

1）实时互动

社交媒体为企业建立了与客户之间实时互动的渠道，使得CRM更加注重即时回应和沟通。通过社交媒体平台，企业可以快速回应客户的问题、解决客户的困扰，从而提升客户体验。

2）社交口碑营销

社交媒体赋予了用户自由表达观点和分享体验的能力，企业可以通过积极参与社交媒体的口碑营销来提高品牌知名度和信任度。CRM的目标之一是通过社交媒体积极参与和引导用户的讨论，促进正面的口碑传播，从而吸引更多的潜在客户。

3）个性化推荐

社交媒体平台上的用户行为和偏好数据可以为企业提供宝贵的信息，帮助企业更好地理解客户需求。基于这些数据，企业可以实现对客户的精准定位，并提供个性化的产品推荐和优惠活动，从而增加销售量和客户满意度。

4）用户参与和共创

社交媒体的特点之一是用户参与和共创，客户不再仅仅是被动接受企业信息的对象，而更多地成为品牌的参与者和共同创造者。因此，CRM的目标之一是通过社交媒体平台鼓励用户参与企业的产品开发、营销活动和品牌建设，从而增强客户黏性和忠诚度。

10.4.5　社交媒体兴起和普及的环境下CRM实例介绍——微丰

作为沃丰科技推出的客户体验营销云产品，微丰集引流获客、社群运营、私域营销、客户体验管理、数据模型分析等功能于一体，致力于为企业实现数字化营销，增强客户体验，帮助企业业绩持续增长。目前，微丰共有七大功能模块（SCRM、MA营销自动化、CEM客户体验管理、智能外呼、企业微信会话分析、微信客服、RPA），微丰+Udesk+GuassMind的产品组合，为企业打造售前、售中、售后一体化的营销体验闭环，如图10-7所示。

核心能力1：情景重现，让机器人在场景化领域带着问题去思考

知识库、FAQ、SCRM等历史数据均具有丰富的行业信息，持续将这些数据引入引擎，让机器人像人一样在限定场景下成为行业专家而非"全才"，如地图场景下，shangdi为"上地"，而非"上帝"。

核心能力2：机器人节点预测/遗忘式识别

客户垂直场景需求导致"问题"中带有丰富的信息，而随着多轮对话式任务的进行，当前答案与当前问题相关性最高，与之前问题的相关性越来越低，当机器人问过问题后，对用户问题进行未来预测（激励当前问题相关内容），而逐渐遗忘历史问题。

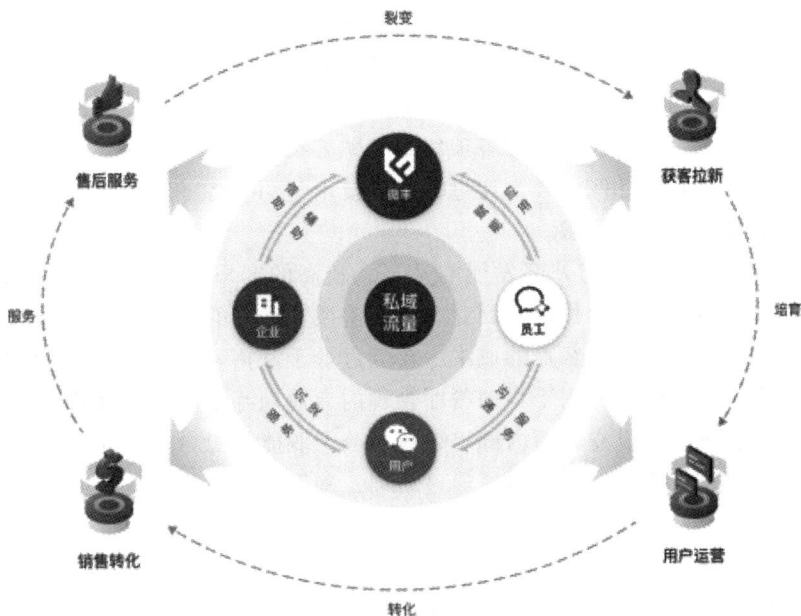

图10-7　微丰赋能企业搭建私域矩阵

核心能力 3：定制化场景的丰富语音识别结果输出

中文含有 50w+ 的词语，过大的词典导致模型巨大，而为保证词语识别效果，ASR 词典采用 10w+ 量级，中文音节 410 个左右，有些场景，特别是"短词"，无上下文语义，结果波动大，ASR 输出最优结果的同时，输出音素序列以及多候选，NLP 根据音素序列和多候选给出最优结果。

本章案例

肯德基的客户关系管理策略

肯德基，一家美国快餐店，1987 年进驻北京，开设第一家店，现今遍布全国多省乃至全世界 80 多个国家，门店数量逾 6 000 家。这家跨国快餐连锁企业是如何处理客户关系，搭建有效沟通系统呢？

肯德基的标准化服务是 CHAMPS，具体内容是：C（保持美观清洁的餐厅），H（提供真诚友善的接待），A（确保无误的共赢），M（维持优良的设备），P（坚持高质稳定的产品），S（注意快速迅捷的服务）。肯德基重视服务质量：客人进门微笑相迎，给婴幼儿备有小孩桌椅和儿童天地，肯德基的目标是努力给客户留下难忘的用餐体验。

另外，对于以家庭成员为主的客户群，肯德基会为儿童准备一些"儿童生日餐"，设计多种儿童套餐，同时还有一些卡通生日礼物，深受小朋友们喜欢。

在互联网时代，消费者获取信息的成本不断降低，企业各项信息逐渐透明化。一个不愉快的客户，可以在网络上写出在这家企业遭遇的不良体验，将这个事件通过社交媒体等网络工具迅速传播。因此，及时处理各项纠纷、顾客投诉对公司品牌或口碑传播都有很大的影响。肯德基设立客户呼叫中心，通过计算机技术与消费者零距离接触，及时反馈顾客意见，让企业更加了解市场需求。

客户是企业利润的来源与外部发展的基石，较高的客户满意度不仅能为企业带来利润，更能为品牌宣传起到正面作用，因此，肯德基成立专门的客户服务部门，及时准确维系客户关系，毕竟努力留住老客户的成本，要远远低于开拓一个新客户的成本。

肯德基在中国特别建有适用于当地餐厅管理的专业训练系统的教育基地——教育发展中心，专为餐厅管理人员设立，而内部培训体系分为职能部门专业培训、餐厅员工岗位基础培训以及餐厅管理技能培训等方面。通过培训，确保各部门之间、员工之间能进行顺利沟通。

案例问题：

1.根据肯德基客户关系管理，分析有效沟通给企业带来哪些影响。

2.查阅相关资料并讨论肯德基是如何进行客户营销的。

▋本章小结

首先，本章介绍了客户关系管理的概念和基础理论，以及客户、客户价值等相关概念和内容。其次，介绍了客户关系管理系统模型及其功能。最后，通过 CRM 的实施案例，让读者对 CRM 的应用有一个整体的、形象化的把握。

▋复习思考题

1.访问亚马逊网站，评价其网站的设计，确定什么样的网站设计会鼓励你进行购买。

2.你是否掌握了网上一对一营销的要诀？

回答下面的问题，看看你的企业是否已经做好网上一对一的客户关系管理。

① 你是否开发了有意义的网页内容？是否根据客户的心理需要提供广告信息和销售服务？

② 你是否建立并维护了客户资料库，并作适当分析，以了解每一个客户的社会经济

背景、兴趣喜好、购买习惯、生活及消费方式?

③ 你是否使用了一对一营销的工具,如电子邮件等?

④ 你是否对不同生活及消费方式的客户设计了一对一的服务、广告以及促销方式?

⑤ 你是否与客户进行互动,并将客户的回馈信息建立成数据库,作为日后改进产品或开发新产品的参考?

⑥ 你是否与客户保持长期联系,努力开发客户终身价值?

⑦ 你是否让客户间自行交流,并组成虚拟社区主动向他人推荐公司产品?

3.访问国内的几大门户网站,分析它们的电子化客户关系营销策略。

4.客户与消费者有什么区别?

5.怎样才能提高客户的满意度和忠诚度?

6.自己查找一个CRM成功案例,并对案例进行分析。

▌本章网站资源

[1] 美特客户关系管理软件 .www.metasoft.com.cn.

[2] 客户无忧关系管理软件 .www.kehu51.com.

[3] 中国客户管理网 .http：//www.ccmclick.com.

[4] 思爱普中国官方网站 .www.sap.cn.

第 11 章

网络创业中的法律环境

11.1　互联网背景下的法律环境概述

11.1.1　互联网对法律制度的挑战

任何新事物的出现都会给传统社会带来冲击，互联网也不例外。通信技术和互联网技术的发展不仅使人们可以通过互联网在国家间迅速传递信息，给信息的传递速度和规模带来根本性的变化，更重要的是它带来了一个全新的社会——信息社会。这无疑对传统的法规建设提出了巨大的挑战。这就引发了一个问题：传统的法律是否适用于信息时代？答案是不完全适用。互联网是一种全新的媒体，它虽然具有传统的报纸、杂志、电视、广播等传媒的功能，但又与它们有着本质的不同。如果不考虑互联网的独特性，强行将传统的法律加诸其上，不但不会促进它的发展，反而会造成阻碍。所以，必须对现有的法律作出调整，并创设新的法律填补由电子商务及网络应用引发的法律空白。当然互联网也是有其现实基础的，所以在知识产权、刑法等领域，传统的法律经过修改也是适用的。

1）传统法理受到挑战

根据传统的证据法学理论，任何定案证据都要具有客观性、合法性和真实性。比如，在现实社会中要判定一个人为嫌疑犯，司法机关必须找到作案工具、作案痕迹等真实、有力的证据，不能仅因为某人有作案动机就将其定罪。而在网络领域里，这一原则受到了挑战。

网络社会又被称为数字化社会，在网络上传输的各种信息都是以数字化形式来表现的。这种数字的非纸质的证据是否具有真实合法性，是我们必须要面对的一个问题。我们所看到的各种文字和图像只不过是这些数字信号的一个表象，这些表象随显示终端或操作者的不同而有各种不同的表现形式。例如，同一幅照片，在高分辨率的显示器上显示得非常优美，而在另外一些显示器上则变得异常丑陋，这些表象是否具有客观性，是法学界未有定论的一个问题。

另外，信息时代的独特特征使法律在处理那些在现实社会中也存在的问题时陷入两难的境地。最典型的当数微软垄断案。在微软垄断案的处理过程中，有些人认为与传统的垄断相反，信息时代的垄断不仅不会造成价格控制，反而正是微软的垄断地位成为其降低价格的主要因素。虽然这种观点能否成立目前尚无定论，但是引起了人们对传统的反垄断法对互联网适用性的关注。

2）网络知识产权的法律规范

知识产权问题自互联网诞生之初就一直困扰着互联网企业。在由互联网引起的众多法律纠纷中，许多是有关商标权和著作权问题的。比如，商标权通常以属地主义为原则，在登录国家才发生效力，而因特网的虚拟空间没有国境的限制，因此在登录国之外的他国使用该商标是否为侵权行为很难界定。认定是否造成在网络中对知识产权的侵犯必须要有立法方面的明确规定，这样才能使知识产权在虚拟的网络空间中也能得到保护。

就我国而言，网络知识产权纠纷的出现与我国著作权保护制度的不健全有一定的关系，同时，我国网络证据制度的不足也是一个重要原因。网络社会的存储介质和传输工具都是采用光电技术的，它们大都是可擦写和变换的，因此，如何保证我们取得的网络证据的真实性和合法性是一个重要的问题。而且网络技术的发展非常迅速，相应法律的制定总是会滞后于技术的发展，这使得法律对于一些由新技术应用而引发的问题缺乏明确的规定和操作细则。P2P（peer-to-peer）就是一个很好的例子。P2P是20世纪末发展起来的用于互联网文件共享的网络技术，用户通过它可以直接与另一个用户进行文件交换，给用户带来了极大的方便，QQ就是对P2P的典型应用。但是正是用户对享有版权的歌曲、电影等网上信息的共享，直接影响了版权人的利益。虽然现在我国已经制定了保护网络知识产权的法律，但是对于像利用P2P这样的新技术引起的法律争端还缺乏具体、细致的规范。

3）网络安全的法律规范

互联网是把双刃剑，它在给用户带来巨大便利的同时，也将病毒入侵、黑客攻击、网络色情等事物带入人们的生活。随着互联网渗透到我国经济生活的各个方面，网络安全必将直接影响整个国民经济的正常运行，影响电子商务交易各方的切身利益。电子商务交易是通过计算机及其网络实现的，其安全与否取决于计算机及其网络自身的安全程度。有效保护银行、企业和消费者的各种权益，防止不良行为和恶意侵袭，成为计算机网络安全保护的一个新的重点。许多互联网使用者在上网时，电脑总是会弹出一些带有广告内容的窗口，让使用者莫名其妙地进入一些商业网站，而且电脑运行的速度越来越慢。这些都是"流氓软件"惹的祸。"流氓软件"因为严重干扰了用户的日常工作、数据安全和个人隐私，引起了用户和媒体的强烈关注。所谓"流氓软件"是指既具有正规软件下载等正常功能，又具有弹出广告、窃取用户信息的恶意行为的软件。它们一般是出于商业目的，未经用户允许或是在用户不知情的情况下安装到用户的电脑上的，会收集用户信息并严重侵犯用户的隐私权。

4）网络广告的法律规范

网络广告是指利用计算机数字技术制作并主要通过网络媒体发布的广告。网络广告已经成为众多网站盈利的来源，但是它越来越严重地影响着人们的正常生活和网络的健康发展。与传统广告相比，网络广告具有经营主体范围广、覆盖范围广、自由程度比较高等特点，并且在交流方式上具有双向性，这些差异给虚假广告和欺诈性广告带来可乘之机。在网络环境中，由于缺乏传统广告管理中的市场准入条件，几乎任何人或者企业都可以从事网络广告业务，这无疑给网络广告的管理带来困难。网络广告对现行广告法律的调整与规范提出了挑战。

5）网络消费者权益保护问题

在电子商务环境下，《中华人民共和国消费者权益保护法》及各相关法律法规所规定的消费者权益遇到许多新问题，对于这些新问题很难简单地适用原有的法律法规。比如，网上购物中的退换货问题、网上购物中消费者信息知情权的履行问题和网上商店的规范经营等问题。在网上购物活动中，消费者无法接触到真实的商家，不能直接了解商品的性能，唯一可以感知商品的途径就是商家的广告，但是广告的真实性和有效性得不到任何保障。这就使消费者和商家的信息不对称，消费者的知情权不能得到有效的保护。如果用户在网上购物的过程中利益受到损害，那么经营者和网络服务商应该各自承担什么样的责任？消费者怎样做才能使自身的利益得到保障？对于这些问题，目前法律还没有给出正确的答案。要想使电子商务得到真正充分发展，必须有效地解决相关的政策法律环境、消费意识及市场环境中存在的问题。

6）隐私权问题

网上隐私权是指公民在网上享有的私人生活安宁与私人信息依法受到保护，不被他人非法侵犯、知悉、收集、复制、利用和公开的一种人格权，也指禁止在网上泄露某些与个人相关的敏感信息，这些信息的范围包括事实、图像（如照片、录像带）等。在网上交易过程中，商家总是会要求用户填写大量的个人信息，虽然有很多用户会采取填写虚假信息的方式保护自己的隐私权，但是他们的 Cookies 会保留下浏览记录。广告公司通过 Cookies 可以追踪到用户在网上的浏览信息，建立起详细的资料，进行针对性很强的网络推销活动。

目前隐私权保护领域遇到的三大问题是：个人数据过度收集、个人数据二次开发利用和个人数据交易。利用 Cookies 采集用户上网信息属于个人数据过度收集；商家利用已经收集的用户信息建立数据库，通过分析得出用户自身并未透露的信息，指导自己的营销策略，属于个人数据二次开发利用；如果商家不仅自己使用，还将用户信息与第三方共享，甚至出售给第三方，就是个人数据交易，也是对用户隐私权侵犯的最严重的行为。

对网上隐私权的保护应当制定相应的规则，并使其规范化，从而在个人隐私权得到有效保障的前提下推动电子商务的发展。现在，世界各国越来越重视对个人隐私权的保护，在理论上对隐私权进行研究和在立法、司法上对隐私权的保护呈现出专门化的趋势，对隐私权的保护呈现出国际统一化的趋势。

此外，近年来，网络游戏的立法问题也对传统的法律产生了冲击，引发了专家学者的讨论和研究，有建设性的建议还有待于进一步论证，本书在此不多做介绍。在接下来的几节里，我们将着重介绍网络知识产权、电子商务交易、网络安全、网络广告以及隐私权保护等方面的法律规范问题。

11.1.2　电子商务法律的简要解释

20 世纪 80 年代，世界上许多国家的法律学者就已经开始对电子商务法律进行探讨，并在20多年里取得了突破性的进展。不过，迄今为止，人们并没有对电子商务法形成统一的定义。一般而言，我们可以从广义和狭义两方面来理解。

1）广义的电子商务法

广义的电子商务法是与广义的电子商务概念相对应的，它包括所有调整以数据电讯方式进行商务活动的法律规范，具体可分为调整以电子商务为交易形式和调整以电子信息为交易内容的两大类规范。前者如《电子商务示范法》，后者如《电子资金传输法》、美国的《统一计算机信息交易法》等。需要指出的是，电子商务的形式性规范与以电子信息为内容的实体性规范之间的关系，如同行政诉讼法与行政法一样，其形式性规范可以用一部法典或法律制定，但其实体性规范由于涉及面极广，无法以统一的法典或单行法律予以囊括，而只能分别以单行法律、法规，甚至判例的形式出现，也可能融合在其他部门法的规范之中。从某种意义上讲，可将广义的电子商务法律称为"电子商法"，或者更确切地说，应当是"电子网络环境下的商法"。因为它涉及商法的各个方面，是商法网络化的结果。不过，广义的电子商务法律概念在具体的立法与司法中比较难以运用。一方面，不可能制定一部调整对象如此广的电子商务法，另一方面也不可能在某一具体的案件中将这样广义的电子商务法适用其中。

2）狭义的电子商务法

从联合国及世界各国以"电子商务法"或"电子交易法"命名的法律文件的内容上分析，二者存在着明显的共性，即它们解决的问题都集中于诸如计算机网络通信记录与电子签名效力的确认、电子鉴别技术的选定、安全标准与认证机构的确立及其权利义务的确定等方面。这些实质上都是解决电子商务交易的操作规程问题的规范。所以，如果从便于立法研究的角度出发，可以认为，电子商务法是调整以数据电文（data message）为交易手段而形成的因交易内容所引起的商事关系的规范体系。

11.1.3 电子商务法律发展概况

我国计算机通信技术发展较晚，无论在电子商务实务，还是在立法与司法方面，都缺乏成熟的实践，完全靠自身经验的积累需要较长的时间，很可能贻误发展电子商务的时机。况且，电子商务本质上是国际性的商事活动，调整电子商务的法律规范必须以全球解决方案为其最终目标。因此，研究、借鉴国际组织与发达国家的立法经验是我国在电子商务立法中所应做的基础工作。

1）早期国际电子商务立法

20世纪80年代初，计算机技术已比较成熟，一些国家和企业开始大量使用计算机处理数据，从而引起了一系列计算机数据的法律问题。为此，联合国国际贸易法委员会于1984年提交了《自动数据处理的法律问题》的报告，建议审视有关计算机记录和系统的法律要求，从而揭开了电子商务国际立法的序幕。

早期的国际电子商务立法主要是围绕电子数据交换规则的制定展开的。例如，1979

年美国标准化委员会制定了 ANSI/ASC/X12 标准；1981 年欧洲国家推出了第一套网络贸易数据标准，即《贸易数据交换指导原则》。

1990 年 3 月，联合国正式推出了 UN/EDIFACT 标准，并被国际标准化组织正式接受为国际标准 ISO9735。UN/EDIFACT 标准的推出统一了世界贸易数据交换中的标准，使利用电子技术在全球范围内开展商务活动成为可能。此后，联合国又先后制定了《联合国行政、商业和运输业电子数据交换规则》《电子数据交换处理统一规则》等文件。1993 年 10 月，联合国国际贸易法委员会电子交换工作组第 26 届会议全面审议了《电子数据交换及贸易数据通信有关手段法律方面的统一规则草案》，形成了国际 EDI 法律基础。

在电子商务发展的早期，由于受到网络技术发展的限制，国际电子商务立法只能局限于 EDI 标准和规则的制定，其影响也是有限的。

2）国际范围内的电子商务法律建设

在国际组织方面，联合国国际贸易法委员会自 1985 年至今主持制定了一系列调整国际电子商务活动的法律文件，主要包括《计算机记录法律价值的报告》《电子资金传输示范法》《电子商务示范法》《电子商务示范法实施指南》，以及联合国国际贸易法委员会起草制定的《统一电子签名规则》等。它们是世界各国电子商务立法经验的总结，同时又反过来指导着各国的电子商务法律实践。2001 年，联合国国际贸易法委员会又审议通过了《电子签章示范法》，其成为国际上关于电子签章的最重要的立法文件。

从美洲各国来看，美国的犹他州于 1995 年颁布的《数字签名法》是美国乃至全世界范围内的第一部全面确立电子商务运行规范的法律文件。目前，美国已有多个州制定了与电子商务有关的法律。另外美国的全国州法统一委员会也于 1999 年 7 月通过了《统一电子交易法》，供各州在立法时采纳。2000 年 6 月，克林顿签署的国会两院一致通过的《电子签名法》表明美国的电子商务立法走上了联邦统一制定的道路。此外，加拿大、阿根廷等国都制定了电子商务的相关立法。

就欧洲来看，欧盟委员会于 1997 年提出的《欧洲电子商务行动方案》为规范欧洲电子商务活动制定了框架；1998 年，其又颁布了《关于信息社会服务的透明度机制的指令》、《欧盟电子签字法律框架指南》和《欧盟关于处理个人数据及其自由流动中保护个人的指令》（又称《欧盟隐私保护指令》）；1999 年，其通过了《关于建立有关电子签名共同法律框架的指令》。俄罗斯是最早制定电子商务法的国家之一。其在 1995 年 1 月就颁布了《俄罗斯联邦信息法》，调整所有电子信息的生成、存储、处理与访问活动。该法赋予通过电子签名鉴别的，经由自动信息与通信系统传输和存储的电子信息文件以法律效力，并规定电子签名的认证权必须经过许可。与该法相配套，该国联邦市场安全委员会还于 1997 年下发了《信息存储标准暂行要求》，具体规定了交易的安全标准。德国于 1997 年制定了《信息与通信服务法》。意大利于 1997 年制定了《意大利数字签名法》；为了实施该法，其又于 1998 年和 1999 年分别颁布了总统令，并制定了《数字签名技术规则》。

据统计，已有新加坡、日本、美国、加拿大等 10 余个国家和地区通过了综合性的电子商务立法。

3）我国电子商务立法状况

（1）我国涉及计算机与网络安全的立法情况。

我国的计算机立法工作开始于 20 世纪 80 年代。1981 年，公安部开始成立计算机安全监察机构，并着手制定计算机安全方面的规章制度。1986 年 4 月，我国开始草拟《中华人民共和国计算机信息系统安全保护条例（征求意见稿）》。1988 年 9 月 5 日，第七届全国人民代表大会常务委员会第三次会议通过了《中华人民共和国保守国家秘密法》。1989年，我国首次在重庆西南铝厂发现计算机病毒，随即引起有关部门的重视，公安部发布了《计算机病毒控制规定（草案）》，开始推行计算机病毒研究和销售许可证制度。

1991 年 5 月 24 日，国务院第八十三次常务会议通过了《计算机软件保护条例》，它是依照《中华人民共和国著作权法》（以下简称《著作权法》）的规定而制定的，旨在保护计算机软件设计人的权益，调整计算机软件在开发、传播和使用中发生的利益关系，鼓励计算机软件的开发与流通，促进计算机应用事业的发展。这是我国颁布的第一个有关计算机的法规。1992 年 4 月 6 日，原机械电子工业部发布了《计算机软件著作权登记办法》，规定了计算机软件著作权管理细则。

1994 年 2 月 18 日，第 147 号国务院令发布了《中华人民共和国计算机信息系统安全保护条例》，为保护计算机信息系统的安全、促进计算机的应用和发展、保障经济建设的顺利进行提供了法律保障。

1996 年 2 月 1 日，第 195 号国务院令发布了《中华人民共和国计算机信息网络国际联网管理暂行规定》，提出了对国际联网实行统筹规划、统一标准、分级管理、促进发展的基本原则。1997 年 5 月 20 日，国务院对这一规定进行了修改，设立了国际联网的主管部门，增加了经营许可制度并重新发布。1997 年 6 月 3 日，国务院信息化工作领导小组在北京主持召开了中国互联网络信息中心成立暨《中国互联网络域名注册暂行管理办法》发布大会，宣布中国互联网络信息中心（CNNIC）成立，并发布了《中国互联网络域名注册暂行管理办法》和《中国互联网络域名注册实施细则》。中国互联网络信息中心负责我国境内的互联网络域名注册、IP 地址分配、自治系统号分配、反向域名登记等注册服务；协助国务院信息化工作领导小组制定我国互联网络的发展方针、政策，实施对中国互联网络的管理。1997 年 12 月 8 日，国务院信息化工作领导小组根据《中华人民共和国计算机信息网络国际联网管理暂行规定》，制定了《中华人民共和国计算机信息网络国际联网管理暂行规定实施办法》，详细规定国际互联网管理的具体办法。与此同时，原邮电部也出台了《国际互联网出入信道管理办法》，通过严把信息出入关口、与用户签订责任书、设立监测点等方式，加强对国际互联网络使用的监督和管理。

1997 年 10 月 1 日起实施的修订的《中华人民共和国刑法》，第一次增加了计算机犯罪的罪名，包括非法侵入计算机系统罪，破坏计算机系统功能罪，破坏计算机系统数据、程序罪，制作、传播计算机破坏程序罪等。这表明我国计算机法制管理步入一个新阶段，并开始和世界接轨。

2000 年 9 月，国务院审议并通过了《中华人民共和国电信条例（草案）》和《互联网内容服务管理办法（草案）》，规范电信市场秩序，加强对互联网内容服务的监督管理，维护国家安全、社会稳定和公共秩序。

（2）我国电子商务立法状况。

我国的电子商务立法是从合同法开始的。1999 年 3 月我国颁布了《中华人民共和国合同法》（现已废止），其中对电子商务合同也制定了相应的法律规范。

2000 年 11 月 1 日，中国互联网络信息中心颁布了《中文域名争议解决办法（试行）》，对域名注册和管理也制定了相应的法律规范。

2001 年 10 月，第九届全国人大常委会第二十四次会议审议通过了对《著作权法》的修正。修正后的《著作权法》增加了信息网络传播权、对著作权集体管理机构法律地位的确认、出租权的明确、汇编作品的相关规定、诉前财产保全和证据保全的规定以及法定赔偿数额的规定等。这些修改对知识经济、电子商务和网络的发展以及相关法律系统的完善起着至关重要的作用。

2002 年 8 月 1 日，原信息产业部发布了《中国互联网络域名管理办法》（以下简称《新办法》），《新办法》自 2002 年 9 月 30 日起施行。根据信息产业部的授权和《新办法》的规定，中国互联网络信息中心制定了 CN 域名和中文域名的注册实施细则、域名争议解决办法、注册商认证办法等配套文件，报信息产业部备案后公布实施。据此，我国的域名管理和服务体系发生了一系列重大变化。

2003 年 8 月，国务院常务会议审议并通过了《中华人民共和国认证认可条例（草案）》，主要确立了适应认证认可发展需要的基本制度，明确了认证认可活动的行为规范及应承担的法律责任，规定了政府主管部门对认证认可机构的监管制度等。

2004 年 8 月，第十届全国人大常委会第十一次会议表决通过了《中华人民共和国电子签名法》（以下简称《电子签名法》），首次赋予可靠的电子签名与手写签名或盖章同等的法律效力，并明确了电子认证服务的市场准入制度。该法共五章三十六条，是我国第一部真正意义上的电子商务法，是我国电子商务发展的里程碑，它的颁布和实施极大地改善了我国电子商务的法制环境，促进了安全可信的电子交易环境的建立，从而大力推动了我国电子商务的发展。

2020 年 5 月，《中华人民共和国民法典》（以下简称《民法典》）首次针对通过互联网等信息网络订立的"电子合同"的成立时间、标的物交付时间作出规定，弥补了司法实践中因原《中华人民共和国合同法》中未对电子合同有关事项作具体规定而存在的争议问题，尤其为当前盛行的"网购"争端提供了有效的"电子合同"法律依据。

我国电子商务经过近些年的发展，已形成了一定的电子商务基础规模。但有关电子商务的法律规范的制定仍然相对滞后，对有关电子商务市场准入、认证体系、支付结算、交易主体的行为规则以及电子交易中必须涉及的电子发票、电子税单等的法律效力还没有作出明确规定，这些都不利于我国电子商务的发展。

11.2   互联网与知识产权保护

知识产权制度主要是一种确立权利和保障权利的制度，也是一种激励创造的制度。现在互联网最重要的理念之一——资源共享成为大多数网络使用者的共识。这一理念造就了互联网的繁荣，但也给传统的知识产权制度带来了挑战。"在网络世界里没人知道你是一条狗"这句调侃准确无误地道出了网络世界的虚拟性。但虚拟不等于虚幻，网络世界和现实世界毕竟存在着千丝万缕的联系，并且要随时接受现实世界既定规则的规范和调整。这一点在网络知识产权保护问题中体现得尤为明显。在电子商务中，很多活动都涉及知识产权问题。例如，版权产品的无形销售产生了版权保护的新问题，网上的商标及其商业标识保护、商誉保护等与传统保护不同所带来的新问题等已经对我国《著作权法》和《商标法》产生了较大的影响。

11.2.1   著作权

1）著作权人的权利

著作权（也称版权）是基于特定作品的精神权利以及全面支配该作品并享受其利益的经济权利的合称。著作权的客体是指《著作权法》所认可的文学、艺术和科学等作品。

我国在1991年制定了《著作权法》及其实施条例，其中规定了著作权归属的法定原则。该法第10条规定了著作权人享有发表权、署名权、修改权、保护作品完整权、使用权和获得报酬权等各项权利内容。不过，这部《著作权法》对于作品的存在形式及载体并无任何具体要求。其在第10条第5项规定中列举了12种使用作品方式，但没有包括数字化作品，也就是说，当时法律并未明确、具体地规定网络数字化传输的方式，也就未明确规定著作权人享有网络传播权。

2001年10月27日，第九届全国人大常委会第二十四次会议审议通过了对《著作权法》的修正，具体内容从原来的56条增加到60条。其中第10条规定了著作权包括的具体权利有发表权、署名权、修改权、保护作品完整权、复制权、发行权、出租权、展览权、表演权、放映权、信息网络传播权等16项人身权利和财产权利，这样就从法律上明确规定了无论以何种形式发表的作品都享有信息网络传播权。之后分别于2010年、2020年对《著作权法》进行了第二次和第三次修正，增加了对著作权集体管理机构法律地位的确认、出租权的明确、汇编作品的相关规定和诉前财产保全与证据保全的规定，以及法定赔偿数额的规定等。这些修正对知识经济、电子商务和网络的发展及相关法律系统的完善有着至关重要的作用，在很大程度上改善了网络与电子商务领域许多法律问题无法可依或一些规定相互冲突的混乱局面。

2）网络上的著作权侵权

随着互联网的发展，网络上的著作权侵权案件时有发生，包括音乐、图书、文章、软件等多个方面，如前面所讲的通过 P2P 技术对享有版权的歌曲、电影进行信息共享就是侵犯网络著作权的例子。在电子商务发展初期，各网站都提供了诸如免费下载歌曲、电影、图书等服务以吸引访问者。尽管此类服务的确为网站赢得了相当多的"注意力"，却也引发了新的法律问题，即著作权人的网络传播权侵权问题。未经作者或者其他权利人许可而以任何形式（包括数字形式）复制、出版、发行、改编、翻译、广播、表演、展出、摄制影片等，均构成对著作权的直接侵犯。除去侵犯作品传输、复制等使用权和获得报酬权的行为外，网络还会涉及侵犯作品发表权、署名权、修改权和保护作品完整权等其他行为。常见的网络侵犯著作权行为有以下几类：

（1）将他人享有著作权的作品上传、下载、复制并用于商业目的或非法使用。执法部门严厉打击的盗版光碟就属于此类。违法犯罪分子将网上资源下载下来，刻录成光盘，以牟取暴利，严重侵犯了他人的权益。另外，很多人都使用网上下载的软件，而真正去购买正版软件的人少之又少，即使并没有用于商业目的，也确确实实伤害到了著作权人的利益。

（2）图文框链接导致他人的网页出现时无法呈现原貌，破坏了作品的完整性。

（3）侵害网络作品著作权人人身权的行为，包括侵害作者的发表权、署名权和保护作品完整权、复制权等。例如，未经许可对作品原件或复制品进行公开交易或传播。

（4）网络服务商的侵犯著作权行为。例如，经著作权人告知侵权事实后，仍拒绝删除或采取其他合法措施；其他与不法行为人有共同故意的共同侵权行为（引诱、唆使、帮助等行为）。

（5）破译著作权人利用有效技术手段防止侵权的行为。

3）网络著作权纠纷的法律适用

《著作权法》第 53 条对一般的网络用户侵权作出了如下规定：

有下列侵权行为的，应当根据情况，承担本法第 52 条规定的民事责任；侵权行为同时损害公共利益的，由主管著作权的部门责令停止侵权行为，予以警告，没收违法所得，没收、无害化销毁处理侵权复制品以及主要用于制作侵权复制品的材料、工具、设备等，违法经营额五万元以上的，可以并处违法经营额一倍以上五倍以下的罚款；没有违法经营额、违法经营额难以计算或者不足五万元的，可以并处二十五万元以下的罚款；构成犯罪的，依法追究刑事责任：

（1）未经著作权人许可，复制、发行、表演、放映、广播、汇编、通过信息网络向公众传播其作品的，本法另有规定的除外；

（2）出版他人享有专有出版权的图书的；

（3）未经表演者许可，复制、发行录有其表演的录音录像制品，或者通过信息网络向公众传播其表演的，本法另有规定的除外；

（4）未经录音录像制作者许可，复制、发行、通过信息网络向公众传播其制作的录音录像制品的，本法另有规定的除外；

（5）未经许可，播放、复制或者通过信息网络向公众传播广播、电视的，本法另有规定的除外；

（6）未经著作权人或者与著作权有关的权利人许可，故意避开或者破坏技术措施的，故意制造、进口或者向他人提供主要用于避开、破坏技术措施的装置或者部件的，或者故意为他人避开或者破坏技术措施提供技术服务的，法律、行政法规另有规定的除外；

（7）未经著作权人或者与著作权有关的权利人许可，故意删除或者改变作品、版式设计、表演、录音录像制品或者广播、电视上的权利管理信息的，知道或者应当知道作品、版式设计、表演、录音录像制品或者广播、电视上的权利管理信息未经许可被删除或者改变，仍然向公众提供的，法律、行政法规另有规定的除外；

（8）制作、出售假冒他人署名的作品的。

但是，现行《著作权法》中并没有适用涉及网络服务商侵权的法律条款，对这类侵权行为我国《民法典》有相关的规定，具体有以下几种情况：

（1）《民法典》第1194条规定，网络用户、网络服务提供者利用网络侵害他人民事权益的，应当承担侵权责任。法律另有规定的，依照其规定。

（2）《民法典》第1195条规定，网络用户利用网络服务实施侵权行为的，权利人有权通知网络服务提供者采取删除、屏蔽、断开链接等必要措施。通知应当包括构成侵权的初步证据及权利人的真实身份信息。网络服务提供者接到通知后，应当及时将该通知转送相关网络用户，并根据构成侵权的初步证据和服务类型采取必要措施；未及时采取必要措施的，对损害的扩大部分与该网络用户承担连带责任。权利人因错误通知造成网络用户或者网络服务提供者损害的，应当承担侵权责任。法律另有规定的，依照其规定。

（3）《民法典》第1196条规定，网络用户接到转送的通知后，可以向网络服务提供者提交不存在侵权行为的声明。声明应当包括不存在侵权行为的初步证据及网络用户的真实身份信息。网络服务提供者接到声明后，应当将该声明转送发出通知的权利人，并告知其可以向有关部门投诉或者向人民法院提起诉讼。网络服务提供者在转送声明到达权利人后的合理期限内，未收到权利人已经投诉或者提起诉讼通知的，应当及时终止所采取的措施。

另外，我国于2006年7月1日正式实施了《信息网络传播权保护条例》。该条例旨在解决网络侵权事件发生时，网络服务提供商所承担的行政责任。2007年6月9日，《世界知识产权组织版权条约》和《世界知识产权组织表演和录音制品条约》在我国生效，这两个条约在数字领域，特别是互联网领域更好地保护了表演者和录音制品制作者的权利。

4）网络证据保全

就我国而言，网络知识产权纠纷的出现与我国著作权保护制度的不健全有一定的关系，同时，我国网络证据制度的不足也是一个重要原因。网络社会的存储介质和传输工具都是采用光电技术的，它们大都是可擦写和变换的，因此，如何保持网络证据的真实性和合法性是一个重要的问题。在网络知识产权纠纷中，可以采用证据保全手段。网络证据保全因其具有法律赋予的权威性，正被作为预防和解决网上侵权纠纷的有效法律途径。

所谓证据保全，是指"由有关机关依法收存和固定证据资料以保持其真实性和证明力的措施"。其目的是使证据事实不致由于人为或技术原因而消失或受到破坏。理论上，被侵权人可以在起诉后申请人民法院作出证据保全的决定。但是在实践中，由于网络信息内容可以在极短时间内被改变，且当事人自己下载打印的证据很难有证明力，所以大部分被侵权人都不采取先起诉后保全的方式，而是在起诉之前就通过公证机关对纠纷涉及的内容进行下载和公证，以避免证据的灭失。

11.2.2　域名与商标权

随着电子商务的快速发展，域名已经从一个单纯的技术名词转变成一个蕴藏巨大商机的标识，并与原有的商业标识体系，如商标、企业名称等发生着剧烈的冲突。域名也由于其特有的商业价值越来越受到人们的重视，法律对域名的保护也逐渐被提上了议事日程，并被纳入知识产权保护范畴。

1）域名与商标权利冲突概述

域名是互联网络上识别和定位计算机的层次结构式的字符标识，与该计算机的IP地址相对应。从技术角度来说，域名只是连接到网络上的计算机IP地址的外部代码，利用域名登录类似于用手机拨打电话。当我们想要给小张打电话时，只需要从手机的通信录中找到小张的名字，按通话键就行了，不需要每次都键入小张的电话号码。其实在我们按下通话键的同时，手机就将"小张"这个名字转换成具体的电话号码。只是我们对这一过程没必要详细了解，我们也不需要知道名字和号码之间到底是怎样转换的。当我们想要访问某个企业网站的时候也是一样的，我们只要键入域名即可进入。我们关注的是能不能进入网站主页，至于域名键入之后系统怎样将域名转换为32位的IP地址，这不是我们关心的。

域名是一个"年轻"的名词，其随着互联网的出现而产生和发展，但由于其独特的魅力，已成为众多企业、商家、机构的争夺对象。它不再是一个简单的网络地址，还是网上商标和无形资产的代名词。从形式上看，与商标、商号一样，域名也是一种标识，而且是企业在互联网上的唯一标识。因此，随着互联网的日益普及和广泛商业化，各企业和商家都希望把域名作为自己的商标、商号在网络上的延伸，以扩大网上市场的知名度，减少宣传费用；而一些人也希望借别人商标、商号的知名度来达到宣传自己的商品、服务的目的，因此二者不可避免地存在冲突。总的来说，域名与商标权利的冲突主要基于以下几方面原因：

（1）域名与商标具有一定的相似性。

其具体体现在：

①识别性。域名与商标都具有外部标识性的功能，使不同的企业及其产品相互区分开来。

②商誉性。域名与商标都在一定程度上代表了商品、服务和企业，都是商誉的载体，代表了企业的形象。

③排他性。在相同或类似的商品上不得使用相同或类似的商标，而同一域名也只能由一个在先注册者享有，这就排除了除商标权人或域名的注册人以外的其他人获得该商标或域名的可能性。

（2）域名与商标之间具有明显的差异性。

其主要体现在：

① 唯一性与多重性。域名具有唯一性，同一域名只能为一个注册人所有；而不同的商品和服务类别可以注册同一商标，因此，存在一个商标有多个权利人的情况。商标和域名的关系就好像姓名和身份证的关系一样。很多人都可以叫一样的名字，他们可以是不同性别、不同年龄、不同职业；但是没有两个人的身份证是一样的，哪怕他俩的名字相同。身份证是一个人区别于其他人的标志。

② 地域性与全球性。商标具有很强的地域性（驰名商标除外），其使用受国界的限制，因此在全球范围内，一个商标可能存在多个商标权人；而域名的地域性限制很弱，在一国注册的带有国家标志的域名，在别国也可以进入，而国际域名更是全球范围内均可以使用。

③ 字符组成与图文并用。域名只能由字母、数字和若干特殊字符（中文域名还可以是汉字）组成，而商标则可以是文字、图形或二者的组合，因此，在将文字、图形表达为字母（包括英文和拼音）时，难免出现重合的现象。

（3）域名注册管理不够完善，与知识产权制度之间缺乏沟通。

目前世界各国的域名注册管理机构多为民间组织，对域名的注册没有行政管理权，而且它们一般不负责商标检索，对域名注册大多采取不审查政策，并且普遍采取"先申请先注册"原则，这就不能有效防止域名注册申请人使用他人的在先商标权的问题，从而导致域名与商标权利出现冲突。

另外，域名的商业化、商标化也是冲突产生的原因之一。任何社会现象的背后总是存在着经济原因。近些年，电子商务悄然兴起，并以前所未有的速度和规模改变着人们的观念和生活方式。上网成为人们新的消费方式，更成为企业贸易与宣传的工具。域名是上网的前提，对商家而言，将商标直接注册为域名既可以提高商标的知名度，又可以借域名达到在网上扩大对商标、商品宣传的目的，使二者互相促进。但也有一些企业有意或无意地将其他企业的商标注册为自己的域名，或是高价出售，或是希望借助他人的名望为自己谋利。

2）域名与商标权利冲突的主要表现形式

（1）域名抢注。

域名抢注是指行为人将他人知名或比较知名的商标、商号或其他商业标识抢先注册为域名，自己却不实际使用的行为。

相对域名与商标冲突的其他类型来说，域名抢注是最常见、最典型的，一般都具备以下基本特征：

① 被抢注的域名与他人知名的商标、商号或其他商业标志相同或相近；

② 抢注大量域名而不用；

③ 域名抢注人高价出租、出售域名。

很多国内外的知名企业和品牌在注册域名时发现自己的商标或企业名称已被别人恶意抢注，致使企业不能注册自己的域名；也有一些公司以抢注知名企业商标为业，企图以此谋利。

（2）域名盗用。

域名盗用行为是指自己没有商标或者商标的知名度低，于是将他人具有一定知名度的商标相同的设计抢先注册为域名，使真正的商标权人无法注册该域名。判断域名盗用是否成立，关键是看域名注册人是否存在盗用的恶意和有没有可能造成商品或服务的来源混淆。如果域名注册人存在盗用的恶意且其行为有可能混淆商品和服务的来源，则应认定其域名盗用行为成立，构成对商标所有人合法权益的侵犯；如果域名注册人主观上没有恶意，也不存在混淆商品和服务的来源的可能，则不属于域名盗用，不构成侵权。而域名盗用与域名抢注的差别在于注册人是否对该域名进行实际使用。

（3）权利冲突。

单纯的权利冲突是指在若干商标权人在不同地区或不同行业使用相同商标的情况下，其中一个商标权人将与商标相同的设计注册为自己的域名，而使其他商标权人无法再用自己的商标做域名的情况。单纯的权利冲突是由于域名与商标之间的差异性导致两者的权利配置不平衡而产生的，不存在行为人的主观恶意，也没有侵犯任何人的权利。

（4）在后商标与在先域名权利的冲突。

尽管域名与商标的权利冲突多表现为在后注册域名与在先注册商标的冲突，但现实中也存在在后注册商标与在先注册域名发生冲突的情况。不过，目前还没有哪个国家的法律承认域名（对其他工业产权）的在先效力。一般来说，法律总是滞后于现实，互联网兴起和发展的时间并不长，而人们意识到域名是一种财富也只有短短几年时间，因此，法律还来不及使之具有在先效力。况且，承认域名的在先效力势必影响到很多既得利益者，想要在法律上获得承认绝非一朝一夕的事。

3）域名纠纷的法律适用

（1）在权利人通过各种途径解决域名抢注之前，必须要证明他人注册的域名就是自己的商标或商号。对于文字商标、商号或商业标志被直接注册为文字域名，其事实认定自不必说，但对于文字商标、图形商标的组合或组合商标等被音译或意译为文字形式注册，要将其认定为抢注是很困难的。所以只有抓住前文所述的域名抢注的三个特征，才能够较好地维护权利人的利益。

关于域名抢注争议的解决途径，实践中主要有两种：一是行政途径；二是司法途径。

用行政处理机制解决域名抢注纠纷比较方便、及时。我国域名争议解决机构是经由CNNIC认可与授权的机构，其主要适用《中国互联网络信息中心域名争议解决办法》。

《中国互联网络信息中心域名争议解决办法》第5条第1款规定：任何机构或个人认为他人已注册的域名与该机构或个人的合法权益发生冲突的，均可以向争议解决机构提出投诉。

第8条规定：符合下列条件的，投诉应当得到支持：①被投诉的域名与投诉人享有民事权益的名称或者标志相同，具有足以导致混淆的近似性；②被投诉的域名持有人对域名或者其主要部分不享有合法权益；③被投诉的域名持有人对域名的注册或者使用具有恶意。

第9条规定：被投诉的域名持有人具有下列情形之一的，其行为构成恶意注册或者使用域名：①注册或者受让域名是为了出售、出租或者以其他方式转让该域名，以获取不正当利益；②多次将他人享有合法权益的名称或者标志注册为自己的域名，以阻止他人以域名的形式在互联网上使用其享有合法权益的名称或者标志；③注册或者受让域名是为了损害投诉人的声誉，破坏投诉人正常的业务活动，或者混淆与投诉人之间的区别，误导公众；④其他恶意的情形。

同时，《中国互联网络信息中心域名争议解决办法程序规则》也对争议处理有严格的时间限制，具有快捷、方便的特点。

相对行政处理机制来说，域名抢注争议的司法解决途径更具法律效力。在实践中，法院一般认为抢注行为违反诚实信用原则，故援引《民法典》《中华人民共和国反不正当竞争法》等相关规定予以解决。

（2）对于域名盗用争议的解决，实践中一般按被盗用的商标是否驰名区别对待。如果被盗用的是驰名商标，商标权人可以通过国际公约和各国驰名商标的特殊保护来制止，在我国，可以依据《中华人民共和国商标法》关于驰名商标特殊保护的条款进行处理。如果被盗用的是普通商标，商标权人在不同国家可能获得的法律保护是不完全相同的，我国对此没有具体的法律规定，但盗用行为违反了诚实信用原则，是显失公平的，适用于《中华人民共和国反不正当竞争法》的相关规定。

（3）单纯的权利冲突是由于域名与商标之间的差异性导致两者的权利配置不平衡而产生的，对于这类争议，解决方法主要有先来后到原则、技术方法化解和建立门户网页等。

先来后到，顾名思义就是保护先注册的权利人的利益。商标的多重性与域名的唯一性不可避免会发生冲突，但是如果域名注册人和商标权人位于不同地域甚至不同领域，先来后到原则的适用能使冲突得到最为合理的解决。因为在同等条件下，某个权利人最先将商标注册为域名并从中获益，只能说明他有远见和反应敏捷。

技术方法是指利用网上地址录、文件列表服务等技术方法向用户提供某个企业确切的网上地址，避免仅通过域名寻找企业网站可能出现的差错和混淆。这样就扩大了企业选择域名的范围。

另外，还可以通过建立门户网页的方法来解决单纯的利益冲突。这种方法是在某个共同的域名下建立共享的门户网页，将相关的各个企业的网址及其区别的信息串联起来，使这些企业共享一个域名。

（4）对于在后商标与在先域名权利冲突的解决，国内尚无相关法律条例，还有待进一步探讨。

■ 11.3　电子交易的法律规范

电子交易活动纷繁复杂，必须对当事人的权利、义务和交易行为进行规范。当电子信息在商业交易领域替代信函、协议书等传统纸面交易形式时，就不可避免地与传统的交易制度产生冲突。例如，法律对交易行为所规定的书面合同、签名、公证等要求，都对电子商务的应用造成了困难和阻碍。为了克服这些传统书面形式的文件制度形成的障碍，许多国际组织与国家都在积极进行电子交易立法活动，主要涉及电子合同、电子签名、电子认证及电子支付等几方面。

11.3.1　电子合同

1）电子合同及其特点

随着电子商务的迅速发展，电子合同也受到了社会的广泛关注。电子合同是电子商务的核心和基础，它以不同于纸质合同的独特性质对传统的合同法律产生了强烈的冲击和影响。合同是指作为平等主体的当事人之间在平等互利基础上设立、变更、终止民事关系的协议，是双方或多方的民事法律行为。电子合同的概念分为广义与狭义两种。广义的电子合同是指经电子手段、光学手段或其他类似手段拟定的约定当事人之间权利与义务的契约形式，即我们通常意义上所指的以"数据电文"（如 EDI、电子邮件、电报、电传等，但又不仅限于这些形式）为形式拟定的合同。狭义的电子合同概念专指由 EDI 方式拟定的合同。电子合同虽与传统合同所包含的信息大体相同，同样是对签订合同的各方当事人权利和义务作出确定的文件，但因其载体和操作过程不同于传统书面合同，故具有以下特点：

（1）订立合同的双方或多方在网络上运作，可以互不见面。

这在传统的书面合同签订过程中是绝对不可能的，合同双方必须通过面对面的谈判或通过信件、电话、电传和传真等方式进行协商，洽谈合同具体条款。这就使电子合同的订立双方或多方具有了虚拟性和广泛性的特点。合同内容等信息记录在计算机或磁盘等中介载体中，其修改、流转、储存等过程均在计算机内进行，这与传统的纸质合同又有明显的不同。若要阅读电子合同，必须将其显示在电脑屏幕上或是打印出来。

（2）表示合同生效的方式由电子签名代替了传统的签字盖章方式。因为合同双方当事人都通过网络在虚拟的市场上运作，所以其身份要依据密码的辨认或认证机构的认证，这样传统的签字盖章就由电子签名所代替。

（3）采用数据电文形式订立的合同，对合同的生效地点根据不同情况有着不同的规定，一般是以收件人的主营业地为合同成立的地点；没有主营业地的，以其经常居住地为合同成立的地点，而传统合同的生效地点一般为合同成立的地点。

（4）电子合同所依赖的电子数据以磁性介质保存，其修改、流转、储存等过程均通过计算机进行，因此电子合同也被称为"无纸合同"。电子合同所依赖的电子数据是无形物，对其改动、伪造不易留痕迹，所以如果不对合同的信息采用一定的加密、保全措施，其作为证据具有一定的局限性。而传统合同一般以纸张等有形材料作为载体，因此对于大宗交易一般要求采用书面形式。同时，由于信息的传递具有网络化、中介性、实时性等特征，故电子合同比传统合同具有更大的风险性。

2）我国法律对合同书面形式的要求

法律对合同书面形式的要求在《民法典》第469条有如下规定，当事人订立合同，可以采用书面形式、口头形式或者其他形式。书面形式是合同书、信件、电报、电传、传真等可以有形地表现所载内容的形式。以电子数据交换、电子邮件等方式能够有形地表现所载内容，并可以随时调取查用的数据电文，视为书面形式。

3）对电子合同的法律适用

（1）数据电文的法律承认。

对数据电文在合同订立上的法律效力，联合国《电子商务示范法》规定："就合同的订立而言，除非当事各方另有协议，一项要约以及对要约的承诺均可通过数据电文的手段表示。如使用了一项数据电文来订立合同，则不得仅以使用了数据电文为理由而否定该合同的有效性或可执行性。"

（2）电子合同订约时间。

在传统合同法中，订约时间的认定具有重要的意义。它直接涉及合同当事人权利和义务的保护问题。合同一经生效，签约各方均须按合同规定约束自己。因此，合同特别是涉外合同订立的时间和地点对将来发生诉讼后的管辖权以及适用法律问题具有重要的法律意义。世界各国历来有发信主义和收信主义之分。英美法系为发信主义，也称"投邮生效原则"，主张只要合同订立人将承诺的信件投入邮箱或者将电报交付邮局，承诺即发生法律效力。大陆法系为收信主义，也称"到达生效原则"，主张信件或电报到达时承诺才生效。

《民法典》第491条规定，当事人采用信件、数据电文等形式订立合同要求签订确认书的，签订确认书时合同成立。当事人一方通过互联网等信息网络发布的商品或者服务信息符合要约条件的，对方选择该商品或者服务并提交订单成功时合同成立，但是当事人另有约定的除外。

（3）电子合同订立的地点。

国际性商业合约的履行涉及多国管辖权。一旦发生合同纠纷，在哪一个国家法院受理，适用何国法律，具有很大的区别，这是因为国与国之间的法律常常有较大的差异，如在时效方面、责任限制方面或损失计算方法方面等。甚至同一事件，在一国会构成违约，而在另一国则完全合法，这就产生了国际争议常存在择地行诉的做法。

我国 2021 年起施行的《民法典》和其他有关合同条例都明确规定了合同订立时应明确履行期限、地点等条款。但在电子合同情况下，合同的订立在不同地点的计算机系统间完成，对电子合同生效地点的确认比对合同生效时间的确认更加复杂。《民法典》对于合同成立的地点也作出了明确的规定，第 492 条指出，承诺生效的地点为合同成立的地点。采用数据电文形式订立合同的，收件人的主营业地为合同成立的地点；没有主营业地的，其住所地为合同成立的地点。当事人另有约定的，按照其约定。

（4）电子合同履行规则。

《民法典》第 512 条规定：通过互联网等信息网络订立的电子合同的标的为交付商品并采用快递物流方式交付的，收货人的签收时间为交付时间。电子合同的标的为提供服务的，生成的电子凭证或者实物凭证中载明的时间为提供服务时间；前述凭证没有载明时间或者载明时间与实际提供服务时间不一致的，以实际提供服务的时间为准。电子合同的标的物为采用在线传输方式交付的，合同标的物进入对方当事人指定的特定系统且能够检索识别的时间为交付时间。电子合同当事人对交付商品或者提供服务的方式、时间另有约定的，按照其约定。

在万物互联的时代，电子合同已经成为线上交易的重要业务凭证，加强对电子合同线上签约法律层面的制约，推动电子合同发挥与纸质合同同等法律效力，加速应用普及十分关键。

11.3.2　电子签名

1）电子签名及其特点

在现实生活中，签名是一种司空见惯的行为，许多事务的处理都需要当事者签名，如文件的签发、合同的订立、款项的收取等。签名在其中至少起到两个作用：一是表明签署者是谁；二是表明此人承认、证明或核准了所签署的文件的内容。

在传统的以书面文件为基础的事务处理中，采用书面签名形式，如签名、印章、指印等。书面签名得到司法部门的支持，具有相当重要的法律意义。在以计算机网络为工具的商务活动中，信息的载体已实行无纸化，采用传统书面签名已不再可能，于是就产生了能执行传统签名功能的电子形式的签名。从广义上讲，凡是能在电子通信中起到证明当事人的身份、证明当事人对文件内容的认可的电子技术手段，都可被称为电子签名。从狭义上讲，根据2004年8月28日颁布的《电子签名法》，电子签名是指数据电文中以电子形式所含、所附用于识别签名人身份并表明签名人认可其中内容的数据。由此可见，电子签名并不是对手写签名的简单数字图像化，它是利用技术手段对发件人的身份作出确认以及保障传送文件内容的真实性。

在对电子签名的特点和效力等进行详细阐述之前，有必要对"电子签名人"这一概念进行解释。电子签名人指的是持有电子签名制作数据并以本人身份或者其所代表的人的名义实施电子签名的各种类型的人或者实体（注意这里所说的"人"，不仅包括自然人、法人，还包括其他组织）。而电子签名制作数据，是指在电子签名过程中使用的，将电子签名与电子签名人可靠地联系起来的字符、编码等数据。

电子签名与传统签名仅在功能上有等价之处，但因其形式不同于传统签名，故具有以下特点：

（1）电子签名一般是在线签署的，是一种远距离的认证方式。

（2）电子签名本身是一种数据，它很难像纸面签名一样，将原件向法庭提交。

（3）大多数人只有一种手书签名样式（虽然事实上它可能发生变化），但可能同时拥有许多个电子签名，每使用一个信息系统就有可能配发一个。

（4）传统手书签名可以用视觉比较识别，而电子签名一般需要计算机系统进行鉴别。

2）电子签名的效力

一个较完善的签名，一般应满足以下三个条件：

（1）签名者事后不能否认自己签署的事实，即通过对独有私有密钥的验证，能够确认签名者的身份，避免事后否认现象的发生。

（2）任何其他人均不能伪造该签名，因为电子签名制作数据仅由签名人专有和控制，任何改动都能够被发现。

（3）如果当事双方对于签名的真伪发生争执，能够由公正的第三方仲裁者通过验证签名来确认其真伪。

根据我国《电子签名法》的第13条，电子签名同时符合下列条件的，视为可靠的电子签名：

（1）电子签名制作数据用于电子签名时，属于电子签名人专有。

由电子签名制作数据的定义可知，电子签名制作数据是电子签名人在电子签名过程中掌握的核心数据。只有通过对电子签名制作数据的归属进行判断，才能确定电子签名与电子签名人之间的同一性和准确性。因此，作为可靠的电子签名，电子签名制作数据必须属于电子签名人专有，而不能由其他任何人占有。

（2）签署时电子签名制作数据仅由电子签名人控制。

这里所讲的控制是指电子签名人能自由地按照自己的意志对电子签名制作数据进行控制。在电子签名过程中，只有电子签名人对电子签名制作数据拥有实质上的控制权，电子签名才能成为可靠的电子签名。

（3）签署后对电子签名的任何改动能够被发现。

在电子签名人签署后，对方当事人必须可以通过一定的技术手段来验证所收到的数据电文是否为发件人发出，发件人的电子签名是否被改动过。只有这样，才能够保证电子签名的可靠性和合法性。

（4）签署后对数据电文内容和形式的任何改动都能够被发现。

只有这样，电子签名人的合法权益才能得到有效保护。因为电子签名的重要功能之一就是表明电子签名人认可数据电文的内容和形式。为了实现这一功能，必须要求电子签名在技术手段上能够保证电子签名人签署后的数据电文的完整性和安全性。

当事人也可以选择使用符合其约定的可靠条件的电子签名。

该法的第14条规定：可靠的电子签名与手写签名或者盖章具有同等的法律效力。

3）对电子签名的法律适用

2004年8月28日，第十届全国人大常委会第十一次会议表决通过了《电子签名法》，并于2005年4月1日起施行。《电子签名法》的通过标志着我国首部"真正意义上的信息化法律"正式诞生，该法首次赋予电子签名与文本签名同等的法律效力，并明确电子认证服务市场准入制度，保障电子交易安全，对我国电子商务的发展起着极其重要的促进作用。《电子签名法》在电子签名方面的法律适用有以下几个要点：

（1）电子签名必须同时符合"电子签名制作数据用于电子签名时，属于电子签名人专有""签署时电子签名制作数据仅由电子签名人控制""签署后对电子签名的任何改动都能够被发现""签署后对数据电文内容和形式的任何改动都能够被发现"等几个条件，才能被视为可靠的电子签名。当事人也可以选择使用符合其约定的可靠条件的电子签名。

（2）对于民事活动中的合同或者其他文件、单证等文书，当事人可以约定使用或者不使用电子签名、数据电文。当事人约定使用电子签名、数据电文的文书，不得仅因为其采用电子签名、数据电文的形式而否定其法律效力。

（3）伪造、冒用、盗用他人的电子签名，构成犯罪的，依法追究刑事责任；给他人造成损失的，依法承担相应的民事责任。

（4）涉及停止供水、供热、供气、供电等公用事业服务的文书，如果采用电子签名、数据电文，并不适用于这部法律的调整范围，可能不具有法律效力。另外，涉及婚姻、收养、继承等人身关系的，涉及土地、房屋等不动产权益转让的，也不适用于这部法律的调整范围。

《电子签名法》第17条指出提供电子认证服务，应当具备下列条件：

（1）取得企业法人资格；

（2）具有与提供电子认证服务相适应的专业技术人员和管理人员；

（3）具有与提供电子认证服务相适应的资金和经营场所；

（4）具有符合国家安全标准的技术和设备；

（5）具有国家密码管理机构同意使用密码的证明文件；

（6）法律、行政法规规定的其他条件。

《电子签名法》第18条规定了电子认证服务的相关事宜。申请者应当向国务院信息产业主管部门提出申请，并提交符合本法第17条规定条件的相关材料。国务院信息产业主管部门接到申请后经依法审查，予以许可的，颁发电子认证许可证书；不予许可的，应当书面通知申请人并告知理由。取得认证资格的电子认证服务提供者，应当按照国务院信息产业主管部门的规定在互联网上公布其名称、许可证号等信息。

11.3.3 电子认证

电子签名只是从技术手段上对签名人身份作出辨认及对签署文件的发件人与发出电子文件所属关系作出确认的方式，但如何解决判定签名的确定性以及电子签名持有人否认签发文件的可能性等问题，则是电子签名技术本身无法解决的问题，因为这涉及电子签名持有人的信用度，需要通过第三方得到确认，即需要第三方认证。

《现代汉语词典》将"认证"一词解释为："公证机关对当事人提出的文件的真实性审查属实后给予证明。"同《电子商务法》一样，认证也有广义与狭义之分。广义的认证即鉴别，主要包含对事物真伪的辨识，它既可能是第三人的鉴别，也可能是当事人之间的相互鉴别。狭义的认证特指由从事认证服务的第三方机构所进行的鉴别。本书所讨论的认证，是指由特定认证机构在电子商务中所做的认证，即狭义的认证。

1）电子认证及其作用

电子商务中采用的认证方式主要是电子认证。

电子认证是指由认证机构以加密技术为基础，以电子签名、数字证书等为手段，向电子商务中的交易各方提供身份确认，确保文件的真实性与完整性的具有法律意义的活动。电子认证是一项专业化信用服务，而非一般实现商业价值的服务，其作用可表现在两个方面：一是对外防止欺诈；二是对内防止否认。

（1）对外防止欺诈。

在开放的电子商务环境下，交易双方彼此缺乏道德约束，而且发生欺诈事件后的救济方法也非常有限，所以只有事先对各种欺诈可能予以全面防范，才是最明智的选择。电子认证机构通过向其用户提供可靠的公共密钥目录，保证证书名单上的用户名字与公共密钥是正确的，从而解决了可能被欺骗的问题。如果甲与乙都是用户，认证机构的在线目录就将同时包含二者的证书。该证书是包括用户姓名、公共密钥、电子邮件地址以及其他信息的数字化文件。认证机构还对每个证书都附有数字签名，以此证明证书的内容是可靠的。

但是无论用户多么小心谨慎，其私用密钥都有丢失或被盗的可能。一旦该类事件发生，私用密钥和与其相应的公开密钥就不能再用来加密信息了。为了应对这种危险状况，大多数认证机构都提供证书撤销名单（CRL）以列举那些失效的密钥对。证书撤销名单的内容是经常更新的，并且对于广大用户来说，也是容易利用的。只有消除了外部欺诈的风险，才能在交易当事人之间建立信心，从而推广电子商务的应用。

（2）对内防止否认。

电子商务中的不得否认，既是一项技术要求，也是交易当事人的行为规范，它是诚实信用原则在电子交易领域的具体反映。技术上的不得否认可定义为一种通信的属性，以防止通信的一方对已发生的通信予以否认的情况；认证的意义在于满足法律上和各种商务实践的需要。而行为规范上的不得否认，是以一定的组织保障和法律责任为基础的，其作用的全面实现，既有赖于合同条款、技术手段或协议的支持，也有赖于认证机构所提供的服务。

防止否认的最终目的是避免进行交易的当事人之间的纠纷，同时在纠纷发生的情况下，提供有效的解决方法。防止否认程序与规则，为交易当事人提供了大量的预防性保护，降低了一方当事人试图否认发出或收到某一数据电讯从而欺骗另一方当事人的可能性。

2）电子认证的效力

电子认证的效力一般通过两种途径得到保障：

（1）直接通过立法的形式加以确认。

这主要是通过法律授权政府机关主管部门制定相应规则，最终保障电子认证的效力具有法律上的依据与保障。

其主要表现为：

① 以直接的立法形式明示直接承认可被接受的技术方案标准（如美国犹他州等）。

② 授权政府主管部门制定相应规则，如享有颁发或吊销 CA 机构从事电子认证业务许可的权力，同时对违规（违法）经营操作的 CA 机构进行行政处罚。

③ 制定明确的设立及管理 CA 机构的条件及程序。同时，在监管 CA 机构层面上，政府主管部门还应设置所有合法登记、注册经营电子认证业务的 CA 机构的资料库供客户查询。

（2）当事人之间通过协议方式来确认电子认证的效力。

在这种情形下，法律只规定原则性条文，如确认数字签名与书面签名的同等效力，至于当事人之间如何选择技术方案以及由谁来做"第三者"——电子认证机构，则由当事人之间协议确定。在此情形下，银行、互联网服务供应商等均可扮演电子认证机构的角色。

3）电子认证的法律适用

我国的《电子签名法》同样对电子支付问题进行了考虑：

（1）在电子商务交易中，双方使用电子签名时，考虑到目前中国社会信用体系还不健全，为了确保电子交易的安全可靠，往往需要由电子认证服务机构对电子签名人的身份进行认证，向交易对方提供信誉保证。电子认证机构，即电子认证服务提供者，是指为电子签名人和电子签名依赖方提供电子认证服务的第三方机构。根据《电子认证服务管理办法》的规定，我国的电子认证服务机构采取由工业和信息化部授权审批签发认证证书的模式。工业和信息化部行使监督权，以确保网络交易的安全性。《电子签名法》设立了认证服务市场准入制度，明确由政府对认证机构实行资质管理制度。

（2）电子认证服务机构从事相关业务，需要经过国家主管部门的许可。国家主管部门要求电子认证服务机构必须具备下列条件才能够从事相关认证业务：一是具有独立的企业法人资格；二是从事电子认证服务的专业技术人员、运营管理人员、安全管理人员和客户服务人员不少于30名；三是注册资金不低于人民币3 000万元；四是具有固定的经营场所和满足电子认证服务要求的物理环境；五是具有符合国家有关安全标准的技术和设备；六是具有国家密码管理机构同意使用密码的证明文件；七是法律、行政法规规定的其他条件。未经许可提供电子认证服务的，由工业和信息化部主管部门责令停止违法行为；有违法所得的，没收违法所得；违法所得30万元以上的，处违法所得1倍以上3倍以下的罚款；没有违法所得或者违法所得不足30万元的，处10万元以上30万元以下的罚款。

（3）电子签名人或者电子签名依赖方因依据电子认证服务提供者提供的电子签名认证服务从事民事活动遭受损失，电子认证服务提供者不能证明自己无过错的，承担赔偿责任。

（4）电子认证服务提供者不遵守认证业务规则、未妥善保存与认证相关的信息，或者有其他违法行为的，由工业和信息化部责令限期改正；逾期未改正的，吊销电子认证许可证书，其直接负责的主管人员和其他直接责任人员10年内不得从事电子认证服务。吊销电子认证许可证书的，应当予以公告并通知市场监督管理部门。

4）电子认证机构的风险

电子认证机构虽然能够防御电子交易风险，但其本身也处在电子商务的大环境之中，一样存在着风险。只有充分认识认证机构所面临的风险，才能更有针对性地采取措施，更有效地保护电子交易的进行。电子认证机构所面临的风险来自两个方面，即技术应用过失和故意的行为。

（1）技术应用过失。

认证机构所提供的交易信用服务是商业交易的中介性的服务。许多在线公司依赖于认证机构提供的服务进行网上交易。如果认证机构服务突然终止，必定给客户造成重大的经济损失。认证机构业务复杂，稍有疏忽，就可能造成灾难性的后果。

技术上的失误，可能产生于记录的丢失（认证机构没有对庞大的数据库进行备份）、证书政策的缺陷（添加新用户时过于草率）、不合理的证书中止与撤销（证书撤销时过于草率或者是证书的有效日期规定得过长）、软件的瑕疵（没能保护好用户的公共密钥）和证书机构周期性的服务修整（认证机构中断服务会给用户带来极大的经济损失）等几种情况。

（2）故意的行为。

认证机构还需防范人为故意的风险。人为的风险主要来源于认证机构的内部人员和外部的攻击。有权访问证书数据库的雇员具有造成损害的可能性。他们的故意行为一般包括制造虚假证书（制造真实用户的虚假证书，给用户带来经济上的损失）和涂改记录（阻止用户的网上交易或帮助用户否认合同）。外部人员可用不同方法对认证机构的通信协议进行攻击。例如，入侵者可以从用户加密的程序上盗窃口令，或生成"木马"程序，仿冒认证机构提供的软件。

11.3.4　电子支付

1）电子支付及其安全性

电子支付是指以电子计算机及其网络为手段，将负载有特定信息的电子数据取代传统的支付工具用于资金流程，并具有实时支付效力的一种支付方式。与传统支付方式相同，电子支付方式面临系统风险，即流动性风险、市场风险及信用风险。而有所不同的是，由于电子支付是以电子数据形式通过网络传输进行的，新兴的技术本身带来了新的交易风险，如系统侵入、虚假认证和传输错误等。此外，电子支付使传统交易从纸面单据的形式进一步虚拟化，使主要调整纸面交易的传统法律规范面临变化、修正，产生了新的法律风险：一是技术方面的安全问题；二是法律方面的安全问题。

技术方面的安全问题包括网络安全和交易安全两个方面。其中，网络安全涉及系统安全（指的是主机和服务器的安全，包括反病毒、系统安全检测、入侵检测（监控）和审计分析等功能）和网络运行安全（具备针对突发事件的必需的应急措施，如数据的备份和恢复等）等。网上交易安全的措施包括采用数字认证和密钥证书等安全体系。现在国内企业网站中普遍存在着因为无法保障网络现金流和网络信息的安全而无法开展企业电子商务功能的困境。如果无法满足企业网络信息安全的要求，势必会在一定程度上制约电子商务和电子支付的发展。法律方面的安全问题会给社会公共利益带来更多的危害，如洗钱和诈骗等。骗取银行网上交易付款，造成商家巨大损失的案件屡有发生。人们对电子支付的安全性缺乏信心，势必会阻碍电子商务和电子支付的发展。

2）电子支付中的法律责任

（1）实际违约责任。

在电子商务中，电子支付所依据的由网络银行与网络交易客户所订立的协议属于标准合同，通常是由银行起草并作为开立账户的条件递交给网络交易客户的，所以网络交易客户与银行之间的关系仍然是以合同为基础的。在电子支付中，网络银行可能同时扮演指令人和接收银行的角色，其基本义务是资金划拨。作为指令人，一旦发送错误的指令，银行应向付款人进行赔付（除非在免责范围内）。如果能够查出是哪个环节的过错，则由过错方向银行进行赔付。接收银行与其指令人的合同要求接收银行妥当地接收所划拨来的资金，或立即履行资金划拨的指示，如有延误或失误，则按违反接收银行与指令人的合同处理。这里的实际违约责任是债务人不履行或者不适当履行合同债务所承担的民事责任。

《民法典》虽未明确规定违约方起诉解除合同，但是在其第580条中增设了非金钱债务履行不能时的司法终止，具体的规定为："当事人一方不履行非金钱债务或者履行非金钱债务不符合约定，对方可以请求履行，但是有下列情形之一的除外：（一）法律上或者事实上不能履行；（二）债务的标的不适于强制履行或者履行费用过高；（三）债权人在合理期限内未请求履行。有前款规定的除外情形之一，致使不能实现合同目的的，人民法院或者仲裁机构可以根据当事人的请求终止合同权利义务关系，但是不影响违约责任的承担。"

（2）无法查清过错和未经授权支付的责任。

明确电子支付体系中的风险承担原则，其根本目的是在法律上确定风险的分配规范。这可以分为两种情况：一是电子支付合同存在，但对于电子支付失误或失败而引起的损失无法查清是由哪一方当事人的过错引起的；二是所谓未经授权的支付，即是由于欺诈或其他原因而非资金的所有人的指令进行的电子支付。在电子支付过程中，发生上述入侵、伪造、假冒或盗领等第三方侵权而导致当事人损失的情况时，法律责任的最终指向，毫无疑问是实施加害行为的第三方本身。《民法典》第581条规定："当事人一方不履行债务或者履行债务不符合约定，根据债务的性质不得强制履行的，对方可以请求其负担由第三人替代履行的费用。"此处的"根据债务的性质不得强制履行"，一般指向具有人身专属性的债务，如委托合同、合伙合同等。因此类非金钱债务的强制履行可能构成对人身自由的限制，一般不宜强制履行。此时，守约方可委托第三人替代履行，由此产生的与第三方订立合同、履行义务、受领给付、使用标的所支出的费用，应由违约方负担。《中华人民共和国电子商务法》第57条指出："未经授权的支付造成的损失，由电子支付服务提供者承担"，"电子支付服务提供者发现支付指令未经授权，或者收到用户支付指令未经授权的通知时，应当立即采取措施防止损失扩大。电子支付服务提供者未及时采取措施导致损失扩大的，对损失扩大部分承担责任。"

11.4　网络隐私权问题

顾客关系营销与前面章节所提到的直销和数据库营销等，都涉及如何在营销的过程中正确处理顾客隐私权的问题。如果处理不当，就有可能招致顾客的反感甚至引发法律纠纷。

11.4.1　网络隐私权的含义与主要内容

1）网络隐私权的含义

隐私起源于英文private，原意为"让我自己待着"，现指私生活权利，包括个人的行为不被他人知晓，私人事务、私人活动及有关私人的一切信息未经授权不予公开。个人隐私权的保护理应延伸到网络环境中。但由于网络环境与实际生活环境之间的差异性，个人隐私问题关注的重点、涉及的内容也会发生一些变化，网络空间个人隐私的保护与传统隐私权保护所面临的困难也各不相同。比如，网络隐私虽然属于隐私的范畴，但由于网络的技术性、数据性、虚拟性等，一旦网络用户的隐私权遭到侵害，用户个人想追究侵权责任十分困难，没有足够的技术作为支持，对侵权人身份的辨识几乎是无法实现的。

关于网络隐私权的概念有多种说法，主要包括以下几种：

① 从广义的角度讲，网络隐私权是指，公民在网上享有私人生活安宁与私人信息依法受到保护，不被他人非法侵犯、知悉、收集、复制、利用和公开的一种人格权；也指禁止在网上泄露某些与个人有关的敏感信息，包括事实、图像以及毁损的意见等。

② 从狭义的角度讲，网络隐私权是指，在没有告知网络用户并获得其同意之前，网上个人资料的收集者不得将网络用户为某一特定目的提供的资料用于另一目的。

但不论如何定义，这些概念的主要内容和出发点是基本一致的。

2）网络隐私权的主要内容

（1）知情权。

知情权也称知悉权，是网络隐私权中的基本权利，指用户有权知道网站收集了哪些关于自己的信息，这些信息将用于什么目的，以及该信息会与何人分享。只要网站收集的是与用户有关的个人信息资料，用户就有权知道上述事宜。否则，网络知情权就是不完整的，用户也就无法充分、正确地行使其他的隐私权利。

（2）选择权。

选择权是指消费者对个人资料的使用用途具有选择的权利。用户有权决定是否允许网站收集自己的个人信息资料并如何使用。但是，在实际操作中，绝大多数网站都要求用户提供比较多的个人信息，否则用户将无法或者很难使用网站所提供的大部分功能。这种做法不利于用户选择权的充分实现。

（3）支配权。

支配权也称控制权，是指网络用户能够通过合理的途径访问个人资料并修改错误的信息或删改数据，以保证个人信息资料的准确与完整。这一权利包括通过合理的途径访问个人资料，并针对错误的个人信息进行修改、补充、删除，以保证个人信息资料的准确、完整。

（4）安全请求权。

用户有权要求网站采取必要的、合理的措施，保护用户个人资料信息的安全。事实上，网站也应该保证用户信息的安全性，阻止未被授权的非法访问。不论网站所收集的是何种个人信息，只要涉及网络隐私权，就必然与信息资料的安全问题有密切关系。不论是由于人为的信息泄露或被窃取，还是由于技术上的缺陷或者操作上的失误导致信息资料或者数据丢失，都将严重地影响个人信息资料的正常使用和用户网络隐私权的保护。据英国 BBC 新闻 2005 年 6 月 25 日报道，英国《太阳报》的一位乔装打扮的记者以每份 4.25 英镑的价格，从印度一位 IT 员工处购买了 1 000 个英国顾客的个人资料，这些资料包括密码、地址和护照信息等。①对用户个人资料的非法收集和买卖势必会对用户的网络隐私权造成侵害，影响消费者使用互联网的信心。

11.4.2 侵害网络隐私的表现和法律救济

目前，网络隐私侵权主要表现在以下几个方面：

1）非法散布他人隐私

这是指未经授权在互联网上公开散布他人隐私，对他人名誉造成损害。《中华人民共和国计算机信息网络国际联网管理暂行规定实施办法》第18条规定，用户"不得擅自进入未经许可的计算机系统，窜改他人信息；不得在网络上散发恶意信息，冒用他人名义发出信息，侵犯他人隐私"。针对上述违法行为，可以引用相关的民法规定进行网络隐私权的保护。

2）窃取他人隐私

这包括：未经授权进入他人系统收集、复制资料，窜改他人的私人信息；或者企业利用Cookies以及相应软件非法收集用户资料；或者计算机及网络设备制造商在其产品中植入后门程序；或者ISP非法查看用户的电子邮件、泄露商业机密等。《中华人民共和国计算机信息网络国际联网管理暂行规定实施办法》第18条规定："不得制造、传播计算机病毒及从事其他侵犯网络和他人合法权益的活动。"如果行为严重，有可能触犯《中华人民共和国刑法》第252条、253条、285条、286条、287条的规定。

3）网络监视及窃听

网络管理者可以非常容易地监视或窃听局域网内的其他电脑的使用情况。但是，这种严重侵犯用户隐私权的行为很难被网络用户发觉。目前，各种法律法规对此的监管和约束仍处于空白。

11.4.3 我国网络隐私权保护的相关条款和立法的困难

我国已经制定了一些与网络隐私权保护相关的立法，比如《计算机信息网络国际联网安全保护管理办法》第7条规定："用户的通信自由和通信秘密受法律保护。任何单位和个人不得违反法律规定，利用国际联网侵犯用户的通信自由和通信秘密。"《中华人民共和国计算机信息网络国际联网管理暂行规定实施办法》第18条对用户的规定为："不得擅自进入未经许可的计算机系统，窜改他人信息；不得在网络上散发恶意信息，冒用他人名义发出信息，侵犯他人隐私。"

《民法典》第1032条第1款明确宣示："自然人享有隐私权。"同时，该条第2款对"隐私"的内涵进行了界定，即"自然人的私人生活安宁和不愿为他人知晓的私密空间、私密活动、私密信息"。随着社会的发展，个人信息保护日益受到重视，《民法典》第

---

① BISWAS. How secure are India's call centres？[EB/OL]. [2017-04-24]. http://news.bbc.co.uk/1/hi/world/south_asia/4619859.stm.

1034条第2款总结明确了个人信息的内涵和外延，该条规定："个人信息是以电子或者其他方式记录的能够单独或者与其他信息结合识别特定自然人的各种信息，包括自然人的姓名、出生日期、身份证件号码、生物识别信息、住址、电话号码、电子邮箱、健康信息、行踪信息等。"此外，考虑到个人信息中的私密信息，同时也属于隐私的范畴，《民法典》第1034条第3款规定："个人信息中的私密信息，适用有关隐私权的规定；没有规定的，适用有关个人信息保护的规定。"第1035条第1款明确了处理自然人个人信息应遵循的基本原则，即合法原则、正当原则和必要原则。值得注意的是，《民法典》明确了个人信息权利人的权利，依据《民法典》的规定，个人信息权利人享有的权利（确切地说是权能）包括：查询权、更正权和删除权。《民法典》第1037条第1款规定，"自然人可以依法向信息处理者查阅或者复制其个人信息"。据此，自然人作为个人信息权利的主体，享有查询个人信息的权利。同时，个人信息权利人"发现信息有错误的，有权提出异议并请求及时采取更正等必要措施"。更正权可以理解为是人格权请求权中的排除妨害或停止侵碍。《民法典》第1037条第2款规定："自然人发现信息处理者违反法律、行政法规的规定或者双方的约定处理其个人信息的，有权请求信息处理者及时删除。"删除权也可以理解为是人格权请求权中的排除妨害或停止侵碍。

随着立法的不断完善，对于网络隐私权的保护取得了一定的成效。但目前对于网络隐私权的保护仍有一定的缺陷，使网络隐私权遭受侵害时寻求司法救济成为难题，限制了被侵权人通过法律途径保护自身权益。这些困难主要体现在以下几个方面：

1）互联网的开放性

科学家在设计互联网之初就缺乏对安全性的总体构想和设计，我们所用的TCP/IP协议是建立在可信的环境之下，首先考虑的是网络互联，它缺乏对安全方面的考虑。这种基于地址的协议本身就会泄露口令。网络的开放性也许是造成威胁最主要的原因。TCP/IP协议是完全公开的，远程访问使许多攻击者无须到现场就能够得手，连接的主机基于互相信任的原则等使网络更加不安全。此外，互联网中的很多黑客软件都简便易学，这也导致违法行为的发生难以禁止。

2）Cookie

Cookie的问题前文已经有所论述。从技术的角度说，Cookie本身有利于加强网站与顾客之间的联系，但是具体使用中遇到了网络隐私保护问题的困扰。美国政府已经要求各政府机关的网站不要将Cookie放在访客的电脑中，以免被用户指控侵犯个人隐私权。美国国会也对此问题表示关注，国会正在研究方案，将禁止网络公司将用户数据库列入公司资产，这样将禁止网络公司任意将用户数据库资料出售，从而保护消费者的隐私。

3）收集顾客资料与隐私保护的两难

网站出于盈利的目的，需要收集顾客资料构建企业的顾客数据库，并进而发展与顾客间的忠诚关系，但是在这个过程中不可避免地会遇到如何保护顾客隐私的问题。本章随后将论述此问题。

4）法律的困惑

安全产品永远没有终极版本，法律永远不能穷尽规则。信息技术的发展和变化日新月异，而立法周期通常又较长，因此仅仅靠法律来约束隐私保护的想法难以实现。新法律的制定并不能自发地解决问题。从另一方面看，网络隐私权保护尽管存在许多法律空白，但这些法律问题的产生往往有更为深刻的背景，不能仅依靠立法来解决。盲目地立法和修法只会破坏法律体系的完整性与统一性，而并不能从根本上解决这些法律问题。比如，构建良好的电子商务信用体系就有利于该问题的解决。

11.4.4　网络隐私权保护的国际经验借鉴

1）政府保护

许多发达国家已经成立了专门保护网络隐私权的组织，并且制定了相关方面的原则和条款。美国联邦贸易委员会规定了四个原则：一是知会原则，指网络信息收集者告知用户将收集何种信息以及这些信息将被如何利用；二是选择原则，指网络收集者应提供给消费者选择的机会和有效手段，以限制个人信息的滥用；三是通道与参与原则，指网站应提供给消费者合适的通道进入网络资料库并对错误信息进行调整，以保证消费者的信息不被错误地传达；四是安全与完整性原则，指网络信息收集者应提供有效的手段保证所收集的信息是完整的、安全的。日本在这些方面做得比较好。除了上述四个原则以外，日本还增加了责任明确原则，具体地规定了由谁承担保护责任。

就欧盟而言，其基本做法是由政府通过制定法律的方式，确立网络隐私权保护的各项基本原则与各项具体的法律规定、制度，并在此基础上建立相应的司法或者行政救济措施。1995年，欧盟发布《欧盟数据保护指令》，在保护隐私权方面将欧盟国家作为一个整体纳入了法律调整的范围——这对国家间如何协调对隐私的法律保护有一定的参考价值。《欧盟数据保护指令》中争议最大的第25条规定："有关跨国资料传输时，个人资料不可以被传输到欧盟以外的国家，除非这个国家对资料传输有适当程度的保证。"而这个"适当程度的保证"的要求之高，连美国都未能达到。1998年10月，欧盟制定的《网络私人资料保护办法》开始生效。这项法规实际上是1995年的相关法规的延续，它十分严格地限定在传递和使用个人数据时必须遵守的规则。

尽管欧盟严格的立法注重对个人隐私权益的充分保护和尊重，但是，这一模式也有其不可避免的负面影响。欧盟采用立法模式增加了网络服务提供商的法定义务，增加了以网络服务提供商为代表的整个信息产业的成本，甚至可能损害信息产业的利益并阻碍网络的发展。

2）行业自律

尽管有立法，但美国仍然倾向于通过网络行业自律的模式，即依靠网络服务者的自我约束和行业协会的监督来实现对网上非法收集个人隐私材料的控制。美国不主张通过严格的立法为网络服务提供商施加过多的压力和义务，因为美国担心这样做会使整个网络和与之有关的产业遭受巨大的损失，从而对网络和与网络有关的产业带来一定的负面影响。例如，美国《公平信用报告法》（Fair Credit Reporting Act，FCRA）规定金融业作为信息使用者收集与获取消费者的个人信息均不需要经信息主体授权。

美国政府寄希望于通过网络隐私认证计划来解决网络隐私权保护的问题。该计划要求那些被许可在网站上张贴其隐私认证标志的网站必须遵守在线资料收集的行为规则，并且服从多种形式的监督管理。目前，美国国内存在多种形式的网络隐私认证标志，其中最有名的主要是 TRUSTe 和 BBBonline。该计划的目的是引起企业和消费者对隐私的注意。只要承诺履行该计划中为网络服务提供商在保护个人隐私权方面所规定的义务，网络服务提供商就可以申请加入这一计划当中。

从美国企业的角度看，美国企业也不希望政府方面干涉网络隐私权保护问题，要求自行解决目前所存在的问题。包括 Air lines、Broad vision、Double Click、Customers.com 在内的 26 家公司及其他团体共 90 多个成员组成了"网上隐私联盟"。该联盟的宗旨是：要求企业告诉用户哪些被收集的数据属于个人可以处理的范围，并允许他们从中选择。该联盟试图说服美国联邦贸易委员会，它们认为政府没有必要在保护网上用户隐私权方面实施管制，保护网上用户隐私权的最佳途径是让企业自己管自己。

11.4.5　客户关系营销与网络隐私

收集顾客数据的同时保护个人隐私权是一个两难选择。要在不侵犯顾客隐私的情况下收集顾客资料，需要从以下几个方面着手：

1）提供用户隐私保护的承诺

企业需要在网站上向用户承诺不会侵犯顾客的个人隐私，并且要征得顾客的同意方可收集和使用顾客信息。美国著名互联网咨询公司 Gartner Group 在消费者可以接受并且不违反相应法律法规的程度上对可以提供的"消费者隐私"作了详细说明：①经过消费者本人亲自确定的消费者个人信息以及企业所掌握消费者信息的发布；②企业与已经签约或尚未签约的第三方之间的市场合同；③经授权的或未经授权的，企业及其已经签约或尚未签约合作方对消费者个人信息的使用。

2）注重动态数据

对企业而言，客户动态数据（比如消费数据）更加重要。企业应当时刻保持顾客数据的更新，否则企业花费巨额资金建立起来的顾客数据库可能在一两年之内就失去了作用。这也是很多顾客关系管理项目失败的原因。如果不能及时更新数据库，还可能给企业造成其他的麻烦或法律纠纷。比如，英国一家企业曾给一个已经过世多年的顾客发送信件，并恭喜他中奖了，结果导致了一场法律诉讼。

3）精准的顾客定位和营销

企业需要在顾客数据库的基础上对顾客进行深入的分析，如果企业能够提供给顾客所希望获得的产品和服务，那么就能获得顾客的信任，也不会遭到顾客的反感。

总之，保护网络用户的隐私权是网站开展网络营销的重要内容，企业必须对此问题足够重视；否则，企业将难以保证与顾客间的忠诚关系，企业也无法通过忠诚顾客的购买来实现企业盈利。

▌11.5 网络广告与法律关系的调整

11.5.1 网络广告对传统法律提出的挑战

网络广告对广告的法律调整与规范提出了挑战。据安全部的调查和统计，现在已经有93%的国家对本国的互联网采取了必要的审查和监管措施，有26%的国家已经出现了对互联网案件进行执法的案例，但是对于网络广告，各国尚未出台相应的法规或办法。目前，我国还没有针对网络广告管理的全国性法律或行政法规，虽然少数省份如北京、浙江等已制定了适用于本地区的网络广告管理办法，但绝大多数地区仍只能沿用1995年实施的《中华人民共和国广告法》（以下简称《广告法》），而面对网络广告带来的一系列新鲜问题，《广告法》已显得力不从心。一般而言，在网络环境中，利用传统立法规范网络广告的障碍表现在以下几方面：

1）网络广告是否适用现行广告立法

《广告法》于1995年2月1日开始施行。广义上的广告法不仅包括《广告法》，还包括《广告管理条例》及其施行细则、《广告审查标准》、《广告经营资格检查办法》等法律及与之配套的法规、规章。

《广告法》第2条对广告作出了如下法律界定："本法所称广告，是指商品经营者或服务提供者承担费用，通过一定媒介和形式直接或间接地介绍自己所推销的商品或所提供的服务的商业广告。"1998年12月6日修订的《广告管理条例施行细则》将该细则的适用范围扩大到了"利用其他媒介和形式刊播的广告"。

随着我国《广告法》的完善发展，对于网络广告发布准则，也有了较为具体的标准，第40条指出，在针对未成年人的大众传播媒介上不得发布医疗、药品、保健食品、医疗器械、化妆品、酒类、美容广告，以及不利于未成年人身心健康的网络游戏广告。尽管如此，对于网络广告的系统性规范准则并未出台，很多互联网广告所引发的问题已经超出了《广告法》立法时所能想象得到的范围。

2）广告主、广告经营者、广告发布者的定位

以传统的平面媒体和电子媒体传播的商业广告，其广告主、广告经营者和广告发布者各自的定位和职责是清晰的。依照我国《广告法》的规定，广告主是指为推销商品或者提供服务，自行或者委托他人设计、制作、发布广告的法人、其他经济组织或者个人。广告

经营者是指受委托提供广告设计、制作、代理服务的法人、其他经济组织或者个人。广告发布者，是指为广告主或者广告主委托的广告经营者发布广告的法人或者其他经济组织或个人。依此规定和政府对媒体的其他管制法规，广告主、广告经营者与广告发布者之间的界限是显而易见的。一家酒厂不可能自己经营媒体为本企业的产品发布广告，电脑公司也不可能直接使用传统媒体宣传企业形象或产品。

但是，网络作为一种传播媒介，与其他的传统媒介最大的不同就在于它的交互性，即其中任何主体既可以是信息的接受者，又可以是信息的发送者，而在目前还没有对网上信息发布作全面的资格审查和许可的情况下，这种发布几乎没有什么限制和约束。这样，网络就大大降低了信息发布的资格条件，无限扩大了信息发布者的范围。因此，目前在互联网上，广告主、广告经营者、广告发布者这三者的界限日益模糊，从而使执法者无法用现行法律的概念来理解，这就产生了所谓的认知困难。

3）隐形广告

《广告法》第 13 条规定，广告应当具有可识别性，能够使消费者辨明其为广告。大众传播媒介不得以新闻报道的形式发布广告。通过大众传播媒介发布的广告应当有广告标记，与其他非广告信息相区别，不得使消费者产生误解。隐形广告是以非广告形式出现的广告，也叫作"不是广告的广告"，是采用公认的广告方式以外的手段，使广告受众产生误解的广告。

在传统媒体上，广告总是以固定的形式、时间或版面发布，出现的隐形广告比较容易识别，但互联网上的隐形广告较难识别。隐形广告的主要形式有以下几种：

（1）以网络新闻形式发布的广告。

网站通过新闻报道的形式对企业或企业的产品进行宣传。这种形式与报纸上的新闻广告非常类似。

（2）在论坛上发布的广告。

广告发布者以成员的身份在各种论坛上发布广告。这种形式的广告在互联网发展初期出现较多。但是随着人们对这种形式越来越反感，论坛广告已经很少见了。

4）强制性网络广告

广告发布者未经过用户的同意而向用户发送网络广告，这种广告就叫作强制性网络广告。目前比较常见的强制性网络广告就是垃圾邮件广告。尽管垃圾邮件广告侵犯了用户的隐私权，而且业界一直在提倡许可电子邮件广告，但实际效果并不明显。此外，许多新型的网络广告，比如弹出式广告、全屏广告等也具有强制性。这些新型广告形式具有很强的视觉冲击力，通常占据了电脑屏幕的大部分面积，并且具有持续时间较长的动画效果。

2018 年修正的《广告法》第 44 条规定，利用互联网发布、发送广告，不得影响用户正常使用网络。在互联网页面以弹出等形式发布的广告，应当显著标明关闭标志，确保一键关闭。

5）侵犯网民隐私权问题

在传统的顾客消费活动中，企业很难获得顾客的隐私信息，比如顾客的姓名、家庭住址等。但是在互联网上，网络广告可以通过一些技术手段来侵犯顾客的隐私权。最常见的就是利用Cookie技术保存用户在网站上留下的踪迹，比如浏览路径、交易记录、访问页面等。这些网站将收集到的顾客信息用于针对用户特点发布广告，有些甚至将用户的个人信息卖给广告商，广告商可以根据Cookie中记录的用户信息来设定广告播放的内容及频率，或让用户重复观看一幅广告，做到"一对一"有针对性地营销。

针对网络广告中侵犯网络用户隐私权的问题，许多国家都作出了相关的规定。比如，美国政府警示所有政府网站不得使用Cookie技术来记录用户上网的信息。但我国法律还未对Cookie作任何规定，法律的欠缺导致许多网站肆意使用Cookie技术收集个人信息。

6）网络广告的管辖问题

根据《广告法》的规定，县级以上人民政府市场监督管理部门是广告的监管机关。但是，单纯依靠我国目前县级以上的市场监督管理部门现有的管理体制和人员配备很难对网络广告进行管理。

此外，根据《广告法》的规定，该法适用于"广告主、广告经营者、广告发布者在中华人民共和国境内从事的广告活动"。所以，在国内设立的网站上向国内消费者发布广告，理应受《广告法》的约束。但是，在国内设立的网站上向国外消费者发布广告，或在国外设立的网站上向国内用户发布的广告，是否仍属于《广告法》的调整范围呢？

7）网络广告监管困难

网络广告本身数量的庞大和法律上的调控乏力，使得广告管理部门难以根据《广告法》对网络广告进行监管。这些困难主要表现在以下几个方面：

（1）对虚假网络广告的监管。

广告主利用虚假的事实进行广告，或者对实际上不能进行交易的商品作广告，或者对商品的数量、日期有显著限制而在广告中不予明示。在传统的广告管理中，从事广告业务有一定的市场准入条件，要通过广告业的资格认证，获得营业执照，否则无权经营广告业务，这使得对广告的监管有法可依。但在互联网环境中，这方面的管理很难做到。

（2）对网络广告内容的审查。

《广告法》第13条规定："广告应当具有可识别性，能够使消费者辨明其为广告。大众传播媒介不得以新闻报道形式发布广告。通过大众传播媒介发布的广告应当有广告标记，与其他非广告信息相区别，不得使消费者产生误解。"但是，这条规定很难适用于网络广告。比如，一家制造或者销售烟草的企业，自己建立自己的企业网站并设置企业的烟草图标和产品（香烟）名称。根据《广告法》的规定，禁止在各类等候室、影剧院、会议厅堂、体育比赛场等公共场所设置烟草广告。因此该广告应当属于非法广告。但是烟草公司的网站如果不设置烟草公司的名称、卷烟名称、烟标、香烟名称的注册字样和图案等，那么它的网站应当设置什么呢？

（3）对利用网络广告进行不正当竞争的监管。

利用网络广告进行不正当竞争并不体现在广告的内容、形式及其制作和发布上，而是表现在利用数字技术的新形式上。通常的做法是：某网站使用加框的超链接技术，采用frame 加框技术分割网页视窗的方式将他人网站的内容呈现在自己网站的网页上。当浏览者点击链接时，他人网站的内容就会出现在该网页的某一区域内，而该网页的广告则始终呈现在浏览者面前，让浏览者误以为链接的内容是网站自身的一部分。这样，就降低了被链接网站的广告的浏览量，该网站的广告即可借助其他网站的内容被宣传。这种做法等于避开了该网站的广告直接进入相关内容，构成了广告侵权，是网络广告经营中的不正当竞争。目前的法律主要侧重于对传统商业广告和不正当竞争行为作出规定，对于网络广告中的不正当竞争尚没有明确的规定。

11.5.2　网络广告的法律规制

1）政府管理与 ISP、ICP 自律相结合

ISP、ICP 是网络运作与管理的重要环节，离开了 ISP、ICP，政府就无法对网络实施有效的管理。这里所说的 ISP、ICP 的自律包括两层含义：一是 ISP、ICP 自身必须遵守广告法和相关法规，抵制不正当竞争和虚假、欺骗广告；二是 ISP、ICP 应当在经营范围内规制所托管的主页，一旦发现恶意广告，要履行法律责任。

但是在网络广告行业中，依靠行业自律不可能从根本上杜绝违法网络广告的出现。为了更好地对网络广告加以调整，政府职能部门应加强对网络广告的监督管理。由于网络广告不仅涉及市场监督管理部门，所以应当由信息产业部门、市场监督管理部门以及消费者权益保护协会等多部门共同协作，一起加强网络广告的监督管理工作。

对网络广告经营者和代理者的规范是监管的重点。网络广告经营者必须具备一定的资质，如必要的设备、资金、专业技术人员、内部管理制度和广告审查制度，具体的标准仍有待调研确定。但有一点是肯定的，那就是资格的审批权集中在国家市场监督管理总局广告监督管理司，各地市场监督管理机关不能对本地的网络广告经营者进行资格的审批和许可。

在对网络广告内容的审查和规范方面，广告管理机构也有必要建立一整套约束制度。凡在我国境内发布的网络广告都应受到《广告法》的规范和制约，《广告法》中规定的一些广告的基本准则和规定对网络广告是同样适用的。

2）法律与业界规章相结合

对于电子商务而言，法律永远不可能穷尽规则。这就需要行业规章在法律正式出台前的空白期起到游戏规则的作用。例如，对商业网站的规制、对个人主页的管理等都必须有一个可行的规章。当然，业界规章的作用不仅表现在应急这一层面上，它还在补充法律以及管理机关如何实施宏观调控等方面发挥着重要作用。

3）第三方监测

对于网络广告违法问题，广告管理机构可以尝试委托一些较好的市场中介组织对网络

广告实施监测，一方面为行业内部提供相关信息，另一方面协助政府主管部门进行管理。对于违法广告的查处，仍然采取分级处理的方式，交由各级市场监督管理机关进行查处，切实保障消费者的利益。

4）网络广告的技术监管

广告监察是评估广告效果不可缺少的基本手段。目前，国内的广告监察是通过网站提供的广告检测报告来完成的，主要是通过广告投放网站购买第三方的广告检测软件来实行网络广告的技术监测。但是，网络广告的监测技术至今仍未完善，对媒介及其广告的实际影响缺乏评估，政府部门缺乏对互联网广告的监测系统。

首先，应当要求电子形式的广告宣传必须具有可识别性，即广告经营者发布的网络广告应当具有显著的广告标记，使消费者能识别与及时清理。其次，应当保证消费者拥有拒绝广告邮件的权利。在广告发送中应注明回复的真实网址，如果消费者收到想拒绝的广告邮件，应有机会告知广告发布者其拒绝声明。广告发布者收到后应将消费者的电子邮件地址从发送目录中删除。再次，建立政府监测网络广告系统，抽样监测网站的网络广告，并可开设网络广告管理窗口，接受网民对网络虚假广告、欺诈广告的投诉与举报。

5）完善网络广告方面的法律法规，尽快制定网络广告法

我国目前虽然没有出台正式的网络广告法，但是对于规制互联网方面面的内容逐步推出了相关的法律法规。如规范网络新闻的《互联网站从事登载新闻业务管理暂行规定》、规范网络著作权的《最高人民法院关于审理涉及计算机网络著作权纠纷案件适用法律若干问题的解释》以及有关规范电子邮件等方面的《中华人民共和国计算机信息系统安全保护条例》、《计算机信息网络国际联网安全保护管理办法》和目前正在一些地区试行的互联网广告的规定（包括《网上经营行为登记备案补充通告》、《关于对网络广告经营资格进行规范的通告》和《关于对利用电子邮件发送商业信息的行为进行规范的通告》）。可见，我国针对规范网络的法律法规逐渐正规化，这无疑对我国网络广告的发展是有益的。

原国家工商总局从2000年初开始着手制定互联网广告法规，并在北京、上海、广东等地选择一批知名度较高的网络公司，如新浪网、中华网等进行互联网广告经营登记试点，网络广告立法任重道远。

本章案例

小杨的"网络创业"

网络的快速发展给年轻人创新创业提供了机遇，可惜的是，一些人却因不懂法而吃亏。"网络创业"的大学生小杨就是其中之一。

小杨是某职业技术学院的在读学生，家境并不富裕，为了改善生活，他决定选择以网

络平台为载体，且投资微小、见效快的方式进行创业，即在网络平台上销售他人的军事书籍来提成获利。自2021年3月25日起，小杨在网络平台发布了大量军事、军史方面的书籍信息，向爱好军事的网友推销并接单收款，再以转给作者部分书款，通知作者发货的形式牟利。

但他不知道的是，自己的行为已经涉嫌违法。出版物的发行，是需要具备相应资质的。而且由于不具备识别非法出版物的有关知识，他通过网络平台所销售的，竟是非法出版物。

最终，小杨被群众举报销售盗版书籍。当地综合行政执法支队依据《出版物市场管理规定》第15条、《出版管理条例》第61条的规定，以其未经批准，擅自从事出版物发行业务，给予其相应的行政处罚，没收违法所得2 652元、罚款30 000元。

案例问题：

1.互联网时代的到来，让创业变得更加容易。越来越多的人选择了互联网创业这条路，但是其中成功的并不多，那么互联网创业应该注意哪些问题呢？

2.法律是最低限度的道德，有关劳动安全、污染控制、消费者保护、税收等方面的立法是社会对企业的最低道德要求，也是强制性的法律义务。与法律相比，行业自律具有何种约束力呢？结合上述案例中的版权保护问题，讨论如何发挥行业自律的作用。

▌本章小结

本章介绍了互联网对法律制度的挑战，以及互联网环境中的知识产权保护问题。本章还介绍了电子合同的相关内容，重点介绍了电子签名和电子认证的相关内容，以及网络广告相关的法律问题。此外，网络隐私权保护的相关问题和相关内容也是本章的学习重点。

▌复习思考题

1.电子商务法律建设主要应该包括哪些方面？

2.电子商务对我国知识产权立法有何影响？

3.与传统合同相比，电子合同有哪些特点？

4.电子认证有什么作用？

5.可靠的电子签名应该符合哪些条件？

6.网络广告存在哪些法律问题？

7.企业在进行网络创业时，如何注意网络隐私权保护问题？

▌本章网站资源

[1] 中国普法网 .www.legalinfo.gov.cn.

[2] 中国司法部 .www.moj.gov.cn.

[3] 美国司法部 .www.justice.gov.